Die Beeinflussung des eigenen Börsenkurses durch die Aktiengesellschaft

Zivilrechtliche Schriften

Beiträge zum Wirtschafts-, Bank- und Arbeitsrecht

Herausgegeben von Peter Kreutz und Dieter Reuter

Band 51

PETER LANG

Frankfurt am Main · Berlin · Bern · Bruxelles · New York · Oxford · Wien

Benedikt von Wissel

Die Beeinflussung des eigenen Börsenkurses durch die Aktiengesellschaft

Erscheinungsform, Zulässigkeit und Grenzen im deutschen Kapitalmarktrecht

PETER LANG
Internationaler Verlag der Wissenschaften

Bibliografische Information der Deutschen Nationalbibliothek
Die Deutsche Nationalbibliothek verzeichnet diese Publikation in der Deutschen Nationalbibliografie; detaillierte bibliografische Daten sind im Internet über <http://www.d-nb.de> abrufbar.

Zugl.: Kiel, Univ., Diss., 2007

D 8
ISSN 0941-147X
ISBN 978-3-631-57349-5

www.peterlang.de

Meinen Eltern

Inhaltsverzeichnis

Literaturverzeichnis

A

Achenbach, Hans — „Das Zweite Gesetz zur Bekämpfung der Wirtschaftskriminalität“ NJW 1986, 1835 - 1841

Ackermann, Josef — „Internationale Kapitalmärkte der Zukunft – der Einfluß des Internets“ in: „Management eBanking“, Krumnow, Jürgen (Hrsg.), Stuttgart, 2001

Adler, Hans / *Düring*, Walther / *Schmalz*, Kurt — „Rechnungslegung und Prüfung der Unternehmen“ Kommentar zum HGB, AktG, GmbHG, PublG nach den Vorschriften des Bilanzrichtlinien-Gesetzes“, Stuttgart, 1995 ff.

van Aerssen, Rick — „Erwerb eigener Aktien und Wertpapierhandelsgesetz: Neues von der Schnittstelle Gesellschaftsrecht/ Kapitalmarktrecht“ WM 2000, 391 - 406

Aha, Christof — „Verbot des Erwerbs eigener Aktien nach den §§ 71 ff. AktG und eigener Genußscheine nach §10V S.5 KWG“ AG 1992, 218 - 227

Ahrens, Hans-Jürgen — „Das Vertragslösungsrecht nach der geplanten UWG-Novelle“ WRP 1978, 677 - 686

Altendorfer, Christian — „Kursmanipulation am Wertpapiermarkt: Ein rechtsvergleichender Blick auf den Sanktionsbereich in: „Grundfragen des neuen Börsenrechts“, Aicher, Josef / Kalss, Susanne / Oppitz, Martin (Hrsg.), Wien, 1998

Altenhain, Carsten — „Die Neuregelung der Marktpreismanipulation durch das Vierte Finanzmarktförderungsgesetz“ BB 2002, 1874 –1879

Altmeppen, Holger
„Neutralitätspflicht und Pflichtangebot nach dem neuen Übernahmerecht"
ZIP 2001, 1073 - 1084

Assmann, Hans-Dieter
„Übernahmeangebote im Gefüge des Kapitalmarktrechts, insbesondere im Lichte des Insiderrechts, der Ad-Hoc-Publizität und des Manipulationsverbotes"
ZGR 2002, 697 – 730

ders.
in: „Wertpapierhandelsgesetz – Kommentar"
Assmann, Hans-Dieter / Schneider, Uwe H. (Hrsg.),
2. Auflage, Köln, 1999

ders.
in: „Handbuch des Kapitalmarktrechts"
Assmann, Hans Dieter / Schütze, Rolf A. (Hrsg.),
2. Auflage, München, 1997

ders.
„Rechtsanwendungsprobleme des Insiderrechts"
AG 1997, 55 - 58

ders.
„Insiderrecht und Kreditwirtschaft"
WM 1996, 1337 - 1356

ders.
„Das künftige deutsche Insiderrecht"
AG 1994, 196 – 206

ders.
in: „AktG – Großkommentar"
Hopt, Klaus J. / Wiedemann, Herbert (Hrsg.),
Berlin, 1992

B

Ballwieser, Wolfgang
„Unternehmensbewertung mit Discounted Cash Flow-Verfahren"
Die Wirtschaftsprüfung 1998, 81

ders.
in: „Handbuch des Finanzmanagements - Instrumente und Märkte der Unternehmensfinanzierung"
Gebhardt, Günther / Gerke, Wolfgang / Steiner, Manfred (Hrsg.),
München, 1993

Barnert, Thomas	„Deliktischer Schadenersatz bei Kursmanipulation de lege lata und de lege ferenda“ WM 2002, 1473 – 1483
Barz, Katja	in: „AktG – Großkommentar“ Hopt, Klaus J. / Wiedemann, Herbert (Hrsg.), Berlin, 1992
Baum, Harald	„Rückerwerbsangebote für eigene Aktien: übernahmerechtlicher Handlungsbedarf ?“ ZHR 167 (2003), 580 – 610
Baumbach, Adolf / *Hefermehl*, Wolfgang	„Wettbewerbsrecht- Gesetz gegen den unlauteren Wettbewerb, Zugabeverordung, Rabattgesetz und Nebengesetze“ 23. Auflage, München, 2004
Baums, Philipp A.	„Der Ausschluß von Minderheitsaktionären nach §§ 327a ff AktG nF“ WM 2001, 1843 – 1850
Baums, Theodor	„Haftung wegen Falschmeldungen des Sekundärmarktes“ ZHR 167 (2003), 139 - 192
Baums, Theodor / *Stöcker*, Matthias	„Rückerwerb eigener Aktien und WpÜG“ Arbeitspapier N.90 http://www.rz.uni-frankfurt.de/fb01/baums/,A
Bayer, Walter	in: „Münchner Kommentar zum Aktienrecht“ Kropff, Bruno / Semler, Johannes (Hrsg.), Band 2, 2. Auflage, München, 2003
ders.	„Vorsorge- und präventive Abwehrmaßnahmen gegen feindliche Übernahmen“ ZGR 2002, 588 - 622
Beater, Axel	in: „Münchner Kommentar zum Handelsgesetzbuch“ Schmidt, Karsten (Hrsg.), Band 4, München, 2001
Beck, Heiko	„Die Reform des Börsenrechts im Vierten Finanzmarktförderungsgesetz“ Teil I: BKR 2002, 662 - 668 Teil II: BKR 2002, 699 – 709

ders. „Das neue elektronische Handelssystem XETRA der Frankfurter Wertpapierbörse" WM 1998, 417 – 430

Behm, Ulrich „Shareholder Value und Eigenkapitalkosten von Banken" Bern, 1994

Beiersdorf, Kati / *Buchheim*, Regine „Entwurf des Gesetzes zur Umsetzung der EU-Transparenzrichtlinie: Ausweitung der Publizitätspflichten" BB 2006, 1674 - 1677

Benckendorff, Andreas „Erwerb eigener Aktien im deutschen und US-Amerikanischen Recht" Baden-Baden, 1998

Berg, Stefan / *Stöcker*, Mathias „Anwendungs- und Haftungsfragen zum Deutschen Corporate Governance Kodex" WM 2002, 1569 – 1582

Berrar, Carsten / *Schnorbus*, York „Rückerwerb eigener Aktien und Übernahmerecht" ZGR 2003, 59 – 112

Bezzenberger, Tilman „Erwerb eigener Aktien durch die AG" Köln, 2002

Böhm, Klaus-Jürgen „Der Rückkauf eigener Aktien und Übernahmetransaktionen" in: „Die Übernahme börsennotierter Unternehmen", v.Rosen, Rüdiger/ Seifert, Werner G. (Hrsg.), Frankfurt, 1999

Borges, Georg „Selbstregulierung im Gesellschaftsrecht - zur Bindung an Corporate Governance-Kodizes" ZGR 2003, 508 – 540

Bosch, Ulrich in: „Bankrecht und Bankpraxis" Hellner, Thorwald/ Steuer, Stefan (Hrsg.), Köln, 1979, Stand 2002

Bosse, Christian „Handel in eigenen Aktien durch die Aktiengesellschaft" WM 2000, 806 - 809

Brandte, Jürgen — „Der Erwerb eigener Aktien – eine Waffe der Aktiengesellschaft gegen Übernahme-attacken?"
Jura 1987, 465 - 469

Bruckner, Helmut / *Pospischil*, Harald — in: „Handbuch der Konzernfinanzierung"
Lutter, Marcus / Scheffler, Eberhardt/ Schneider, Uwe H. (Hrsg.),
Köln, 1998

Budde, Wolfgang Dieter — „Aktienrückkaufprogramme im Spannungsfeld von Aktien-, Bilanz- und Steuerrecht"
in: Festschrift für Klaus Offerhaus,
Köln, 1999

Budde, Wolfgang, Dieter / *Karig*, Klaus Peter — in: "Beck' scher Bilanz-Kommentar: Handels- und Steuerrecht"
§§ 238 bis 339 HGB,
3. Auflage, München, 1995

Bühner, Rolf / *Weinberger*, Hans-Joachim — „Cash-Flow und Shareholder Value"
BFuP 1991, 187 - 208

Bungeroth, Erhard — in: „Münchner Kommentar zum Aktienrecht"
Kropff, Bruno / Semler, Johannes (Hrsg.),
Band 2,
2. Auflage, München, 2003

ders. — in: „Aktiengesetz"
Geßler, Ernst / Hefermehl, Wolgang/ Eckardt, Ulrich / Kropff, Bruno (Hrsg.),
München, 1973

Burgard, Ulrich — „Ad hoc-Publizität bei gestreckten Sachverhalten und mehrstufigen Entscheidungsprozessen"
ZHR 162 (1998), 51 - 100

ders. — „Die Berechnung des Stimmrechtsanteils nach §§ 21-23 Wertpapierhandelsgesetz"
BB 1995, 2069 - 2078

Burgard, Ulrich/ *Schneider*, Uwe H. — „Scalping als Insiderstraftat"
ZIP 1999, 381 - 390

dies. — „Ad-hoc-Publizität bei gestreckten Sachverhalten und mehrstufigen Entscheidungsprozessen"
ZHR 162 (1998), 51 – 100

dies. „Die Berechnung des Stimmrechtsanteils nach §§ 21-23 Wertpapierhandelsgesetz“ BB 1995, 2069 - 2078

Bürgers, Tobias „Das Anlegerschutzverbesserungsgesetz“ BKR 2004, 424-432

von Buttlar, Julia, „Directors Dealings: Änderungsbedarf aufgrund der Marktmißbrauchsrichtlinie“ BB 2003, 2133 - 2139

Bydlinski, Franz „Juristische Methodenlehre und Rechtsbegriffe“ 2. Auflage, Wien, 1991

C

Cahn, Andreas „Das neue Insiderrecht“ Der Konzern 2005, 5 – 13

ders. „Grenzen des Markt- und Anlegerschutzes durch das WpHG“ ZHR 162 (1998), 1 – 50

Canaris, Claus-Wilhelm „Systemdenken und Systembegriff in der Jurisprudenz“ Berlin, 1969

Caspari, Karl-Burkhard „Die geplante Insiderregelung in der Praxis“ ZGR 1994, 530 - 546

Casper, Matthias „Insiderverstöße bei Aktienoptionsprogrammen“ WM 1999, 363 – 370

Cerny, Jochen „§ 264a StGB – Kapitalanlagebetrug. Gesetzgeberischer Anlegerschutz mit Lücken“ MDR 1987, 271 - 279

Claussen, Carsten „Wie ändert das KonTraG das Aktiengesetz“ DB 1998, 177 – 180

Coobes, Paul /Watson, Mark „Three surveys on Corporate Governance“ The McKinsey Quarterly, 4/2000, S.74 ff.

Cramer, Peter — in: „Strafgesetzbuch Kommentar“ Schönke, Adolf/ Schröder, Horst/ Lencker, Theodor (Hrsg.), 26. Auflage, München 2001

D

DAI - Deutsches Aktieninstitut — „Erwerb eigener Aktien in Deutschland - Ergebnisse einer Untersuchung des Deutschen Aktieninstituts zum Rückkauf eigener Aktien durch die Gesellschaft“ Frankfurt, 1999

DAV - Deutscher Anwaltsverein — „Stellungnahme des Handelsausschusses des Deutschen Anwaltsvereins eV zur Ergänzung des AktG durch einen Titel „Aktienerwerb durch den Hauptaktionär“ NZG 1999, 850-852

Dehlinger, Klaus-Dieter — in: „Handbuch börsennotierte AG“ Marsch-Barner, Reinhard / Schäfer, Frank A. (Hrsg.), Köln, 2005

Denning, Ulrike — „Europas Börsen im Umbruch“ Wirtschaftsdienst 2000, 480– 487

Dette, Guido — „Kursbildung am deutschen Aktienmarkt“ Wiesbaden, 1998

Diekmann, Hans / *Sustmann*, Marco — „Gesetz zur Verbesserung des Anlegerschutzes (Anlegerschutzverbesserungsgesetz – AnSVG)“ NZG 2004, 929 - 939

Diekmann, Hans — Änderungen im Wertpapiererwerbs- und Übernahmegesetz anläßlich der Umsetzung der EU-Übernahmerichtlinie in das deutsche Recht“ NJW 2007, 17 - 21

Dreher, Meinrad — „Treuepflichten zwischen Aktionären und Verhaltenspflichten bei der Stimmrechtsbündelung“ ZHR 157 (1993), 150 - 171

Dreyer, Gunda — in: „Gesetz gegen den unlauteren Wettbewerb (UWG) – Kommentar“ Harte-Bavendamm, Henning/ Henning-Bodewig, Frauke (Hrsg.), München, 2004

Drygala, Tim

„Die neue deutsche Übernahmeskepsis und ihre Auswirkungen auf § 33 WpÜG“
ZIP 2001, 1861 - 1871

E

Ebenroth, Carsten Thomas / *Rapp*, Angela

„Abwehr von Unternehmensübernahmen“
DWiR 1991, 2 - 5

Eckardt, Ulrich

in: „Aktiengesetz“
Geßler, Ernst / Hefermehl, Wolgang/ Eckardt, Ulrich / Kropff, Bruno (Hrsg.),
München, 1973

Ehmcke, Thorsten

in: „Blümich: Einkommensteuergesetz, Körperschaftssteuergesetz, Gewerbesteuergesetz, Ertragssteuerliche Nebengesetze“
Ebling, Klaus (Hrsg.),
München, 1996 ff.

Einsele, Dorothee

„Bank- und Kapitalmarktrecht - nationale und internationale Bankgeschäfte“
Tübingen, 2006

Ekkenga, Jens

„Fragen der deliktischen Haftungsbegründung bei Kursmanipulationen und Insidergeschäften
ZIP 2004, 781-793

ders.

„§ 33 WpÜG: Neutralitätsgebot oder Grundsatz der Abwehrbereitschaft“
in: „Bankrecht und Kapitalmarktrecht in der Entwicklung“,
Festschrift für Siegfried Kümpel, Ekkenga, Jens (Hrsg.),
Berlin, 2003

ders.

„Kurspflege und Kursmanipulation nach dem geltenden und künftigen Recht“
WM 2002, 317 – 325

ders.

„Das Wertpapiererwerbs- und Übernahmegesetz“
DStR 2002, 724 – 734

ders.

„Die Ad-hoc-Publizität im System der Marktordnungen“
ZGR 1999, 165 - 201

Ekkenga, Jens / *Hofschroer*, Josef — „Das Wertpapiererwerbs- und Übernahmegesetz (Teil I)“
DStR 2002, 724 - 734

Ellrot, Helmut / *Scherer*, Thomas — in: „Beck' scher Bilanz-Kommentar: Handels- und Steuerrecht" §§ 238 bis 339 HGB“
4. Auflage, München, 1999

Erkens, Michael — „Directors` Dealings nach neuem WpHG“
Der Konzern 2005, 29 -37

Escher-Weingart, Christian / *Kübler*, Friedrich — „Erwerb eigener Aktien“
ZHR 162 (1998), 537 - 562

F

v. *Falkenhausen*, Joachim — „Die befugte Weitergabe von Insiderinformationen nach dem AnSVG”
Der Konzern 2005, 225 - 227

Fama, Eugen F. — „Efficient Capital Markets: A Review of Theory and Empirical Work“
The Journal of Finance 1970, 383-417

Feddersen, Dieter — „Aktienoptionsprogramme aus kapitalmarktrechtlicher und steuerlicher Sicht“
ZHR 161 (1997), 269-299

Fezer, Karl-Heinz — in: „Lauterkeitsrecht – Kommentar zum Gesetzt gegen den unlauteren Wettbewerb (UWG)“
Fezer, Karl-Heinz (Hrsg.),
München, 2005

Fleckner, Andreas / *Reuschle*, Fabian — „Börsenähnliche Einrichtungen - die privatrechtliche Organisation einer Börse im materiellen Sinne“
BKR 2002, 617-625

dies. — „Modernisierung des deutschen Rechts gegen den unlauteren Wettbewerb auf der Grundlage einer Europäisierung des Wettbewerbsrechts“
WRP 2001, 989 - 1022

Fleischer, Holger — „Zur deliktsrechtlichen Haftung der Vorstandsmitglieder für falsche Ad-hoc-Mitteilungen“
DB 2004, 2031 - 2036

ders. „Scalping zwischen Insiderdelikt und Kursmanipulation“
DB 2004, 51 – 55

ders. „Das Haffa- Urteil: Kapitalmarktstrafrecht auf dem Prüfstand“
NJW 2003, 2584 - 2586

ders. „Der Begriff des öffentlichen Angebots im Wertpapiererwerbs- und Übernahmegesetz“
ZIP 2001, 1653 - 1660

Fleischer, Holger / *Körber*, Torsten „Der Rückerwerb eigener Aktien und das Wertpapiererwerbs- und Übernahmegesetz“
BB 2001, 2589 - 2595

Fuchs, Andreas „Selbständige Optionsscheine als Finanzierungsinstrument der Aktiengesellschaft“
AG 1995, 433 - 451

Fuhrmann, Hans in: „Aktiengesetz“
Geßler, Ernst / Hefermehl, Wolgang/ Eckardt, Ulrich / Kropff, Bruno (Hrsg.), München, 1973

Fürhoff, Jens „Insiderrechtliche Behandlung von Aktienoptionsprogrammen und Management Buy-Outs“
AG 1998, 83 – 88

G

Gabler Wirtschaftslexikon 16. Auflage, Wiesbaden, 2004

Geibel, Stephan in: „Wertpapierhandelsgesetz, Börsengesetz mit BörsZulV, Verkaufsprospektgesetz mit VerProsPV“
Schäfer, Frank A. (Hrsg.),
Stuttgart, Berlin, Köln, 1999

Geilen, Gerd in: „Kölner Kommentar zum Aktiengesetz“
Zöllner, Wolfgang (Hrsg.),
3. Auflage, Köln, 2004

Gerke, Wolfgang / *Arneth*, Stephan / *Fleischer* Jörg — „Kursgewinne bei Aufnahmen in den DAX 100, Verluste bei Entnahmen: Indexeffekt am deutschen Kapitalmarkt"
Zfb 2001, 45- 66

Glade, Anton — „Praxishandbuch der Rechnungslegung und Prüfung"
Herne, Berlin, 1995

Gompers, Paul /*Ishii*, Joy / *Metrick*, Andrew — "Corporate Governance and Equity Prices"
QJE 2003, 107 - 155

Götz, Engelbert — „Technische Aktienanalyse und Effizienz des deutschen Kapitalmarktes"
Heidelberg, 1990

Groß, Wolfgang — „Haftung für fehlerhafte oder fehlende Regel- oder Ad-hoc-Publizität"
WM 2002, 477 – 486

ders. — „Das Ende des sog. Greenshoe ?"
ZIP 2002, 160 – 165

ders. — „Bookbuilding"
ZHR 162 (1998), 318 – 339

Grub, Maximilian / *Thiem*, Ulrich — „Das neue Wertpapierprospektgesetz – Anlegerschutz und Wettbewerbsfähigkeit des Finanzplatzes Deutschland"
NZG 2005, 750 - 752

Grundmann, Stefan — in: „Bankrechtshandbuch"
Schimansky, Herbert/ Bunte, Hermann-Josef/ Lwowski, Hans-Jürgen (Hrsg.), Band III,
2. Auflage, München, 2001

Grunewald, Barbara — „Die neue Squeeze-out-Regelung"
ZIP 2002, 18

Grunewald, Barbara / *Müller*, Hans-Friedrich — „Die Entwicklung des Gesellschaftsrechts 1997/1998"
JZ 1999, 445 - 455

Gude, Christian — „Strukturänderungen und Unternehmensbewertung zum Börsenkurs"
Köln, 2004

H

Habersack, Mathias — „Die Mitgliedschaft – subjektives Recht und sonstiges Recht"
Tübingen, 1996

ders. — in: „AktG – Großkommentar"
Hopt, Klaus J. / Wiedemann, Herbert (Hrsg.),
Berlin, 1992

Hampel, Volker — „Der Erwerb eigener Aktien und Unternehmenskontrolle"
Beiträge zur Theorie der Finanzmärkte N.10"
Frankfurt, 1994

Hansen, Heribert — „Der Finanzplatz Deutschland im Wandel"
AG-Report 2002, R75 - R76

Hefermehl, Wolfgang — in: „Aktiengesetz"
Geßler, Ernst / Hefermehl, Wolfgang / Eckardt, Ulrich / Kropff, Bruno (Hrsg.),
München, 1973

Hefermehl, Wolfgang / *Bungeroth*, Erhard — in: „Aktiengesetz"
Geßler, Ernst / Hefermehl, Wolfgang / Eckardt, Ulrich / Kropff, Bruno (Hrsg.),
München, 1973

Hefermehl, Wolfgang / *Spindler*, Gerald — in: „Münchner Kommentar zum Aktienrecht"
Kropff, Bruno / Semler, Johannes (Hrsg.),
Band 2
2. Auflage, München, 2003

Heidelbach, Anna — in: „Kapitalmarktrechts-Kommentar: Börsengesetz mit Börsenzulassungsverordnung, Verkaufsprospektgesetz mit Verkaufsprospektverordnung, Wertpapierhandelsgesetz, Wertpapiererwerbs- und Übernahmegesetz"
Schwark, Eberhard (Hrsg.),
3. Auflage, München, 2004

Hein, Thomas — „Rechtliche Fragen des Bookbuildings nach deutschem Recht"
WM 1996, 1- 7

Heinrich, Tobias A. — „Bericht über die Diskussion" (ZGR-Symposion 2002 vom 18. und 19. Januar 2002 in Glashütten) ZGR 2002, 659 - 663

Heinrichs, Helmut — „Palandt – Bürgerliches Gesetzbuch" 64. Auflage, München, 2005

Henze, Hartwig — in: „AktG – Großkommentar" Hopt, Klaus J. / Wiedemann, Herbert (Hrsg.), Berlin, 1992

Hielscher, Udo — in: „Obst/Hinter - Geld-, Bank- und Börsenwesen" Kloten, Norbert / v.Stein, Johann Heinrich (Hrsg.), 39. Auflage, Stuttgart, 1993

Hess, Volker — „Stichwort "FlowTex" - Heiße Luft gekauft" FLF 2000, 145-146

Hillebrandt, Franca / *Schremper*, Ralf — „Analyse des Gleichbehandlungsgrundsatzes beim Rückerwerb von Vorzugsaktien" BB 2001, 533 - 538

Hirte, Heribert — „Verteidigung gegen Übernahmeangebote und Rechtsschutz der Aktionäre gegen die Verteidigung" ZGR 2002, 623 - 658

Hoffmann-Becking, Michael — „Neue Formen der Aktienemission" in: Festschrift für Otfried Lieberknecht München, 1997

Holzborn, Timo / *Israel*, Alexander — „Das Anlegerschutzverbesserungsgesetz – Die Veränderungen im WpHG, VerkProspG und BörsG und ihre Auswirkungen in der Praxis" WM 2004, 1948 - 1956

Hommelhoff, Peter — „Der Unternehmenskauf als Gegenstand der Rechtsgestaltung" ZHR 150 (1986), 254 - 278

Hopt, Klaus J. — „Übernahmen, Geheimhaltung und Interessenkonflikte: Probleme für Vorstände, Aufsichtsräte und Banken" ZGR 2002, 333 – 376

ders. „Grundsatz- und Praxisprobleme nach dem Wertpapiererwerbs- und Übernahmegesetz“
ZHR 166 (2002), 383 – 432

ders. „Verhaltenspflichten des Vorstands der Zielgesellschaft bei feindlichen Übernahmen. Zur aktien- und übernahmerechtlichen Rechtslage in Deutschland und Europa“
in: Festschrift für Marcus Lutter
Schmidt, Otto (Hrsg.),
Köln, 2000

ders. „Vom Aktien- und Börsenrecht zum Kapitalmarktrecht?“
ZHR 141 (1997), 389 – 441

ders. „Grundsatz- und Praxisprobleme nach dem Wertpapierhandelsgesetz“
ZHR 159 (1995), 135 – 163

ders. „Aktionärskreis und Vorstandsneutralität“
ZGR 1993, 534 - 566

ders. „Insiderwissen und Interessenskonflikte im europäischen und deutschen Bankrecht“
in: „Festschrift für Theodor Heinsins zum 65. Geburtstag“
Berlin/ New York 1991

Hörter, Steffen „Das Shareholder Value-Konzept: ein Steuerungsinstrumentarium für Banken?“
ZfKredw 1996, 146 - 148

Hoyos, Martin / *Schramm*, Marianne / *Ring*, Maximilian in: "Beck' scher Bilanz-Kommentar: Handels- und Steuerrecht"
§§ 238 bis 339 HGB
4. Auflage, München, 1999

Hoyos, Martin / *Gutike*, Hans-Jochen in: "Beck' scher Bilanz-Kommentar: Handels- und Steuerrecht" §§ 238 bis 339 HGB
4. Auflage, München, 1999

Huber, Ulrich „Rückkauf eigener Aktien“
in: Festschrift für Bruno Kropff,
Förster, Karl-Heinz (Hrsg.),
Düsseldorf, 1997

Hüffer, Jens

„Das Wertpapier-Verkaufs-Prospektgesetz – Prospektpflicht und Anlegerschutz"
Köln, 1996

Hüffer, Uwe

„Aktiengesetz"
6. Auflage, München, 2004

Hüttmann, Rainer

„Unternehmensbewertung als Rechtsproblem"
ZHR 162 (1998), 563-593

I

Iffland, Jaques

"Note concernant l'arrêt Fondation F. rendu le 27 septembre 1996 par la 1ère Cour de droit public du Tribunal fédéral"
SZW 1997, 121 (122

Ihrig, Hans-Christoph / *Wagner*, Jens

„Corporate Governance - Kodex-Erklärung und ihre unterjährige Korrektur
BB 2002, 2509 - 2514

Immenga, Frank A.

„Das neue Insiderrecht im Wertpapierhandelsgesetz"
ZBB 1995, 197- 206

Immenga, Ulrich / *Noll*, Bernd

„Feindliche Übernahmeangebote aus wettbewerbspolitischer Sicht"
Amt für amtliche Veröffentlichungen der Europäischen Gemeinschaften (Hrsg.), - 172, XX S. - (Dokument / Kommission der Europäischen Gemeinschaften), Luxemburg 1990

Irmen, Detlef

in: „Bankrecht und Bankpraxis"
Hellner, Thorwald/ Steuer, Stefan (Hrsg.), Köln, 1979, Stand 2002

J

Janert, Ingo

„Veröffentlichungspflicht börsennotierter Gesellschaften bei unterlassener Mitteilung nach § 21 WpHG"
BB 2004, 169 - 172

Joost, Detlev

„Grundlagen und Rechtsfolgen der Kapitalerhaltungsregeln im Aktienrecht"
ZHR 149 (1985), 419 - 443

_K_

Kaiser, Andreas — „Die Sanktionierung von Insiderverstößen und das Problem der Kursmanipulation“ WM 1997, 1557 - 1563

Karollus, Martin — in: „Aktiengesetz“ Geßler, Ernst / Hefermehl, Wolgang/ E-ckardt, Ulrich / Kropff, Bruno (Hrsg.), München, 1973

Kellerhals, Philipp / *Rausch*, Elmar — „Die Liberalisierung von Aktienrückkäu-fen: Bundesdeutsche Erfahrungen“ AG 2000, 222 – 225

Kessler, Manfred H. — „Die Leitungsmacht des Vorstands einer Aktiengesellschaft (II)“ AG 1995, 120 - 132

Kiem, Roger — „Der Erwerb eigener Aktien bei der klei-nen AG“ ZIP 2000, 209 – 216

Kindl, Jochen — „Der Erwerb eigener Aktien nach dem KonTraG“ DStR 1999, 1276 – 1281

Kindler, Hendrik / *Horstmann*, Peter — „Die EU-Übernahmerichtlinie – Ein euro-päischer Kompromiss“ DStR 2004, 866-873

Kindler, Peter — „Unternehmerisches Ermessen und Pflich-tenbindung“ ZHR 162 (1998), 101 -119)

Kirschhöfer, Christoph — „Führung von Insiderverzeichnissen bei Emittenten und externen Dienstleistern“ Der Konzern 2005, 22- 29

Knauth, Alfons — „Kapitalanlagebetrug und Börsendelikte im zweiten Gesetz zur Bekämpfung der Wirtschaftskriminalität“ NJW 1987, 28 - 33

Koch, Jens — „Erwerb eigener Aktien – kein Fall des WpÜG“ NZG 2003, 61 – 70

Kohler, Klaus

„Stock Options für Führungskräfte aus der Sicht der Praxis“
ZHR 161 (1997), 246-168

Köhler, Helmut / *Bornkamm*, Joachim / *Henning-Bodewig*, Frauke

„Vorschlag für eine Richtlinie zum Lauterkeitsrecht und eine UWG-Reform“
WRP 2001, 1317 - 1328

Koller, Ingo

in: „Wertpapierhandelsgesetz – Kommentar“
Assmann, Hans-Dieter / Schneider, Uwe H. (Hrsg.),
2. Auflage, Köln, 1999

Kopp, Hans-Joachim

„Erwerb eigener Aktien – Ökonomische Analyse vor dem Hintergrund von Unternehmensverfassung und Informationseffizienz des Kapitalmarktes“
Koblenz, 1995/96

Kopp, Ferdinand

„Verwaltungsverfahrensgesetz“ Kopp, Ferdinand / Ramsauer, Ulrich (Hrsg.),
14. Auflage, München, 2005

Kort, Michael

„Die Haftung von Vorstandsmitgliedern für falsche Ad-hoc-Mitteilungen“
AG 2005, 21 – 26

Kraft, Gerhard / *Altvater*, Christian

„Die zivilrechtliche, bilanzielle und steuerliche Behandlung des Rückkaufs eigener Aktien“
NZG 1998, 448 – 452

Kraft, Alfons

in: „Kölner Kommentar zum Aktiengesetz“
Zöllner, Wolfgang (Hrsg.),
3. Auflage, Köln, 2004

Kraft, Alfons / *Kreutz*, Peter

„Gesellschaftsrecht“
11. Auflage
Neuwied; Kriftel, 2000

Krämer, Lutz Robert / *Hess*, Gerhard

„Zulässigkeit und Grenzen der Kursstabilisierung bei Aktienplazierungen“
in: „The international Lawyer“ Freundesausgabe für Wulf Henrich Döser,
Kübler, Friedrich (Hrsg.),
Baden-Baden, 1999

Krämer, Lutz / *Baudisch*, Matthias
„Neues zur Börsenprospekthaftung und zu den Sorgfaltsanforderungen beim Unternehmenskauf"
WM 1998, 1161 - 1174

Krause, Hartmut
„Prophylaxe gegen feindliche Übernahmeangebote"
AG 2002, 133 - 144

Kübler, Friedrich / *Assmann*, Hans-Dieter
„Gesellschaftsrecht"
6. Auflage
Heidelberg, 2006

Kuhn, Georg
„Arbitragegeschäfte der Aktienbanken in eigenen Aktien"
NJW 1973, 833 - 837

Kuhner, Christoph
„Unternehmensinteresse vs. Shareholder Value als Leitmaxime kapitalmarktorientierter Aktiengesellschaften"
ZGR 2004, 244 - 279

Kümpel, Siegfried
„Bank- und Kapitalmarktrecht"
3. Auflage, Köln, 2004

ders.
„Insiderrecht und Ad-hoc-Publizität aus Bankensicht"
WM 1996, 653 - 662

Kuthe, Thorsten
„Änderungen des Kapitalmarktrechts durch das Anlegerschutzverbesserungsgesetz"
ZIP 2004, 883-888

L

Lackner, Karl / *Kühl*, Christian
„Strafgesetzbuch mit Erläuterungen"
23. Auflage, München, 1999

Larenz, Karl / *Canaris*, Calaus-Wilhelm
„Methodenlehre der Rechtswissenschaft"
3. Auflage, Berlin, 1995

Ledermann, Thomas
in: „Wertpapierhandelsgesetz, Börsengesetz mit BörsZulV, Verkaufsprospektgesetz mit VerProsPV"
Schäfer, Frank A. (Hrsg.),
Stuttgart, Berlin, Köln, 1999

Leis, Josef/ *Nowak*, Eric
„Ad-hoc-Publizität nach § 15 WpHG"
Stuttgart, 2001

Lenenbach, Markus — „Scalping: Insiderdelikt oder Kursmanipulation ?“
ZIP 2003, 243 –247

ders. — „Kapitalmarkt- und Börsenrecht“
Köln, 2002

Lenz, Jürgen / *Linke*, Ulf — „Rückkauf eigener Aktien nach dem Wertpapiererwerbs- und Übernahmegesetz“
AG 2002, 420 - 424

Lenzen, Ursula — „Das neue Recht der Kursmanipulation“
ZBB 2002, 279 –287

dies. — „Reform des Rechts zur Verhinderung der Börsenkursmanipulation“
WM 2000, 1131 – 1139

dies. — „Unerlaubte Eingriffe In die Börsenkursbildung“
Frankfurt am Main, 2000

Leuering, Dieter — „Die Ad-hoc-Pflicht auf Grund der Weitergabe von Insiderinformationen (§ 15 I 3 WpHG)“
NZG 2005, 12 - 17

Liersch, Jan — „Nachteile für den Finanzplatz durch außerbörsliche Wertpapiergeschäfte“
WM 2003, 473- 479

Löwe-Krahl, Oliver — „Beteiligung von Bankangestellten an Steuerhinterziehungen ihrer Kunden - die Tatbestandsmäßigkeit berufstypischer Handlungen“
wistra 1995, 201 – 206

Lutter, Marcus — in: „Kölner Kommentar zum Aktiengesetz“
Zöllner, Wolfgang (Hrsg.),
3. Auflage, Köln, 2004

ders. — „Die Erklärung zum Corporate Governance Kodex gemäß § 162 AktG“
ZHR 166 (2002), 523-543

ders. — „Die Aktienrechtsreform 1997: Stellungnahme anlässlich der öffentlichen Anhörung vor dem Deutschen Bundestages“
AG Sonderheft 1997, 52-57

ders. „Theorie der Mitgliedschaft“
AcP 180 (1980), 84-159

Lutter, Marcus / *Gehling*, Christian „Entgeltliche Kurspflegevereinbarungen bei einer Neuemission“
WuB II A. § 71a AktG 1.92

Lutter, Marcus / *Zöllner*, Wolfgang in: „Kölner Kommentar zum Aktiengesetz“
Zöllner, Wolfgang (Hrsg.),
3. Auflage, Köln, 2004

M

Maier-Reimer, Georg „Verhaltenspflichten des Vorstands der Zielgesellschaft bei feindlichen Übernahmen
ZHR 165 (2001), 258 - 279

Marsch-Barner, Reinhard in: „Handbuch börsennotierte AG“
Marsch-Barner, Reinhard / Schäfer, Frank A. (Hrsg.),
Köln, 2005

Martens, Klaus-Peter „Erwerb und Veräußerung eigener Aktien im Börsenhandel“
AG 1996, 337 – 349

Merkt, Hanno „Verhaltenspflichten des Vortands der Zielgesellschaft bei feindlichen Übernahmen“
ZHR 165 (2001), 224 - 257

Mertens, Hans-Joachim in: „Kölner Kommentar zum Aktiengesetz“
Zöllner, Wolfgang (Hrsg.),
3. Auflage, Köln, 2004

Mestmäcker, Ernst-Joachim „Zur aktienrechtlichen Stellung der Verwaltung bei Kapitalerhöhungen;
BB 1961, 945 ff.

Michalski, Lutz „Abwehrmechanismen gegen unfreundliche Übernahmeangebote“
AG 1997, 152 - 163

Mick, Marcus „Aktien- und bilanzrechtliche Implikationen beim Einsatz von Eigenkapitalderivaten beim Aktienrückkauf“
DB 1999, 1201 - 1206

Möller, Andreas | „Die Neuregelung des Verbots der Kurs- und Marktpreismanipulation im Vierten Finanzmarktförderungsgesetz"
WM 2002, 309 – 317

ders. | „Das Vierte Finanzmarktförderungsgesetz"
WM 2001, 2405 - 2415

Möllers, Thomas M. J. | „Das europäische Kapitalmarktrecht im Umbruch"
ZBB 2003, 390 - 409

ders. | „Anlegerschutz durch Aktien- und Kapitalmarktrecht"
ZGR 1997, 334 - 367

Moosmayer, Klaus | „Straf- und bußgeldrechtliche Regelungen im Entwurf eines Vierten Finanzmarktförderungsgesetzes"
wistra 2002, 161 –170

Mülbert, Peter O. | „Shareholder Value aus rechtlicher Sicht"
ZGR 1997, 129 - 172

Mutter, Stefan | „§ 264a StGB: Ausgewählte Probleme rund um ein verbanntes Delikt"
NStZ 1991, 421 – 422

N

Neye, Hans-Werner | „Die EU-Übernahmerichtlinie auf der Zielgeraden"
ZIP 2001, 1120 - 1128

Nießen, Tobias | „Die Harmonisierung der kapitalmarktrechtlichen Transparenzregeln durch das TUG"
NZG 2007, 41 – 80

Noack, Ulrich | in: „Kapitalmarktrechts-Kommentar: Börsengesetz mit Börsenzulassungsverordnung, Verkaufsprospektgesetz mit Verkaufsprospektverordnung, Wertpapierhandelsgesetz, Wertpapiererwerbs- und Übernahmegesetz"
Schwark, Eberhard (Hrsg.),
3. Auflage, München, 2004

Nowak, Eric

„Eignung von Sachverhalten in Ad-hoc-Mitteilungen zur erheblichen Kursbeeinflussung"
ZBB 2001, 449 – 465

Nowak, Eric / *Rott*, Roland / *Mahr*, Till

„Wer den Kodex nicht einhält, den bestraft der Kapitalmarkt? Eine empirische Analyse der Selbstregulierung und Kapitalmarktrelevanz des Deutschen Corporate Governance Kodex"
ZGR 2005, 252 - 279

O

Oechsler, Jürgen

in: „Münchner Kommentar zum Aktienrecht"
Band 2, §§ 53a – 75,
Kropff, Bruno / Semler, Johannes (Hrsg.),
2. Auflage, München, 2003

ders.

„Der RegE zum Wertpapiererwerbs- und Übernahmegesetz – Regelungsbedarf auf der Zielgeraden"
NZG 2001, 817 – 826

Oehler, Andreas

„Die Erklärung des Verhaltens privater Anleger"
Stuttgart, 1995

Oerke, Marc

„Die Ad-hoc-Mitteilungen und deutscher Kapitalmarkt: Marktreaktion auf Informationen"
Wiesbaden: DUV, 1999

Oltmanns, Michael

„Schaffung zusätzlicher Aktien beim Börsengang in den USA: Greenshoe-Verfahren"
DB 1996, 2319 – 2320

Otto, Harro

„Großkommentar zum Aktienrecht"
Hopt, Klaus / Wiedemann, Herbert (Hrsg.),
4. Auflage, Berlin, 1997

P

Paefgen, Walter G.

„Eigenkapitalderivate bei Aktienrückkäufen und Managementbeteiligungsmodellen"
AG 1999, 67 – 74

Pananis, Panos | „Insidertatsachen und Primärinsider"
Berlin, 1998

Park, Tido | „Kapitalmarktstrafrecht - Handkommentar"
Park, Tido (Hrsg.),
Baden-Baden, 2004

ders. | „Börsenstrafrechtliche Risiken für Vorstandsmitglieder von börsennotierten Aktiengesellschaften"
BB 2001, 2069- 2076

Pellens, Bernhard | „Ad-hoc-Publizitätspflicht des Managements börsennotierter Unternehmen nach § 44a BörsG"
AG 1991, 62 - 69

Peltzer, Olivier | „Die Neuregelung des Erwerbs eigener Aktien im Lichte der historischen Erfahrungen"
WM 1998, 322 – 331

Peifer, Karl-Nikolaus | „Lauterkeitsrech – Kommentar zum Gesetzt gegen den unlauteren Wettbewerb (UWG)"
Fezer, Karl-Heinz (Hrsg.),
München, 2005

Piper, Henning | „Gesetz gegen den unlauteren Wettbewerb - Kommentar"
Köhler, Helmut / Piper, Henning (Hrsg.),
3. Auflage, München, 2002

Pluskat, Sorika | „Die Regelung der Directors' Dealings nach § 15a WpHG im Lichte der europäischen Marktmissbrauchsrichtlinie"
Finanz Betrieb 2004, 219 - 223

Pointl, Herrmann | „Rating und Kredit"
UMAG 2003, 38 - 39

R

Rams, Andreas | „Aktienrückkauf: Flexibilisierung der Unternehmensfinanzierung"
Die Bank 1997, 216 - 221

Reichert, Jochen/ *Harbarth*, Stephan | „Veräußerung und Einziehung eigener Aktien"
ZIP 2001, 1441 – 1451

Ringleb, Henrik-Michael

„Kommentar zum Deutschen Corporate Governance Kodex“
Ringleb, Henrik-Michael / Kremer, Thomas / Lutter, Marcus/ v.Werder, Axel (Hrsg.),
München, 2003

Röh, Lars

in: „Öffentliche Übernahmeangebote – Kommentar zum Wertpapiererwerbs- und Übernahmegesetz“,
Haarmann, Wilhelm / Riehmer, Klaus / Schüppen, Matthias (Hrsg.),
Heidelberg, 2002

Röder, Klaus

„Die Informationswirkung von Ad-hoc-Meldungen“
ZfbF 5, 2000, 567 –593

v. Rosen, Rüdiger

„Börsenkursbildung“
in: „Handwörterbuch des Bank- und Finanzwesens“
Gerke, Wolfgang / Steiner, Manfred (Hrsg.),
Stuttgart, 1995

v. Rosen, Rüdiger / *Helm*, Leonard

„Der Erwerb eigener Aktien durch die Gesellschaft“
AG 1996, 434 – 442

Roxin, Claus

„Der Wegbereiter des japanisch-deutschen Strafrechtsdiskurses. Festschrift für Koichi Miyazawa“
Kühne, Hans-Heiner (Hrsg.),
Baden-Baden, 1995

S

Samson, Erich / *Günther*, Hans-Ludwig

in: „Systematischer Kommentar zum Strafgesetzbuch SK-StGB“
Rudolphi, Hans Joachim (Hrsg.),
7. Auflage
Neuwiedenstadt, Berlin, 2000

Saria, Gerhard

„Schranken beim Erwerb eigener Aktien nach § 71 I N.8 AktG“
NZG 2000, 458 – 463

Schäfer, Frank A.

in: „Handbuch börsennotierte AG“
Marsch-Barner, Reinhard / Schäfer, Frank A. (Hrsg.),
Köln, 2005

ders. „Kurs- und Marktpreismanipulation bei Erwerb von Wertpapieren in betrügerischer Absicht“
BKR 2004, 78 - 79

ders. „Marktpflege im Primär- und Sekundärmarkt und das Recht zur Verhinderung von Börsenkursmanipulationen“
in: „Entwicklungen im deutschen und europäischen Wirtschaftsrecht“
Schwintowski, Hans-Peter (Hrsg,)
Baden-Baden, 2001

ders. „Zulässigkeit und Grenzen der Kurspflege“
WM 1999, 1345 – 1352

ders. in: „Wertpapierhandelsgesetz, Börsengesetz mit BörsZulV, Verkaufsprospektgesetz mit VerProsPV“
Schäfer, Frank A. (Hrsg.),
Stuttgart, Berlin, Köln, 1999

ders. „Emission und Vertrieb von Wertpapieren nach dem Wertpapierverkaufsprospektgesetz“
ZIP 1991, 1557 - 1565

Schander, Albert A. „Der Rückkauf eigener Aktien nach KonTraG und Einsatzpotential bei Übernahmetransaktionen“
ZIP 1998, 2087 – 2090

Schanz, Kay-Michael „Börseneinführung - Recht und Praxis des Börsengangs“
2. Auflage, München, 2002

Schlitt, Michael / *Sighof*, Bernd / *Schäfer*, Susanne „Aktuelle Frage und neue Entwicklungen im Zusammenhang mit Börsengängen“
BKR 2005, 251 - 264

Schmid, Hubert / *Mühlhäuser*, Felix „Rechtsfragen des Einsatzes von Aktienderivaten beim Aktienrückkauf“
AG 2001, 493 – 503

Schmidt, Johannes „Discounted Cash-Flow Methode - nur eine kleine Abwandlung der Ertragswertmethode?“
ZfbF, Heft 12/95, 1088 - 1117

Schmidt, Karsten
„Die Vereinsmitgliedschaft als Grundlage von Schadensersatzansprüchen"
JZ 1991, 157 - 162

Schmidt-Leithoff, Christian
„Die Verantwortung der Unternehmensleitung"
Tübingen, 1989

Schmitz, Roland
„Der strafrechtliche Schutz des Kapitalmarkts in Europa"
ZStW 115 (2003), 501 – 538

Schneider, Uwe
in: „Wertpapierhandelsgesetz – Kommentar"
Assmann, Hans-Dieter / Schneider, Uwe H. (Hrsg.),
2. Auflage, Köln, 1999

ders.
„Aktienoptionen als Bestadteil der Vergütung von Vorstandsmitgliedern"
ZIP 1996, 1769-1776

Schneider, Uwe/ *von Buttlar*, Julia
„Die Führung von Insider-Verzeichnissen – Neue Compliance-Pflichten für Emittenten"
ZIP 2004, 1621 - 1627

Schneider, Dieter
„Investition, Finanzierung und Besteuerung"
7. Auflage, Wiesbaden, 1992

Schnorbus, York
„Die richtlinienkonforme Rechtsfortbildung im nationalen Privatrecht"
AcP 201 (2001), 860 - 901

Schockenhoff, Martin / *Wagner*, Eike
„Ad-hoc-Publizität beim Aktienrückkauf"
AG 1999, 548 - 558

Schröder, Christian
„Aktienhandel und Strafrecht"
München, 1994

Schröder, Ulrich
„Finanzielle Unterstützung des Aktienerwerbs"
Bonn, 1995

Schüppen, Matthias
„To comply or not to comply - that's the question! "Existenzfragen" des Transparenz- und Publizitätsgesetzes im magischen Dreieck kapitalmarktorientierter Unternehmensführung"
ZIP 2002, 1271- 1279

ders. — in: „Öffentliche Übernahmeangebote [WpÜG]“
Haarmann, Wilhelm/ Riehmer, Klaus/ Schüppen, Matthias (Hrsg.),
Heidelberg, 2001

Schwark, Eberhard — in: „Kapitalmarktrechts-Kommentar: Börsengesetz mit Börsenzulassungsverordnung, Verkaufsprospektgesetz mit Verkaufsprospektverordnung, Wertpapierhandelsgesetz, Wertpapiererwerbs- und Übernahmegesetz“
Schwark, Eberhard (Hrsg.),
3. Auflage, München, 2004

ders. — „Kurs- und Marktpreismanipulation“
in: „Bankrecht und Kapitalmarktrecht in der Entwicklung“
Ekkenga, Jens (Hrsg.),
Berlin, 2003

ders. — in: „Börsengesetz – Kommentar zum Börsengesetz und zu den börsenrechtlichen Nebenbestimmungen“
2. Auflage, München 1994

ders. — „Festschrift für Walter Stimpel zum 68. Geburtstag am 29. November 1985“
Berlin – New York, 1985

Schwennicke, Andreas — in: „Wertpapiererwerbs- und bernahmegesetz (WpÜG) - Kommentar. Mit WpÜG-Angebotsverordnung und den geänderten Vorschriften in AktG, WpHG, KAGG, AuslInvestmentG, KWG, VerkPRospG, VerkProspVO, GKG und BRAGO“
Geibel, Stephan / Süßmann, Rainer (Hrsg.),
München, 2002

Seitz, Jochen — „Die Integration der europäischen Wertpapiermärkte und die Finanzmarktgesetzgebung in Deutschland“
BKR 2002, 340 - 347

Semler, Johannes — „Münchner Kommentar – Aktiengesetz“
§§ 148 –151, 161-178 AktG ; §§ 238-264c HGB
Band 5/1
Kropff, Bruno / Semler, Johannes (Hrsg.),
2. Auflage, München 2003

Semler, Johannes / *Heider*, Karsten — „Münchner Kommentar – Aktiengesetz" Band 1
Kropff, Bruno / Semler, Johannes (Hrsg.), 2. Auflage, München 2000

Serfling, Klaus / *Pape*, Ulrich — „Strategische Unternehmensbewertung und Discounted Cash-flow Methode"
WISU 1996, 58 – 64

dies. — „Das Ertragswertverfahren als entscheidungsorientiertes Verfahren der Unternehmensbewertung"
WISU 1995, 940- 946

Serfling, Klaus / *Pape*, Ulrich / *Kressin*, Thomas — „Emissionspreisfindung und Underpricing im Rahmen des Börsengangs junger Wachstumsunternehmen"
AG 1999, 289 - 298

Siebel, Ulf / *Gebauer*, Stefan — „Prognosen im Aktien- und Kapitalmarktrecht – Lagebericht, Zwischenbericht, Verschmelzungsbericht, Prospekte usw. -"
Teil I: WM 2001, 118 - 134
Tei II: WM 2001, 173 - 193

Sieger, Jürgen / *Hasselbach*, Kai — „Break Free-Vereinbarungen bei Unternehmenskäufen"
BB 2000, 625-631

Simon, Stefan — „Die neue Ad-hoc-Publizität"
Der Konzern 2005, 13 - 22

Singhof, Bernd — „Zur Weitergabe von Insiderinformationen im Unterordnungskonzern"
ZGR 2001, 153 - 174

Sorgenfrei, Ulrich — „Zum Verbot der Kurs- oder Marktpreismanipulation nach dem 4. Finanzmarktförderungsgesetz"
wistra 2002, 321 – 331

Spindler, Gerald — „Kapitalmarktreform in Permanenz– Das Anlegerschutzverbesserungsgesetz"
NJW 2004, 3449-3455

ders. — „Elektronische Finanzmärkte und Internet-Börsen"
WM 2002, 1325 – 1341

ders. „Internationale Kapitalmarktangebote und Dienstleistungen im Internet" WM 2001, 1689-1701

Sprau, Hartwig „Palandt – Bürgerliches Gesetzbuch" 64. Auflage, München, 2005

Steiner, Klaus „Zulässigkeit der Begebung von Optionsrechten auf Aktien ohne Optionsschuldverschreibung (naked warrants)" WM 1990, 1776 - 1780

Steiner, Manfred / *Bruns*, Christoph „Wertpapiermanagement" 7. Auflage, Stuttgart, 2000

Steuer, Stephan „Die Förderung des Finanzplatzes Deutschland durch den Gesetzgeber" in: „Bankrecht und Kapitalmarktrecht in der Entwicklung", Festschrift für Siegfried Kümpel, Ekkenga, Jens (Hrsg.), Berlin, 2003

Streinz, Rudolf / *Ohler*, Christoph „§ 20a WpHG in rechtsstaatlicher Perspektive – europa- und verfassungsrechtliche Anforderungen an das Verbot von Kurs- und Marktpreismanipulationen" WM 2004, 1309 – 1317

Süchting, Jochen „Finanzmanagement: Theorie und Politik der Unternehmensfinanzierung" 6. Auflage, Wiesbaden, 1995

Südbeck, Bernard „Kapitalmarktstrafrecht - Handkommentar" Park, Tido (Hrsg.), Baden-Baden, 2004

Süßmann, Rainer „Internationalisierung und internationale Rechnungslegung als Führungsaufgabe" AG 1999, 162 – 173

T

Teichner, Maximilian „Ad-hoc-Publizität und Informationsverarbeitung am deutschen Kapitalmarkt" Karlsruhe, 1996

Tiedemann, Klaus in: „GWB Gesetz gegen Wettbewerbsbeschränkungen"

	Immenga, Ulrich/ Mestmäcker, Ernst Joachim (Hrsg.), München, 2001
ders.	in: „Leipziger Kommentar: Strafgesetzbuch" 6. Band Berlin, New York, 1997
Thiel, Eberhard / *Härtel*, Hans-Hagen	„Analyse der strukturellen Entwicklung der deutschen Wirtschaft" Hamburg, 1984
Trapp, Christoph	„Erleichterter Bezugsrechtsausschluß nach § 186 III S.4 AktG und Greenshoe" AG 1997, 115 – 123
Tripmaker, Stefan	„Der subjektive Tatbestand des Kursbetrugs" wistra 2002, 288 – 292
Thümmel, Roderich C.	„Haftung für geschönte Ad-hoc-Meldungen: Neues Risikofeld für Vorstände oder ergebnisorientierte Einzelfallrechtsprechung?" DB 2001, 2331 – 2334

U

Ulmer, Peter	„Der Deutsche Corporate Governance Kodex – ein neues Regulierungsinstrument für börsennotierte Aktiengesellschaften" ZHR 166 (2002), 150-181
v. Ungern-Sternberg, Joachim	„Wirtschaftskriminalität beim Handel mit ausländischen Aktien" ZStW 1976, 653 ff.

V

Vogel, Hans-Gert	in: „Wertpapierhandelsgesetz – Kommentar" Assmann, Hans-Dieter / Schneider, Uwe H. (Hrsg.), 2. Auflage, Köln, 1999
Voigt, Hans-Werner	„Bookbuilding und andere Wege zum Emissionskurs" Die Bank 1995, 339 - 343

Volk, Klaus — „Scalping strafbar ?“
ZIP 1999, 787 – 789

Wackerbarth, Ulrich — „Von golden shares und poison pills - Waffengleichheit bei internationalen Übernahmeangeboten“
WM 2001, 1741 - 1753

W

Wagner, Gerhard — „Münchner Kommentar zum Bürgerlichen Gesetzbuch“
Rebmann, Kurt/ Säcker, Franz Jürgen/ Rixecker, Roland (Hrsg.),
Band 5
München, 2004

Wagner, Oliver — „Standstill agreements bei feindlichen Übernahmen nach US-amerikanischem und deutschem Recht“
Frankfurt a.M., 2000

Waldeck, Michael, Werner / *Süßmann*, Rainer — „Die Anwendung des Wertpapier-Verkaufsprospektgesetzes“
WM 1993, 361 - 367

Wastl, Ulrich — „Erwerb eigener Aktien nach dem Referentenentwurf zur Änderung des AktG und des HGB“
DB 1997, 461 - 466

Watter, Rolf — „Kursmanipulation am Aktienmarkt unter Berücksichtigung von sogenannten Stützungskäufen“
SZW 1990, 193 - 206

Weber, Martin — „Konkretisierung des Verbots der Kurs- und Marktpreismanipulation“
NZG 2004, 23 – 28

ders. — „Die Entwicklung des Kapitalarktrechts im Jahre 2004“
NJW 2004, 3674 - 3681

ders. — „Die Entwicklung des Kapitalmarktrechts im Jahre 2003“
NJW 2004, 28 – 38

ders. — „Börsenkursbestimmung aus ökonomischer Perspektive“
ZGR 2004, 280 - 300

ders.	„Die Entwicklung des Kapitalmarktrechts 2001/2002" NJW 2003, 18 – 26
ders.	„Vormitgliedschaftliche Treuebindung" ZHR 164 (2000), 444 – 452
ders.	„Kursmanipulation am Wertpapiermarkt" NZG 2000, 113 – 118
ders.	„Scalping – Erfindung und Folgen eines Insiderdelikts" NJW 2000, 562 – 564
Weiß, Daniel M.	„Aktienoptionsprogramme nach dem KonTraG" WM 1999, 353 – 404
ders.	„Aktienoptionspläne für Führungskräfte" Köln, 1999
v. Werder, Axel	„Kommentar zum Deutschen Corporate Governance Kodex" Ringleb, Henrik-Michael / Kremer, Thomas / Lutter, Marcus / v. Werder, Axel (Hrsg.), München, 2003
ders.	„Shareholder Value-Ansatz als (einzige) Richtschnur des Vorstandshandelns?" ZGR 1998, 69 - 91
Werner, Winfried	„Ausgewählte Fragen zum Aktienrecht" AG 1990, 1 – 19
Westermann, Harm Peter	„Festschrift für Martin Peltzer" Lutter, Marcus (Hrsg.), Köln, 2001
Wiedemann, Herbert	„Gesellschaftsrecht" Band I 6. Auflage, München, 2002
Wieneke, Laurenz	„Emissionspublizität" NZG 2005, 109 - 115
Winter, Martin / *Harbarth*, Stephan	„Verhaltenspflichten von Vorstand und Aufsichtsrat der Zielgesellschaft bei feindlichen Übernahmeangeboten nach dem WpÜG" ZIP 2002, 1 - 18

Wöhe, Günther / *Bilstein*, Jürgen — „Grundzüge der Unternehmensfinanzierung" 9. Auflage, München, 2002

Wolff, Karin — „Going Public in der Schweiz, in Deutschland und in den USA" Bern/ Stuttgart, 1994

Würdinger, Hans — „Aktienrecht und das Recht der verbundenen Unternehmen" 4. Auflage, Heidelberg/ Karlsruhe, 1981

Z

Ziemons, Hildegard — „Neuerungen im Insiderrecht und bei der Ad-hoc-Publizität durch die Marktmißbrauchsrichtlinie und das Gesetz zur Verbesserung des Anlegerschutzes" NZG 2004, 537 - 543

Zieschang, Frank — „Kapitalmarktstrafrecht - Handkommentar" Park, Tido (Hrsg.), Baden-Baden, 2004

Zietsch, Udo A. / *Holzborn*, Timo — „Zulassungsfolgepflichten börsennotierter Unternehmen – Eine Übersicht der Pflichten von Unternehmen nach deren Zulassung an einer deutschen Börse („Zulassungsfolgepflichten")- Teil I"
Teil I: WM 2002, 2356 – 2367
Teil II: WM 2002, 2393 – 2402

Zimmer, Daniel — in: „Kapitalmarktrechts-Kommentar: Börsengesetz mit Börsenzulassungsverordnung, Verkaufsprospektgesetz mit Verkaufsprospektverordnung, Wertpapierhandelsgesetz, Wertpapiererwerbs- und Übernahmegesetz" Schwark, Eberhard (Hrsg.), 3. Auflage, München, 2004

Ziouvas, Dimitris — „Das neue Recht gegen Kurs- und Marktpreismanipulation im 4. Finanzmarktförderungsgesetz" ZGR 2003, 113 – 146

ders. — „Vom Börsen- zum Kapitalmarktstrafrecht" wistra 2003, 13 – 18

Ziouvas, Dimitris / Walter, Tonio — „Das neue Börsenstrafrecht mit Blick auf das Europarecht- zur Reform des § 88 BörsG"
WM 2002, 1483 – 1488

Zöllner, Wolfgang — in: „Kölner Kommentar zum Aktiengesetz"
Zöllner, Wolfgang (Hrsg.),
3. Auflage, Köln, 2004

ders. — „Unternehmensinnenrecht - Gibt es das?"
AG 2003, 2 – 12

Zschocke, Christian — „Europapolitische Mission: Das neue Wertpapiererwerbs- und Übernahmegesetz"
DB 2002, 79 – 85

Verzeichnis der Zeitschriften

AcP	Archiv für die civilistische Praxis
AG	Die Aktiengesellschaft: Zeitschrift für das gesamte Aktienwesen, für deutsches, europäisches und internationales Unternehmens- und Kapitalmarktrecht *Unterreihe*: AG-Sonderheft; AG-Report
BB	Zeitschrift für Recht und Wirtschaft
BFuP	Betriebswirtschaftliche Forschung und Praxis
BKR	Zeitschrift für Bank- und Kapitalmarkt
DB	Der Betrieb: Wochenschrift für Betriebswirtschaft, Steuerrecht, Wirtschaftsrecht, Arbeitsrecht
Der Konzern	Zeitschrift für Gesellschaftsrecht, Steuerrecht, Bilanzrecht und Rechnungslegung der verbundenen Unternehmen
Die Bank	Zeitschrift für Bankpolitik und Bankpraxis
Die Wirtschaftsprüfung	Der Berater der Wirtschaft: betriebswirtschaftliches Archiv und Fachorgan für das wirtschaftliche Prüfungs- und Treuhandwesen
DStR	Deutsches Steuerrecht: Wochenschrift für Steuerrecht, Wirtschaftsrecht und Betriebswirtschaft
DWiR	Deutsche Zeitschrift für Wirtschaftsrecht
Finanz Betrieb	Zeitschrift für Unternehmensfinanzierung und Finanzmanagement
FLF	Die Fachzeitschrift für Finanzierung, Leasing, Factoring
Jura	Juristische Ausbildung
JZ	Juristenzeitung
MDR	Monatsschrift für deutsches Recht: Zeitschrift für die Zivilrechts-Praxis
NJW	Neue juristische Wochenschrift
NStZ	Neue Zeitschrift für Strafrecht
NZG	Neue Zeitschrift für Gesellschaftsrecht: das gesamte Recht der Personen- und Kapitalgesellschaften ; Konzernrecht, Umwandlungsrecht, Unternehmenskauf, Steuer- und Bilanzrecht
QJE	The quarterly journal of economics / Harvard University, Department of Economics
SZW	Schweizerische Zeitschrift für Wirtschaftsrecht

The Journal of Finance	The Journal of Finance
UMAG	Unternehmensmagazin
Wirtschaftsdienst	Zeitschrift für Wirtschaftspolitik
Wistra	Zeitschrift für Wirtschafts- und Steuerstrafrecht
WISU	Das Wirtschaftsstudium: Zeitschrift für Ausbildung, Examen, Berufseinstieg und Weiterbildung
WRP	Wettbewerb in Recht und Praxis
WuB	Entscheidungssammlung zum Wirtschafts- und Bankrecht
ZBB	Zeitschrift für Bankrecht und Bankwirtschaft
Zfb	Zeitschrift für Betriebswirtschaft
ZfbF	Schmalenbachs Zeitschrift für betriebswirtschaftliche Forschung
ZfKredw	Zeitschrift für das gesamte Kreditwesen
ZGR	Zeitschrift für Unternehmens- und Gesellschaftsrecht
ZHR	Zeitschrift für das gesamte Handelsrecht und Wirtschaftsrecht
ZIP	Zeitschrift für Wirtschaftsrecht
ZStW	Zeitschrift für die gesamte Strafrechtswissenschaft

Einleitung

§1 Heranführung an das Thema

A. Thema

Das Thema dieser Arbeit ist die „Beeinflussung des eigenen Börsenkurses durch die Aktiengesellschaft – Erscheinungsformen, Zulässigkeit und Grenzen im deutschen Kapitalmarktrecht". Am Beispiel der Aktiengesellschaft soll untersucht werden, welche Maßnahmen es einer börsennotierten Kapitalgesellschaft ermöglichen, ihren eigenen Börsenkurs zu beeinflussen, ob und warum sie ein Interesse daran haben könnte und welche Vorschriften des deutschen Kapitalmarktrechts derartigen Beeinflussungsmaßnahmen entgegenstehen oder diese begrenzen.

B. Spannungsfeld „Kapitalmarkt"

Der Untersuchungsgegenstand rührt an den Festen des Kapitalmarktes. Jede Beeinflussung setzt ein aktives Tun oder bewußtes Unterlassen voraus, richtet sich grundsätzlich auf ein zu beeinflussendes Bezugsobjekt bzw. eine Bezugsperson und erfordert damit ein Mindestmaß an Außenwirkung. Auch die thematisierte Beeinflussung des Börsenkurses wirkt nur im Spannungsfeld mit Dritten und entfaltet Rechtsfolgen nur im Umfeld eines irgendwie geregelten Marktes.
Dieser Markt ist hier der Kapitalmarkt. In vereinfachter Form läßt sich der Kapitalmarkt als der Markt umschreiben, auf dem Kapital oder Kapitalanlagen angeboten und nachgefragt werden.[1] Seine klassische Aufgabe besteht in der Transformation der Ersparnisse öffentlicher und privater Haushalte in dauerhaft gebundenes unternehmerisch eingesetztes Anlagekapital und dient damit der Sicherstellung der Finanzierung von kapitalintensiven Aufgaben in privatwirtschaftlicher Verantwortung.[2]

---

[1] *Assmann*, GK, Einl. Rdn. 354ff.
[2] *Kübler/Assmann*, §14 II ; *Assmann*, GK, Einl. Rdn. 354

C. Bedeutungswandel des Kapitalmarktes

Dieser Aufgabe wurde der Kapitalmarkt seit dem Zweiten Weltkrieg nur eingeschränkt gerecht. Der wirtschaftliche Wiederaufbau vollzog sich im wesentlichen außerhalb des organisierten Kapitalmarktes. Das Sparverhalten Privater richtete sich weniger auf Vermögensbildung als auf Konsum. Wenn überhaupt, flossen Ersparnisse vorwiegend den Kreditinstituten als Kapitalsammelstellen zu, die wiederum den Kapitalbedarf der Unternehmen deckten.[3]
Aufgrund des geringen Stellenwertes des Kapitalmarktes spielte eine Beeinflussung des Börsenkurses eine bestenfalls untergeordnete Rolle im finanzwirtschaftlichen Geschehen. Die heutige herausragende Bedeutung der Börsenkursbeeinflussung und ihre wirtschaftspolitische Aktualität stehen im unmittelbaren Zusammenhang mit dem wachsenden Stellenwert des Kapitalmarktes und dem fundamentalen Strukturwandel, den die nationalen wie internationalen Kapitalmärkte als Folge der wirtschaftlichen, politischen und technologischen Entwicklungen der letzten zwei Jahrzehnte unwiderruflich vollzogen haben.
Der Bedeutungswandel begann mit ersten Reformbestrebungen des Gesetzgebers, die die Belange der Kleinanleger und Minderheiten stärkten sowie die Verkehrsfähigkeit der Vermögensanlagen verbesserten.[4] Doch erst die rasche Entwicklung der Informations- und Kommunikationstechnologie sowie die allgemein fortschreitende Globalisierung brachten den eigentlichen Wandel der Verhältnisse. Sie führten zu einer zunehmenden Verflechtung der internationalen Finanzstandorte, die unter anderem in den verschiedenen Formen der Zusammenarbeit und des Zusammenschlusses einzelner Börsen zum Ausdruck kommt.[5]
Innerhalb Europas hat die fortschreitende Harmonisierung, im Besonderen die Fixierung der Wechselkurse und die Einführung des Euro im Rahmen der Durchführung der dritten Stufe der europäischen Währungsunion, die Voraussetzung für einen freien, risikolosen und kostengünstigen Marktzugang innerhalb der Union geschaffen und in dieser Weise die Öffnung der europäischen Finanzmärkte auf den Weg gebracht.[6]
Während bis Anfang der Neunziger Jahre der Kapitalmarkt als lokaler Finanzplatz genutzt wurde, an dem vornehmlich die vor Ort befindlichen Emittenten und Intermediäre agierten, hat sich durch die Öffnung und das Zusammenwach-

---

[3] *Assmann*, GK, Einl. Rdn. 174ff.
[4] vgl. zum Reformprozeß *Assmann*, GK, Einl. Rdn. 183ff.
[5] Beispiele hierfür sind der Zusammenschluß der Deutschen Terminbörse (DTB) und der Zürcher SOFFEX zur Eurex oder die Zusammenarbeit der Börsen in Paris, Brüssel und Amsterdam im Rahmen des Euronext. Exemplarisch seien auch die Fusionsversuche der Deutschen Börse AG mit der London Stock Exchange (LSE) genannt. Vgl. zum Wandel der Börsen *Denning*, S.1ff..
[6] *Steuer*, FS Kümpel, S.540

sen der Kapitalmärkte vor allem das Bild der Marktteilnehmer verändert. Große international operierende Banken- und Finanzdienstleistungskonzerne auf der einen Seite und eine Flut angloamerikanisch geprägter Fondsgesellschaften sowie große Beteiligungsgesellschaften auf der anderen Seite bestimmen heute das kapitalmarktliche Geschehen.
Diesen Marktteilnehmern stehen vergleichsweise große Kapitalmittel zur Verfügung, die sie anlegen und umschichten und die es ihnen so ermöglichen, am Kapitalmarkt hohe Erträge zu erzielen und diese vergleichsweise kurzfristig zu realisieren. Gleichzeitig wird durch die Schöpfung neuartiger Finanzinstrumente (Hedgingmodelle, Swaps, Futures etc.) versucht, das Risiko der Investitionen am Kapitalmarkt weitestgehend zu minimieren.
Speziell das wachsende Angebot an Investmentfonds hat den Kapitalmarkt auch für den privaten Anleger erschlossen. Der wirtschafts- und sozialpolitisch gewollte Einsatz privater Vermögensanlagen und kapitalmarktlicher Altersvorsorge hat es mit sich gebracht, daß neben den institutionellen Investoren vermehrt Privatanleger - auch mit geringen Sparmöglichkeiten - auf den Kapitalmarkt drängen.
Als Konsequenz sahen sich gerade deutsche Unternehmen gehalten, ihre Finanzierungsstrategien dem veränderten Bild des Kapitalmarktes anzupassen. Finanzierten sie sich bislang primär aus zwei Quellen - aus einbehaltenen Gewinnen und aus Krediten – begannen sie ab etwa 1990, in nennenswertem Maße auch die internationalen Finanzmärkte als Finanzierungsquelle zu nutzen mit der Folge allerdings, daß sie sich seitdem im Wettbewerb um Kapital an internationalen Maßstäben messen lassen mußten.[7]

D. Interessenwandel der Marktteilnehmer

Mit der Veränderung des Kapitalmarktes und dem Wandel der dort agierenden Markteilnehmer geht zwangsläufig eine Verlagerung der beteiligten Interessen einher. Gegenüber dem herkömmlich langfristigen Engagement in festverzinslichen Anlageobjekten und dem damit verbundenen Interesse an dem dauernden Bestand und der Sicherung der dahinter stehenden Unternehmen, steht heute besonders die Orientierung an hohen und gleichzeitig kurzfristigen Erträgen im Vordergrund. Nicht zuletzt die zunehmenden Nachrichten von Unternehmens-

---

[7] Dies ließ die Zahl der Aktiengesellschaften bis Ende 2001 in Deutschland auf 13.598 ansteigen. An der Frankfurter Wertpapierbörse wuchs die Zahl börsennotierter deutscher Gesellschaften gegenüber 1965 (627) oder 1983 (442) auf 912 Unternehmen an. Deutschlandweit wurden zu dieser Zeit insgesamt 1.079 Aktiengesellschaften gelistet. Vgl. *Hansen*, AG-Report 2002, R75, R76.

übernahmen bzw. Übernahmeversuchen zum Zwecke der Wertsteigerung dokumentieren die Interessenverlagerung der Akteure an den internationalen Kapitalmärkten. In der Folge rückt der Kurs der jeweiligen Kapitalanlagen ins Zentrum der Aufmerksamkeit der Kreditinstitute, Finanzdienstleister, Emittenten, institutionellen und privaten Anleger, die sich auf der Suche nach Kapital bzw. attraktiven Anlage- oder Geschäftsmöglichkeiten auf den Kapitalmarkt begeben. Besonderen Ausdruck hat diese Entwicklung 1998/1999 in außergewöhnlichen Kursgewinnen speziell am (ehemaligen) Neuen Markt gefunden, die in einem regelrechten Börsenboom gipfelten.

E. Mißbräuchliches Marktverhalten

Der beispiellose Aufstieg der Kapitalmärkte wurde jedoch im Frühjahr 2000 durch einen ebenso beispiellosen Einbruch der Kurse jäh gestoppt.[8] Verstärkt durch die Ereignisse im Gefolge des 11. Septembers 2001 konnte sich die nationale wie internationale Finanzwirtschaft lange nicht von seinen Spätfolgen erholen. So kam der Emissionsmarkt 2002/2003 an den deutschen Wertpapierbörsen praktisch vollständig zum Erliegen und hat erst mit dem Börsengang der Postbank im Sommer 2004 einen ersten zaghaften Wiederbelebungsversuch erfahren.

Die beiden Phänomene, die zunehmende Ausrichtung der Marktteilnehmer an den Kursen sowie der Einbruch der internationalen Märkte, haben gerade in den letzten Jahren den Nährboden für mißbräuchliches Marktverhalten einzelner Marktteilnehmer gebildet. So haben die großen internationalen Finanzskandale von Enron und Worldcom oder die hiesigen Fälle von ComRoad, Infomatec oder EM.TV sowie anhaltende Negativ-Meldungen über Mißmanagement und Unternehmenskrisen das Vertrauen der privaten wie auch der institutionellen Investoren in die Integrität der Unternehmensführung und damit letzten Endes auch das Vertrauen in den Kapitalmarkt tief erschüttert.

F. Notwendigkeit gesetzlicher Reformen

Aufgrund der strukturellen Veränderungen und der zutage tretenden erheblichen Schwächen der rechtlichen Rahmenbedingungen an den deutschen Finanzmärkten hat der deutsche Gesetzgeber diese Entwicklung zum Anlaß genommen, eine

---

[8] seit März 2000 war ein starker Rückgang der Aktienkurse um über 90 Prozent am Neuen Markt zu verzeichnen, dem sich seit Anfang 2001 auch die Standardwerte des DAX 30 nicht mehr entziehen konnten.

Fülle von Gesetzesnovellen[9] auf den Weg zu bringen, die – weitestgehend von gemeinschaftsrechtlichen Vorgaben dominiert[10] - den Finanzstandort Deutschland durch die Gewährleistung eines stabilen, integren und transparenten Marktes stärken und dem Schutz der Anleger ein zunehmendes Gewicht verleihen sollen.

Im Ergebnis stehen die am Markt teilnehmenden Kapitalgesellschaften - im Vordergrund die Aktiengesellschaft - unter dem Druck des Kapitalmarktes, zwar langfristig das Unternehmen durch Rücklagen und Investitionen zu sichern, aber im Rahmen ihrer Kapitalbeschaffung den Renditeforderungen der Anleger und Investoren zu genügen und ihre Konkurrenzfähigkeit, Ertragskraft und Wachstumsaussicht durch entsprechende Kursentwicklungen zu belegen. Gleichzeitig sehen sie sich einer zunehmenden Regulierungsdichte der kapitalmarktrechtlichen Rahmenbedingungen ausgesetzt.
Vor dem Hintergrund des aufgezeigten Spannungsfeldes geht die Arbeit der Frage nach, welche unternehmerischen Maßnahmen einer börsennotierten Aktiengesellschaft als Marktteilnehmer zur Verfügung stehen, auf ihren eigenen Börsenkurs Einfluß zu nehmen, welche Interessen sie dazu motivieren und welche kapitalmarktrechtlichen Grenzen dieser Börsenkursbeeinflussung entgegenstehen.

§2 Gang der Untersuchung

Der Gang der Untersuchung stellt sich dabei wie folgt dar: Zunächst wird die Aktiengesellschaft samt ihrer Aktie als Urheber kursbeeinflussender Maßnahmen vorgestellt (Teil I). Sodann schließt sich eine Erläuterung des Begriffs sowie der volkswirtschaftlichen Bedeutung der Wertpapierbörse als Handelsplatz der Aktie und Plattform der Beeinflussung an (Teil II). In einem dritten Teil folgt die Darstellung des Börsenkurses als Preis der Aktie an der Wertpapierbörse und Zielobjekt beeinflussender Maßnahmen. Hier werden die allgemeine Bedeutung des Börsenkurses (§1), das technische Ermittlungsverfahren (§2) sowie die Wertermittlung durch den Markt (§3) entwickelt. In Teil IV folgt die Darstellung der Bedeutung des Börsenkurses für die börsennotierte Aktiengesell-

---

[9] Viertes Finanzmarktförderungsgesetz (4.FMFG) ; Verordnung zur Konkretisierung des Verbots der Kurs- und Marktpreismanipulation (KuMaKV) ; Anlegerschutzverbesserungsgesetz (AnSVG) ; Verordnung zur Konkretisierung des Verbots der Marktmanipulation (MaKonV) ; Wertpapierprospektgesetz (WPpG) ; Entwurf eines Kapitalmarktinformations-Haftungsgesetz (KapInHaG)

[10] EU-Übernahmerichtlinie ; EU-Richtlinie zur Erhöhung des Anlegerschutzes und der Transparenz ; EU-Prospektrichtlinie ; EU-Marktmißbrauchsrichtlinie .

schaft als Hintergrund der Beeinflussung. In Teil V widmet sich die Arbeit den Maßnahmen der Aktiengesellschaft zur Beeinflussung des eigenen Börsenkurses. Neben der Motivation der Aktiengesellschaft (§1), der Eingrenzung der Untersuchung auf das Handeln der Aktiengesellschaft samt ihrer Organe (§2) sowie der begrifflichen Einordnung der Börsenkursbeeinflussung (§ 3) werden in §4 anhand von Fallgruppen die wesentlichen Beeinflussungsmaßnahmen dargestellt. In einem sechsten und letzten Teil werden schließlich der gegenwärtige deutsche Rechtsrahmen des Kapitalmarktrechts aufgezeigt und die einzelnen Beeinflussungsmaßnahmen an den bestehenden gesetzlichen Vorschriften gemessen.

Teil I: Die Aktiengesellschaft und ihre Aktie - Urheber beeinflussender Maßnahmen am Kapitalmarkt

Die Erscheinungsformen und rechtlichen Grenzen der Zulässigkeit der Beeinflussung des eigenen Börsenkurses einer Kapitalgesellschaft sollen am Beispiel der Aktiengesellschaft dargestellt werden. Sie ist die zentrale Figur des kapitalmarktlichen Geschehens und bildet als solches den Ausgangspunkt der Untersuchung.

§1 Begriffe: Aktiengesellschaft, Aktie

Das deutsche Aktiengesetz definiert die Aktiengesellschaft als Gesellschaft mit eigener Rechtspersönlichkeit (§ 1 I S.1 AktG).[11] Sie ist juristische Person und als solche von der Rechtsordnung als eigenständige Trägerin von Rechten und Pflichten ausgestaltet. Ihren Gläubigern haftet allein das Gesellschaftsvermögen (§ 1 I S.2 AktG). Der damit verbundene Haftungsausschluß für die Mitglieder der Aktiengesellschaft, die Aktionäre, findet seinen notwendigen Ausgleich und seine Rechtfertigung in der Garantie eines satzungsmäßig festgelegten Grundkapitals. Die Garantiefunktion des Grundkapitals kann nur gewährleistet werden, wenn ein der Kapitalziffer entsprechendes Vermögen auch tatsächlich aufgebracht (Grundsatz der Kapitalaufbringung) und den Gesellschaftsgläubigern und künftigen Aktionären später nicht wieder entzogen wird (Grundsatz der Kapitalerhaltung).

Das Grundkapital der Aktiengesellschaft ist gemäß § 1 II AktG in Aktien zerlegt. Der Begriff der Aktie beschreibt anhand der Relation ihres Nennbetrages zum Grundkapital (Nennbetragsaktien, § 8 I, II AktG) bzw. anhand der Gesamtzahl der ausgegebenen Stücke (Stückaktien, § 8 IV AktG) die quotale Beteiligung des Aktionärs am Gesellschaftsvermögen. Daneben verkörpert die Aktie die Gesamtheit der mitgliedschaftlichen Rechte des einzelnen Aktionärs an der Gesellschaft. Mit der Verbriefung dieser Aktionärsrechte in der Aktienurkunde wird sie zum (deklaratorischen) Wertpapier.[12]

---

[11] Von der Berücksichtigung der übernationalen Gesellschaftsform der Societa Europea (SE) wird in dieser Arbeit abgesehen.

[12] Die Verbriefung erfolgt für Inhaberaktie als Inhaberpapier, für Namensaktie als (geborenes) Orderpapier. Im Regelfall werden die Aktien jedoch bei Sammelbanken im stücklosen Effektengiro geführt.

§2 Bedeutung der Aktie für die Aktiengesellschaft

Der Zerlegung ihres Grundkapitals in Aktien und deren Verbriefung verdankt die Aktiengesellschaft ihre herausragende kapitalmarktliche Bedeutung. Vor allem die auf diese Weise erreichte Fungibilität der Beteiligung unterscheidet die Aktiengesellschaft von den Personengesellschaften (OHG, KG, GmbH & Co. KG), aber auch von anderen Kapitalgesellschaften wie der GmbH oder dem Verein. Die Aktie ermöglicht eine rasche und einfache Übertragung der Beteiligung an der Gesellschaft. Den Aktionären steht es – sofern nicht satzungsgemäß eingeschränkt[13] - zu jedem Zeitpunkt frei, ihre Anteile an andere Investoren zu veräußern und selbst aus der Gesellschaft auszuscheiden. Im Gegenzug sind die Aktionäre durch eine strikte Kompetenzabgrenzung von der Leitung des Unternehmens ausgeschlossen und auf die Rolle eines „schlichten" Kapitalgebers mit nur partiellen Kontrollmöglichkeiten beschränkt. Dies gestattet der Gesellschaft, im Sinne einer Kapitalsammelstelle eine außerordentlich große Zahl meist anonym bleibender Anleger für eine Investition in das Unternehmen zu gewinnen und so eine beträchtliche Kapitalmenge schnell und unbürokratisch aufzunehmen. Als reine Kapitalgesellschaft kann die Aktiengesellschaft damit unabhängig vom konkreten Bestand ihrer Mitglieder die aufgenommenen Kapitalmittel langfristig ihrem satzungsmäßigen Unternehmenszweck unterstellen. Den Anlegern wiederum eröffnet das Instrument der Aktie die Möglichkeit, ihre Investition langfristig oder auch nur kurzfristig in einem Unternehmen zu belassen und über die Dividenden hinaus durch den Handel mit den Aktien zusätzliche Gewinne zu realisieren. Dies gilt für institutionelle Anleger ebenso wie für private Anleger. Letzteren ermöglicht insbesondere eine breite Stückelung in kleine Beteiligungen, zu entsprechend niedrigen Preisen Aktien zu erwerben und ihre privaten Ersparnisse den Aktiengesellschaften als zweckgebundenes Eigenkapital zur Verfügung zu stellen.

Im Ergebnis kommt der Aktiengesellschaft dank der Haftungsbegrenzung der Aktionäre, der Kompetenzabgrenzung in der Leitung der Gesellschaft und der Fungibilität der Aktie eine erhebliche Bedeutung im Zentrum des Kapitalmarktes zu. Sie ist folglich Objekt und Ausgangspunkt beeinflussender Handlungen am Kapitalmarkt.

---

[13] Ausnahmen für sog. vinkulierte Namensaktien i.S.v. § 68 II AktG.

Teil II: Die Wertpapierbörse - Handelsplatz der Aktie und Plattform beeinflussender Maßnahmen

Der besondere Stellenwert der Aktiengesellschaft im Kapitalmarkt und damit ihre eigentliche volkswirtschaftliche Dimension werden jedoch erst durch den Umschlag der Aktie an einem allgemein zugänglichen Handelsplatz erreicht. Diesen Handelsplatz der Aktie bilden die nationalen wie internationalen Wertpapierbörsen. Durch diese Öffnung am Markt gewinnt eine Einwirkung auf die Aktie an Bedeutung.

§1 Begriff der Wertpapierbörse

Sowohl die Kapitalaufnahme der Aktiengesellschaft als auch der Handel in den Aktien findet typischerweise an der Wertpapierbörse statt. Entsprechend sieht § 3 II AktG die Möglichkeit der Börsennotierung einer Aktiengesellschaft vor. Danach sind Aktiengesellschaften börsennotiert, wenn ihre Aktien zu einem Markt zugelassen sind, der von staatlich anerkannten Stellen geregelt und überwacht wird, regelmäßig stattfindet und für das Publikum mittelbar oder unmittelbar zugänglich ist.

In Übereinstimmung mit dem Wertpapierhandelsgesetz (WpHG) umschreibt der Gesetzeswortlaut den Begriff des „organisierten Marktes“[14], aus dem sich jedoch keine Definition des Begriffs der Börse ableiten läßt. Die staatliche Regulierung und Kontrolle sind zwar besondere Qualitätsmerkmale der deutschen Wertpapierbörsen, doch stehen beide Kriterien auf der Rechtsfolgenseite und kommen erst mit der Erteilung einer Börsengenehmigung i.S.v. § 1 I BörsG zum Tragen. Sie können folglich nicht die materiellen Voraussetzungen des Börsenbegriffs bilden.[15] Angesichts der sich rasch verändernden technischen Möglichkeiten und der modernen Ausgestaltung des Marktgeschehens hat der Gesetzgeber auch im Zuge des Vierten Finanzmarktförderungsgesetzes (4.FMFG) weiterhin auf eine Legaldefinition des Begriffs der Börse verzichtet.[16] Gleichwohl besteht gerade im Zusammenhang mit dem börsenrechtlichen Genehmigungserfordernis ein gesteigertes Bedürfnis nach einer begrifflichen Abgrenzung. So

---

[14] vgl. den Begriff der börsennotierten Gesellschaft in §21 II WpHG sowie den Begriff des organisierten Marktes in §2 V WpHG.

[15] *Kümpel*, Rdn.17.55 ; *Spindler*, WM 2001, 1689 (1696) ; *Fleckner/Reuschle*, BKR 2002, 617 (623)

[16] Stellungnahme des Bundesrates, BT-Drucks.14/8017, S.146

muß die Börsenaufsicht beispielsweise nach Anzeige der Inbetriebnahme eines elektronischen Handelssystems prüfen, ob dieses System als außerbörsliches elektronisches Handelssystem i.S.v. § 58 BörsG, als börsenähnlich i.S.v. §§ 59, 60 BörsG oder als Börse im engeren Sinne einzuordnen ist.
Auf der Suche nach einem Abgrenzungskriterium haben Rechtsprechung und Schrifttum zunächst den sog. „klassischen“ Börsenbegriff geprägt, der vornehmlich auf die Ortsgebundenheit als Charakteristikum der Börse abstellte.[17] Mit der Einbeziehung elektronischer Datenübertragungssysteme in das Börsengeschehen ist dieser Anknüpfungspunkt freilich weggefallen.
Ein moderner Definitionsansatz sucht den Begriff der Börse durch das Kriterium der neutralen und transparenten Ermittlung des Börsenpreises zu ersetzen. Dieser „materielle“ Börsenbegriff versteht die Börse als ein grundsätzlich in kürzeren Abständen zugängliches Handelssystem, das Geschäftsabschlüsse zwischen den Handelsteilnehmern über dort gehandelte Gegenstände mit transparenter und neutraler Preisermittlung ermöglicht.[18]

§2 Volkswirtschaftliche Bedeutung der Börse

An der Börse werden die nachfragenden und anbietenden Marktseiten zum Zwecke marktausgleichender Geschäftsabschlüsse und unter Ermittlung eines Preises zusammengeführt. Die Börse bildet damit das zentrale Element einer marktwirtschaftlichen Volkswirtschaft und reagiert daher empfindlich auf jede Einwirkung von außen. Sowohl die Wirtschaft als auch der Staat benötigen für ihre Unternehmungen Kapital. Die privaten und institutionellen Anleger wiederum benötigen geeignete Anlagemöglichkeiten, um ihr Investitionspotential auszuschöpfen und ihr Vermögen zu mehren. Durch die zentralisierte Zusammenführung von Sparkapital und Kapitalbedarf wird mit Hilfe der börsenmäßig organisierten Märkte ein bestmöglicher Ausgleich dieser Marktbedürfnisse erreicht und damit eine optimale Allokation der Kapitalmittel bewirkt.[19] Es ist Aufgabe der Börse, die frei zur Verfügung stehenden Kapitalmittel, insbesondere die Ersparnisse privater Haushalte, in langfristig zweckgebundenes, grundsätzlich irreversibles Eigenkapital umzuwandeln und dabei denjenigen Investitionsgegenständen zuzuführen, die es am dringendsten benötigen und im Sinne der höchsten Rendite am rentabelsten einzusetzen versprechen (sog „Kapitalallokationsfunktion“).[20]

---

[17] *Kümpel*, Rdn.17.31 ff.
[18] *Kümpel*, Rdn.17.68
[19] *Bosch*, BuB, Rdn.7/420 ff.
[20] *Assmann*, Assmann/Schütze, §1, Rdn.24

Dabei erleichtert die Börse den Abschluß der Wertpapiergeschäfte durch die Sicherung ausreichender Liquidität im Sinne einer anhaltenden Deckung der Nachfrage sowie durch vergleichsweise niedrige Transaktionskosten und ein geringeres Handelsrisiko im Sinne einer Zahlungs- und Lieferfähigkeit der Wertpapiere.

Strenggenommen erfüllt die Börse ihre Aufgaben heutzutage nicht mehr als Emissionsmarkt (sog. „Primärmarkt"), sondern dient vornehmlich dem Handel in bereits emittierten Papieren (sog. „Sekundärmarkt").[21] Durch die laufenden Geschäftsbeziehungen und den persönlichen Kontakt mit ihren Kunden verfügen heute die Kreditinstitute über bessere Voraussetzungen für die Plazierung von Neuemissionen.[22] Der Sekundärmarkt an den Börsen bildet aber die unumgängliche Voraussetzung für einen leistungsfähigen Primärmarkt, da die Konsortialbanken die Emission nur in der Gewißheit übernehmen werden, die Papiere sogleich über die Börse absetzen zu können.
Kernfunktion der Börse ist also der reibungslose Wertpapierhandel, in dessen Rahmen das gesamte Angebot- und Nachfragepotential der Handelsteilnehmer zusammengeführt und den Anlegern jederzeit die Möglichkeit geboten wird, ihre Anlagen in Liquidität umzuwandeln, ohne dem Kapitalnachfrager die Kapitalmittel wieder zu entziehen (sog. „Transformations- und Liquidisierungsfunktion").[23]

Durch die Zwischenschaltung der Börsen wird zudem eine Trennung von Finanzierung und Risikoübernahme erzielt (sog. „Risikotransformationsfunktion").[24]

Neben der Zusammenführung der nachfragenden und anbietenden Marktseiten zum Zwecke marktausgleichender Geschäftsabschlüsse übernimmt die Börse zusätzlich die elementare Funktion der Zentralisierung sämtlicher zur Verfügung stehenden Informationen. Es ist Voraussetzung für eine effiziente Kapitalallokation, daß umfassende und zutreffende Informationen über die Anlagemöglichkeiten auf den Markt gelangen. Hierzu dienen umfangreiche Publizitäts- und Informationsvorschriften für Emittenten und andere Marktteilnehmer. Nur mit ihrer Hilfe können sowohl Anleger als auch Emittenten die Ertragsaussichten des jeweiligen Anlageobjekts verläßlich beurteilen (sog. „Kapitalbewertungsfunktion").[25]

---

[21] *Kümpel*, Rdn.17.2
[22] *Hielscher*, Obst/Hinter, S.1144
[23] *Bosch*, BuB, Rdn.7/420
[24] *v. Rosen*, Gerke/Steiner, S.334
[25] *Hielscher*, Obst/Hinter, S.1144 ; *Lenzen*, S.55

Da der einzelne Marktteilnehmer jedoch kaum eine umfassende Aufgeklärtheit über alle relevanten Daten erreichen kann, ist er darauf angewiesen, daß möglichst alle am Markt verfügbaren Informationen in eine Meßzahl eingehen, auf deren Richtigkeit und Vollständigkeit er vertrauen kann.[26] Diese Aufgabe übernimmt der Börsenpreis (vgl. hierzu Teil III). In der Praxis ist allerdings davon auszugehen, daß die Börsen die Informationen nur zu einem gewissen Maße effizient in den Börsenpreis umsetzen können, sich also - realistisch betrachtet - nur Nachrichten widerspiegeln, die über öffentliche Medien allgemein bekanntgegeben werden und ohne besonderen Kostenaufwand verfügbar sind.[27] Sämtliche zusätzlichen dezentral veröffentlichten Nachrichten, wie z.B. Markt- und Kursanalysen sowie darüber hinausgehende Insiderinformationen, finden keinen unmittelbaren Eingang in die Börsenpreise.[28] Damit diese wenngleich schwache Form der Informationseffizienz erreicht werden kann, ist es eine weitere zentrale Aufgabe der Börse, die Transparenz und Nachvollziehbarkeit der Kursbildung zu gewährleisten und dadurch sicherzustellen, daß die freien Kapitalmittel den effizientesten Investitionsgegenständen zufließen und die Börse ihre Kapitallenkungsfunktion wahrnehmen kann.

Schließlich hat die Börse eine gesellschaftspolitische Dimension. Sie ermöglicht die wirtschaftliche Beteiligung breiter Teile der Bevölkerung an den wichtigsten Produktionsanlagen des Landes und steht somit im Dienste einer gerechten Vermögensverteilung innerhalb der Volkswirtschaft.[29]

Mithin werden erst mit Hilfe der Wertpapierbörsen die fungiblen Aktien in einem kapitalmarktrechtlich relevanten Umfang handelbar, erhalten erst über den Börsenhandel ihre eigentliche volkswirtschaftliche Bedeutung und entfalten so Anreize für eine Beeinflussung durch die Kapitalmarktteilnehmer.

---

[26] *Kopp*, S.96/97 ; *Bosch*, BuB, Rdn. 7/420

[27] Grundsätzlich stehen Daten aus Jahresabschlüssen, Quartalsberichten, Emissionsberichten sowie aktuelle und historische Daten über die Dividendenpolitik und aktuelle und historische Daten über Kursentwicklungen etc. zur Verfügung.

[28] siehe zur Informationseffizienz unten auf Seite 82. Vgl. auch *Kopp*, S.98 ff. mit weiteren Nachweisen empirischer Erhebungen ; *Baum*, S.182.

[29] *Hielscher*, Obst/Hinter, S.1144

Teil III: Der Börsenkurs - Preis der Aktie an der Wertpapierbörse und Zielobjekt beeinflussender Maßnahmen

Der Börsenkurs beschreibt den Preis eines an einer Wertpapierbörse gehandelten Wertpapiers. Nach der Definition des Gesetzes, die terminologisch auf den Begriff „Börsenpreis“[30] abstellt, sind darunter diejenigen Preise zu verstehen, die während der Börsenzeit an einer Wertpapierbörse ermittelt werden (§ 24 I BörsG).[31] Sie bilden den Mittelpunkt der Börse als Handelsplatz der Aktie. Zugleich steht der Börsenkurs als Anknüpfungspunkt der thematisierten Beeinflussung im Zentrum der Untersuchung.
Es ist daher unabdingbar, die allgemeine volkswirtschaftliche Bedeutung des Börsenkurses, den technischen Vorgang der Kursermittlung sowie die dahinter stehende ökonomische Wertermittlung zu schildern, bevor der Frage nachgegangen werden kann, welche konkrete Bedeutung dem Börsenkurses für die Aktiengesellschaft zukommt und welche Maßnahmen es einer Aktiengesellschaft ermöglichen, ihren eigenen Börsenkurs zu beeinflussen.

§1 Die allgemeine volkswirtschaftliche Bedeutung des Börsenkurses

Es ist bereits ausgeführt, daß als Folge des fundamentalen Strukturwandels der Kapitalmärkte die Akzeptanz der Aktie als Anlageinstrument bei den institutionellen Investoren sowie in der breiten Bevölkerung gewachsen ist und nicht zuletzt zu einem Umschwung von einer banken- zu einer kapitalmarktgetragenen Unternehmensfinanzierung geführt hat.[32] Damit rückt der Börsenkurs als maßgebliches Kriterium für Kapitalanlageentscheidungen der Marktteilnehmer immer stärker in den Mittelpunkt des heutigen Wirtschaftslebens, und einhergehend damit - insbesondere mit Blick auf Möglichkeit seiner Beeinflussung - die Frage, wie er entsteht.

Weit über die Grenzen der Börsen hinaus bestimmt der Börsenkurs die Geschicke des gesamten Kapitalmarktes.[33] Auf seiner Grundlage wird über Wirt-

---

[30] Beide Bezeichnungen - der untechnische Begriff des Börsenkurses sowie der Begriff des Börsenpreises - werden in der Literatur weitgehend synonym verstanden und sollen auch in dieser Arbeit als bedeutungsgleich verwendet werden.
[31] Dies gilt gemäß § 24 I BörsG für den Amtlichen und Geregelten Markt sowie nach § 57 II BörsG auch für den Freiverkehr.
[32] Vergleiche bereits die Einleitung oben auf Seite 57 sowie *Weber*, NJW 2003, 18 (19)
[33] So dient der Börsenkurs beispielsweise in folgenden Vorschriften als Anknüpfungspunkt: §§ 1221, 1235 II, 1295 BGB ; § 821 ZPO ; §§ 373 II S.1, 376 II,III HGB ; § 104 InsO, § 54a

schaftskraft, Image und Standing einzelner Unternehmen sowie ganzer Wirtschaftszweige befunden, werden Fusions- und Akquisitionsentscheidungen gefällt und werden im Verbund mit anderen Kursen und zusammengefaßt in unterschiedlichen Indizes (z.B. DAX, M-DAX, S-DAX, Stoxx etc.)[34] Aussagen über die gesamtmarktwirtschaftliche Lage nationaler und internationaler Finanzstandorte getroffen.

Aufgrund seiner enormen Bedeutung sieht sich der Börsenkurs vielfältiger Beeinflussung durch den Kapitalmarkt ausgesetzt, als Zielobjekt aller Marktteilnehmer und somit auch der Aktiengesellschaft selbst. Dies zeigt, wie wichtig eine unbeeinflußte Ermittlung des Kurses ist. Folglich besteht das besondere Bedürfnis an einer marktgerechten, fairen und transparenten Ermittlung der in ihm verkörperten Preise.

§2 Das Verfahren der Ermittlung des Börsenkurses an der Börse[35]

A. Allgemeine Anforderungen an die Ermittlung marktgerechter Preise gemäß § 24 II BörsG

Bei der Ermittlung marktgerechter Preise beschränkt sich das Gesetz im wesentlichen auf die Formulierung allgemeiner Anforderungen. Gemäß § 24 II S.1 BörsG müssen Börsenpreise „ordnungsgemäß zustande kommen" und der „wirklichen Marktlage" des Börsenhandels entsprechen.[36]

II VAG. .

[34] Der DAX (Deutscher Aktienindex) bildet die Kursentwicklungen des deutschen Aktienmarktes in einer einzigen Zahl ab. Er setzt sich zusammen aus den Top 30 nach Umsatz und Börsenwert führenden deutschen Unternehmen, die an der Börse gehandelt werden. Der DAX berücksichtigt nicht nur die Kursentwicklung der Werte, sondern auch die von den Unternehmen gezahlten Dividenden etc.. Er spiegelt somit die umsatzstärksten bzw. meistgehandelten deutschen Aktien wider. Der MDAX (Midcap-Aktienindex) umfaßt die TOP 31 bis 100 nach Umsatz und Börsenwert führenden deutschen Unternehmen, die an der Börse gehandelt werden. Der SDAX (Small-Cap-Aktienindex) umfaßt die Ränge 101 bis 200 der nach Umsatz und Börsenwert führenden deutschen Unternehmen, die an der Börse gehandelt werden. Stoxx und Eurostoxx sind Indizes von Dow Jones. Sie fassen die größten Unternehmen Europas in überschaubaren Indexfamilien zusammen.

[35] Im Folgenden sollen einzelne Gegebenheiten der deutschen Börsen am Beispiel der Frankfurter Wertpapierbörse (FWB) als deutsche Leitbörse beschrieben und stellenweise in Ergänzung zu den gesetzlichen Vorschriften auf ihre Börsenordnung verwiesen werden.

[36] vgl. auch § 27 II BörsO-FWB.

I. Merkmal: „wirkliche" Marktlage

Die Marktlage im Börsenhandel richtet sich formal nach Angebot und Nachfrage in dem jeweiligen Anlageobjekt. Angebot und Nachfrage wiederum ergeben sich aus den vorliegenden Orders.[37]
Neben den bereits vermittelten Aufträgen sind dabei auch die nicht ausführbaren Aufträge in der Kursfeststellung zu berücksichtigen, da auch diesen Aussagekraft über Markttendenzen und Anlegerstimmung zukommt.[38]

Die Preise entsprechen nur dann der „wirklichen Marktlage", sind also nur dann „marktgerecht", wenn sich ihre Ermittlung in ausreichendem Maße an der Nachfrage und dem Angebot des gesamten Kapitalmarktes orientieren kann.[39] Während früher die Wertpapiere vornehmlich an ihrer „Heimatbörse" gehandelt wurden und sich damit die gesamte Liquidität in dem betreffenden Papier an einer einzigen Börse konzentrieren konnte[40], werden Wertpapiere heute nicht nur weltweit an verschiedenen Börsen notiert, sondern zusätzlich über eine Vielzahl mit den traditionellen Börsen konkurrierender, außerbörslicher Handelssysteme[41] gehandelt.[42] Die technischen Möglichkeiten moderner Daten- und Informationsvernetzung haben insoweit zu einer Zersplitterung der Liquidität der Märkte geführt.[43] Je geringer sich jedoch die Marktliquidität an einer Börse darstellt, desto höher ist die Gefahr überhöhter Preise und desto weniger entspricht der ermittelte Preis der tatsächlichen Marktlage im Sinne einer korrekten

---

[37] Zu den Einzelheiten des Verfahrens der Börsenpreisermittlung siehe unten auf Seiten 73 ff.
[38] *Ledermann*, Schäfer, § 29 BörsG, Rdn.7 ; *Lenenbach*, Rdn.3.41
[39] RegBegr., 4.FMFG, BT-Drucks.14/8017, S.52
[40] Nach bisheriger Rechtslage hatte gemäß § 29 III BörsG a.F. die Preisfeststellung im Präsenzhandel auf Grundlage der jeweiligen Börse stattzufinden.
[41] Außerbörsliche Handelssysteme untergliedern sich wie folgt: a) Sog. „Bilaterale Handelssysteme", bei denen die Wertpapiergeschäfte mit dem Betreiber oder einem von ihm bestellten Marketmaker abgeschlossen werden (z.B. Quotrix der Rheinisch-Westfälischen Börse zu Düsseldorf ; CATS der Citibank für Optionsscheinhandel). Hierunter fallen auch die sog. internalisierten Systeme, bei denen die erteilten Effektenaufträge weitestgehend hausintern zum Ausgleich gebracht werden und nur bei Unausführbarkeit an die Börse weitergeleitet werden (z.B. der „Price-Improvement-Service" der Deutschen Bank; die Frankfurter Xetra-Best Handelsplattform). b) sog. „multilaterale Handelssysteme", bei denen Wertpapiergeschäfte unter mehreren Teilnehmern abgeschlossen werden. So etwa die börsenähnlichen Handelssysteme i.S.v. § 59 BörsG. c) Der Freiverkehr, der als privatrechtlich organisiertes Marktsegment nicht zum Börsenhandel im engeren Sinne gehört, ist strenggenommen auch Teil der außerbörslichen Handelssysteme. Er ist der Börse nur „angebunden" und die Preisermittlung nur aus börsenpolitischen Gründen dem Amtlichen und Geregelten Markt gleichgestellt.
[42] Von einer regelrechten Verlagerung der Liquidität auf die außerbörslichen Handelssysteme sprechen *Ackermann*, Kumnow/Lange, S. 155 (167) ; *Liersch*, WM 2003, 473 (474) ; Committee of European Securities Regulators, CESR/02-086b (www.europefesco.org)
[43] RegBegr., 4.FMFG, BT-Drucks.14/8017, S.152

Wiedergabe der Angebot- und Nachfragesituation.[44] Insbesondere an den Regionalbörsen, aber auch in ausländischen Wertpapieren kann die Handelsliquidität so weit abfließen, daß eine allein auf Basis der dortigen Auftragslage erfolgende Preisermittlung erheblich von der Feststellung an der liquiden Hauptbörse abweichen und so zu irreführenden Zufallsergebnissen führen kann.[45] Vor diesem Hintergrund hat der Gesetzgeber in § 24 II S.4 BörsG die Möglichkeit geschaffen, Referenzpreise anderer Börsen und börsenähnlicher Einrichtungen im Inland[46] sowie eines organisierten Marktes im Ausland bei der Preisermittlung zu berücksichtigen und dadurch zumindest rechnerisch eine Gesamtliquidität der Kapitalmärkte herzustellen (sog. „Preisimporte").[47] Damit die Kursfeststellung auch in diesen Fällen nachvollziehbar bleibt, sind die einbezogenen Handelsplätze zu benennen und mit den jeweiligen Preisen und Handelsumsätzen unverzüglich zu veröffentlichen (§ 24 II S.5 BörsG).

II. Merkmal: „ordnungsgemäßes Zustandekommen"

Neben der wirklichen Marktlage ist das „ordnungsgemäße Zustandekommen" des Börsenkurses zu gewährleisten. Der Börsenkurs ist dann ordnungsgemäß zustande gekommen, wenn er gemäß den hierfür geltenden börsenrechtlichen Regelungen in einem reibungslos funktionierenden und geordneten Verfahren unter Ausschluß verzerrender Sonderfaktoren ermittelt wird.

So hat die Preisermittlung unter Wahrung der Chancengleichheit sowie der Transparenz und der Nachvollziehbarkeit des Verfahrens stattzufinden.[48]

In Bezug auf die Gleichbehandlung sind die Angebote sämtlichen Handelsteilnehmern zugänglich zu machen und ihre Annahmen stets zu ermöglichen (§ 24 II S. 2 BörsG; § 34 I BörsO-FWB).

Mit Blick auf Transparenz und Nachvollziehbarkeit sind die Börsenpreise und die ihnen zugrundeliegenden Umsätze den Börsenteilnehmern unverzüglich mitzuteilen (§ 24 II S.2 BörsG; § 35 BörsO-FWB). Die Börsenordnung kann auch vorsehen, daß der höchstlimitierte Kaufauftrag und der niedrigstlimitierte Ver-

---

[44] *Beck*, WM 1998, 419 ; *Spindler*, WM 2002, 1325 (1328)

[45] *Beck*, BKR 2002, 699 (703)

[46] Börsenähnliche Einrichtungen sind im Inland betriebene elektronische Handelssysteme, in denen Angebot und Nachfrage in börsenmäßig handelbaren Wirtschaftsgütern oder Rechten mit dem Ziel zusammengeführt werden, Vertragsabschlüsse unter mehreren Marktteilnehmern (multilateral) innerhalb des Systems zu ermöglichen (§ 59 S.1 BörsG).

[47] RegBegr., 4.FMFG, BT-Drucks.14/8017, S.152. Als Beispiel kann das sog. „Best-Price-Prinzip" der Stuttgarter Wertpapierbörse angeführt werden, nach dem den Anlegern der günstigste Kurs aus dem Xetra-System der Frankfurter Börse garantiert wird.

[48] siehe bereits RegBegr., 2. FMFG, BT-Drucks.12/6679, S.33 (69ff.)

kaufsauftrag veröffentlicht werden (§§ 24 II S.7; 13 II S.3 BörsG; § 34 III BörsO-FWB).[49]

Da in der Praxis nicht alle relevanten Informationen ihren Niederschlag im Börsenkurs des jeweiligen Wertpapiers finden, insoweit also von einer Informationsineffizienz des Marktes ausgegangen werden muß[50], können sich die Bemühungen der Börsenveranstalter bei der Ermittlung der Börsenpreise nur auf die Schaffung einer formalen Kurswahrheit richten.[51] Ein fair und transparent zustande gekommener Börsenpreis kann mithin verläßliche Aussagen nur über die objektive Marktlage, jedoch nicht über den rationalen ökonomischen Wert der Aktie oder über Eigenschaften und Qualität des dahinterstehenden Unternehmens treffen.[52]

B. Das Verfahren der Ermittlung marktgerechter Preise im Einzelnen

I. Überblick

Bei der Durchführung der Wertpapiergeschäfte stehen den Teilnehmern am Börsengeschehen zwei Handelsplattformen zur Auswahl, der elektronische Handel und der Handel an der Präsenzbörse. Da Auftragsausführung und Preisermittlung untrennbar miteinander verbunden sind, erfolgt gemäß § 25 BörsG auch die Ermittlung des Börsenpreises entweder auf elektronischem Wege oder unter Mitwirkung der zur Feststellung des Börsenpreises im Präsenzhandel zugelassenen Unternehmen (sog. „Skontroführer").
Im Zuge des 4. Finanzmarktförderungsgesetzes hat der Gesetzgeber endgültig vom überlieferten Vorrang des Präsenzhandels Abschied genommen und die Gleichwertigkeit der elektronischen Handelssysteme gesetzlich klargestellt.[53]

---

[49] Limitierte Aufträge sind Kauf- und Verkaufsaufträge, die mit einem Höchst- bzw. Niedrigstpreis erteilt werden und nur zu diesem oder besser ausgeführt werden sollen.
[50] vgl. zur Informationsineffinzienz unten auf Seite 82; *Kopp*, S.98 ff.
[51] *Lenenbach*, S.123 ; *Claussen*, Rdn.235
[52] *Lenenbach*, S.123 ; *Claussen*, Rdn.235
[53] Zwar waren der elektronische Handel und der Präsenzhandel bereits seit dem 2. FMFG rechtlich weitgehend gleichgestellt. Zudem erfolgt mit über 95% der Handelsumsätze der Großteil des Aktienhandels mittlerweile im elektronischen Handel der FWB XETRA (vgl. Gruppe Deutsche Börse, Börsenlexikon, http://deutsche-boerse.com (2.11.03) Deutsche Börse AG, Fact book 2003). Dennoch normierte § 10 II BörsG a.F. nach wie vor eine Regelvermutung zu Gunsten der Auftragsausführung im Präsenzhandel, die in der herrschenden Meinung in Literatur und Praxis zu der Auffassung führte, aus einer Gesamtschau der §§29, 30, 36 i.V.m. §42 IV BörsG a.F ergebe sich, daß die Börse in den Marktsegmenten Amtlicher Markt und Geregelter Markt kraft Gesetzes zur Durchführung des Präsenzhandels verpflichtet und

Gemäß § 13 II Nr.3 BörsG können die Wertpapierbörsen in ihrer Börsenordnung selbst bestimmen, ob das jeweilige Wertpapier unter physischer Anwesenheit der Börsenteilnehmer im Börsensaal (Parkett) oder virtuell im elektronischen Computersystem (z.B. XETRA[54]) oder parallel über beide Handelsplattformen vertrieben werden soll.[55]

Nach dem Börsengesetz unterteilt sich die Börse in verschiedene Teilmärkte, den Amtlichen Markt und den Geregelten Markt. Die beiden Marktsegmente grenzen sich durch unterschiedlich strenge Anforderungen, die die Emittenten bei der Zulassung ihrer Wertpapiere zum Börsenhandel beachten müssen, voneinander ab.
Der Amtliche Markt ist das Marktsegment mit den strengsten Zulassungsvoraussetzungen. Dort sind traditionell sämtliche großen deutschen Gesellschaften (sog. „Blue Chips") notiert. Folglich sind die Börsenkapitalisierung und die Liquidität hier am größten.[56] Demgegenüber soll es der Geregelte Markt kleineren und mittleren Unternehmen erleichtern, ihre Eigenkapitalschwäche durch Beschaffung weiteren Eigenkapitals am Kapitalmarkt zu überwinden.[57] Der Emittent hat die Wahl, welchem Pflichtenstandard er sich unterwerfen und welche Qualität seiner Wertpapiere er damit nach außen kommunizieren will. Durch die unterschiedlichen Anforderungsprofile wird den Marktteilnehmern ermöglicht, Rückschlüsse auf das Risiko und die Chancen des jeweiligen Anlageobjektes zu ziehen.
Lediglich physisch der Börse angeschlossen ist der sog. „Freiverkehr. Ihm verbleibt lediglich der Handel in Aktien von Gesellschaften, die an anderen deutschen oder ausländischen Börsen notiert sind. Dieser erfolgt rein privatrechtlich und ist nur einer Mißbrauchsaufsicht der Börsenleitung unterstellt.[58]

Bis zum Jahre 2002 unterschieden sich die Marksegmente zudem noch durch die Art der Preisfeststellung. Mit dem 4. Finanzmarktförderungsgesetz ist die amtliche Preisermittlung im (ehemals) Amtlichen Handel unter Aufgabe des Kursmaklerwesens als Marktintermediär ersatzlos weggefallen und die Feststellung

---

der elektronische Handel eben nur zusätzliches Leistungsangebot sei. Zum Meinungsstand nach alter Rechtslage vgl. *Schwark*, BörsG, § 29, Rdn.14 ff. ; *Ledermann*, Schäfer, § 29, Rdn.14.

[54] 1997 wurde an der FWB der bisherige IBIS-Handel durch das neue XETRA-System (Exchange Electronic Trading) als elektronische Handelsplattform ersetzt. Vgl. zum XETRA-System: *Beck*, WM 1998, 417. Das XETRA-System der FWB soll im Folgenden exemplarisch für die elektronischen Handelssysteme angeführt werden.

[55] vgl. RegBegr., 4.FMFG, BT-Drucks. 14/8017, 74; so auch *Möller*, WM 2001, 2405, 2406.

[56] *Schanz*, §11, Rdn.11

[57] RegBegr. BörsZulG, BR-Drucks. 254/85, S.10ff.

[58] *Schanz*, §11, Rdn.37 ; *Ledermann*, Schäfer, §78, Rdn.12

des Börsenpreises folglich nicht mehr an ein bestimmtes Marktsegment gekoppelt.[59] Unabhängig von der Marktsegmentierung trifft die Geschäftsführung der Börse gemäß § 25 I S.2 BörsG die Wahl der jeweiligen Handelsplattform und kann damit die Preisermittlung nun vielmehr unter Berücksichtigung der Erfordernisse des Handels in den Wertpapieren, des Schutzes des Publikums und eines ordnungsgemäßen Börsenhandels festlegen.

Entscheidende Bedeutung bei der Berücksichtigung der Erfordernisse des Handels kommt dem Kriterium der Liquidität des Wertpapiers zu.[60] Besonders liquide Papiere mit hohen Handelsumsätzen verlangen aufgrund ständiger Kauf- und Verkaufsaufträge nach einer jederzeitigen Handelbarkeit, der insbesondere im fortlaufenden Handel des XETRA-Systems entsprochen werden kann.[61] Bei Wertpapieren mit geringer Liquidität scheint es hingegen sachgerecht, eine Bündelung der Liquidität in wenigen Preisermittlungen vorzunehmen, wie es etwa unter Skontroführung im Parketthandel gängig ist.[62]

Wo das beauftragte Wertpapierdienstleistungsunternehmen das jeweilige Wertpapiergeschäft ausführt – an welchem Börsenstandort und auf welcher der möglichen Handelsplattformen - hängt von der Anlageentscheidung des Auftraggebers ab.[63] Gemäß § 22 BörsG kann dieser auch bestimmen, daß der Auftrag außerhalb der Börse durchgeführt werden soll.
Aufgrund der zunehmenden Relevanz alternativer Handelssysteme hat sich der Gesetzgeber bereits seit längerem von einem strikten Börsenzwang verabschiedet.[64] Da die Börse jedoch als vergleichsweise umfassend überwachter und kontrolliert-liquider Marktplatz gegenüber den alternativen Handelssystemen bislang am verläßlichsten eine schnelle und marktgerechte Auftragsausführung sicherstellen kann, schränkt § 22 BörsG neuerdings das kommissionsrechtliche Weisungsrecht des Anlegers mit Verbrauchereigenschaft wieder dahingehend ein, daß die Ausführung von Aufträgen außerhalb der Börse nicht mehr pauschal für eine Vielzahl von Geschäften möglich, sondern nur noch auf Grund einer konkreten Einzelweisung zulässig sein soll. Insoweit hält der Gesetzgeber zum Schutze der Anleger und zur Wahrung der Marktintegrität weiterhin an einem Vorrang der Börse fest.[65]

---

[59] RegBegr., 4.FMFG, BT-Drucks.14/8017, 63
[60] vgl. *Beck*, BKR 2002, 699 (702)
[61] siehe dazu unten auf Seite 78.
[62] vgl. RegBegr., 4.FMFG, BT-Drucks.14/8017, 77 ; *Beck*, BKR 2002, 699 (702)
[63] *Claussen*, Rdn.213
[64] RegBegr., 4.FMFG, BT-Drucks.14/8017, 76 ; *Claussen*, Rdn.215 ; *Beck*, BKR 2002, 699 (703/704)
[65] Der Anleger soll im Rahmen seiner Investitionsentscheidung eine bewußte Wahl des Ausführungsplatzes vornehmen. Vgl. RegBegr., 4.FMFG, BT-Drucks.14/8017, S.76 ; *Beck*, BKR

II. Präsenzhandel

Im Falle des Präsenzhandels leitet das mit der Durchführung eines Wertpapiergeschäfts betraute Wertpapierdienstleistungsunternehmen den Kauf- bzw. Verkaufsauftrag als Kommissionär[66] an den für das betreffende Papier zuständigen Skontroführer weiter.[67] Dieser bringt sämtliche Aufträge im Parketthandel mit den korrespondierenden Gegenaufträgen zusammen und bemüht sich, unter Ermittlung des Börsenpreises einen Geschäftsabschluß im Sinne eines Wertpapierkaufvertrages zwischen den beteiligten Wertpapierdienstleistungsunternehmen herbeizuführen. Gemäß § 27 I S.1 BörsG ist er zur Durchführung dieser Geschäftsvermittlung verpflichtet (sog. „Betriebspflicht"). Denn als einziger zur Vermittlung von Wertpapiergeschäften berufener Marktintermediär und aufgrund seiner damit verbundenen monopolgleichen Stellung unterliegt er einem Kontrahierungszwang, dem - soweit die Marktlage dies zuläßt - reziprok ein Ausführungsanspruch der Marktteilnehmer gegenübersteht.[68] Zudem ist er gemäß § 27 II S.1 BörsG angehalten, die zum Zeitpunkt der Kursfeststellung vorliegenden Aufträge gleich zu behandeln und die Preisfeststellung neutral und unabhängig zu verfolgen.[69] Dem Skontroführer stehen dabei zwei Methoden zur Auftragsausführung und Preisfeststellung zur Verfügung: der Einheitspreis und die fortlaufende bzw. variable Notierung:

1. Einheitspreis

Der Einheitspreis wird nach dem sog. „Meistausführungsprinzip" ermittelt. Das Verfahren wird einmal börsentäglich durchgeführt (in der Regel mittags) und beginnt mit dem sog. „Kursmachen", bei dem der Skontroführer die ihm erteilten Aufträge in seinem Orderbuch sammelt, um anschließend die sich darin abzeichnende Taxe bzw. Preisspanne dem Publikum bekanntzugeben.[70] Bis zur

---

2002, 699 (703/704)

[66] Zwischen Investor und Wertpapierdienstleistungsunternehmen besteht ein Auftragsverhältnis i.S.v. §§ 675, 676 BGB (zu beachten sind ferner die Sonderbedingungen für Wertpapiergeschäfte von 2003 sowie die Handelsbräuche), der den Abschluß eines Kommissionsvertrages nach § 383 ff. HGB zum Gegenstand hat (auch dafür gelten die Sonderbedingungen für Wertpapiergeschäfte von 2003. Ein Selbsteintrittsrecht gemäß § 400 HGB entfällt für Banken und Sparkassen).

[67] Schuldrechtlich handelt es sich dabei um einen auf eine Geschäftsbesorgung i.S.v. §§ 675, 611 BGB gerichteten Maklervertrag

[68] *Lenenbach*, S.120 ; *Kümpel*, Rdn.17.351

[69] vgl. auch § 27 II BörsO-FWB

[70] §§ 32 III; 34 I S.1 BörsO-FWB. *Spanne*: Setzt sich aus einem Kauf- und Verkaufsangebot zusammen. *Taxe*: Ist unverbindlich und setzt sich auf Basis der Auftragslage unter Berücksichtigung des Referenzmarktes in der Regel aus einem Geld- und Briefkurs zusammen ; vgl.

Feststellung des Kurses bleiben die erteilten Aufträge noch in der Schwebe. Die Marktteilnehmer haben also noch Gelegenheit, weitere Orders zu tätigen oder erteilte Aufträge inhaltlich abzuändern oder ganz zu stornieren. Nach Schluß der Orderbücher nimmt der Skontroführer für den Börsentag keinerlei Aufträge mehr entgegen und errechnet den Einheitspreis des betreffenden Wertpapiers (sog. „gerechneter Preis") als denjenigen Preis, zu dem bei geringstmöglichen Überhängen[71] und bei maximalem Ausgleich der vorliegenden Aufträge der größtmögliche Umsatz erzielt werden kann.[72] Bestehende Überhänge wird der Skontroführer durch Geschäfte im Börsensaal oder auch außerhalb zu vermitteln suchen.

Lassen sich nach dem Meistausführungsprinzip mehrere Börsenpreise feststellen, so ist nach dem Grundsatz der Preiskontinuität der Wert zu wählen, welcher unter Berücksichtigung der zwischenzeitlich eingetretenen Tendenz die geringste Abweichung zum letzten notierten Börsenpreis aufweist.[73]

Einheitspreise werde in der Regel nur für Wertpapiere mit geringer Börsenkapitalisierung ermittelt, deren mindere Liquidität keine laufende Handelbarkeit erfordert, sondern vielmehr die Konzentration der Aufträge in einer Preisfeststellung je Börsentag für sinnvoll erscheinen läßt.[74]

2. Fortlaufende Notierung

Da beim Einheitspreisverfahren nach der Preisfeststellung keine weiteren Geschäftsabschlüsse mehr möglich sind, werden umsatzstarke, liquide Wertpapiere im Handel mit fortlaufender (variabler) Notierung geführt, um das volle Handelspotential dieser Papiere ausschöpfen zu können.[75] Zwar beginnt auch der fortlaufende Handel mit einem Einheitspreis auf der Grundlage der bis dahin vorliegenden variabel handelbaren Aufträge als gerechnetem Eröffnungskurs[76], doch dient dieser lediglich als Orientierungshilfe. Ist die fortlaufende Notierung einmal eröffnet, schließt der Skontroführer pausenlos Wertpapiergeschäfte ab, soweit sich entsprechend ausführbare Aufträge gegenüberstehen. Jeder dieser

---

Begriffsbestimmung der VV-Preisfeststellung (= norminterpretierende Verwaltungsvorschrift bzgl. der Regeln für die Preisfeststellung im Präsenzhandel an der Frankfurter Wertpapierbörse) abrufbar unter: www.deutsche-boerse.de

[71] Überhang beschreibt die Differenz zwischen den zu einem Kurs ausführbaren Kaufaufträgen und den korrespondierenden Verkaufsaufträgen. Etwaige Überhänge versucht der Skontroführer im Parketthandel oder auch außerhalb des Börsensaals auszugleichen.

[72] (§ 32 II BörsO-FWB; 3.3.1 VV-Preisfeststellung

[73] § 32 II BörsO-FWB; 3.3.3 VV-Preisfeststellung

[74] *Lenenbach*, S.119

[75] *Lenenbach*, S.119

[76] § 28 III BörsO-FWB

erzielten Geschäftsabschlüsse erzeugt einen Börsenpreis, der festgestellt und veröffentlicht wird und seinen Niederschlag in den starken Schwankungen unterworfenen Kurscharts findet.[77]
Als Voraussetzung für die Aufnahme in die fortlaufende Notierung muß das Papier den erforderlichen Mindestbetrag (Stückzahl oder Nennbetrag) um ein Ein- oder Mehrfaches erreichen.[78] Dabei führen die Börsen zunehmend auch geringste und auch einzelne Stückzahlen in der fortlaufenden Notierung durch, so daß inzwischen nahezu alle Kauf- und Verkaufsaufträge von Aktien in der fortlaufenden Notierung gehandelt werden, es sei denn der Auftraggeber besteht auf einer Ausführung zum Einheitspreis.[79]
Auch für den fortlaufenden Handel kann die Börsenleitung bestimmen, daß zu einem von der Geschäftsführung festgelegten Zeitpunkt einmal börsentäglich ein im Einheitspreisverfahren gerechneter sog. „Kassapreis" ermittelt wird. Auf diese Weise können auch für den Fall, daß die fortlaufende Notierung keinen feststellbaren Börsenkurs zustande bringt, die noch ausstehenden Aufträge berücksichtigt werden.[80] Auch diejenigen Orders, die etwa aufgrund von Limitierungen keine Entsprechung in der variablen Notierung finden, sind in die Berechnung dieses Einheitspreises einzubeziehen. Schließlich kann die Börse auch bestimmen, daß der sog. „Schlußkurs" nicht über dem zuletzt im fortlaufenden Handel gebildeten Preis ermittelt, sondern im Wege des Einheitspreisverfahrens auf Basis aller durchgeführten Aufträge als eine Art Tagesdurchschnittskurs festgestellt wird.[81]

III. Elektronischer Handel[82]

Die elektronischen Handelssysteme bilden nicht nur eine gleichberechtigte Handelsalternative zu dem klassischen Parketthandel der Präsenzbörsen, sondern haben diesen an Bedeutung inzwischen weit übertroffen. So wurden bereits 1999 nahezu die Hälfte der gesamten Umsätze[83] an den deutschen Wertpapierbörsen sowie drei Viertel der Aktienumsätze im elektronischen Handelssystem

---

[77] vgl. *Lenenbach*, Rdn.3.38
[78] nach § 7 II GB-FWB (Bedingungen für Geschäfte an der Frankfurter Wertpapierbörse) beträgt der festgesetzte Mindestbetrag in der Regel 1 Stück bei Aktien; 1 Millionen Euro Nominalwert bei Schuldverschreibungen.
[79] vgl. § 7 III GB-FWB
[80] § 28 II BörsO-FWB ; § 7 II GB-FWB
[81] §§ 28 V ; 32 V BörsO-FWB
[82] Der elektronische Handel soll hier exemplarisch an dem Beispiel des XETRA-Systems der Frankfurter Wertpapierbörse beschrieben werden.
[83] d.h. Handel in Aktien, echten Optionsscheinen, öffentlichen Anleihen.

der Frankfurter Wertpapierbörse XETRA erzielt.[84] Der Trend zum überörtlichen elektronischen Handel hat dabei so weit zugenommen, daß die Präsenzbörse an sich, vor allem aber die regionalen Präsenzbörsen als Nebenschauplätze des deutschen Wertpapierhandels diesem Konkurrenzdruck nicht mehr standzuhalten drohen. Ihnen bleibt allein der Rückzug in verbleibende Marktnischen, wie etwa die Abwicklung im Abendhandel.[85]

Im elektronischen Handel erfolgen die Auftragsübermittlung, die Zusammenführung korrespondierender Kauf- und Verkaufsaufträge zu einem Geschäftsabschluß und die Preisermittlung im Wege der elektronischen Datenverarbeitung. Die Aufträge werden von den Handelsteilnehmern selbst in das System eingegeben, in einem zentralen Orderbuch gebündelt und ohne Zwischenschaltung eines Marktintermediärs ausgeführt. Das ordnungsgemäße Zustandekommen der elektronisch ermittelten Preise wird durch die Börsenleitung überwacht (§ 44 I S.2 BörsO-FWB). Der Ablauf im Computerhandel ist dem der Präsenzbörse weitestgehend nachgebildet und richtet sich auch hier nach zwei alternativen Handelsverfahren, dem sog. „Auktionsverfahren" und dem „fortlaufenden Handel".

1. Auktionsverfahren

Das Auktionsverfahren beginnt mit dem sog. „Aufruf", nach dem die Teilnehmer ihre Aufträge in das System eingeben, ändern oder löschen können. In dieser Phase bleiben die Auftragsbücher geschlossen. Bis zur Ermittlung des Börsenpreises wird auf den Handelsbildschirmen im Sinne eines potentiellen Wertes der Preis angezeigt, der bei einer Beendigung der Aufrufphase zu diesem Zeitpunkt zustande kommen würde. Auf Anordnung der Börsenleitung können zusätzlich das potentiell ausführbare Auftragsvolumen, ein möglicherweise bestehender Auftragsüberhang sowie dessen Volumen anzuzeigen sein. Läßt sich aufgrund der Auftragslage kein potentieller Ausführungspreis ermitteln, wird der jeweils beste Kauf- bzw. Verkaufsauftrag angezeigt. Anschließend findet die eigentliche Preisermittlung statt, die entsprechend dem Einheitsverfahren der Präsenzbörse nach dem Meistausführungsprinzip erfolgt.
Zu einem bestimmten Zeitpunkt, den die Teilnehmer nicht genau kennen, wird auf Grundlage der vorliegenden limitierten und unlimitierten Aufträge derjenige Preis als Börsenpreis ermittelt, zu dem das größtmögliche Auftragsvolumen bei geringstmöglichem Überhang umgesetzt werden kann. Ein nach der Preisermitt-

---

[84] Fact Book, Deutsche Börse 1999, S.9

[85] der vollelektronische Handel schließt seit 3.11.03 wieder um 17.30 Uhr. Vgl. *Bortenlänger*, FAZ Nr.277 v. 28.11.03, S.21

lung verbliebener Überhang nicht ausgeführter Aufträge kann während des Marktausgleichs durch die Eingabe korrespondierender Aufträge zum Auktionspreis ausgeführt werden.[86]
Um die Anleger, die ihrer Anlageentscheidung die letzten bekannten Kurse zugrunde legen, vor zu großen, unerwarteten Preisschwankungen zu schützen, legt die Börsenleitung im Vorfeld der Preisermittlung sog. „Preiskorridore" fest.[87] Diese orientieren sich an dem vom System im jeweiligen Wertpapier ermittelten letzten Preis des gleichen Handelstages bzw. an dem jeweils letzten Kurs des Vortages. Weicht nun der potentielle Ausführungspreis zu stark von dem festgelegten Preiskorridor ab, kommt es zu einer sog. „Volatilitätsunterbrechung". Die Preisermittlung wird aufgeschoben und die Aufrufphase verlängert. Auf diese Weise wird den Akteuren die Möglichkeit eingeräumt, ihre Aufträge an den Markt anzupassen, um bei limitierten Orders die Unausführbarkeit und bei unlimitierten Orders den Abschluß zu unerwartet hohen Preisen zu verhindern.[88]

2. Fortlaufender Handel

Der fortlaufende Handel im elektronischen Handelssystem beginnt mit einer Eröffnungsauktion im obigen Sinne.[89] Nach der Eröffnung bleiben die Handelsbücher offen und die eingehenden Aufträge werden sofort zu Geschäftsabschlüssen zusammengeführt, sobald sie sich ausführbar gegenüberstehen. Die Aufträge werden zum höchsten Kauf- bzw. Verkaufslimit ausgeführt, bei Orders gleichen Limits greift die zeitliche Reihenfolge ihrer Eingabe (sog. „Preis-Zeit-Priorität"). Unlimitierte Aufträge werden vorrangig umgesetzt, da diese auch ein entsprechend höheres Risiko beinhalten.[90] Der fortlaufende Handel wird für die Dauer der Preisermittlung im Auktionsverfahren unterbrochen. Die zu diesem Zeitpunkt im fortlaufenden Handel vorliegenden Aufträge werden mit denen des Auktionshandels zusammengebracht und gemeinsam ausgeführt.[91] Beendet wird der fortlaufende Handel mit einer Schlußauktion.[92]
Auch im fortlaufenden Handel werden Preiskorridore vorgeschrieben und auch hier kommt es zu einer Volatilitätsunterbrechung, sobald der sich abzeichnende

---

[86] Vgl. zum Auktionsverfahren § 44a I BörsO-FWB ; *Beck*, WM 1998, 417 (427) ; *Kümpel*, Rdn.17.369/17.370
[87] vgl. § 44 BörsO-FWB
[88] zum ganzen: *Kümpel*, Rdn.17.373 ; *Beck*, WM 1998, 417 (421)
[89] Diese ist jedoch keine zwingende Voraussetzung. Bringt die Eröffnungsauktion keine Preise hervor, beginnt der fortlaufende Handel auch ohne Eröffnungsauktion.
[90] § 44a II BörsO-FWB
[91] § 44a III BörsO-FWB
[92] § 44a IV BörsO-FWB

Ausführungspreis zu stark von dem jeweiligen Preis der Eröffnungsauktion oder einer dieser nachfolgenden Auktionen abweicht.[93] In dieser Situation wird der fortlaufende Handel unter Einleitung einer „zwischengeschobenen" Auktion unterbrochen und den Marktteilnehmern so die Gelegenheit gegeben, ihre Orders an die Marktverhältnisse anzupassen, ohne die Dynamik des Handels übermäßig zu behindern.[94]

IV. Zwischenergebnis

Die Verfahren zur Preisermittlung sind vom Prinzip her so ausgestaltet, daß sie unbeeinflußt zur Feststellung des Börsenkurses führen. Von der Einhaltung dieser Verfahren ist auszugehen. Eine Beeinflussung ist ohne direkte Einwirkung der an der Ermittlung beteiligten Intermediäre nicht denkbar. Die Marktteilnehmer selbst haben keinen unmittelbaren Einfluß auf den Verfahrensablauf, sei es im Präsenzhandel oder elektronischen Handel.[95] Der Verlauf des Börsenkurses ist und bleibt aber von der am Markt herrschenden Auftragslage abhängig. Die Beeinflussung des Börsenkurses stellt sich daher in der Regel als eine Beeinflussung der Marktlage, also von Angebot und Nachfrage dar. Deshalb schließt sich an die Erläuterungen der Preisermittlung unmittelbar die wesentlich bedeutsamere Frage an, wie Angebot und Nachfrage an den Kapitalmärkten überhaupt entstehen.

§3 Die Bewertung der Aktie durch den Markt als Grundlage des Börsenkurses

Angebot und Nachfrage richten sich nach den Anlageentscheidungen der Marktteilnehmer. Diese treffen ihre Anlageentscheidungen wiederum nach der Vorstellung von dem Wert der Aktie und der sie ausgebenden Gesellschaft. Deshalb ist es von entscheidender Bedeutung, nach welcher Maßgabe diese Wertermittlung erfolgt. Nur unter Berücksichtigung dieser Kriterien lassen sich Maßnahmen der Aktiengesellschaft auffinden, die eine potentielle Beeinflussung von Höhe und Verlauf des Börsenkurses mit sich bringen.

---

[93] §44 II BörsO-FWB

[94] *Beck*, WM 1998, 417ff.

[95] Beeinflussungen der Aktiengesellschaft, die durch Einwirkungen auf die an der börslichen Preisfeststellung unmittelbar beteiligten Intermediäre bewirkt wird (z.B. Bestechung der Skontroführer etc.), sollen nicht Gegenstand dieser Arbeit sein.

A. Der „wahre" Wert der Aktie als Bewertungskriterium

Vor dem Hintergrund des zu verzeichnenden Wandels des einzelnen Aktionärs vom Teilhaber an einer bestimmten Gesellschaft zum bloßen Teilnehmer am Kapitalmarkt ist zunächst davon auszugehen, daß die Anleger ihre Anlageentscheidung maßgeblich vom monetären Streben leiten lassen. In der Regel werden Aktien am Markt angeboten, wenn ihr Wert unterhalb des aktuellen Börsenkurses angesiedelt wird, und nachgefragt, wenn von einer Unterbewertung der Papiere auszugehen ist.[96] Die Investoren sind folglich stets darum bemüht, den „wahren" Wert der Aktie zu ermitteln sowie das mit der Kapitalanlage verbundene Risiko zu prognostizieren.

Grundsätzlich wird der Wert der Aktie aus der Summe aller Erfolgskomponenten der durch die Aktie repräsentierten Unternehmung abgeleitet. Maßgebliches Kriterium ist dabei die zu erwartende Ertragskraft des Unternehmens. Aus Sicht der Aktionäre bemißt sich die Ertragskraft des Unternehmens nach der Höhe der Rendite des eingesetzten Kapitals, d.h. nach der Höhe der ihnen als Anteilseigner in Zukunft zufließenden Kapitalströme (sog. „return on investment"), und der damit verbundenen optimalen Wertsteigerung ihres Aktionärsvermögens (sog. „shareholder value"). Als Vergleichsgrößen für die Erwartungen der Anleger werden die Mindestrenditen herangezogen, die eine alternative Kapitalanlage am Markt erzielen würde (sog. „Opportunitätskosten").[97] Je größer die Ertragskraft des Unternehmens, desto größer stellt sich die Wahrscheinlichkeit weiterer Investitionen in die Gesellschaft dar. Die Aktie wird als Anlageobjekt attraktiver, die Nachfrage steigt und mit ihr der Kurs der Aktien an den Wertpapierbörsen.[98]

B. Abhängigkeit der Bewertung der Aktie vom Vorliegen notwendiger Informationen

Um sich von der Ertragskraft eines Unternehmens eine Vorstellung machen zu können, benötigt der Anleger Kenntnisse über dieses Unternehmen, den Unternehmenszweig, über Organisation, Forschung und Entwicklung und dessen Umfeld. Hierzu und im Rahmen der Ermittlung der künftigen Erfolgskomponenten des Unternehmens ist er auf die von der Umwelt zur Verfügung gestellten In-

---

[96] *Gude*, S.27
[97] vgl. zum Ganzen: *Rams*, Die Bank 1997, 216 (220) ; *Martens*, AG 1996, 337 (338) ; *Benckendorff*, S.59 ; *Oechsler*, MüKo, § 71 , Rdn.6
[98] *Gude*, S.28 ; *Martens*, AG 1996, 337 (338) ; *Kopp*, S.77/78

formationen angewiesen, die er durch komplexe Selektions-, Verarbeitungs- und Bewertungsprozesse in konkrete Kaufs- oder Verkaufsentscheidungen umsetzt.[99]

Ausgangspunkt bei der Ermittlung des „wahren" Wertes der Aktie ist hierbei die Feststellung, daß die Kapitalmärkte nicht vollständig informationseffizient sind.[100] Andernfalls, wenn der Börsenkurs zu jedem Zeitpunkt sämtliche objektiv verfügbaren Informationen vollständig und richtig widerspiegeln würde, wären Wert und Kurs der Aktie deckungsgleich und es verbliebe kein Raum für eine festzustellende Über- oder Unterbewertung. Für den einzelnen Anleger würde sich dann jedwede Auswertung von Informationen erübrigen. Insbesondere entstünden mangels Informationsasymmetrien keine Informationsvorsprünge, von denen ein besser informierter Marktteilnehmer gegenüber weniger umfassend informierten Dritten profitieren könnte.[101] Die Informationseffizienz, die Fähigkeit des Marktes, sämtliche zur Verfügung stehende Informationen zu verarbeiten, in die Preise der Aktien umzusetzen und letztendlich im Börsenkurs widerzuspiegeln, ist allerdings ein Attribut des vollkommenen Kapitalmarktes und bezeichnet als solches einen Idealzustand, von dem die Realität des Kapitalmarktes mehr oder minder weit entfernt ist.
Nach der jeweils erfaßten Informationsmenge werden daher drei verschiedene Effizienzstufen am Kapitalmarkt unterschieden.[102]
Im Rahmen der „schwachen Effizienz" ist der Markt nur bezüglich der historischen Kurs- und Umsatzreihen effizient. Auf der „halbstrengen" Effizienzstufe wird unterstellt, daß zusätzlich alle Fundamentaldaten (z.B. Wirtschafts-, Branchen- und Unternehmensberichte) in den Kursen widergespiegelt werden. Bei der „strengen" Form der Effizienz ist der Markt effizient bezüglich aller Informationen. Zur Informationsmenge der schwachen und mittelstarken Effizienz kommen hier auch alle Insiderinformationen hinzu (z.B. über Vorstandswechsel, Akquisitionen, Fusionen etc.).[103]
Für den deutschen Aktienmarkt lassen sich empirische Belege nur für die schwache Informationseffizienz finden. Zwar führen unternehmensbezogene Informationen zweifelsohne auch zu einer entsprechenden Reaktion des Aktienkurses des betreffenden Unternehmens, doch ist empirisch weder eindeutig nachzuweisen, daß die Informationen auch vollständig verarbeitet werden, noch daß die Preiswirkung unverzüglich einsetzt. Insoweit läßt sich die halbstrenge

---

[99] *Oehler*, S.70
[100] vgl. *Kopp*, S. 105/106
[101] *Süchting*, S.332
[102] Die Diskussion zur Informationseffizienz wurde maßgeblich von *Fama*, The Journal of Finance 1970, 383-417 geprägt. Siehe auch *Kopp*, S.98 ff. mit weiteren Nachweisen empirischer Erhebungen ; *Baum*, S.182.
[103] *Kopp*, S.101ff.

Informationseffizienz schwerlich als gegeben unterstellen, die strenge schon gar nicht.[104]
Da also nicht angenommen werden kann, daß die zu erlangenden Informationen bereits alle im Kurs verarbeitet sind, ist es für die Anlageentscheidungen der Marktteilnehmer um so wichtiger, zusätzliche Informationen zu erhalten. Denn der Anleger, der über größere Informationen verfügt, wird seine Anlageentscheidung effizienter treffen können, wobei dem besser ausgebildeten oder mit der Materie bewanderten Anleger immer ein Vorteil verbleiben wird.

C. Bedeutung der Aktienanalyse für die Bewertung der Aktie

Aufgrund der Menge und Komplexität der verfügbaren Informationen und zum Ausgleich eines etwaigen Informationsdefizits kommt der Wertpapieranalyse zentrale Bedeutung zu. Im Wege der methodischen Erfassung bestimmen Analysten - vornehmlich großer Bankhäuser oder Finanzdienstleistungsunternehmen - die aktuellen und historischen Daten der durch die Aktien repräsentierten Unternehmung sowie die Entwicklungstendenzen des Marktes und leiten daraus ihre Anlageempfehlungen für die Anleger ab. Mangels einer einheitlichen Wertermittlung werden den Wertpapieranalysen unterschiedliche Methoden zugrunde gelegt:

I. Die Technische Aktienanalyse

Die sog. „Technische Aktienanalyse“ (auch „Chartanalyse“) stützt sich auf die Beobachtung der Kurs- und Umsatzbewegungen der Aktien. Durch Auswertung historischer Kursverläufe in Form graphisch dargestellter „Kurscharts“ werden Rückschlüsse auf das weitere Verhalten der Marktteilnehmer gezogen. Die technische Analyse geht von der Hypothese aus, daß der Kursverlauf von Aktien bestimmte Muster bildet, die sich über die Zeit in ähnlicher Weise wiederholen und sich daher – einmal erkannt – zur Prognose voraussichtlicher Kursentwicklungen eignen. Daten aus dem gesamtwirtschaftlichen oder unternehmerischen Umfeld finden keine Berücksichtigung. Vielmehr nimmt man an, daß sich diese historischen Daten bereits im Kursverlauf niederschlagen und anhand von spezifischen Chartformationen als Trendwechsel oder Trendkontinuität wiedererkennen lassen.[105]

---

[104] vgl. *Kopp*, S. 105/106 mit dem Verweis auf empirische Studien
[105] vgl. zum ganzen *Götz*, S. 1 ff.

Legt man nun die Annahme der schwachen Informationseffizienz zugrunde, ist es keinem Marktteilnehmer möglich, von einer Kursprognose zu profitieren, die sich auf in der Vergangenheit beobachtete Kursverlaufsmuster gründet, da diese Daten bereits in den Kursen verarbeitet sind.[106] Die technische Analyse alleine ist also wenig erfolgversprechend. Häufig ist sie deshalb nur ein Bestandteil der Aktienanalyse und wird in der Regel mit anderen Analysemodellen verbunden.

II. Die Fundamentalanalyse

Das gängigste Analysemodell stellt die sog. „Fundamentalanalyse" dar. Den Ausgangspunkt der Fundamentalanalyse bildet die These, daß der Börsenkurs in Schwingungen um den objektiven (inneren) Wert einer Unternehmung kreist. Dabei geht sie einen Schritt weiter und unterstellt, daß alle bewertungserheblichen Tatsachen im Augenblick ihres Entstehens sämtlichen Marktteilnehmern bekannt sind und bereits im Kurs der Aktie vorweggenommen werden. Die Aktien sind zunächst also weder über- noch unterbewertet. Die Diskrepanz zwischen Kurs der Aktie und Wert der Unternehmung entsteht erst mit dem rein vom Zufall abhängigen Auftreten neuer bewertungsrelevanter Tatsachen und der relativ langsamen Anpassungsgeschwindigkeit des Börsenkurses an die neuen Informationen. Die Verzögerung wiederum hat ihren Ursprung in den divergierenden Meinungen und Wertbestimmungen der Marktteilnehmer bezüglich der neuen Informationen (sog. „Random-Walk-Hypothese").[107]
Geht man auch hier mit der schwachen Form der Informationseffizienz davon aus, daß die Kurse nur Informationen über das Marktgeschehen der Vergangenheit widerzuspiegeln vermögen, so trifft die Prämisse der Radom-Walk-Hypothese nicht zu bzw. ist nicht belegbar. Nichtsdestotrotz verspricht die Fundamentalanalyse durch die Berücksichtigung sämtlicher öffentlich verfügbarer Informationen gegenüber der rein technischen Chartanalyse einen gewissen Nutzen für die Kapitalanlageentscheidung, auch wenn diese Art der Daten zumindest nicht vollständig und nicht unverzüglich in den Kursen aufgehen.

Die Fundamentalanalyse ermittelt den Wert eines Unternehmens unter Berücksichtigung gesamtwirtschaftlicher, branchenspezifischer sowie unternehmensindividueller Faktoren.
Nach dem sog. „Top-Down-Modell"[108] erfolgt zunächst eine Bewertung makroökonomischer Größen wie Konjunktur, Zinshöhe, Wechselkurs, Kaufkraftparität

---

[106] *Kopp*, S.101/102
[107] *Gabler* Wirtschaftslexikon, S. 2472
[108] Das „Top-Down-Modell" hat sich in der Praxis gegen die sog. „Present-Value-Theorie" durchgesetzt. Nach dieser Theorie werden lediglich alle in Zukunft auf die Aktie entfallenden

etc., aus denen sich die künftige Verfassung des Kapitalmarktes erschließen läßt und bereits Anhaltspunkte bezüglich der zu erwartenden Entwicklung einzelner Aktienwerte gewonnen werden können.

In einem zweiten Schritt wird die jeweilige Branche analysiert. Neben dem allgemeinen Branchenklima fließen Daten über die Auftragslage, die Lagerbestände, die Gewinnentwicklung etc. des gesamten Wirtschaftszweiges in die Berechnungen ein.

Schließlich wird in einem letzten Schritt das Unternehmen selbst quantitativ (Geschäftsstruktur, Ertragslage, Kostenstruktur etc.) wie qualitativ (Know-how, Innovationsfähigkeit, Zukunftschancen der Produkte, Qualität des Managements etc.) in einer eingehenden betriebswirtschaftlichen Unternehmensanalyse durchleuchtet. Im Wesentlichen stützt sich dieser Teil der Analyse auf den Jahresabschluß der Aktiengesellschaft. Üblich ist es, mit der Analyse zurückliegender Gewinn- und Verlustrechnungen mehrerer Jahre zu beginnen, um die maßgeblichen Faktoren der vergangenen Entnahmen herauszuarbeiten. Zudem werden sämtliche Unternehmensinformationen ausgewertet, die sich aus Presseberichten, Emissionsberichten, Ad-hoc-Meldungen, Hauptversammlungen etc. ergeben. Die aus einer solchen Vergangenheitsanalyse zu gewinnenden Informationen sind unerläßlich. Sie dürfen aber nicht überschätzt werden, denn die Zukunft läßt in aller Regel eine Veränderung der Umweltbedingungen oder eine Umstellung der Unternehmenspläne erwarten.
An diesem Punkt der Analyse greifen die Unternehmensleitung, die beauftragten Wirtschaftsprüfungsbüros und die Analysten der Finanzdienstleistungsunternehmen bei der Bewertung der Unternehmen wiederum auf verschiedene Bewertungsverfahren zurück.

1. Ertragswertverfahren

Eine Möglichkeit der Unternehmensbewertung bildet das Ertragswertverfahren. Es basiert auf der Überlegung, daß der Unternehmenswert auf Grundlage der vom Unternehmen zukünftig erwirtschafteten Einzahlungs- oder Einnahmeüberschüsse und nicht auf Basis der vorhandenen Unternehmenssubstanz ermittelt wird. Die zukünftigen Einnahmeüberschüsse sind dabei aus einer Ertragsvor-

---

Rückflüsse aus Dividenden, Unternehmensgewinnen, Cash-flow etc. auf den Tag der Analyse abgezinst und der Bewertung zugrunde gelegt. Da jedoch sowohl die Auswahl der als richtig anzusehenden Erfolgsgrößen als auch die Umwandlung derselben in meßbare Zahlen Schwierigkeiten bereiten, bietet die „Present-Value-Theorie“ keine gesicherten Erkenntnisse über den wahren inneren Unternehmenswert.

schau abzuleiten, in der die Umsatzerlöse und die Kosten prognostiziert werden.[109]
Zunächst wird dabei das Betriebsergebnis aus den Gewinn- und Verlustrechnungen der letzten Jahre ermittelt. Dieses Betriebsergebnis wird sodann um alle außerordentlichen Erträge und Aufwendungen, die nicht mit dem normalen Betriebsgeschehen in Verbindung stehen, bereinigt und ein Durchschnittswert für die letzten drei Jahre berechnet. Am Ende wird dieses durchschnittliche und bereinigte Betriebsergebnis auf den Berechnungszeitpunkt abgezinst. Der zur Diskontierung verwendete Zinssatz wird in der Bewertungspraxis häufig von der langfristigen Verzinsung einer alternativen Finanzanlage am Kapitalmarkt - z.B. Bundesobligationen – abgeleitet. Um die Äquivalenz von Bewertungs- und Vergleichsanlage zu gewährleisten, wird der Zinssatz um einen unternehmensspezifischen Risikozuschlag erhöht.[110] Während für die Höhe des Risikozuschlages theoretisch allein die subjektiven Risikoerwartungen der Investoren maßgeblich sind, wird in der Praxis aufgrund erheblicher Ermittlungsprobleme weitgehend auf die Erfahrungswerte der am Bewertungsprozeß beteiligten Emissionshäuser abgestellt.[111]

2. Multiplikatorenmodelle

Um eine möglichst gute Vergleichbarkeit der Unternehmen zu erreichen, werden häufig die sog. „Multiplikatorenmodelle“ eingesetzt. Dabei werden die zusammengetragenen Unternehmenszahlen in Kennziffern wie dem „Kurs-Gewinn-Verhältnis“ bzw. dem „Kurs-Cash-Flow-Verhältnis“ zusammengefaßt.
Beim Kurs-Gewinn-Verhältnis wird auf Grundlage des um außerordentliche Einflüsse bereinigten Jahresabschlusses der nachhaltig erzielbare Gewinn des Unternehmens für die kommenden Geschäftsjahre geschätzt, sodann als konstant unterstellt und ins Verhältnis zum aktuellen Börsenkurs gesetzt. Ausgehend davon, daß der Gewinn während des gesamten Betrachtungszeitraums konstant ist und zugleich mehrere Unternehmen mit identischen Gewinnzahlen am Markt agieren, die Kurse jedoch aufgrund unterschiedlicher Bewertungen der Unternehmen durch den Markt der Volatilität unterliegen, ermöglicht das Kurs-Gewinn-Verhältnis die Beurteilung der Ertragskraft und Entwicklung eines Unternehmens insbesondere im Vergleich zu einem oder mehreren anderen.[112]
Das Kurs-Cash-Flow-Verhältnis setzt demgegenüber den aktuellen Börsenkurs zu dem prognostizierten zukünftig freien cash-flow ins Verhältnis. Es wird an-

---

[109] vgl. zum Ertragswertverfahren: *Ballwieser*, Gebhardt/Gerke/Steiner, S.153
[110] *Serfling/Pape/Kressin*, AG 1999, 289 (292/293)
[111] *Serfling/Pape*, WISU 1995, 941 (944ff.)
[112] vgl. *Serfling/Pape/Kressin*, AG 1999, 289 (292)

gewendet, wenn aufgrund von Verlusten des Unternehmens ein Kurs-Gewinn-Verhältnis nicht errechnet werden kann. Der Cash-flow - bestehend aus Gewinnen, Abschreibungen und Rückstellungen - liefert zudem ein genaueres Bild von der Finanzstruktur eines Unternehmens, da er unabhängiger von der Bilanzpolitik ist. Außerdem ermöglicht die Verwendung des Kurs-Cash-Flow-Verhältnisses einen besseren Vergleich der Unternehmen, wenn man davon ausgeht, daß diese in einer eher schlechten Umsatzperiode Rückstellungen und Abschreibungen aussetzen und diese in Zeiten mit hohen Umsätzen erhöhen. Schließlich ist das Kurs-Cash-Flow-Verhältnis gegenüber dem Kurs-Gewinn-Verhältnis wesentlich weniger anfällig für bilanztechnische Manipulationen, da der Cash-flow schwerer zu manipulieren ist als der Gewinn eines Unternehmens.

3. Discounted Cash-flow Verfahren

Insbesondere bei international tätigen Unternehmen hat sich die aus der amerikanischen Bewertungspraxis stammende sog. „Discounted Cash-flow Methode“ in zunehmendem Maße auch in Deutschland etabliert. Sie berechnet den Bruttounternehmenswert als Marktwert des gesamten Unternehmens und überträgt dabei die Vorteilhaftigkeitsbeurteilung einzelner Investitionsprojekte auf die Bewertung ganzer Unternehmen. Zur Ermittlung des Unternehmenswertes werden die zukünftig freien Cash-flows prognostiziert und mit einem aus Kapitalmarktdaten abgeleiteten Kalkulationszinssatz diskontiert.[113] Anders als bei der Ertragswertmethode wird bei der Discounted Cash-flow Methode erst der Wert von Eigen- und Fremdkapital berechnet, bevor sich durch Subtraktion des Fremdkapitalwerts der Eigentümerwert ergibt. Dieser wird dann mit dem gewogenen Kapitalkostensatz der im Unternehmen gebundenen finanziellen Mittel abgezinst.[114]

III. Die Kapitalmarkttheorien als Aktienanalyse

Von der Fundamentalanalyse und der technischen Analyse grenzen sich die sog. „Kapitalmarkttheorien“ ab (z.B. das sog. „Capital Asset Pricing Model“).[115] Unter Rückgriff auf Annahmen der sog. „Portofoliotheorie“[116] gehen diese Ansätze

---

[113] vgl. zum ganzen *Serfling/Pape*, WISU 1996, 58 ff.

[114] *Schmidt*, ZfBF 1995, 1088ff. ; *Ballwieser*, 81ff.

[115] *Schneider*, S.504 ff.

[116] Die Portofolio-Analyse ist eine Planungsmethode zur Zusammenstellung eines Wertpa-

von der Prämisse aus, daß die separate Betrachtung der Renditen einzelner Wertpapiere wenig erfolgversprechend ist. Vielmehr sei das Unternehmen, zu dem das Wertpapier gehört, Teil eines Gesamtmarktes. Auf diesem Gesamtmarkt existieren zwischen den Renditen einzelner Unternehmen Interdependenzen, die es zu analysieren gelte, um die jeweilige Kursentwicklung bestimmen zu können.
Die Kapitalmarkttheorien untersuchen den Zusammenhang zwischen Risiko und Ertrag der Geldanlage in Aktien und fragen, welche Aktienkurse bzw. Aktienrenditen sich im Gleichgewicht einstellen, wenn sich die einzelnen Anleger am Kapitalmarkt rational verhalten und wenn sich am Markt Angebot und Nachfrage ausgleichen. Die Kapitalmarkttheorien gehen dabei davon aus, daß sich der Kapitalmarkt im Gleichgewicht befindet. Empirisch lassen sich jedoch Kapitalmarktanomalien beobachten, die diese Annahme widerlegen.[117]

Wie Analysen auch aufgemacht sind, haben sie wesentlichen Einfluß auf die Informationsverwertung und damit auf die Anlageentscheidung der Marktteilnehmer und letztendlich darüber auf den Aktienkurs.

D. Besonderheiten der Wertermittlung des Börsenkurses bei der Erstplazierung der Aktien

Grundsätzlich ergeben sich im Primärmarkt, bei der die Papiere erstmalig auf den Markt gegeben werden (sog. „Initial Public Offering“), keine Besonderheiten hinsichtlich der Ermittlung des Wertes der Aktie und des dahinter stehenden Unternehmens. Hier gelten die gleichen Grundsätze.
Der Unterschied zwischen Sekundär- und Primärmarkt besteht allein darin, daß bei der Erstplazierung kein nach den vorgenannten börsenrechtlichen Verfahren ermittelter Börsenpreis vorliegt. Dem Marktteilnehmer fehlt insoweit eine erste Orientierung für die Bewertung.
Bei der Erstplazierung wurde früher im Rahmen des sog. „Festpreisverfahrens“ der Emissionspreis von der emittierenden Gesellschaft vorgegeben. Dieser orientierte sich allein an den Angaben des Emittenten und nicht an Marktvorgaben. Über die letzten Jahre hat sich jedoch das sog. „Bookbuilding-Verfahren“ durchgesetzt und das „Festpreisverfahren“ als Methode zur Feststellung des Ausgabepreises von Wertpapieren nahezu vollständig verdrängt.[118] Unter Anwendung

---

pierbündels (Portefeuille), das, nach bestimmten Kriterien bewertet, eine optimale Verzinsung des an der Börse investierten Kapitals erbringen soll.
[117] vgl. zum ganzen *Steiner/Bruns*, S. 1ff.
[118] Durchbruchsjahre waren 1995/96: von 33 Neuemissionen erfolgten bereits 20 über das Bookbuilding-Verfahren, vgl. *Schäfer*, S.64

dieses Verfahrens wird der Verkaufspreis der zu veräußernden Aktie nicht von vornherein vom Emittenten und den Emissionsbanken fest vorgegeben, sondern vielmehr unter Einbeziehung des Anlagepublikums vom Markt selbst bestimmt. In einer ersten sog. „Pre-Marketing-Phase“ werden das Unternehmen, seine Marktchancen, die künftige Entwicklung etc. von den Analysten der Emissionsbanken bewertet. Diese Einschätzungen werden mit den Bewertungsmaßstäben potentieller Investoren abgestimmt und dienen als Grundlage der Ermittlung eines groben Preisrahmens für den späteren Ausgabepreis. Für die Wertermittlung der Investoren gelten die obigen Bewertungs- und Analysegrundsätze entsprechend; dies jedoch unter der Maßgabe, daß mangels historischer Kursdaten im Rahmen der Analysen nicht auf die Errechnung eines Kurs-Gewinn-Verhältnisses bzw. Kurs-Cash-Flow-Verhältnisses, auf Kurscharts oder auf Portofolioansätze zurückgegriffen werden kann. Aus diesem Grund wird üblicherweise auf den Börsenkurs eines vergleichbaren und bereits börsennotierten Unternehmens aus der gleichen Branche abgestellt, um dennoch die Vorteile sämtlicher Analysemethoden auch für die Emissionspreisermittlung urbar machen zu können (sog. „Comparable Company Analysis“).
In der sich anschließenden eigentlichen „Bookbuilding-Phase“ werden in den Grenzen der errechneten Preisspanne und innerhalb einer bestimmten Frist Angebote der Investoren (freibleibend) abgegeben und der endgültige Ausgabepreis anhand der qualitativen und quantitativen Nachfrage festgelegt.[119]
Der so ermittelte Emissionspreis ist wie der Börsenkurs im Sekundärmarkt Ausgangspunkt für die Anlageentscheidung der Marktteilnehmer.

E. Einfluß des individuellen Anlageverhaltens auf die Bewertung der Aktie

Trotz aller objektiven Entscheidungskriterien, bleibt bei der Ermittlung des Aktienwertes zu berücksichtigen, daß die Anlageentscheidungen gerade der privaten Investoren nicht jederzeit rational, zielorientiert und nutzenmaximierend ausfallen.[120] Aufgrund von begrenzten kognitiven Wahrnehmungskapazitäten wird aus der Flut zumeist medial kommunizierter Nachrichten über das Unternehmen, aus den Branchenverhältnissen und allgemeinen Konjunkturbedingungen nur eine begrenzte Informationsmenge herausgefiltert. Diese Daten werden im Zuge der Informationsverarbeitung durch verschiedene psychologisch-emotionale Variablen wie etwa Gewohnheiten, persönliche Einstellung und Motive (z.B. politische Gesinnung, Loyalität zu einem bestimmten Unternehmen), Status oder soziales Umfeld etc. determiniert.[121] Auch der Vorgang der Umset-

---

[119] vgl. zum Bookbuilding-Verfahren: *Groß*, ZHR 162 (1998), 318 ff ; *Hein*, WM 96, 1 ff
[120] *Dette*, S.242
[121] *Koller*, Assmann/Schneider, Vor § 31, Rdn.12 ; *Dette*, S.12

zung der Informationen in die endgültige Anlageentscheidung wird nicht selten durch Faktoren wie Risikofreude, Sicherheitsdenken, aber auch äußere Einflüsse wie Zeitdruck, allgemeine Börsentendenz, Gruppendynamik etc. beeinflußt.[122]

F. Zwischenergebnis

Im Ergebnis existiert keine einheitliche Konzeption zur Bestimmung des Wertes einer Aktie. Gleichwohl haben die Ausführungen Einflußfaktoren aufgezeigt, denen entscheidendes Gewicht im Prozeß der Wertermittlung des Börsenkurses zukommt. Über die Einwirkung auf diese Faktoren kann auf die Wertvorstellungen und Anlageentscheidungen der Marktteilnehmer Einfluß genommen werden. Der volkswirtschaftlich bedeutsame Börsenkurs wird damit zum Zielobjekt beeinflussender Maßnahmen am Kapitalmarkt.

---

[122] *Dette*, S.244

Teil IV: Bedeutung des eigenen Börsenkurses für die Aktiengesellschaft - Hintergrund für beeinflussende Maßnahmen

Nach Darstellung der allgemeinen volkswirtschaftlichen Bedeutung sowie der verfahrenstechnischen und wertmäßigen Ermittlung des Börsenkurses soll im folgenden Abschnitt der Arbeit anhand verschiedener Unternehmenssituationen die Bedeutung des eigenen Börsenkurses für die Aktiengesellschaft untersucht werden. Die Frage ist insofern von besonderer Relevanz, als daß sie Rückschlüsse zuläßt auf die originären Interessen einer börsennotierten Aktiengesellschaft, den eigenen Börsenkurs zu beeinflussen. Mit ihrer Hilfe lassen sich Motive und Beweggründe erkennen, die wiederum Aufschluß über die zu untersuchenden Methoden der Kursbeeinflussung geben und schließlich auf die rechtliche Würdigung der jeweiligen Maßnahmen ausstrahlen. Dabei sind die in Betracht zu ziehenden unternehmerischen Situationen derart vielgestaltig, daß sie grundsätzlich einer Beurteilung des jeweiligen Einzelfalls bedürfen und die Ausführungen sich auf eine exemplarische Aufzählung der einschlägigsten Konstellationen beschränken müssen.

§1 Bedeutung des Börsenkurses im Rahmen von Änderungen der Gesellschaftsstruktur

Im wettbewerblichen Umfeld einer marktwirtschaftlichen Wirtschaftsordnung kann sich eine Aktiengesellschaft gezwungen sehen, unter Ausnutzung der von der Rechtsordnung zur Verfügung gestellten Möglichkeiten ihre rechtliche Struktur zu verändern, um im nationalen wie internationalen Vergleich mit den Konkurrenten bestehen zu können. In Betracht kommen unter anderem gesellschafts- bzw. umwandlungsrechtliche Umstrukturierungen, Veränderungen der Aktionärsstruktur mit veränderten Mehrheitsverhältnissen, der Erwerb oder die Veräußerung von Tochterunternehmen oder Betriebsteilen oder der Abschluß von Unternehmensverträgen. Die meisten dieser Strukturänderungen haben die Gemeinsamkeit, daß es einer Bewertung der betreffenden Unternehmen bzw. Unternehmensanteile bedarf, damit die Maßnahmen überhaupt durchgeführt werden können. Hierbei kann der Kurs der Gesellschaft eine besondere Rolle spielen.

So muß bei einer Verschmelzung zweier Rechtsträger durch Aufnahme ein angemessenes Verhältnis der Anteile an der neuen Gesellschaft festgelegt werden (§ 5 I N.3; § 12 II UmwG). Ebenso erfordert die Ausgabe neuer Aktien gegen Einbringung von Anteilen an einer anderen Gesellschaft i.S.v. §§ 182, 183 AktG die Ermittlung der Wertverhältnisse, um eine Verwässerung der bisherigen Anteile i.S.v. § 255 II AktG zu verhindern. Bei Maßnahmen, die zu einem gesetzlichen Abfindungsanspruch von Gesellschaftern führen können, wie der Verschmelzung im Wege der Aufnahme durch einen Rechtsträger anderer Rechtsform (§ 29 UmwG), dem Abschluß eines Gewinnabführungs- oder Unternehmensvertrages (§ 305 AktG, analog im Falle faktischer Konzernierung), der Durchführung einer Eingliederung (§ 320b I S.1 AktG), dem Ausschluß von Gesellschaftern im sog. „squeeze out Verfahren" (§ 327a I S.1 AktG) sowie einigen Fällen des Rechtsformwechsels (§ 207 I S.1 UmwG), kommt es ebenfalls auf die Wertermittlung der von diesen Gesellschaftern gehaltenen Anteile an. Dabei hat der Gesetzgeber in den einzelnen eine Bewertung erfordernden Vorschriften nicht festgelegt, auf welche Art und Weise eine derartige Bewertung erfolgen soll. Insbesondere das Aktien- und das Umwandlungsrecht sind insoweit methodenoffen ausgestaltet.[123]

Bis vor kurzem war gemeinhin anerkannt, daß sich der Unternehmenswert rechtsformübergreifend nur durch Sachverständigengutachten ermitteln lasse.[124] Diese Praxis ließ es nicht zu, den Wert eines börsennotierten Unternehmens bzw. Unternehmensanteils nach Maßgabe des Börsenkurses zu berechnen, obwohl der Gesetzgeber von dieser Möglichkeit auszugehen scheint, hat er doch an verschiedener Stelle Wertentscheidungen getroffen, die auf den Börsenpreis Bezug nehmen.[125] Exemplarisch seien hier § 186 III S.4 AktG und § 65 III S.1 AktG genannt, in denen das Gesetz den Börsenpreis grundsätzlich als angemessenen Preis einer Aktie ansieht. In einer Situation, in der der Markt über den Erfolg einer Kapitalmaßnahme entscheidet, erscheint es konsequent, wenn diese Markteinflüsse auch entsprechende Berücksichtigung finden. In diesem Sinne hat auch das Bundesverfassungsgericht 1999 in einem Grundsatzurteil entschieden, daß zumindest bei konzernierungsbedingten Abfindungsansprüchen den betroffenen Aktionären aufgrund der Geltung des Art. 14 I GG grundsätzlich die volle wertmäßige Entschädigung für ihre Anteile zustehe. Wegen der besonderen Verkehrsfähigkeit des Eigentums dürfe diese Entschädigung jedenfalls nicht unter dem Verkehrswert und damit nicht unterhalb des Börsenkurses der Aktie liegen.[126] Das Urteil findet direkte Anwendung auf sämtliche Vorschriften über

---

[123] Lediglich im Anwendungsbereich des WpÜG bestehen gesetzliche Vorgaben hinsichtlich der Bewertung. So kann ein Strukturwandel durch Beteiligungserwerb im Wege der Kapitalerhöhung gegen Sacheinlage ein öffentliches Angebot im Sinne des WpÜG erforderlich machen. Hinsichtlich der den Aktionären der Zielgesellschaft anzubietenden angemessenen Gegenleistung ist nach § 31 I WpÜG iVm § 31 VII WpÜG iVm §§ 3 ff. WpÜG-AngebotsVO grundsätzlich der durchschnittliche Börsenkurs der Aktie der Zielgesellschaft zu berücksichtigen.

[124] BGH AG 1967, 264 ; OLG Düsseldorf WM 1984, 732 ; OLG Zelle AG 1999, 128 ; *Hüttmann*, ZHR 162 (1998) 563 (565) ; *Kraft*, KK, §340, Rdn.21

[125] § 186 III S.4 AktG ; § 71 I N.8 S.4 AktG ; § 65 III S.1 AktG ; § 226 III S.1 ; § 214 III AktG ; § 268 III S.1 UmwG ; § 253 III HGB ; § 284 II N.4 HGB

[126] BVerfGE 100, 289 ff. (DAT/Altana) ; BGHZ 147, 108 ff.

Unternehmensverträge, über Eingliederungen und über die Fälle des sog. „squeeze out". Inwieweit diese verfassungsrechtlichen Vorgaben auch für die anderen Vorschriften Geltung erlangen - etwa für die Bestimmung der Verschmelzungswertverhältnisse etc. - kann offen bleiben. Entscheidend ist an dieser Stelle, daß die bisherige grundsätzliche Nichtbeachtung und Nichtberücksichtigung des Börsenkurses bei vorzunehmenden Unternehmensbewertungen ein Ende gefunden haben und der Unternehmenswert also grundsätzlich anhand des Börsenkurses ermittelt werden kann.

Für eine Aktiengesellschaft, die sich in einer derartigen Strukturänderung befindet, kommt dem Börsenkurs daher erhebliche Bedeutung zu. Da seine Höhe mit Blick auf Umtauschverhältnisse oder Abfindungsansprüche etc. über das Schicksal der strukturändernden Maßnahme entscheidet, lohnt sich insoweit auch seine Beeinflussung.

§2 Bedeutung des Börsenkurses in Übernahmesituationen

Weitere Relevanz kommt dem Börsenkurs während der Laufzeit eines Übernahmeangebots zu. Bei einem Übernahmeangebot wird den Aktionären der Zielgesellschaft von einem Bieter zum Zwecke der Kontrollerlangung in derselben ein öffentliches Angebot unterbreitet, ihre Aktien in einem bestimmten Umfang innerhalb eines bestimmten Zeitraumes und zu einem bestimmten Preis zu erwerben (vgl. § 29 WpÜG). Dabei hängt der Erfolg des Übernahmeangebots maßgeblich von der Bereitschaft der Aktionäre ab, ihre Anteile an die Bietergesellschaft zu veräußern. An einer Veräußerung werden die Aktionäre in aller Regel nur dann Interesse haben, wenn der Gebotspreis deutlich über dem aktuellen Börsenpreis ihrer Aktien liegt. Für die Zielgesellschaft stellt sich eine hohe Börsenkapitalisierung (d.h. Kurs der Aktie multipliziert mit der Aktienanzahl) insofern als ein effektiver Schutz gegen feindliche Übernahmen dar. Denn eine Steigerung des Börsenkurses bringt eine Erhöhung des von einem feindlichen Aufkäufer zu zahlenden Akquisitionspreises mit sich, reduziert den aus einer Übernahme zu erwartenden Gewinn und läßt im Ergebnis die Wahrscheinlichkeit einer ungewollten Übernahme sinken.[127] Demgegenüber fördert ein niedriger Börsenkurs die Übernahme. Seine Höhe entscheidet insoweit ebenfalls über das Schicksal einer freundlichen Übernahme, die aus strategischen Gründen von Bieter- und Zielgesellschaft gemeinsam verfolgt wird.

Bei einem sog. „Umtauschangebot", bei dem als Akquisitionswährung Aktien der Bietergesellschaft zum Tausch angeboten werden, ist der Börsenkurs der bietenden Gesellschaft entscheidend. Die Aktionäre der Zielgesellschaft werden

---

[127] *Lenzen*, S.21/22 ; *Schäfer*, WM 1999, 1345 (1346), *Kopp*, S.42

ihre Aktien nur dann gegen Papiere des Bieters eintauschen, wenn ihr Wert unter dem Wert der zum Tausch angebotenen Aktien liegt.

§3 Bedeutung des Börsenkurses im Rahmen „besonderer Verträge"

Im heutigen Wirtschaftsleben werden die verschiedensten Verträge direkt oder indirekt an die Kurshöhe einzelner Wertpapiere oder ganzer Wertpapierindizes geknüpft. Für eine derart vertraglich gebundene Aktiengesellschaft kommen Höhe und Verlauf des Börsenkurses mit Blick auf Vertragskonditionen und Vertragsfolgen ein besonderer Stellenwert zu.

A. Sonderfall: Optionsprogramme

Eine besondere Bedeutung spielt in diesem Zusammenhang die Ausgabe von Optionspositionen. Bei einer Option erwirbt der Optionsinhaber vom sog. „Stillhalter" das Recht, zu einem späteren Zeitpunkt eine bestimmte Menge an Wertpapieren der Gesellschaft zu einem bereits festgelegten Preis von ihm zu erwerben (sog. „call-Option") bzw. an ihn zu veräußern (sog. „put-Option"). Der Inhaber der Option wird von diesem Recht allerdings nur dann Gebrauch machen, sei es durch die eigene Ausübung oder durch die Veräußerung des Optionsscheins an einen Dritten, wenn die Ausübung wirtschaftlich sinnvoll erscheint, die Option also sprichwörtlich „im Geld" ist und der Kurs des Basiswertes inzwischen über dem in der Option vereinbarten Preis liegt bzw. bei einer Verkaufsoption unter den Verkaufspreis gesunken ist. Die maßgebende Bezugsgröße ist folglich der Börsenkurs des Basiswertes zum Zeitpunkt der Optionsausübung. Von seiner Höhe hängt die Wahrscheinlichkeit der Optionsausübung und bei tatsächlicher Ausübung die Höhe des Optionswerts ab.[128] Dies findet seine Bestätigung in der Beobachtung, daß an den Fälligkeitstagen von Optionen (z.B. sog. „Hexenfreitage" an der Eurex[129]) häufig besondere Kursschwankungen des entsprechenden Basistitels zu beobachten sind.[130]
Die Bedeutung des Kurses wächst im Falle sog. „Knock-Out-Optionen". Ihre Besonderheit besteht darin, daß das Optionsrecht nicht erst am Ende der Lauf-

---

[128] *Schäfer*, WM 1999, 1345 (1347) ; *Hirth*, S.19
[129] Die Eurex ist Ende 1998 aus dem Zusammenschluß der Deutschen Terminbörse (DTB) und der Schweizer Terminbörse (SOFFEX) hervorgegangen und bildet eine gemeinsame Handelsplattform für Optionen und Futures, die auf voll elektronische Weise abgewickelt werden. Jeweils am dritten Freitag im März, Juni, September, Dezember werden die an der Eurex gehandelten Optionen fällig. Man spricht dabei von sog. Hexenfreitagen.
[130] *Schäfer*, WM 1999, 1345 (1347) ; *Hirth*, S.19

zeit verfällt, sondern bereits in dem Moment, in dem der Basiswert der Aktie einen vorab festgelegten Kassapreis über- oder unterschreitet. Auch wenn die Option dann nicht mehr ausgeübt werden kann, hat die stillhaltende Gesellschaft dessenungeachtet die vereinbarte Stillhalteprämie kassiert.[131]

I. Optionsanleihen

Optionsrechte werden insbesondere im Rahmen von Optionsanleihen i.S.v. § 221 I AktG eingesetzt. Optionsanleihen sind Schuldverschreibungen, die von der Aktiengesellschaft an Dritte zum Zwecke der Kapitalbeschaffung ausgegeben werden. Dem Kapitalgeber wird zusätzlich zu seinem Rückzahlungsanspruch und einer festen Verzinsung ein Optionsrecht eingeräumt, das ihm die Möglichkeit gibt, hohe Spekulationsgewinne zu erzielen. Im Gegenzug kann die Aktiengesellschaft aufgrund des spekulativen Aspekts einen unter den sonstigen Marktbedingungen liegenden Zinssatz verlangen und damit günstig Fremdkapital aufnehmen.[132]

II. „Stock Options" zur Mitarbeitervergütung

Ein weiteres, in den letzten Jahren zunehmend an Relevanz gewinnendes Einsatzfeld der Optionsprogramme ist ihre Verwendung im Bereich der Vergütung von Arbeitnehmern und Mitgliedern der Geschäftsführung i.S.v. § 192 II N.3 AktG (sog. „stock options"). Die Gesellschaft kann ihren Mitarbeitern entweder Aktien unmittelbar zum Bezug anbieten oder einen Stock-Option-Plan auflegen.[133] Ausgelöst wurde die Welle 1996, als die Deutsche Bank und DaimlerChrysler erstmals Options- bzw. Wandelanleihprogamme einführten. Eine regelrechte Flut verursachte 1998 das KonTraG, mit dem die Ausgabe von Bezugsrechten an Arbeitnehmer erleichtert und erstmals auch an Mitglieder des Vorstands erlaubt wurde.

Insbesondere die Gehaltszusagen in Anstellungsverträgen des Vorstands sowie Pensionsverträgen, Vereinbarungen über Abfindungen für den Fall einer Übernahme und Vergütungen für Zusatzleistungen (Prämien etc.) usw. bestehen nicht selten aus fixen sowie variablen Bestandteilen.[134] Im Falle der Gewährung von

---

[131] *Lenzen*, S.24

[132] *Hüffer*, §221, Rdn.6,7

[133] *Hüffer*, ZHR 161 (1997), 214 ; *Kohler*, ZHR 161 (1997), 246 ; *Feddersen*, ZHR 161 (1997), 269

[134] In diesem Sinne auch der Deutschen Corporate Governance Kodex : vgl. Punkt 4.2.3. DCGK

Aktienoptionen als variabler Komponente bestimmt die Entwicklung des Aktienkurses den Plangewinn der Begünstigten, der sich aus der Differenz zwischen dem (höheren) Aktienkurs bei der Ausübung der Optionen und dem (niedrigeren) Kurs bei der Ausgabe ergibt. Ausgehend von einer Shareholder-Value-Orientierung des Unternehmens profitiert auch die Gesellschaft von derartigen leistungs- bzw. erfolgsorientierten Vergütungsmodellen.
Zu dieser Form der Vergütungsmodelle gehören auch die sog. „Abschlagsmodelle", bei denen der Gewinn aus einem Abschlag vom Aktienkurs zum Ausübungszeitpunkt resultiert. Gleiches gilt für die sog. „Out-performance-Optionen", bei denen nicht der absolute Kursgewinn, sondern das Verhältnis des Basiskurses zur Entwicklung eines Aktienindexes oder eines Referenzportfolios die Höhe des Plangewinns bestimmt. Auch bei diesen Spielarten optionsbezogener Vergütungsmodelle ist der Börsenkurs für die Aktiengesellschaft die maßgebliche Größe.

B. Sonderfall: Wandelanleihen

Von besonderer Bedeutung ist der Börsenkurs bei Wandelanleihen. Wandelanleihen i.S.v. § 221 I AktG sind Schuldverschreibungen, die dem Gläubiger das Recht einräumen, seinen Anspruch auf Rückzahlung des Nennbetrages gegen eine bestimmte Anzahl von Aktien der Gesellschaft einzutauschen.[135] Auch hier entscheidet der Börsenkurs darüber, ob der Inhaber einer Wandelanleihe von seinem Gestaltungsrecht Gebrauch macht und über das Umtauschrecht einen Anspruch auf Abschluß eines Zeichnungsvertrages geltend macht, im Ergebnis also Aktionär der Gesellschaft wird, oder vielmehr an der Rückzahlung des ursprünglichen Nennbetrages festhalten wird.

§4 Bedeutung des Börsenkurses bei der Vorbereitung sog. „Sekundärplazierungen"

Ferner hat der Börsenkurs im Rahmen des Emissionsgeschäfts einen großen Stellenwert. Sinn und Zweck einer Aktienemission ist es, durch die Plazierung der neuen Wertpapiere am Markt einen möglichst hohen Emissionserlös zu erzielen. Ein hoher Emissionserlös ermöglicht der Aktiengesellschaft einen entsprechend großen Kapitalzufluß und gleichzeitig niedrige Kapitalkosten. Die

---

[135] Dabei handelt es sich nach ganz hM um eine Ersetzungsbefugnis, die dem Inhaber ein Wahl- und Gestaltungsrecht unter Aufgabe seines Gläubigerrechts gewährt. Vgl. *Karollus*, Geßler/Hefermehl, §221, Rdn.146 ; *Hüffer*, §221, Rdn.4/5.

Höhe des Erlöses wiederum hängt primär von der Höhe des angestrebten Ausgabepreises ab. Im Vorfeld sog. „Sekundärplazierungen" („Secondary Offering"), bei denen ein börsennotiertes Unternehmen zusätzliche Aktien aus einer Kapitalerhöhung oder einer Umplazierung größerer Beteiligungspakete auf den Markt gibt, bildet der Börsenkurs der bereits gehandelten Papiere den Maßstab für die Höhe des anzusetzenden Ausgabepreises der Neuemission. Er liefert potentiellen Käufern eine Orientierung für den Wert der zu emittierenden Papiere. Liegt der Emissionspreis über dem aktuellen Börsenpreis, werden Investoren in der Regel die neuen Aktien nicht erwerben, sondern sich der alternativen Quelle des Sekundärmarktes bedienen. Darüber hinaus bietet der Börsenkurs einen Anhaltspunkt dafür, zu welchen Preisen die Aktien künftig wieder verkauft werden können. Im Ergebnis entscheidet die Höhe des bestehenden Börsenkurses über die Höhe des Emissionspreises und damit über die Höhe des Emissionserlöses und die der Gesellschaft zufließenden Kapitalströme.[136]

§5 Bedeutung des Börsenkurses bei der Stabilisierung von Emissionen

Neben der Höhe des angestrebten Ausgabepreises hängt der Erfolg einer Aktienemission vor allen Dingen von der vollständigen Unterbringung der Papiere beim Anlagepublikum ab. Die Aktiengesellschaft ist dabei in erhöhtem Maße auf die Aufnahmebereitschaft des Anlagepublikums angewiesen, die wiederum von der zu dokumentierenden Stabilität der Börsenkurse abhängt.
Insbesondere in der sensiblen Phase unmittelbar nach einer Erstplazierung der Aktien der Gesellschaft können markttechnisch bedingte Kursausschläge sowie Zufallsschwankungen auftreten. Diese lassen sich oftmals darauf zurückführen, daß Erstinvestoren größere Tranchen ihrer Bestände sofort wieder in den Markt abgeben oder nicht voll befriedigte Investoren ihre Bestände weiter aufstocken wollen.[137] Derartige Überreaktionen des Marktes verhindern die Bildung eines Marktgleichgewichts, von dem allerdings der ruhige Absatz der Emission sowie die Aufnahmebereitschaft des Marktes zu den geplanten Bedingungen abhängen.[138]
Im Anschluß an eine Sekundärplazierung ist in aller Regel nicht mit vergleichbaren Reaktionen des Marktes zu rechnen, da sich ein Marktgleichgewicht bereits gebildet hat und die mit den Papieren verbundene Volatilität den Anlegern von den bereits emittierten Aktien bekannt ist.[139] Hier geht es vielmehr um die Aufrechterhaltung des Handels und die Kontinuität des Preises. Beide Faktoren

---

[136] *Lenzen*, S.13 f.
[137] *Schäfer*, S.993 ; *Bruckner/Pospischil*, Lutter/Scheffler/Schneider, Rdn. 11.48
[138] *Caspari*, ZGR 1994, 530 (544)
[139] Altendorfer, S.221

sind für den Emittenten jedoch zumindest mittelbar von Bedeutung; denn je stetiger der Aktienkurs verläuft, um so verläßlicher kann das Anlagepublikum den zu erwartenden Ertrag aus einem Aktienengagement prognostizieren. Und je verläßlicher sich die Prognosemöglichkeiten bzgl. einer Anlage darstellen, um so geringer wird der von der Gesellschaft zu zahlende Risikoaufschlag ausfallen. Eine spätere Kapitalmaßnahme könnte so etwa zu einem erhöhten Börsenkurs erfolgen.

In beiden Konstellationen hat ein stabiler Börsenkurs eine ganz besondere Bedeutung für die Aktiengesellschaft und den dauerhaften Erfolg der Plazierung ihrer Wertpapiere.

§6 Bedeutung des Börsenkurses im Rahmen von Handelsgeschäften in eigenen Aktien

Seit der Gesetzgeber im Rahmen des KonTraG 1998 für die Aktiengesellschaft die Möglichkeit geschaffen hat, eigene Anteile zu erwerben und im Anschluß wieder zu veräußern (§ 71 I N.8 AktG)[140], kommt dem Börsenkurs schlicht immer dann Bedeutung zu, wenn die Aktiengesellschaft von dieser Möglichkeit gebraucht macht und derartige Erwerbs- und Veräußerungsgeschäfte tätigt. Im Falle der Durchführung eines Aktienrückkaufprogramms bestimmt der Börsenkurs, wie viel Kapital aus der Unternehmenskasse an die Aktionäre abfließt, im Falle der Weiterveräußerung determiniert er die Höhe des Veräußerungserlöses, der die Gesellschaftskasse auffüllt.

§7 Bedeutung des Börsenkurses im Rahmen der Imagepflege sowie Marketingaspekte

Auch unter Marketingaspekten ist der Verlauf des Börsenkurses für die Aktiengesellschaft von besonderem Interesse. Insbesondere hinsichtlich des Images eines Unternehmens wird dem Kurs eine nicht zu unterschätzende Aussagekraft beigemessen. Durch einen stabilen Kursverlauf etwa wird den Investoren der Eindruck von Kontinuität und Verläßlichkeit des Unternehmens suggeriert.[141]

---

[140] dazu ausführlich unten auf Seite 160.
[141] *Watter* SZW 1990, 193 (1999), *Lenzen*, S.17

§8 Bedeutung des Börsenkurses im Rahmen von sog. „Rankings" sowie Indizes

In diesem Zusammenhang ist die Aufnahme einer Aktiengesellschaft in bestimmte Aktienindizes (DAX, M-DAX, S-DAX, Stoxx etc.)[142] zu nennen. Entscheidend für die Aufnahme in einen Index sind der Börsenumsatz und die Marktkapitalisierung eines Unternehmens, also die Summe aller ausgegebenen Aktien multipliziert mit ihrem Börsenkurs. Diese Berechnungsweise der Marktkapitalisierung wurde mit dem Wirksamwerden der Steuerbefreiung für Veräußerungsgewinne im Jahr 2002 aufgegeben. Statt dessen findet bei der Berechnung der Marktkapitalisierung und damit der Gewichtung und Zusammenstellung der Indizes zunehmend nur noch der tatsächlich handelbare Anteil der Aktien, der sog. „Free Float" Berücksichtigung. Je geringer der Free Float, desto geringer das Gewicht im Index.
Wird eine Gesellschaft in das Ranking eines Aktienindexes aufgenommen, findet dieser Umstand breite Resonanz beim Anlagepublikum und bringt wiederum gewichtige Auswirkungen auf den Kurs der Aktien mit sich. Mehrere Studien belegen einen signifikanten Einfluß bei der Aufnahme in oder dem Herausfallen aus einem Index[143], denn fast alle institutionellen, aber auch viele private Anleger nutzen die verschiedenen Indizes als Orientierungshilfe, sei es in Form einer passiven Managementstrategie, die sich auf die reine Nachbildung von Indizes beschränkt (so bei sog. „Indexfonds"), oder durch ein aktives Portfoliomanagement, dessen Erfolg sich an einem Vergleichsindex als Benchmark bemißt (so bei sog. „Exchange Traded Funds").[144] Die der Gesellschaft mit dem Ranking entgegengebrachte Aufmerksamkeit erhöht die dem Anlagepublikum zur Verfügung stehende Informationsmenge und –qualität. Stehen für die Anleger mehr verläßliche Informationen bereit, ist die weitere Kursentwicklung für die Investoren mit einem geringeren Risiko verbunden und die Investoren verlangen in aller Regel eine geringere Risikoprämie.[145]

Umgekehrt kann ein Ausscheiden aus dem Index oder eine veränderte Gewichtung innerhalb des Indexes zu Kursverlusten des betroffenen Unternehmens und damit zu einem Absinken des Marktwertes führen. Für die betroffenen Emittenten kann dies insbesondere hinsichtlich bevorstehender Kapitalmaßnahmen oder

---

142 siehe zu den Begriffen oben auf Seite 70.
143 vgl. *Gerke/Arneth/Fleischer*, ZFB 2001, 45-66 mit weiteren Nachweisen. Zum Beispiel hat bereits die Nachricht, daß TUI aufgrund der veränderten Zulassungsregeln womöglich aus dem DAX fallen könnte, zu einem Kursverfall der Aktie geführt; vgl. FAZ Nr.177 v. 2.8.04, S.12
144 *v. Rosen*, S.5
145 Gerke/Arneth/Fleischer, ZFB 2001, 45 (47)

Unternehmensübernahmen, bei denen eigene Aktien als Akquisitionswährung eingesetzt werden sollen, negative Folgen haben.

§9 Bedeutung des Börsenkurses im Rahmen sog. „Ratings“

Daneben nimmt der Börsenkurs im Zusammenhang mit dem sog. „Emittentenrating“ eine zentrale Rolle für die börsennotierte Aktiengesellschaft ein. Unter dem Begriff „Emittentenrating“ ist die in standardisierter Kurzform ausgedrückte Beurteilung des Ausfallrisikos bzw. der Wahrscheinlichkeit eines termingerechten und vollständigen Schuldendienstes zu verstehen. Die Kriterien, nach denen ein Rating erfolgt, sind sowohl quantitativer als auch qualitativer Natur. Unter quantitativen Faktoren versteht man vor allem die Zahlen eines Unternehmens, also beispielsweise Analysen der Bilanzen, der Gewinn- und Verlustrechnung, Branchenvergleiche, Analysen des Kontokorrents und der Sicherheiten. Unter die qualitative Bewertung eines Unternehmens fallen vor allem personelle und organisatorische Faktoren wie die Qualifikation des Managements, das Organisationssystem, die Wettbewerbssituation oder die Kundenorientierung etc..[146]

Zum einen versuchen Banken bzw. andere potentielle Kreditgeber anhand des Ratings festzustellen, in welchem Maße ein Unternehmen in der Lage ist, vollständig und termingerecht der Tilgung und Verzinsung ihrer Kredite nachzukommen. Zum anderen wurden Ratings etabliert, um den Kapitalanlegern einen Überblick über die Bonität der Emittenten zu ermöglichen. Im Zuge der Internationalisierung der Finanzmärkte sind institutionelle wie private Investoren bestrebt, durch grenzüberschreitende Investitionen eine Risiko- und Renditeverbesserung zu erzielen. Dies bringt einen erhöhten Informationsbedarf der Marktteilnehmer mit sich. Sprachbarrieren, unterschiedliche nationale Rechnungslegungsvorschriften und sonstige abweichende wirtschaftliche und rechtliche Rahmenbedingungen erschweren es den Anlegern dabei, eine effiziente und eigenständige Analyse einer Investitionsalternative durchzuführen. Aufgabe des Ratings ist es folglich, dem Marktteilnehmer anhand einheitlicher Ratingsymbole einen international konsistenten Maßstab zur Bonitätsbeurteilung von Schuldnern zu geben.

Erhebliche Kursverluste können in diesem Kontext die Kreditwürdigkeit einer Gesellschaft stark gefährden.[147] Als Konsequenz droht der Gesellschaft nicht nur eine Beeinträchtigung der Fremdfinanzierung ihrer Unternehmungen. Zusätzlich werden auch potentielle Anleger von der attestierten Ausfallgefahr abgeschreckt und die Reputation der Gesellschaft erheblich beschädigt.

---

[146] *Pointl*, UMAG 2003, 38

[147] *Lenzen*, S.17

§10 Bedeutung des Börsenkurses, bilanzielle sowie steuerliche Aspekte

Schließlich ist die Bedeutung des Börsenkurses für die Aktiengesellschaft unter bilanziellen sowie steuerlichen Aspekten zu untersuchen.
Auf den ersten Blick kann der eigene Börsenkurs der Aktiengesellschaft dabei nur im Zusammenhang mit der Bewertung eigener Aktien stehen, die die Gesellschaft im Rahmen von Rückkaufprogrammen von ihren Aktionären zurückerworben hat (A). Auf den zweiten Blick kommt dem Börsenkurs auch Bedeutung im Konzern bei der Bewertung konzernierter Gesellschaften zu (B).

A. Bedeutung des Börsenkurses bei der Bewertung eigener Anteile

I. Bilanzielle Aspekte

Da eigene Aktien gemäß § 71b AktG keine mitgliedschaftlichen Rechte begründen, zudem durch das Erfordernis einer ausreichenden Rücklagenbildung i.S.v. § 272 IV HGB weitere Gesellschaftsmittel gebunden werden und die eigenen Anteile im Liquidationsfall wertlos bleiben, bringen Anteile in der Hand der Gesellschaft substantiell keine Vermögensmehrung der Gesellschaft mit sich.[148] Doch solange sie nicht zum Zwecke der Einziehung zurückerworben wurden, sind eigene Aktien trotz dieser vermeintlichen Wertlosigkeit als Vermögensgegenstände im bilanziellen Sinne zu werten. Sie sind individualisierbar, verkehrsfähig und lassen sich durch Weiterveräußerung verwerten.[149] In diesem Sinne ordnet § 265 III S.2 HGB an, eigene Aktien unabhängig von ihrer Zweckbestimmung gemäß § 266 II B. III. 2. HGB als Wertpapiere des Umlaufvermögens auf der Aktivseite der Bilanz auszuweisen.
Bei ihrer Bewertung sind die eigenen Anteile mit ihren Anschaffungskosten i.S.v. § 255 I HGB anzusetzen, also mit dem in der Regel über dem Börsenkurs liegenden Rückkaufpreis. Die Anschaffungskosten (vermindert um die Abschreibungen) bilden gemäß § 253 I S.1 HGB zugleich die Obergrenze der Bewertung. Der spätere Verlauf des Börsenkurses hat demzufolge keine Auswirkungen auf die Höhe des Umlaufvermögens und damit ebenfalls nicht auf die Höhe der Handelsbilanz.

Allerdings unterliegen Wertpapiere des Umlaufvermögens und damit auch die eigenen Anteile dem sog. „strengen Niederstwertprinzip".[150] Danach ist bei ei-

---

[148] Zu den Einzelheiten des Rückerwerbs siehe unten auf Seite 160.
[149] vgl. BFH, BB 1996, 792 ; *Adler/Düring/Schmalz*, §246, Rdn.13 ff. a.A. *Schmedemann*, S.72 ff. ; *Thiel/Härtel*, S.574.
[150] *Ellrot/Scherer*, Beck'scher Bilanzkommentar, §253, Rdn.612

nem gegenüber den historischen Anschaffungskosten niedrigeren Zeitwert am Bilanzstichtag dieser niedrigere Wert der Bewertung der Vermögensgegenstände des Umlaufvermögens zugrunde zu legen. Steht demzufolge der Börsenkurs der eigenen Anteile am Bilanzstichtag unterhalb der Anschaffungskosten des Rückerwerbstages, so ist dieser niedrigere Kurswert in der Bilanz aufzuführen und gemäß § 253 III S.1 HGB in Höhe der Differenz eine Abschreibung vorzunehmen.[151] Berücksichtigung finden auch kurzfristige und vorübergehende Kursverluste sowie etwaige Zufallskurse, soweit diese am Stichtag unter dem allgemeinen Kursniveau liegen.[152] Diese Abschreibung belastet zwar das Periodenergebnis, nicht jedoch den Bilanzgewinn. Denn in Höhe der Abschreibungen entsteht ein korrespondierender Ertrag durch Auflösung der Rücklage i.S.v. § 272 IV S.2 HGB.[153]
In rein bilanzieller Hinsicht hat der Verlauf des Börsenkurses also kaum Bedeutung für die börsennotierte Aktiengesellschaft.

II. Steuerliche Aspekte

Etwas anderes gilt für die steuerliche Betrachtung. Unter Befolgung des Maßgeblichkeitsgrundsatzes (§ 8 II KStG i.V.m. § 5 I S. 2 EStG) sind die handelsbilanziellen Grundsätze für die steuerliche Gewinnermittlung[154] zu übernehmen und eigene Aktien als Wertpapiere des Umlaufvermögens demzufolge auch steuerlich mit ihren Anschaffungskosten anzusetzen.[155] Nach § 8 II KStG i.V.m. § 6 I N.2 S.2 EStG kann aber für Wertpapiere und Anteile an Kapitalgesellschaften ein niedrigerer Teilwert angesetzt werden. Ein niedrigerer Teilwert kann sich aus dem Börsenkurs zum Bewertungsstichtag ergeben.[156] Ist dieser gegenüber den Anschaffungskosten gesunken, muß auch steuerlich nach dem

---

[151] *Ellrot/Scherer*, Beck'scher Bilanzkommentar, §253, Rdn.609
[152] *Adler/Düring/Schmalz*, §253, Rdn.512 ; *Döring*, HdR, § 253, Rdn.165
[153] *Budde*, S.677
[154] Die Körperschaftssteuer bemißt sich nach dem zu versteuernden Einkommen. Die Ermittlung des Einkommens richtet sich nach den Vorschriften des EStG und den Sondervorschriften des KStG (§ 8 I KStG). Da die Aktiengesellschaft als Formkaufmann (§ 3 I AktG) verpflichtet ist, Bücher zu führen (§ 238 HGB), hat sie Einkünfte aus Gewerbebetrieb (§ 2 I N.2 EStG), unabhängig davon, ob sie tatsächlich ein solches Gewerbe betreibt. Einkünfte aus Gewerbebetrieb sind gemäß § 2 II N.1 EStG der Gewinn. Gewinn in diesem Sinne ist der Unterschiedsbetrag zwischen dem Betriebsvermögen am Schluß des Wirtschaftsjahres und dem Betriebsvermögen am Schluß des vorangegangenen Wirtschaftsjahres (vermehrt um den Wert der Entnahmen und verringert um den Wert der Einlagen), § 4 I S.1 EStG. Ausgangsgröße für die Ermittlung des Einkommens ist das modifizierte Handelsbilanzergebnis, also die bilanzielle Vermögensvermehrung bzw. –Verminderung.
[155] BFH, BStBl.II 1970, 107 ; a.A. *Thiel/Härtel*, S.577
[156] BFH, BStBl. II 1991, 342

strengen Niederstwertprinzip eine Teilwertabschreibung vorgenommen werden.[157]

Doch auch hier muß gelten: durch entsprechende Auflösung der Rücklage gemäß § 272 IV S.2 HGB vermindert sich der handelsrechtliche Bilanzgewinn nicht. Die Besteuerung des Gesellschaftsgewinns richtet sich jedoch nach dem maßgebenden Betriebsvermögensvergleich, bei dem das Betriebsvermögen am Schluß des Wirtschaftsjahres mit dem Betriebsvermögen des vorangegangenen Jahres verglichen wird. Dieser Wert wird trotz der Rücklagenauflösung durch eine Teilwertabschreibung der eigenen Aktien sehr wohl verringert.[158] Vor diesem Hintergrund kann sich die Höhe des Börsenkurses über den Weg der Abschreibungsmöglichkeit auf die Höhe der anfallenden Körperschaftssteuerlast auswirken und insofern von Bedeutung für die Aktiengesellschaft sein.[159]

Seit dem 31.12.98 sind derartige Teilwertabschreibungen jedoch nur bei einer zum Zeitpunkt der Bewertung vorliegenden voraussichtlich dauernden Wertminderung zulässig (vgl. § 6 I N.2 S.2 EStG). Für das Umlaufvermögen, das in der Regel nicht auf Dauer dem Betrieb zu dienen bestimmt ist, kann von einer dauerhaften Wertminderung ausgegangen werden, wenn sie bis zum Zeitpunkt der Bilanzaufstellung oder dem Verkaufs- oder Verbrauchszeitpunkt anhält.[160] Zusätzliche Erkenntnisse bis zu diesem Zeitpunkt, wie z.B. allgemeine Marktentwicklungen, Kurschwankungen etc., sind dabei zu berücksichtigen.[161]

In diesem Zusammenhang ist es für die Aktiengesellschaft somit ausschlaggebend, inwieweit sich der Börsenkurs dauerhaft auf einem bestimmten Kursniveau bewegt.

---

[157] *Ehmcke*, Blümich, §6 EStG, Rdn.863

[158] *Budde*, S.684

[159] Derartige Teilwertabschreibungen wurden jüngst im Zusammenhang mit der viel beachteten Vodafone-Mannesmann-Übernahme bei den nordrhein-westfälischen Finanzbehörden geltend gemacht. Das britische Mobilfunkunternehmen Vodafone hatte Mannesmann zum Jahreswechsel 1999/2000 für knapp 200 Mrd. € übernommen. Damals wurde den Mannesmann-Aktionären Vodafone-Aktien im Gegenwert von 353 € je Mannesmann- Anteil angeboten. Das auf diese Weise erworbene Aktienpaket wurde von einer Luxemburger Vodafone-Tochter Ende 2000 für insgesamt 146.928 Mrd. € an die deutsche Vodafone GmbH verkauft, was einem Kurs von 309 € je Mannesmann-Anteil entspricht. Nach dem Börsensturz der Jahre 2000 und 2001 war der Kurs der Mannesmann-Beteiligung mittlerweile auf rund 200 € gefallen, was einem Buchverlust von annähernd 50 Mrd. € entspricht. Diesen Verlust versuchte Vodafone im Rahmen von Teilwertabschreibungen gegen seither angefallene Gewinne zu stellen.

[160] BMF, BStBl. 2000, 372, Rdn.23

[161] BMF, BStBl. 2000, 372, Rdn.23

B. Bedeutung des Börsenkurses bei der Bewertung von Wertpapieren des Anlagevermögens, insbesondere Aktien verbundener Unternehmen

Im Rahmen einer Konzernierung kann der Börsenkurs einer beherrschten Gesellschaft unter bilanziellen und steuerlichen Gesichtspunkten für die beherrschende Muttergesellschaft von Bedeutung sein.

I. Bilanzielle Aspekte

Bei den von der herrschenden Gesellschaft gehaltenen Aktien der Tochtergesellschaft handelt es sich in aller Regel um Wertpapiere des Anlagevermögens i.S.v. § 247 II HGB, da sie über bloße Renditemotive hinaus zu unternehmerischen Zwecken bzw. mit dem Ziel der Einflußnahme gehalten werden. Gemäß § 253 I HGB sind sie mit ihren Anschaffungskosten zu bilanzieren. Dies bildet eine Wertobergrenze. Der Kurszuwachs der Tochtergesellschaft schlägt sich folglich nicht in der Bilanz der Muttergesellschaft nieder.

Anders kann es sich jedoch dann verhalten, wenn der Börsenkurs der Aktien der Tochtergesellschaft am Bilanzstichtag unter den Einstandskurs der Muttergesellschaft gesunken ist.[162] In diesem Fall können nach dem sog. „gemilderten Niederstwertprinzip" gemäß § 253 II S.3 HGB außerplanmäßige Abschreibungen vorzunehmen sein. Eine Pflicht zur Abwertung zum niedrigeren Wert besteht bei einer voraussichtlich dauerhaften Wertminderung. Ein sog. „Abwertungswahlrecht" besteht für Kapitalgesellschaften hingegen bei vorübergehender Wertminderung der Finanzanlagen (§§ 279 I S.2 i.V.m. 253 II S.3 HGB). Der in diesem Zusammenhang den Wertpapieren des Anlagevermögens beizulegende Wert entspricht grundsätzlich ihrem Börsenkurs.[163] Insoweit entscheidet die Höhe des Börsenkurses der Tochtergesellschaft über die Vornahme einer derartigen Abschreibung bei der Muttergesellschaft.

Der Börsenkurs ist also auch in diesen Konstellationen von einiger Bedeutung für eine beherrschende Aktiengesellschaft.[164]

II. Steuerliche Aspekte

Der Maßgeblichkeit der Handelsbilanz zufolge entsprechen die außerplanmäßigen Abschreibungen den Teilwertabschreibungen i.S.v. § 8 II KStG i.V.m. § 6 I

---

[162] Allein *Schäfer*, WM 1999, 1345 (1347)
[163] *Hoyos/Gutike*, Beck'scher Bilanzkommentar, §253, Rdn.415
[164] Allein *Schäfer*, WM 1999, 1345 (1347)

N.1 S.2 EStG. Auch steuerlich ist demzufolge am Bewertungsstichtag der niedrigere Wert anzulegen, solange die Wertminderung voraussichtlich dauerhaft ist.[165]

Im Ergebnis kann es für die herrschende Gesellschaft also steuerlich von Vorteil sein, wenn der Kurs der Aktien der beherrschten Gesellschaft unter den Einstandskurs der herrschenden Gesellschaft gesunken ist und damit eine entsprechend geringere Steuerbilanz sich in der zu entrichtenden Körperschaftssteuer niederschlägt.

§11 Zwischenergebnis

Die verschiedenen exemplarisch aufgeführten Unternehmenssituationen haben deutlich gezeigt, daß der Börsenkurs für die börsennotierte Aktiengesellschaft in zahllosen Fällen und unter unterschiedlichsten Perspektiven von erheblicher Bedeutung sein kann. Diese Feststellung bildet den zentralen Fixpunkt für die hier thematisierte Untersuchung der Beeinflussungsmaßnahmen und der rechtlichen Grenzen der Börsenkursbeeinflussung durch die Aktiengesellschaft.

---

[165] *Hoyos/Schramm/Ring*, Beck'scher Bilanzkommentar, §253, Rdn.297

Teil V: Die Beeinflussung des eigenen Börsenkurses durch die Aktiengesellschaft – Maßnahmen der Gesellschaft

Nachdem mit der Aktiengesellschaft als Ausgangspunkt der Untersuchung, der Wertpapierbörse als Handelsplatz der Aktie und dem Börsenkurs als Preis der Aktie der Hintergrund der Untersuchung dargestellt und die Bedeutung des Börsenkurses für die Gesellschaft aufgezeigt wurde, wendet sich die Arbeit im folgenden Kapitel ihrem eigentlichen Gegenstand, der Beeinflussung des Börsenkurses zu.

§1 Motivation der Beeinflussung

Die Beeinflussung des eigenen Börsenkurses durch die Aktiengesellschaft setzt ein Handeln der Gesellschaft voraus und ist damit zweckgerichtet und motiviert. Es wird ausgelöst von den originären Interessen, den wirtschaftlichen, strategischen oder sonstwie gearteten Vorteilen, die die Gesellschaft aus einer Beeinflussung ziehen könnte. Stünde nämlich von vornherein fest, daß für die Aktiengesellschaft im Rahmen der Kursbeeinflussung keine profitablen Aussichten bestehen, so würde sie derartige Maßnahmen nicht vornehmen und eine Untersuchung der Börsenkursbeeinflussung durch die Aktiengesellschaft sich erübrigen.

Doch in dem Abschnitt zur „Bedeutung des Börsenkurses für die Aktiengesellschaft" findet sich bereits eine Vielzahl an Hinweisen auf mögliche Motivationen der Gesellschaft. In allen dort beispielhaft aufgezeigten Unternehmenssituationen, in denen der Kurs der Aktie eine Rolle für die börsennotierte Aktiengesellschaft spielt, lassen sich für diese Motive ableiten, auf den eigenen Börsenkurs einzuwirken. Je nach Gestaltung des konkreten Einzelfalls kann die Aktiengesellschaft dabei ein Interesse an einem hohen, niedrigen oder nur konstanten Börsenkurs haben, um dadurch auf die jeweilige Unternehmenssituationen zum Vorteil der Gesellschaft einzuwirken.

§2 Eingrenzung des Untersuchungsgegenstandes

Die Arbeit konzentriert sich ausschließlich auf Maßnahmen, Techniken und Methoden der Beeinflussung des Börsenkurses, die von der Aktiengesellschaft selbst ausgehen. Erfaßt werden dabei jedwede Tätigkeiten, die nach den Regeln der §§76-78 AktG vom Vorstand – gegebenenfalls mit Zustimmung des Aufsichtsrats - als dem zur Geschäftsführung berufenen Organ durchzuführen sind und, infolge der korporativen Struktur der Gesellschaft, dieser als eigenes Handeln zugerechnet werden.[166] Dies gilt nicht nur für jedes rechtsgeschäftliche sowie rechtsgeschäftsähnliche Handeln (§ 78 I AktG), sondern auch für sonstige tatsächliche Handlungen. So muß sich die Gesellschaft Schäden Dritter, die Vorstand oder Aufsichtsrat in Ausführung der ihnen zustehenden Verrichtungen durch sonstige Handlungen verursachen, analog § 31 BGB zurechnen lassen. Erfaßt wird neben den Tätigkeiten der Leitungsorgane im Namen und für Rechnung der Gesellschaft auch jedes Auftreten im eigenen Namen, beziehungsweise im Kleide eines gewöhnlichen Marktteilnehmers, das für Rechnung der Gesellschaft erfolgt. Auch sämtliche Handlungen unter Einbeziehung anderer Marktteilnehmer oder sonstiger Dritter, die für die Gesellschaft auftreten, sollen auf ihre kursbeeinflussende Wirkung überprüft werden. Allein Handlungen im Eigeninteresse und für eigene Rechnung der Vorstands- bzw. Aufsichtsratsmitglieder oder von Dritten fallen aus der Fragestellung dieser Arbeit heraus.

§3 Begriff der Beeinflussung des Börsenkurses

Der Gesetzgeber sowie die rechtswissenschaftliche Diskussion haben eine Fülle verschiedener Begriffe, Definitionen und Fallgestaltungen im Zusammenhang mit der Beeinflussung des Börsenkurses geschaffen, die sich zum Teil inhaltlich überschneiden, insgesamt aber aufgrund unterschiedlich gelagerter Schwerpunkte und Zielrichtungen eine einheitliche Terminologie vermissen lassen.

Da ist zunächst der Begriff der sog. „Kurs- oder Marktpflege" zu nennen. Nach überwiegendem Verständnis beschreibt er die direkte Intervention am Aktienmarkt zur gezielten Beeinflussung des Börsenkurses durch Käufe und Verkäufe von Wertpapieren.[167] Kurs- bzw. Marktpflege dient dem Ausgleich von Zufallsschwankungen und kurzzeitigen Überreaktionen des Marktes, die hauptsächlich im Anschluß an das Emissionsgeschäft am Sekundärmarkt auftreten können.[168] Während sich die Kurspflege auf den allgemeinen Kurstrend an sämtlichen Börsenplätzen richtet, nivelliert die Marktpflege Kursunterschiede zwischen verschiedenen Börsenplätzen.[169]
Der deutsche Gesetzgeber verwendet die Begriffe der Marktpflege in § 10 V S.6 KWG und der Kurspflege in der Regierungsbegründung zum KonTraG[170], ohne

---

[166] *Hefermehl/Spindler*, MüKo, §78, Rdn.2 ; *Hüffer*, §78, Rdn.3 ; *Habersack*, GK, §78, Rdn.13
[167] *Benckendorff*, S.58 ; *Bruckner/Pospischil*, Lutter/Scheffler/Schneider, Rdn.11.48
[168] *Krämer/Hess*, S.176/177 ; *Bosch*, BuB, Rdn.10/339 ; *Benckendorff*, S.216 ; OLG Frankfurt, AG 1992, 194 ; *Hopt*, FS Heinsins, S.495 ; *Koller*, Assmann/Schneider, § 31, Rdn.62
[169] *Kuhn*, NJW 1973, 833
[170] Gesetz zur Kontrolle und Transparenz im Unternehmensbereich, BR-DruckS.20398 v.

diese jedoch genauer zu definieren. Auf europäischer Ebene findet sich der Begriff der Marktpflege lediglich in den Materialien zur Insider-Richtlinie von 1989[171], die jedoch 2003 durch die sog. Marktmißbrauchsrichtlinie[172] abgelöst wurde.

Soll der Kurs um fast jeden Preis gehalten werden, also nachdrücklich ein Kursrückgang gegen den Markttrend vermieden oder zumindest abgeschwächt werden, spricht man von sog. „Kursstützung".[173] Ein Hochpflegen der Kurse entgegen dem Markttrend wird häufig als „Kursdoping" bezeichnet.[174]

Werden Kurspflegemaßnahmen bereits vor oder während eines Emissionsvorganges am Primärmarkt getätigt, so handelt es sich um sog. „Kursstabilisierung".[175] Hier legt der Gesetzgeber ein etwas anderes Verständnis zugrunde. In §§ 14 II und 20a III WpHG sowie in der Marktmanipulations-Konkretisierungsverordnung (MaKonV)[176] wird für die Definition sog. „Kursstabilisierungsmaßnahmen" auf die europäische Durchführungsverordnung 2273/2003[177] verwiesen, die wiederum der Durchführung der Marktmißbrauchsrichtlinie dient (insbesondere Art. 8 Mißbrauchsrichtlinie). In Art. 1 N.7 Durchführungsverordnung wird unter „Kursstabilisierung" jeder Kauf bzw. jedes Angebot zum Kauf relevanter Wertpapiere und jede Transaktion mit vergleichbaren verbundenen Instrumenten verstanden, die Wertpapierhäuser oder Kreditinstitute im Rahmen eines signifikanten Zeichnungsangebots für diese Wertpapiere mit dem alleinigen Ziel tätigen, den Marktkurs dieser relevanten Wertpapiere für einen im Voraus bestimmten Zeitraum zu stützen, wenn auf diese Wertpapiere Verkaufsdruck besteht.

Daneben steht der Begriff der „Kurs- bzw. Marktmanipulation". Literaturübergreifend fallen darunter im allgemeinen alle Praktiken, die einen Preis herbeiführen, der nicht demjenigen entspricht, der bei einem unbeeinflußten Funktio-

---

6.3.1998

171 12. Erwägungsgrund zur Richtlinie des Rates der Europäischen Gemeinschaften vom 13. November 1989 (89/592/EWG)

172 Richtlinie 2003/6/EG des Europäischen Parlaments und des Rates vom 28.1.2003 über Insidergeschäfte und Marktmanipulationen, Abl. L 96/16

173 *Schäfer*, WM 1999, 1345 ; *Krämer/Hess*, S.11177 ; *Bosch*, BuB, Rdn.10/340 ; *Kümpel*, Rdn.9.37

174 *Lutter/Gehling* WuB II.A. zu §71a AktG, 953 ; *Krämer/Hess*, S.175

175 *Kümpel*, Rdn.9.36 ; *Bosch*, BuB, Rdn.10/339 ; *Altendorfer*, S.219 ; *Schäfer*, S.63

176 Verordnung zur Konkretisierung des Verbots der Marktmanipulation, BGBl. I 2003, 2300

177 Verordnung (EG) Nr. 2273/2003 der Kommission vom 22. Dezember 2003 zur Durchführung der Richtlinie 2003/6/EG des Europäischen Parlaments und des Rates - Ausnahmeregelungen für Rückkaufprogramme und Kursstabilisierungsmaßnahmen

nieren der Märkte erzielt worden wäre.[178] Gewöhnlich wird der Begriff der Kurs- bzw. Marktmanipulation dabei allerdings auf die Verwendung von auf Täuschung des Anlagepublikums angelegter Mittel beschränkt.[179]
Der Begriff der Marktmanipulation findet sich in Art. 1 N.2 der Marktmißbrauchsrichtlinie[180] wieder. Der europäische Gesetzgeber hat darauf verzichtet, eine Begriffsdefinition vorzugeben und sich darauf beschränkt, eine Reihe von Manipulationshandlungen exemplarisch aufzuzählen. In nationales Recht umgesetzt wird die Richtlinie unter anderem in dem neuen § 20a WpHG, dem Verbot der Marktmanipulation.[181] Danach ist es verboten, unrichtige oder irreführende Angaben über Umstände zu machen, die für die Bewertung eines Finanzinstruments erheblich sind, oder solche Umstände zu verschweigen sowie Geschäfte vorzunehmen oder Kauf- oder Verkaufaufträge zu erteilen, die geeignet sind, falsche oder irreführende Signale für das Angebot, die Nachfrage oder den Kurs von Finanzinstrumenten zu geben oder ein künstliches Preisniveau herbeizuführen oder sonstige Täuschungshandlungen vorzunehmen, die geeignet sind, auf den inländischen Börsen- oder Marktpreis eines Finanzinstruments einzuwirken.

Um eine möglichst breit angelegte, unvoreingenommene Bearbeitung des Themenkreises zu gewährleisten, soll im Folgenden von dem Versuch einer Systematisierung der Terminologie abgesehen und sämtliche maßgebenden Verhaltensweisen der Marktteilnehmer unter dem wertungsfreien weiten Oberbegriff der „Beeinflussung des Börsenkurses" untersucht werden. Erfaßt werden soll darunter:

> jede Einwirkung auf die Börsenkursbildung eines Wertpapiers, die zu einer Kursentwicklung führt, die nicht (nur) durch die aktuelle Finanz- und Geschäftslage der Aktiengesellschaft oder durch die allgemeine Marktentwicklung begründet ist und also bei einem unbeeinflußten Spiel der Marktkräfte nicht erzielt worden wäre.

---

[178] *Lenzen*, WM 2000, 1131 ; *Benckendorff*, S.92 ; *Huber*, FS Kropff, S.137 (140)
[179] *Hopt*, FS Heinsins, S.491 ; *Altendorfer*, S.212/213
[180] Richtlinie 2003/6/EG des Europäischen Parlaments und des Rates vom 28.1.2003 über Insidergeschäfte und Marktmanipulationen, Abl. L 96/16
[181] Der zunächst im Wege des 4.FMFG eingeführte §20a WpHG (Kurs- und Marktpreismanipulation), der §88 BörsG a.F. abgelöst hatte, wurde durch das AnSVG abermals geändert und als Verbot der Marktmanipulation den Vorgaben der Mißbrauchsrichtlinie angepaßt.

§4 Erscheinungsformen von Maßnahmen der Beeinflussung des Börsenkurses

Ausgehend von dem hier zugrunde gelegten weit gefaßten Verständnis des Begriffs der Beeinflussung des Börsenkurses eröffnet der Kapitalmarkt dank seines hohen Maßes an Abstraktion und Anonymität der Aktiengesellschaft eine Vielzahl von Möglichkeiten, gezielt auf den Börsenkurs ihrer eigenen Aktien einzuwirken und damit eine Kursentwicklung zu erreichen, die bei einem unbeeinflußten Spiel der Marktkräfte nicht erzielt worden wäre. Dabei bleibt an dieser Stelle die Frage offen, ob eine solche Beeinflussung zulässig ist oder nicht.

Versteht man den Kapitalmarkt als ein dynamisches Gefüge, das sich nicht zuletzt aufgrund der Fortentwicklung der technischen Möglichkeiten und der zunehmenden Verflechtung der internationalen Märkte in einem ständigen Wandel befindet, so unterliegen auch die verschiedenen Methoden der Kursbeeinflussung entsprechenden Veränderungen. Darüber hinaus können die einzelnen Methoden beliebig miteinander kombiniert werden, um das Beeinflussungspotential noch zusätzlich zu erhöhen. Konsequenterweise kann im folgenden Abschnitt dieser Arbeit nur ein Überblick über die gängigsten Methoden und Techniken gegeben werden, die in der Praxis von der Aktiengesellschaft zur Beeinflussung des eigenen Börsenkurses eingesetzt werden können.

A. Beeinflussung des Börsenkurses durch Veränderung des „return on investment“ der Aktie

Wie bereits erörtert, bestimmt sich der Kurs der Aktie formal betrachtet nach der Nachfrage am Kapitalmarkt. Diese wiederum wird von der Bereitschaft des Anlagepublikums bestimmt, in den betreffenden Vermögenswert zu investieren. Geht man davon aus, daß die breite Masse der Anleger eine optimale Wertsteigerung ihres Aktionärsvermögens anstrebt, hängt diese Bereitschaft maßgeblich von der Höhe der den Anteilseignern in Zukunft zufließenden Kapitalströme ab, dem sog. „return on investment“. Dabei kann die Aktiengesellschaft den auf die einzelne Aktie entfallenden Kapitalfluß auf verschiedene Weise regulieren und dadurch mittelbar die Nachfrage nach den betreffenden Aktien und damit schließlich den Börsenkurs dieser Aktien beeinflussen.

I. Beeinflussung des Börsenkurses durch Rücklagenbildung und Dividendenpolitik

Am einfachsten gelingt der Aktiengesellschaft die Beeinflussung des Börsenkurses durch die Steuerung der Rücklagen- und Dividendenpolitik. Die Rendite einer Aktie besteht neben der langfristigen Kurssteigerung des Wertpapiers vornehmlich aus der Zahlung einer Dividende. Über die Höhe der Dividendenausschüttung beschließt die Hauptversammlung im Gewinnverwendungsbeschluß (§ 174 I AktG). Dabei steht ihr der Bilanzgewinn zur freien Verfügung. Dieser errechnet sich als Saldo aus dem Jahresüberschuß bzw. Jahresfehlbetrag und den Posten der gemäß §158 I S.1 AktG fortgeführten Gewinn-und-Verlust-Rechnung.[182] Im Regelfall der Aufstellung und Feststellung des Jahresabschlusses durch Vorstand und Aufsichtsrat (§ 172 S.1 AktG) kann die Unternehmensleitung durch Bildung sog. „anderer Gewinnrücklagen" gemäß § 58 II S.1 AktG bis zur Hälfte des Jahresüberschusses, bei einer Ermächtigung durch die Satzung sogar bis zur Hälfte des Grundkapitals (§ 58 II S.2 AktG), den ausschüttungsfähigen Bilanzgewinn verringern. Die Satzung kann auch vorsehen, daß Vorstand und Aufsichtsrat den gesamten Jahresüberschuß in andere Gewinnrücklagen einstellen dürfen, mit der Folge, daß kein Raum für die Ausschüttung einer Dividende verbleibt.

Über eine solche Einstellung freier Mittel in andere Gewinnrücklagen ist es dem Management einer Aktiengesellschaft möglich, die Höhe der Dividende zu bestimmen und damit den „return on investment" zu regulieren. Insbesondere im Vergleich zu festverzinslichen Anlagemöglichkeiten am Kapitalmarkt fällt bzw. steigt die Attraktivität der Aktie mit der Höhe und Kontinuität der Dividendenausschüttung. Mittelbar kann die Aktiengesellschaft durch ihre Rücklagenbildung und Dividendenpolitik folglich den Kurs ihrer Aktien beeinflussen.

II. Beeinflussung des Börsenkurses durch Bilanzierungsmaßnahmen

Gerade in den letzten Jahren rückte die Beeinflussung des Börsenkurses mit Mitteln der Bilanzierung immer mehr ins Rampenlicht des kapitalmarktlichen Geschehens. Durch die Bilanzierung falscher Unternehmenszahlen kann das Management den Bilanzgewinn der Gesellschaft künstlich verändern.[183] Ein derart manipulierter Bilanzgewinn beeinflußt direkt den „return on investment" und damit die Ertragsaussichten für die Kapitalanleger. Kann die Unternehmens-

---

[182] *Hüffer*, §174, Rdn.2

[183] vgl. den Fall der ComRoadAG, in dem nach Ansicht des Landgerichts ein Großteil der Umsätze des Telematik-Unternehmens in der Bilanz für 1998 und ca. 98 Prozent der im Zwischenbericht für 1999 genannten Umsätze fast vollständig erfunden und dadurch der Kurs der ComRoad-Aktie in die Höhe getrieben wurde vgl. LG Frankfurt, ZIP 2003, 1092. Vgl. auch den Fall FlowTex. Die FlowTex GmbH & Co. KG verkaufte rund 3.000 Bohrgeräte, die allerdings zum größten Teil nur auf dem Papier existierten, zu einem Stückpreis von etwa 1,5 Millionen DM an Leasinggesellschaften, um sie von dort wieder zu leasen, was bilanziell zu riesigen Gewinnen führte; vgl. *Hess*, FLF 2000, 145

leitung über die Bilanzierung die Ertragsaussichten der Anleger lenken, kann sie auch mittelbar den Börsenkurs der Aktien beeinflussen.

III. Beeinflussung des Börsenkurses durch Veränderung der Ertragskraft des Unternehmens

Die Ertragskraft eines Unternehmens dient als Grundlage für die Berechnung der Rendite des eingesetzten Kapitals und ist damit von zentraler Bedeutung für die Investitionsentscheidung der Anleger am Kapitalmarkt.[184] Eine Beeinflussung der Ertragskraft des Unternehmens kann sich mithin nachhaltig auf die Entwicklung des Börsenkurses auswirken.[185] Die Veränderung der Ertragskraft eines Unternehmens wiederum läßt sich auf unterschiedlichste Weise bewerkstelligen. Die hier in Betracht zu ziehenden unternehmerischen wie unternehmens-strategischen Maßnahmen sind dabei so vielfältig, daß die Untersuchung lediglich exemplarisch auf einige der einschlägigsten Strategien eingehen kann.

Um die Ertragskraft des Unternehmens zu erhöhen und über einen entsprechend veränderten Jahresüberschuß die Rendite zugunsten der Aktionäre zu optimieren, kann die Unternehmensleitung versuchen, die Produktion des Unternehmens zu steigern, die Produktionskosten zu senken, den Personalaufwand zu verringern oder etwa die betriebliche Struktur des Unternehmens ganz oder teilweise zu verbessern. In diesem Zusammenhang kann sie den Geschäftsbetrieb des Unternehmens zumindest vorübergehend erweitern bzw. verkleinern, sei es durch die Verselbständigung einzelner Teilbereiche des Unternehmens oder durch die Konzentration des Betriebes auf die satzungsmäßigen Kernbereiche der Gesellschaft unter gleichzeitiger Veräußerung unrentabler Unternehmensteile.[186] Zu denken ist ferner an den Erwerb oder die Veräußerung von wesentlichen Beteiligungen, an den Abschluß bzw. die Beendigung von Beherrschungs- und Gewinnabführungsverträgen, an Maßnahmen im Sinne des Umwandlungsgesetzes sowie an den Abschluß, die Änderung oder Kündigung bedeutender Kooperationsabkommen.

Hervorzuheben ist in diesem Zusammenhang die sog. „shareholder-value-Doktrin", nach der sich die Unternehmenspolitik primär an den Interessen der Aktionäre, mithin der optimalen Wertsteigerung des Aktionärsvermögens und der Aktienrenditen ausrichtet, unter Zurückdrängung des Unternehmensinteres-

---

[184] siehe dazu bereits oben auf Seite 82; BGH („EM.-TV"), ZIP 2005, 78 (80)
[185] In diesem Sinne auch *Lenzen*, S.31
[186] *Martens*, AG 1996, 337 (338) ; sowie *Lenzen*, S.31/32 mit praktischen Beispielen.

se, insbesondere der Interessen der übrigen sog. „Stakeholder".[187] Diese Doktrin steht vor dem rechtstatsächlichen Hintergrund, daß die Anleger, allen voran die großen Investmentgesellschaften, ihre Investitionsstrategien überwiegend an dem Wert ihrer Beteiligung an der Gesellschaft, dem „shareholder value", ausrichten.[188] Den Ausgangspunkt bildet die typisierende Fiktion eines diversifizierten Anlegers, der über ein entsprechend breit gefächertes Wertpapierportefolio verfügt. Dank der Diversifikation ist es dem modernen Anleger möglich, die Risiken seiner Investition durch die Strukturierung seines Portefeuilles abzufedern, anstatt über den Versuch einer direkten Einwirkung auf die Entscheidungsprozesse der Unternehmensleitung dem Risiko der Kapitalanlage entgegenzutreten. Dies bringt es zwangsläufig mit sich, daß eine auf geringes unternehmerisches Risiko gerichtete Unternehmenspolitik der Gesellschaft gegenüber einer auf Erzielung einer hohen Rendite durch Ausschüttung und Kurssteigerung ausgerichteten Politik keinen maßgeblichen Stellenwert mehr einnehmen kann. Die Leistung eines Unternehmens wird nur noch daran gemessen, ob die erwirtschaftete Rendite die Durchschnittsrendite für Kapitalanlagen mit vergleichbaren systematischen Risiken übertrifft oder dieser zumindest wertmäßig entspricht.[189]
Um nach wie vor Kapital im erforderlichen Umfang aufnehmen zu können und hierdurch im internationalen Wettbewerb weiterhin konkurrenzfähig zu bleiben, müssen auch die deutschen Unternehmen die international verlangten Renditen erwirtschaften. Das Diktat des Kapitalmarktes läßt der Leitung der Aktiengesellschaft demnach faktisch keine andere Wahl als ihre Strategien und Entscheidungen an deren Beitrag zur Erhöhung der Börsenkapitalisierung und damit des Börsenkurses der Gesellschaft auszurichten.
Generell bleibt jedoch zu bedenken, daß nicht selten betriebswirtschaftlich bedingte Gründe Anlaß geben können, andere Interessen über die Belange der Anteilseigner zu stellen, ohne auf längere Sicht dem Gedanken der maximalen Wertsteigerung des Aktionärsvermögens zuwiderzulaufen. Als Beispiel sei nur das Szenario einer freundlichen Übernahme genannt, in deren Rahmen die Zielgesellschaft den eigenen Börsenkurs zu senken sucht, um den Erwerb durch den Bieter zu begünstigen und anhand der erzielten Synergien nach erfolgter Übernahme die Renditen zu erhöhen.

IV. Beeinflussung des Börsenkurses durch Auflage sog. „stock options"

Durch die Ausgabe sog. „stock options" wird die Vergütung des Vorstands an dem Unternehmenserfolg ausgerichtet. Damit werden die Interessen der Unter-

---

[187] vgl. *Bühner/Weinberger*, BFuP 1991, 187 (188) ; *Hörter*, ZfKredw 1996, 146")
[188] *v. Werder*, ZGR 1998, 69 (8)
[189] *Kuhner*, ZGR 2004, 244 (262 ff.)

nehmensleitung mit denen der Aktionäre in Einklang gebracht. Der Anleger gewinnt dabei den Eindruck, daß mit dieser Gleichschaltung der Interessen die Ertragschancen des Unternehmens steigen, und setzt diese Erwartung in seiner Anlageentscheidung um. Dies kann zu einem Ansteigen des Kurses führen.

V. Beeinflussung des Börsenkurses durch Befolgung oder Nichtbefolgung des „Deutschen Corporate Governance Kodex"

Einer Reihe empirischer Untersuchungen zufolge soll die Befolgung einer guten Corporate Governance zu einer Steigerung des Unternehmenswertes am Kapitalmarkt, zumindest aber zu einem höheren Börsenkurs und gleichzeitig zu niedrigeren Kapitalkosten führen.[190] Umgekehrt – so die Empirie - soll die Nichtbefolgung durch die Unternehmen vom Kapitalmarkt „bestraft" werden.[191] Einen entsprechenden rechtlichen sowie faktischen Ordnungsrahmen für die Leitung und Überwachung eines Unternehmens liefert in Deutschland der Deutsche Corporate Governance Kodex.[192] Die Richtigkeit der Untersuchungen unterstellt kann eine börsennotierte Aktiengesellschaft, im Rahmen der ihr obliegenden Pflicht zur Abgabe einer Entsprechenserklärung nach § 161 AktG durch Erklärung der Einhaltung oder Nichteinhaltung der Verhaltensempfehlungen ihren eigenen Börsenkurs lenken.
Die zitierten empirischen Untersuchungen stützen sich jedoch allesamt auf Erhebungen für den amerikanischen Wirtschaftsraum und können die Prämisse der kurzfristigen Kapitalmarktreaktion auf die Abgabe der Entsprechenserklärung für den deutschen Kapitalmarkt lediglich unterstellen. Begründete Zweifel an der Richtigkeit dieser Prämisse ergibt eine neue, auf den deutschen Kapitalmarkt zugeschnittene Studie.[193] Diese kommt zu dem abweichenden Ergebnis, daß die Abgabe der Entsprechenserklärung keine erhebliche Kursbeeinflussung auslöst und die für das Enforcement des Kodexes angenommene Selbstregulierung durch den Kapitalmarkt nicht stattfindet. Die Befolgung bzw. Nichtbefolgung des Deutschen Corporate Governance Kodexes ist für den Börsenkurs irrelevant und kommt insoweit auch nicht als relevante Beeinflussungsmaßnahme in Betracht.[194]

---

[190] Nach Umfragen von McKinsey sind Anleger bereit, für Unternehmen mit guter Unternehmensführung eine Prämie von bis zu 20% zu zahlen. Vgl. *Coobes/Watson*, S.74 ff. ; McKinsey Global Investor Survey, July 2002 ; vgl. auch Gompers/Ishii/Metrick QJE 2003, 107 ; *Ulmer*, ZHR 166 (2002), 150 (168)
[191] *Ihrig/Wagner*, BB 2002, 2509 (2514) ; *Borges*, ZGR 2003, 508 (533)
[192] Der Kodex ist abrufbar auf der Internetseite der Regierungskommission Deutscher Corporate Governance unter www.corporate-governance-code.de
[193] *Nowak/Rott/Mahr*, ZGR 2005, 252 - 279
[194] *Nowak/Rott/Mahr*, ZGR 2005, 252 (279)

B. Beeinflussung des Börsenkurses durch (effektive) Handelsgeschäfte in eigenen Aktien

Geht man davon aus, daß der Börsenkurs durch Angebot und Nachfrage der Aktien zustande kommt, liegt es nahe, daß die Aktiengesellschaft in der Lage ist, durch direktes Einwirken auf die Auftragslage den Kurs der eigenen Aktien zu beeinflussen. Dabei kann die Aktiengesellschaft unter rein faktischer Betrachtung wie jeder andere Marktteilnehmer schlichte An- und Verkaufsgeschäfte tätigen, die als natürliche Konsequenz frei wirkender Marktkräfte das Zusammenspiel von Angebot und Nachfrage an den Börsen verändern und die sich - solange sie eine ausreichendes Handelsvolumen erreichen - folglich auf die Kursbildung der Aktien auswirken.

Bei der Betrachtung dieser effektiven Handelsgeschäfte[195] in eigenen Aktien soll nach dem Zeitpunkt ihrer Durchführung in Erwerbs- bzw. Veräußerungsgeschäfte nach erfolgter Emission am Sekundärmarkt und Handelsgeschäfte vor bzw. während einer Emission am Primärmarkt unterschieden werden:

I. Beeinflussung des Börsenkurses durch Erwerbsgeschäfte in eigenen Aktien am Sekundärmarkt

Im Rahmen der Beeinflussung des Börsenkurses durch effektive Handelsgeschäfte sind zunächst am Sekundärmarkt durchgeführte Erwerbsgeschäfte in eigenen Aktien in Gestalt sog. „Aktienrückerwerbsprogramme" von Interesse.[196] Der Aktiengesellschaft stehen dabei verschiedene Wege zur Verfügung, die eigenen Aktien zurückzuerwerben, und zwar mit unterschiedlichem Beeinflussungspotential auf den Börsenkurs. Vor der Darstellung der einzelnen Erwerbsmethoden sollen zunächst allgemein die Auswirkungen des Aktienrückerwerbs auf den Kursverlauf geschildert werden, da von ihnen die Auswahl der jeweiligen Erwerbsmethoden mitbestimmt wird.

---

[195] Der Begriff „effektiv" dient vornehmlich der Abgrenzung zu den fiktiven Transaktionen (s.u. auf Seite 143).

[196] bereits Ende 1999 haben ca. 61% der 30 im DAX notierten Aktiengesellschaften Rückkaufprogramme durchgeführt bzw. haben sich zur Durchführung eines solchen ermächtigen lassen vgl. *Kellerhals/Rausch*, AG 2000, 222 (224).

1. Allgemeine Auswirkungen der Erwerbsgeschäfte in eigenen Aktien auf den Börsenkurs

Der Erwerb eigener Aktien vereint verschiedene, sich gegenseitig bedingende finanzierungspolitische Effekte, die sich unmittelbar oder mittelbar auf die Entwicklung des Börsenkurses der Gesellschaft auswirken können.[197]

a. Beeinflussung des Börsenkurses durch Verknappung

Grundsätzlich führt jede Verknappung einer Ware auf frei wirkenden Märkten zu einem Anstieg ihres Preises. Erwirbt die Gesellschaft eigene Anteile von ihren Aktionären zurück, so verringert sich die Anzahl der sich im Umlauf befindenden Aktien am Kapitalmarkt. Entsprechend der Materialverknappung verändert sich das Verhältnis von Angebot und Nachfrage an den Wertpapierbörsen und findet dort unmittelbaren Niederschlag im Börsenpreis.[198]

b. Beeinflussung des Börsenkurses durch Veränderung der Aktionärsstruktur

Der Börsenkurs kann auch abhängig sein von der Gesellschafterstruktur der Aktiengesellschaft. Für die Anleger am Kapitalmarkt mag es von Bedeutung sein, ob sich die Aktien im Streubesitz befinden oder in der Hand eines oder mehrerer Großaktionäre. Das Interesse der Aktionäre kann dabei sehr unterschiedlich auf kurzfristige Ertragserzielung im Sinne einer Steigerung des „shareholder value" oder auf langfristig angelegte Werterhaltung des Unternehmens ausgerichtet sein. Je nach Zielrichtung ist es durch den Rückkauf von eigenen Aktien der Unternehmensleitung möglich, „unliebsame" Aktionäre auszukaufen oder durch Zurverfügungstellung von eigenen Aktien neue Aktionäre für das Unternehmen zu gewinnen oder den Einfluß einzelner Aktionäre zu stärken. Einwirkungen auf die Aktionärsstruktur können sich daher auf den Verlauf des Börsenkurses auswirken.

---

[197] vgl. die Umfrage bzgl. der Rückerwerbsmotive bei *Kellerhals/Rausch*, AG 2000, 222 (225) sowie *DAI*, S.9ff.

[198] vgl. *Schäfer*, S.67

c. Beeinflussung des Börsenkurses durch Steigerung des Unternehmenswertes

Wie oben bereits dargestellt, bildet der Unternehmenswert die Grundlage der Anlageentscheidung der Investoren auf dem Kapitalmarkt.[199] Jede echte oder vorgestellte Veränderung des Unternehmenswertes der Aktiengesellschaft führt insoweit mittelbar zu einer entsprechenden Veränderung des Börsenkurses ihrer Aktien. Der Unternehmenswert wiederum kann über die Veränderung der Kapitalstruktur der Gesellschaft, die Senkung der Kapitalkosten, die Steuerung der Rücklagenbildung und Dividendenpolitik sowie über die Senkung der Shareholder-Servicing-Kosten durch den Rückerwerb eigener Aktien beeinflußt werden:

(1) Steigerung des Unternehmenswertes durch Veränderung der Kapitalstruktur

Die mit dem Erwerb eigener Aktien verbundene Verringerung der Anzahl umlaufender Aktien führt zu einer Verlagerung innerhalb der Kapitalstruktur der Aktiengesellschaft. Während das haftende Eigenkapital reduziert wird, erhöht sich automatisch der Anteil des (bereits) aufgenommenen Fremdkapitals.[200] Zu einem regelrechten Austausch von Eigenkapital durch Fremdkapital kommt es dann, wenn die Gesellschaft den Rückkauf über eine zusätzliche Kreditaufnahme fremd-finanziert.[201]

Die Reduktion des Eigenkapitals bewirkt zunächst eine anteilige Steigerung der auf die verbleibenden Aktien entfallenden Dividende sowie allgemein des „return on investment", da die eigenen Aktien gemäß § 71b AktG insoweit keine Rechte begründen.[202]

Erwirtschaftet nun das im ordentlichen Geschäftsbetrieb eingesetzte Gesamtkapital einen Ertrag, der über dem Fremdkapitalzins liegt, wächst der vom Fremdkapital über den zu entrichtenden Zinssatz erzielte Ertragsteil dem Eigenkapital an.[203] Es entsteht eine als „Leverage-Effekt" bezeichnete Hebelwirkung: Mit zunehmender Fremdfinanzierung und entsprechender Verringerung des Eigenkapitalanteils steigt die Rentabilität des Eigenkapitals.[204] Auf den Aktionär entfällt eine höhere Rendite, während ihm gleichzeitig wieder freie Mittel zur Ver-

---

[199] siehe *Martens*, AG 1996, 337 (338) ; *Kopp*, S.77/78

[200] Die eigenen Aktien werden aufgrund ihrer Wertlosigkeit im Insolvenzfall in diesem Zusammenhang nicht zum haftenden Eigenkapital gerechnet.

[201] vgl. *Peltzer*, WM 1998, 322 (323), Fn.18 ; *Kopp*, S.50

[202] *Oechsler*, MüKo, § 71 Rdn.5

[203] *Wöhe/Bilstein*, S.409 ff.

[204] *Peltzer*, WM 1998, 322 (323) ; *Benckendorff*, S.49 ff

fügung stehen, die er anderweitig am Kapitalmarkt einsetzen kann, was insgesamt den Unternehmenswert erhöht.[205]

(2) Steigerung des Unternehmenswertes durch Senkung der Kapitalkosten

Unter Kapitalkosten sind die von den Kapitalgebern für die Überlassung der Kapitalmittel zu erwartenden Renditen zu verstehen. Ihre Höhe richtet sich nach den veranschlagten Opportunitätskosten, die am Kapitalmarkt für Investitionen mit gleichem systematischem Risiko verlangt werden.[206] Dabei erwarten die Kapitalgeber in der Regel mindestens den Wert eines festverzinslichen Wertpapiers, zuzüglich eines Zuschlags für das jeweilige Risiko der Kapitalanlage. Da das aufgenommene Fremdkapital im Gegensatz zum Eigenkapital nicht gleichermaßen an diesem Unternehmensrisiko teilnimmt und zudem steuerlich abzugsfähig ist[207], stellt es trotz der zu entrichtenden Zinsen grundsätzlich das billigere Finanzierungsinstrument dar.[208] Durch den Abbau der Eigenkapitalmittel und die damit einhergehende Verstärkung der Fremdfinanzierung kann die Gesellschaft ihre Kapitalkosten senken und dadurch wiederum den Unternehmenswert erhöhen.

Zu beachten bleibt jedoch, daß bei zunehmendem Verschuldensgrad die Kosten des Fremdkapitals ansteigen und sich der positive „Leverage-Effekt“ ab einem bestimmten Punkt entsprechend umkehren kann, da die Kreditgeber dann die Ausfallwahrscheinlichkeit höher einschätzen und eine erhöhte Risikoprämie einfordern werden.[209] Gleiches gilt auch für die Kapitalanleger, die bei höherem Verschuldungsgrad die ansteigende Gefahr, ihre Renditen nicht zu erzielen bzw. ihre Anlage in einer Insolvenz zu verlieren, mit einem Risikoaufschlag kompensieren werden.[210]

---

[205] vgl. *Benckendorff*, S.49 ff. mit anschaulichem Beispiel: Das Grundkapital einer Gesellschaft beträgt 10 Mio. €. Es ist in 1 Mio. Aktien zu einem Nennbetrag von 10 € zerlegt. Die Gesellschaft hat kein Fremdkapital aufgenommen. Die Gesamtkapitalrendite beträgt 10%. Daraus folgt ein Gewinn von 1 Mio. € und eine Eigenkapitalrendite von ebenfalls 10%. Ersetzt die Gesellschaft nun Eigenkapital in Höhe von 3 Mio. € durch Fremdkapital, das zu 7 % verzinst wird, so ergeben sich bei gleichbleibender Gesamtkapitalrentabilität folgende Veränderung: Der Gewinn bleibt bei 1 Mio. € konstant. Die Fremdkapitalzinsen betragen 210.000 €. Ein verteilungsfähiger Gewinn von 790.000 € steht zur Verfügung. Dieser verteilt sich auf nur noch 7 Mio. € Eigenkapital. Die Eigenkapitalrendite erhöht sich folglich auf 11%.

[206] *Behm*, S.11

[207] §8 I KStG, §4 IV EStG

[208] *Benckendorff*, S.52 ; *Rams*, Die Bank 1997, 216 (218)

[209] *Kellerhals/Rausch*, AG 2000, 222 (223); *Rams*, Die Bank 1997, 216 (218)

[210] Wöhe/Bilstein, S.426

(3) Steigerung des Unternehmenswertes durch stabile Dividendenpolitik und Abbau überschüssiger Liquidität

Sodann kann der Erwerb eigener Aktien über die Dividendenpolitik der Gesellschaft mittelbar Einfluß auf den Börsenkurs ausüben. Bleiben nämlich die Dividendenzahlungen langfristig stabil, so entsteht für den Anleger der Eindruck einer festverzinslichen Anleihe.[211] Das Anlegervertrauen verfestigt sich entsprechend. Kurzfristige Fluktuationen (sog. „Volatilität") werden minimiert und die am Kapitalmarkt verlangte Risikoprämie entsprechend verringert.

Da jedoch die ausschüttungsfähigen Gewinne von dem jeweiligen Verlauf des operativen Geschäfts abhängen und gegebenenfalls starken Schwankungen ausgesetzt sind, gleichzeitig der weit verbreitete „Shareholder-value-Gedanke" eine maximale Gewinnausschüttung anstrebt, ist die Kontinuität der Dividende nicht immer gewährleistet.[212] In diesem Fall kann die Gesellschaft nun durch die Zahlung des Erwerbspreises an die am Aktienrückerwerb teilnehmenden Aktionäre etwaige liquide Kapitalmittel, die sich als überschüssig erweisen, da ihre Rendite mangels Anlagemöglichkeiten die Kapitalkosten des Unternehmens kaum zu decken vermögen, an die Aktionäre auskehren, ohne dabei die Höhe der Dividendenzahlung verändern zu müssen.[213]

Besteht später wieder Investitionsbedarf oder sinken die Gewinnaussichten, so kann die Gesellschaft über eine Beendigung des Rückkaufprogramms bzw. über die Weiterveräußerung der eigenen Aktien flexibel reagieren und ihre stabile Dividendenpolitik fortführen. Gegenüber der Auskehr liquider Mittel durch eine Kapitalherabsetzung ist der Aktienrückerwerb sowohl zeit- als auch kostensparender und wird in aller Regel nicht mit dem negativen Bild einer Sanierung in Verbindung gebracht, so daß der Aktienrückerwerb zumindest einem Absinken des Unternehmenswertes entgegenwirken kann.[214]

(4) Steigerung des Unternehmenswertes durch Senkung der „Shareholder-servicing–Kosten"

Solange die eigenen Aktien nicht „pro rata" zurückerworben werden und mithin keine gleichmäßige Berücksichtigung sämtlicher teilnehmender Aktionäre erfolgt, kann der Eigenerwerb zu einer zahlenmäßigen Verkleinerung des Aktionärskreises führen.[215] Eine derartige Verkleinerung des Aktionärskreises trägt zu

---

[211] *Oechsler*, MüKo, § 71, Rdn.8
[212] Benckendorff, S.55, 56
[213] *Paefgen*, AG 1999, 67 (73)
[214] *Kellerhals/Rausch*, AG 2000, 222 (223)
[215] *Kopp*. S.40

der Einsparung von sog. „shareholder-servicing–Kosten“ bei, da die Aufwendungen für den Druck und Versand von Jahresberichten, die Zuteilung von Bezugsrechten, die Auszahlung von Dividenden, die Einberufung und Durchführung von Hauptversammlungen etc. entsprechend reduziert werden.[216]
Insbesondere die Verringerung der sich im Streubesitz befindenden Kleinstbeteiligungen, die im Verhältnis zu ihrer Kapitalbeteiligung relativ hohe Kosten verursachen, rückt im Rahmen der Aktienrückkäufe ins Zentrum des Interesses. Über eine Reduzierung dieser Verwaltungskosten wiederum kann die Gesellschaft zu einer Verbesserung des Unternehmenswertes beitragen.[217]
Eine Senkung der shareholder-servicing–Kosten kann auch über den Ausschluß außenstehender Minderheitsaktionäre im Wege des sog. „squeeze out – Verfahrens“ nach § 327a AktG erreicht werden. Dies setzt allerdings die Existenz eines Mehrheitsaktionärs voraus, der mehr als 95% des Grundkapitals hält und in der Hauptversammlung den Ausschluß gegen Abfindung verlangt.[218]

Der Aktienrückerwerb wirkt sich folglich auf den Wert des Unternehmens aus. Über die Steuerung des Unternehmenswertes, der den Ausgangspunkt der Anlageentscheidung der Investoren darstellt, ist es der Aktiengesellschaft möglich, ihren eigenen Börsenkurs zu beeinflussen.

d. Beeinflussung des Börsenkurses durch Signaleffekte

Schließlich kommt dem Erwerb eigener Aktien durch die Gesellschaft ein sog. „Signaleffekt“ zu. Die Aktionäre sind im Rahmen ihrer Anlageentscheidung auf Informationen angewiesen, die eine Beurteilung des künftig zu erwartenden Ausschüttungspotentials der Aktiengesellschaften und damit der Renditeaussichten ermöglichen. Idealerweise spiegeln die Preise sämtliche zur Verfügung stehenden Informationen wider. In der Praxis existiert dieses Bild einer optimalen Informationseffizienz jedoch nicht. Zum einen gelangen nicht alle Informationen auf den Kapitalmarkt, zum anderen ist es schier unmöglich, alle kursrelevanten Daten in ihrer Komplexität zu überblicken.[219] Infolgedessen herrscht ein Informationsungleichgewicht zwischen Management und potentiellen Kapitalgebern, das nur durch neue und noch nicht in den Preisen enthaltene Informatio-

---

[216] *Kopp* verweist auf den amerikanischen Kapitalmarkt, an dem eine Kostenspanne von ca. 12 – 20 Dollar pro Aktionär veranschlagt wird. Vgl. *Kopp*, S.40
[217] *Kopp*, S.40/41 ; *Benckendorff*, S.65, *Oechsler*, MüKo, §71, Rdn.9
[218] vgl. zum „squeeze out“: *Baums*, WM 2001, 1843 ; *DAV*-Handelsrechtsausschuß, NZG 1999, 850 ; *Grunewald*, ZIP 2002, 18
[219] vgl. zur Informationseffizienz oben auf Seite 82 ff. sowie *Kopp*, S.98 ff. ; *Oechsler*, MüKo, § 71, Rdn.1-4

nen ausgeglichen werden kann. Die Informationspolitik der Gesellschaft gewinnt dadurch erheblich an praktischer Bedeutung.
Mit dem Erwerb eigener Aktien oberhalb des Börsenkurses signalisiert die Unternehmensleitung, daß ihr Informationen zur Verfügung stehen, die eine Unterbewertung der Gesellschaft erkennen lassen. Die Anleger reagieren auf diese Information jedoch nur, wenn der Wahrheitsgehalt derselben glaubwürdig vermittelt werden kann. Gerade weil die Gesellschaft bzw. die Aktionäre grundsätzlich ein eigenes ökonomisches Interesse verfolgen, gilt der Erwerb eigener Aktien gemeinhin als ein vertrauenerweckendes Signal für die Anleger.[220] Läge der wirkliche innere Wert der Aktie tatsächlich nicht über dem Börsenkurs, so würden sich die verbleibenden Aktionäre zugunsten der verkaufenden Aktionäre selbst benachteiligen, da die eigenen Anteile dann zu Lasten des Gesellschaftsvermögens über Wert erworben worden wären.
In der Praxis wird ein besonders ernsthaftes Signal in den Fällen gesehen, in denen das Management etwa durch Optionsprogramme am Aktienkapital beteiligt ist. Wurde die Gesellschaft fälschlicherweise unterbewertet, so wirkt sich der Erwerb über dem Börsenkurs auch für die Urheber der Erwerbsentscheidung zum Schaden aus.
Anders verhält es sich hingegen, wenn dem Rückerwerb etwa ein Abwehrversuch einer Übernahme der Kontrollmehrheit zugrunde liegt, da in diesen Konstellationen ein Erwerb über Wert in der Regel hingenommen wird.[221]

Im Ergebnis beeinflußt der Erwerb eigener Aktien über seinen Informationsgehalt das bestehende Informationsdefizit am Kapitalmarkt. Ein neu gefaßtes Vertrauen der Anleger mündet in einer Kurssteigerung der Aktie, die ihren Beleg in einer empirischen Beobachtung der Aktienrückkaufprogramme der letzten Jahre findet.[222]

2. Methoden des Erwerbs eigener Aktien und ihre Auswirkungen auf den Börsenkurs

Der Unternehmensleitung stehen fünf verschiedene Methoden für die Gestaltung der Rückkaufprogramme eigener Aktien und damit zur eventuellen Einflußnahme auf den Börsenkurs zur Auswahl. Die Wahl der Erwerbsmethode beim Erwerb eigener Aktien ist für die rechtliche Beurteilung einer Kursbeeinflussung von Bedeutung. Je nach unternehmerischem Ziel, finanzierbarem Kostenauf-

---

220 *Kopp*, S.118 ; *Böhm*, S.327 ; *Bezzenberger*, S.69
221 *Oechsler*, MüKo, § 71, Rdn.1-4
222 vgl. Umfrage bei *Kellerhals/Rausch*, AG 2000, 222 (224/225) ; *Rams*, Die Bank 1997, 216 (220)

wand oder verfügbarem Zeitraum erfolgt der Erwerb über die Börse, mittels öffentlichen Rückkaufangebots, unter Zuhilfenahme von übertragbaren Verkaufsrechten, durch individuell ausgehandelte Kaufverträge oder unter besonderer Mitwirkung einer beauftragten Bank.

a. Rückkauf über die Börse (sog. „open market repurchases")

Die in der Praxis bevorzugte Erwerbsmethode ist der Rückkauf über die Börse.[223] Sie eignet sich für Rückkaufprogramme, mit denen kursorisch über einen längeren Zeitraum geringere Aktienmengen erworben werden sollen.[224] Dabei hat jeder einzelne Aktionär die Möglichkeit, seine Anteile zum aktuellen Börsenkurs zu veräußern. Die Transaktionskosten sind vergleichsweise gering, da eine über den Börsenpreis hinausgehende Veräußerungsprämie nicht gezahlt wird. Zudem entfällt das Preisfindungsrisiko für die zurückkaufende Gesellschaft. Aufgrund der Anonymität des Börsenhandels wird die Gesellschaft jedoch nicht als Käufer wahrgenommen. In der Folge kann eine Signalwirkung auf dem Kapitalmarkt nur eingeschränkt erreicht werden.[225] Insbesondere kann die Unternehmensleitung auf diesem Wege eine etwaige Unterbewertung der Aktie nicht kommunizieren, da die Gesellschaft die eigenen Aktien auch nur zum aktuellen Börsenkurs erwirbt.[226] Dagegen wird der Weg über die Börse gewählt, wenn im Rahmen einer Veränderung der Kapitalstruktur überschüssige Liquidität abgebaut werden soll oder die Gesellschaft gedenkt, die eigenen Aktien als Akquisitionswährung einzusetzen.[227]

b. Öffentliche Rückkaufangebote (sog. „self tender offer")

Richtet sich das Rückkaufprogramm auf die kurzfristige Aufnahme eines größeren Aktienvolumens, scheidet der Weg über die Börse als Erwerbsmethode aus, da der zu erwartende Anstieg des Börsenkurses den Rückerwerb erheblich verteuern würde. In diesen Fällen tritt die Aktiengesellschaft vielmehr direkt an ihre Aktionäre heran und unterbreitet diesen ein öffentliches Rückkaufangebot. Der Erwerbspreis liegt dabei regelmäßig über dem aktuellen Börsenkurs, da mittels einer Veräußerungsprämie ausreichend Aktionäre für den kurzfristigen Verkauf

---

[223] vgl. Ergebnisse einer Untersuchung des Deutschen Aktieninstituts - *DAI*, S.10
[224] *Böhm*, S.329 ; *Benckendorff*, S.73
[225] vgl oben auf Seite 123.
[226] *Oechsler*, MüKo, §71, Rdn.14
[227] *Kellerhals/Rausch*, AG 2000, 222 (223) ; *Oechsler*, MüKo, §71, Rdn.14

gewonnen werden sollen.[228] Dieser Weg wird insbesondere wegen des besonderen Signaleffektes beschritten.

Im Rahmen des „Festpreisverfahrens“ (sog. „fixed tender offer“) wird der Erwerbspreis im Vorfeld festgelegt und für die Geltungsdauer des Angebots nicht mehr verändert. Die Bemessung einer angemessenen Verkaufsprämie bedeutet jedoch ein relatives wirtschaftliches sowie rechtliches Risiko. Fällt sie zu gering aus, finden sich nicht genügend verkaufsbereite Aktionäre. Fällt sie dagegen zu hoch aus, steigen sowohl die Transaktionskosten als auch die Gefahr einer Überzeichnung, bei der die angebotenen Aktien „pro rata“ von jedem Aktionär in gleichen Teilen abzunehmen sind.[229]

Flexibler erscheint vor diesem Hintergrund das „Preisspannenverfahren“ (sog. „dutch auction tender offer“), bei dem die Gesellschaft lediglich einen Preisrahmen vorgibt. Innerhalb dieses Preisrahmens können die verkaufswilligen Aktionäre ihre Verkaufsofferten abgeben und neben der Verkaufszahl auch über den Verkaufspreis befinden. Die Gesellschaft ermittelt anhand der gesammelten Angebote den niedrigsten Preis, zu dem sich die angestrebte Stückzahl erwerben läßt. Sämtliche Angebote, die über dem so ermittelten Preis liegen, nehmen an dem Rückerwerb nicht teil, alle anderen werden zum gleichen Preis angenommen.[230]
Zwar bewirkt die Veröffentlichung einer bloßen Preisspanne eine weniger eindeutige Signalwirkung auf dem Kapitalmarkt, doch überwiegen die Vorteile des Preisspannenangebots gegenüber der Festpreisvariante. Das Risiko der Preisbestimmung wird auf die Aktionäre verlagert und die Gefahr der Überzeichnung und Repartierung vermieden. Zudem sind die Verkaufsprämien präziser zu bestimmen und fallen in der Regel deutlich geringer aus. Schließlich kann die Unternehmensleitung auf diese Weise die Aktien derjenigen Aktionäre abschöpfen, die den Gesellschaftsanteilen den geringsten Wert beimessen, und somit beispielsweise einem etwaigen Übernahmeversuch Dritter vorbeugen.[231]

---

[228] *Hampel*, S.12 ; *Benckendorff*, S.74 ; *Oechsler*, MüKo, §71, Rdn.15
[229] *Escher-Weingart/Kübler*, ZHR 162 (1998), 537 (546) ; *Budde*, S.667 ; *Benckendorff*, S.74/75
[230] *Budde*, S.667 ; *Benckendorff*, S.76/77
[231] *Oechsler*, MüKo, §71, Rdn.15 ; *Escher-Weingart/Kübler*, ZHR 162 (1998), 537 (546) ; *Budde*, S.667

c. Einsatz von Aktienderivaten

Grundsätzlich bestehen für die Gesellschaft beim Rückerwerb eigener Aktien über die Börse oder im Wege öffentlichen Angebots zweierlei Risiken: zum einen droht ihr die Gefahr, nicht ausreichend Aktionäre für den Verkauf der Anteile zu gewinnen, und zum anderen kann sie nicht ausschließen, daß der Kurs der Aktien im Zeitpunkt des Rückerwerbs erheblich angestiegen ist und die Kosten des Rückkaufprogramms sich dadurch empfindlich erhöhen.
Um beiden Risiken gleichsam entgegenzuwirken und den Aktienrückerwerb für die Aktionäre insgesamt attraktiver zu gestalten, wurden in jüngster Zeit zunehmend derivative Modelle für den Aktienrückerwerb entwickelt, speziell die Ausgabe von Kaufoptionen (sog. „call-rights“), von übertragbaren Verkaufsoptionen (sog. „transferable put rights“) sowie von sog. „forwards“.[232]

(1) Einsatz von Kauf- und Verkaufsoptionen

Insbesondere um sich gegen unvorhergesehene Preisentwicklungen zu schützen, kann die Aktiengesellschaft ihre Position durch Kaufoptionen auf eigene Aktien absichern. Als Inhaberin der Kaufoption (sog. „call“) ist die Gesellschaft berechtigt, bei Fälligkeit die eigenen Anteile von den teilnehmenden Aktionären zu einem vorab bestimmten Ausübungspreis zu erwerben. Für diese Absicherung hat die Gesellschaft in aller Regel eine Optionsprämie zu zahlen, die zwar zu einer Verteuerung des Erwerbsprogramms führt, aber auf der anderen Seite das Risiko eines Preisanstiegs von der Gesellschaft abwendet und ihr ermöglicht, eine für sie ansonsten positive Gewinnentwicklung der Aktien zu fördern. Da die Gesamtanzahl der Aktien im vorhinein feststeht, kann zudem die Gefahr einer Überzeichnung und die auf sie regelmäßig folgende Repartierung vermieden werden.[233]
Bei der Ausgabe übertragbarer Verkaufsoptionen erhalten die Aktionäre unter Berücksichtigung ihrer Beteiligungsquote und des gesamten Erwerbsvolumens eine Verkaufsoption (sog. „put“), gemäß der sie innerhalb der Laufzeit des Rückkaufprogramms entsprechend Aktien zu einem festgelegten Ausübungspreis an die Gesellschaft als Stillhalterin veräußern können.[234] Durch Verbriefung werden die Verkaufsrechte fungibel und bei entsprechender Zulassung an den Börsen handelbar. Verkaufswillige Aktionäre können so zusätzliche Optionen erwerben und in entsprechend größerem Rahmen am Rückkaufprogramm

---

[232] Zum Einsatz derivativer Modelle siehe *Mick*, DB 1999, 1201 ; *Schmid/Mühlhäuser*, AG 2001, 493; *Böhm*, S.330 ; *Budde*, S.668, 669
[233] *Mick*, DB 1999, 1201 ; *Schmid/Mühlhäuser*, AG 2001, 493
[234] *Budde*, S.668, 669

der Gesellschaft teilnehmen. Aktionäre, die ihre Anteile halten wollen, sind zwar von dem Verkauf ausgeschlossen, profitieren aber von dem Rückkaufprogramm über den auflebenden (Sekundär-) Handel mit den Verkaufsrechten.[235] Allerdings erhält die Gesellschaft bei der Ausgabe von Verkaufsoptionen kein Erwerbsrecht. Über das Ausmaß der Optionsausübung und damit über den Erfolg des Rückkaufprogramms entscheidet allein die Entwicklung des Börsenkurses gegenüber dem ausgegebenen Basispreis.[236] Steigt der Kurs über den Ausgabepreis der Option hinaus, droht die Zahl der veräußerungswilligen Aktionäre zu sinken. Der Gefahr, nicht ausreichend Aktien erwerben zu können, kann also nur begegnet werden, wenn der vereinbarte Ausgabepreis höher ist als der Börsenkurs, also sprichwörtlich „im Geld“ ist (sog. „deep in the money put“).[237] Gleichzeitig bedeutet dies für die Gesellschaft als Stillhalterin eine entsprechende Verteuerung des Rückerwerbs.[238] Auf der anderen Seite wird auch hier wieder die drohende Überzeichnung und anschließende Repartierung vermieden, da auch hier die Gesamtanzahl der Aktien im vorhinein feststeht.[239] Um nun das wirtschaftliche Risiko der Preisentwicklung abzufedern, macht die zurückerwerbende Gesellschaft die Ausgabe der Verkaufsoptionen generell von der Zahlung einer Optionsprämie abhängig. Zwar baut das Management auf diesem Wege keine überschüssige Liquidität ab, sondern erhöht diese zusätzlich, doch führt die Prämienzahlung zu einer Verbesserung des cash-flow und damit zu einer teilweisen Beseitigung der Unterverzinslichkeit dieser liquiden Mittel, die zudem etwa für geplante Akquisitionen unmittelbar zur Verfügung stehen.[240]
Eine Kombination der beiden Optionsvarianten erlaubt es der Aktiengesellschaft, sich durch die Ausnutzung von „call-Optionen“ gegen das Risiko steigender Aktienkurse abzusichern und zusätzlich durch den gleichzeitigen Verkauf einer „put-Option“ mit korrespondierendem Ausübungszeitpunkt und Ausübungspreis die erhöhten Kosten einer solchen Absicherung mit Hilfe der erzielten Verkaufsprämie gegenzufinanzieren.[241]

(2) Einsatz von sog. „forwards“

Beim Einsatz eines sog. „forwards“ verpflichtet sich die Aktiengesellschaft vertraglich, eine bestimmte Anzahl der eigenen Anteile zu einem vorher vereinbar-

---

[235] Benckendorff, S.77/78
[236] *Kraft/Altvater*, NZG 1998, 448 (450) ; *Oechsler*, MüKo, § 71, Rdn.16
[237] *Böhm*, S.330 ; *Oechsler*, MüKo, § 71, Rdn.16
[238] *Mick*, DB 1999, 1201 ; *Böhm*, S.330
[239] *Escher-Weingart/Kübler*, ZHR (162) 1998, 537 (547) ; *Oechsler*, MüKo, § 71, Rdn.16
[240] *Paefgen*, AG 1999, 67 (73) ; *Böhm*, S.330 ; *Oechsler*, MüKo, § 71, Rdn.16 ; *Budde*, S.672
[241] *Schmid/Mühlhäuser*, AG 2001, 493 (503)

ten Preis zu einem zukünftigen Zeitpunkt zu erwerben bzw. zu verkaufen. Im Gegensatz zu dem Rückerwerb mittels der Verwendung von Optionsrechten entstehen bei einem Forwardvertrag im Sinne eines Termingeschäftes feste Verpflichtungen zur Abnahme bzw. Lieferung der Aktien.[242]

d. Individuelle Rückkaufangebote (sog. „privately negotiated repurchases“)

Die Gesellschaft kann ferner Aktien einzelner Aktionäre - gewöhnlich Großaktionäre - zu individuell ausgehandelten Konditionen erwerben. Ein solches Vorgehen minimiert den erforderlichen Zeitaufwand, die anfallenden Durchführungskosten und ermöglicht so die schnelle, unbürokratische Aufnahme von größeren Aktienpaketen.[243] Als Gegenleistung wird allerdings regelmäßig ein Paketzuschlag ausgehandelt, der erheblich über dem Börsenkurs liegt.
Die verbleibenden Aktionäre nehmen nicht am Rückkaufprogramm teil und bleiben demzufolge auch bei der Prämienzahlung unberücksichtigt. Auf diese Weise können individuell ausgehandelte Aktienrückkäufe von der Unternehmensleitung insbesondere zum „Auskauf“ von unliebsamen Aktionären eingesetzt werden.
Im Gegenzug bestehen Mißbrauchsrisiken von seiten der Aktionäre in den sog. „Greenmailing“-Fällen, in denen Großaktionäre in Übernahmesituationen damit drohen, ihre Anteile an einen übernehmenden Dritten zu veräußern bzw. selbst aufzustocken und über die Angst vor einem Austausch der Unternehmensleitung den Paketzuschlag extrem in die Höhe zu treiben.[244]

e. Rückerwerb über eine beauftragte Bank (sog. „accelerated buybacks“)

Schließlich kann die Aktiengesellschaft auf die Mithilfe eines beauftragten Kreditinstituts zurückgreifen, von dem der gesamte Bestand eigener Anteile zurückerworben wird. Um das Rückkaufprogramm auch kurzfristig bedienen zu können, deckt sich die Bank im Vorfeld regelmäßig über ein Wertpapierdarlehensgeschäft mit der entsprechenden Aktienanzahl ein. Die daraus resultierende Rückgabeverpflichtung wird dann langfristig durch Erwerbsgeschäfte am Markt befriedigt. Für die Aktiengesellschaft wird somit der gesamte Rückkauf auf ei-

---

[242] *Mick*, DB 1999, 1201 (1202)
[243] *Benckendorff*, S.78 ; *Oechsler*, MüKo, § 71, Rdn.204 f
[244] *Oechsler*, MüKo, § 71, Rdn.207

nen einzigen Erwerbsvorgang komprimiert und maximale Preissicherheit erreicht.[245]

Der Rückerwerb eigener Aktien kann am Sekundärmarkt in verschiedenen Konstellationen und in unterschiedlicher Intensität zur Beeinflussung des Börsenkurses genutzt werden.

II. Beeinflussung des Börsenkurses durch Veräußerungsgeschäfte in eigenen Aktien am Sekundärmarkt

Hält die Aktiengesellschaft zurückerworbene eigene Aktien in ihrem Bestand, so kann sie diese jederzeit wieder am Markt anbieten und an die eigenen Aktionäre oder außenstehende Investoren weiterveräußern. Die Gesellschaft kann über die Veräußerung der zurückerworbenen Aktien auf spiegelbildliche Art und Weise die Börsenkursbildung beeinflussen.

1. Auswirkung der Veräußerungsgeschäfte eigener Aktien auf den Börsenkurs

Einer entsprechend anders gelagerten unternehmenspolitischen Zielsetzung folgend, kehrt die Veräußerung eigener Aktien die oben beschriebenen finanzpolitischen und kapitalmarktrechtlichen Folgen des Aktienrückerwerbs (zumindest mittelbar) um.
Die Verknappung der sich im Umlauf befindenden Aktien wird verringert, das Angebot steigt und läßt bei entsprechendem Umfang der Veräußerungen den Kurs zurückgehen. Der „return on investment" verteilt sich wieder auf mehrere Anteile und fällt entsprechend geringer aus. Schließlich wird durch die Erhöhung des Eigenkapitals das Verhältnis von Eigenkapital zum Fremdkapital so beeinflußt, daß der „Leverage-Effekt" nicht voll zum tragen kommen kann und sich die Eigenkapitalrendite entsprechend verringert. Die Kapitalkosten der Gesellschaft steigen entsprechend an. Insgesamt wird der dem Aktionär zufließende Kapitalfluß reduziert und die Aktie aus dem Blickwinkel des „shareholder value- Gedankens" weniger attraktiv, was sich in einem verminderten Börsenkurs niederschlagen wird.

---

[245] vgl. *Budde*, S.607/671 ; *Böhm*, S.330

2. Methoden der Veräußerung eigener Aktien

Je nach dem verfolgten Zweck, bestehen verschiedene Möglichkeiten der Weiterveräußerung. Zunächst kann die Aktiengesellschaft sämtlichen Aktionären direkt das Angebot unterbreiten, entsprechend ihrer Beteiligungsquote Aktien von der Gesellschaft zu erwerben. Ferner kann sie die eigenen Anteile auch anonym über die Börse veräußern. Beide Methoden werden jedoch nicht immer der Interessenlage des Unternehmens gerecht. Besteht beispielsweise ein kurzfristig zu bedienender Kapitalbedarf, würde die Veräußerung an alle Aktionäre zu viel Zeit in Anspruch nehmen. Die Veräußerung größerer Tranchen über die Börse innerhalb eines kürzeren Zeitraums wiederum würde den Kurs der Aktien belasten und das angestrebte Veräußerungsergebnis verschlechtern. Darüber hinaus werden eigene Anteile nicht selten als Akquisitionswährung im Zusammenhang mit einem Unternehmenserwerb eingesetzt, bei einem strategischen Partner oder Finanzinvestor untergebracht oder gar für eine Plazierung der Wertpapiere an einer ausländischen Börse vorgesehen.[246]

III. Erhöhte Beeinflussungsmöglichkeit durch besondere Ausgestaltung der Handelsgeschäfte in eigenen Aktien am Sekundärmarkt

Das Beeinflussungspotential der Handelsgeschäfte am Sekundärmarkt kann durch besondere Ausgestaltung der An- und Verkaufsgeschäfte noch zusätzlich erhöht werden.

1. Beeinflussung des Börsenkurses durch sog. „Leerverkäufe"

Besonders hohes Preisbeeinflussungspotential kommt den sog. „Leerverkäufen" („short sales") zu. Dabei handelt es sich um Verkaufsgeschäfte von Wertpapieren, die der Verkäufer zum Zeitpunkt des Geschäftsabschlusses nicht besitzt oder zu deren Abgabe er nicht ermächtigt ist.[247] Der Verkäufer beschränkt sich also nicht auf die Anzahl der tatsächlich im eigenen Bestand befindlichen Wertpapiere und kann auf diese Weise beliebig viele zusätzliche Aktien veräußern, was regelmäßig zu einem verstärkten Absinken der Kurse führt.[248] Um der Lieferverpflichtung aus dem Leerverkauf innerhalb der Erfüllungsfrist von zwei (Deutscher Markt) bzw. sieben Tagen (Euromarkt) nachkommen zu können,

---

[246] vgl. *Reichert/Harbarth*, ZIP 2001, 1441 (1442)
[247] *Ziouvas*, ZGR 2003, 113 (135)
[248] *Lenzen*, S.18 ;

verschafft sich der Leerverkäufer die Papiere in der Regel im Rahmen einer Wertpapierleihe. Um andererseits die Rückgabeverpflichtung gegenüber dem Verleiher zu erfüllen, muß er sich die entliehenen Papiere bis zum Ende der Leihfrist am Markt beschaffen. Nur wenn die Kurse erwartungsgemäß gefallen sind, kann er sich billiger mit Aktien eindecken und ohne eigenen Kapitaleinsatz aus der Differenz zwischen Leerverkauf und Eindeckungsgeschäft profitieren. Das Absinken des Kurses wird zwar durch die späteren Zukäufe am Markt wieder gebremst, doch haftet den Leerverkäufen – wie allen größeren Verkaufsgeschäften – ein bestimmter Informationsgehalt an, der insbesondere bei Privatanlegern eine Art Verkaufsdruck auslösen kann, der von der tatsächlichen Marktlage nicht unbedingt angezeigt ist und ein weiteres Sinken des Kurses zur Folge hat.[249]

Die Aktiengesellschaft selbst wird am Markt kaum mit Leerverkäufen auftreten, weil sie wie ein normaler Marktteilnehmer sich die nicht vorhandenen Aktien selten fristgerecht über Leihe oder Ankauf beschaffen kann. Denkbar sind hingegen Fälle, in denen ein Dritter auf Veranlassung der Gesellschaft in entsprechendem Umfang Leerverkäufe tätigt und diesem die leer-verkauften Aktien im Rahmen der Wertpapierleihe von der Aktiengesellschaft aus den vorhandenen eigenen Aktien zur Verfügung gestellt werden.

2. Beeinflussung des Börsenkurses durch sog. „corners“

Bei sog. „cornering“ kauft ein Marktteilnehmer sämtliche am Markt verfügbaren Wertpapiere auf, um den Markt gezielt zu verengen.[250] Auf diese Weise erlangt er eine marktbeherrschende Stellung über das Angebot bzw. die Lieferung des betreffenden Wertpapiers. Bildet das Papier den Basiswert für ein Derivat am Terminmarkt, spricht man auch von einem sog. „abusive squeeze“.[251] Seine Marktstellung erlaubt es dem Handelnden, die Kurse quasi beliebig zu bestimmen.[252] Denn insbesondere spekulationsfreudige Leerverkäufer sehen sich aufgrund der entstandenen Lieferverpflichtungen gezwungen, ihre ausstehenden

---

[249] *Lenzen*, S.19
[250] Altendorfer, S.221
[251] Beim sog. „abusive squeeze“ wird die Verknappung (long-squeeze) oder der Überschuß (short squeeze) eines Vermögenswertes durch Kontrolle der Nachfrage- bzw. Angebotsseite am Terminmarkt (nicht am Kassamarkt) ausgenutzt, um die Preise zu manipulieren. Vgl. *Ziouvas*, ZGR 2003, 113 (134)
[252] *Lenzen*, S.19

Wertpapierpositionen (sog. „short positions“) auch zu erhöhten Preisen zu decken.[253]
Diese Spielarten der Börsenkursbeeinflussung sind auf sonstige Marktteilnehmer und nicht auf die Aktiengesellschaft zugeschnitten. Auch hier läßt sich ihr Einsatz allein über das Zusammenwirken mit einem außenstehenden Dritten konstruieren.
Mit Blick auf die Beeinflussung des Börsenkurses durch die Aktiengesellschaft selbst kommt den sog. „market corners“ sowie dem „abusive squeezing“ keine eigenständige Relevanz zu.

3. Beeinflussung des Börsenkurses durch sog. „cash settled instruments“

Moderne Finanzinstrumente bestehen häufig aus Derivaten, die sich von Anfang an nicht auf den Erwerb von Aktien richten, sondern auf ein sog. „cash settlement“. Statt tatsächlicher Lieferung der Bezugsgröße ist lediglich deren Wertentwicklung über einen bestimmten Zeitraum Gegenstand der Vereinbarung. Der Stillhalter schuldet regelmäßig die Differenz zwischen Basis- und Marktpreis zum besagten Stichtag.[254]
Zwar wird beim Einsatz solcher „cash settled instruments“ weder überschüssige Liquidität an die Aktionäre zurückgeführt, noch wird unmittelbar der Unternehmenswert gesteigert, doch können die „cash settled instruments“ einen mit dem tatsächlichen Rückerwerb eigener Aktien vergleichbaren Signaleffekt bewirken, soweit ihr Einsatz am Kapitalmarkt bekannt wird.

Über „cash settled instruments“ ist es der Aktiengesellschaft möglich, nicht unerheblichen Einfluß auf die Börsenkursentwicklung ihrer Aktien auszuüben.[255]

4. Beeinflussung des Börsenkurses durch besondere (effektive) Handelsgeschäfte

Eine ebenfalls sehr wirksame Spielart der Beeinflussung des Börsenkurses durch effektive Handelsgeschäfte stellt die Erteilung von Kaufaufträgen zu sukzessiv höheren Preisen dar, mit deren Hilfe beim Anlagepublikum der Eindruck eines regen Handels in dem betreffenden Wertpapier erweckt wird. Diesen Effekt ver-

---

[253] *Watter*, SZW 1990, 193 (196) ; *Ziouvas*, ZGR 2003, 113 (134) ; *Lenzen*, S.19 ; *Altendorfer*, S.221
[254] *Oechsler*, MüKo, §71, Rdn.77 ; *Mick*, DB 1999, 1201 (1204)
[255] *Mick*, DB 1999, 1201 (1204)

stärkt das sog. „painting the tape", bei dem die vorgenommenen Geschäfte über eine öffentliche Anzeigetafel an einen vergleichsweise größeren Adressatenkreis kommuniziert werden.

Beim sog. „marking the close" werden An- und Verkaufsgeschäfte größeren Volumens kurz vor Börsen- bzw. Marktschluß abgewickelt, um gerade diejenigen Anleger zu beeinflussen, die ihre Anlageentscheidung auf die Schlußnotierung des betreffenden Wertpapiers stützen.[256]

Beim sog. „pumping and dumping" wird der Kurs mittels umfangreicher Erwerbsgeschäfte künstlich aufgebläht, nur um die eigenen Papiere sogleich in großen Mengen wieder am Markt abzustoßen.[257]

Erteilt die Aktiengesellschaft oder ein Marktteilnehmer auf Veranlassung der Gesellschaft Kaufaufträge oder Verkaufsaufträge, die jedoch vor ihrer Ausführung zurückgenommen werden, allein um die Nachfrage bzw. das Angebot nach ihren Aktien künstlich zu erhöhen (sog. „advancing bzw. reducing the bid"), wird ebenfalls der trügerische Eindruck erweckt, die Kursbewegung sei auf eine Aktivität der Börse zurückzuführen. Auf die Weise kann die Gesellschaft den Kurs nach oben treiben oder die Preise nach unten drücken.

Alle diese Modifikationen der Handelsgeschäfte am Sekundärmarkt haben - bei entsprechendem Umfang – einen nicht unerheblichen Einfluß auf den Verlauf des Börsenkurses. Gegenüber den schlichten An- und Verkaufsgeschäften verstärken sie jeweils die oben beschriebenen allgemeinen Auswirkungseffekte, insbesondere den Signaleffekt der Handelsgeschäfte.

IV. Beeinflussung des „Börsen"kurses durch Handelsgeschäfte in eigenen Aktien am Primärmarkt

Bereits vor bzw. während des Emissionsgeschäftes am sog. Primärmarkt, bei der erstmaligen öffentlichen Ausgabe und Plazierung von Wertpapieren an einer Wertpapierbörse, können Erwerbs- und Veräußerungsgeschäfte kursbeeinflussende Wirkung entfalten.[258]
Gerade in Anbetracht der Tatsache, daß ein lebhafter, ordnungsgemäßer Handel am Sekundärmarkt entscheidend von dem Erfolg der Emission abhängt, rückt die vollständige, breit gestreute und dauerhafte Unterbringung der Papiere ins

---

[256] *Ziouvas*, ZGR 2003, 113 (135) ; *Altendorfer*, S.216
[257] *Ziouvas*, ZGR 2003, 113 (131 ff.)
[258] *Lenzen*, S.13ff.

Zentrum der vorbörslichen Bemühungen.[259] Da die Aufnahmebereitschaft des Publikums leicht durch zu hohe oder zu niedrige Ausgabepreise, durch auftretende Zufallsschwankungen oder durch fehlendes Vertrauen in die Stabilität der Kurse gefährdet werden kann, bestehen gerade im Verlauf des Emissionsgeschäftes erhöhte Anreize diesen Phänomenen durch stabilisierende Erwerbsgeschäfte entgegenzuwirken (sog. „Kursstabilisierung").

1. Beeinflussung des „Börsen"kurses im Graumarkthandel während des Bookbuilding-Verfahrens

Mit der Bestimmung des Preisrahmens während des Bookbuilding-Verfahrens[260] setzt typischerweise ein sog. „Graumarkthandel" in den zu emittierenden Aktien ein.[261] Bei den Kaufgeschäften über Wertpapiere vor deren endgültiger Einführung an einer Börse spricht man auch vom sog. „Handel per Erscheinen"[262]. Im (inoffiziellen) Telephonhandel agierende Freimakler nehmen die vorbörslich angebotenen Aktien in ihren Bestand auf und versuchen, diese wieder außerbörslich am Grauen Markt abzusetzen. Da es jedoch in dieser Phase an einem festen „belastungsfähigen" Kurs fehlt und die anvisierte tatsächliche Zuteilung somit höchst spekulativ bleibt, kann mit vergleichsweise geringem Kapitalaufwand oder etwa durch ein Vortäuschen der Nachfrage der Graumarktkurs künstlich nach oben getrieben werden. Ein hoher Graumarktkurs wiederum suggeriert entsprechend höhere Gewinnaussichten im anschließenden Börsenhandel, die insbesondere private Anleger verleiten können, mehr Aktien zu zeichnen als vom Wert der Emission gedeckt sind.[263]
Eine gezielte Beeinflussung des Graumarktkurses durch Handelsgeschäfte der Gesellschaft kann demzufolge mittelbar die Beeinflussung des späteren Ausgabekurses zur Folge haben.

2. Beeinflussung des „Börsen"kurses durch Handelsgeschäfte im Rahmen des sog. „Greenshoe"

Zum Ende des Aktienemissionsgeschäfts lassen sich regelmäßig zwei gegenläufige Phänomene beobachten: Auf der einen Seite findet bei der erstmaligen Ein-

---

[259] *Wolff*, S.108/109
[260] vgl. zum Bookbuilding-Verfahren oben auf Seite 89 ff.
[261] *Schäfer*, S.64 ; *Krämer/Hess*, S.187 f.
[262] synonym verwendete Begriffe: Neuemissionshandel, Pre-IPO-Handel, vorbörslicher Handel, Telephonverkehr.
[263] *Schäfer*, S.66 ; *Krämer/Hess*, S.187 f.

führung der Aktien eine oft mehrfache Überzeichnung des Emissionsangebotes statt und beeinträchtigt so das ausgewogene Verhältnis der Nachfrage zur Menge der angebotenen Wertpapiere.[264] Auf der anderen Seite erstreben nicht alle Anleger eine langfristige Unterbringung der Papiere. Durch das erhebliche zusätzliche Volumen im Gefolge einer Sekundärplazierung oder von Kapitalerhöhungen bereits notierter Gesellschaften sowie durch den erfahrungsgemäß einsetzenden teilweisen Rückfluß der ausgegebenen Papiere bei Neuemissionen entsteht typischerweise im unmittelbaren Anschluß an die Plazierung ein Angebotsüberhang, der den Börsenkurs belastet.[265]
Um beiden Phänomenen einheitlich entgegenzutreten, hat sich die Praxis des sog. „Greenshoe"[266] herausgebildet, bei dem die Konsortialbanken bereits im Primärmarkt beim Abschluß des Bookbuilding-Verfahrens bis zu 15 % mehr Aktien zuteilen als tatsächlich vom Emissionsvolumen des Emittenten vorgesehen ist.[267] Nun müssen jedoch sämtliche Verpflichtungen – auch solche aus einer Überzuteilung – sofort erfüllt werden. Zu diesem Zweck deckt sich das Bankenkonsortium beim Emittenten im Wege einer Wertpapierleihe mit Aktien identischer Ausstattung ein.[268] Auf diesem Umweg wird zunächst der großen Nachfrage im Falle der Überzeichnung begegnet und das Marktpotential zusätzlich ausgeschöpft. Wenn sich sodann - und nun verbinden sich die beiden Phänomene von oben – der Börsenkurs aufgrund des Angebotsüberhangs unmittelbar nach der Plazierung nach unten entwickelt, können die Emissionsbanken durch Zukäufe am Markt ihre Rückgabeverpflichtung aus dem Leihgeschäft günstig bedienen.[269] Gleichzeitig haben die Erwerbsgeschäfte – „finanziert" durch die 15%ige Überzuteilung - eine Verknappung des Angebots am Markt zur Folge und bewirken somit eine Stabilisierung des jungen Börsenkurses.[270]
Falls dagegen eine hohe Nachfrage die Rückflüsse ausgleichen kann und den Börsenkurs unerwartet über den ursprünglichen Bezugspreis ansteigen läßt, wäre der Erwerb über die Börse ein Verlustgeschäft der Konsortien, da sie die Aktien bereits zum Bezugspreis veräußert haben.[271] Zudem würden solche Geschäfte den Börsenkurs noch zusätzlich in die Höhe treiben. Um die Emissionsbanken gegen das Risiko eines Erwerbes über dem Bezugspreis abzusichern,

---

[264] *Einsele*, §7, Rdn. 34 ff.; *Hein*, WM 1996, 1 (6)
[265] *Trapp*, AG 1997, 115 (121) ; *Krämer/Hess*, S.185 ; *Hein*, WM 1996, 1 (6/7)
[266] Das Verfahren ist nach dem US-Emittenten Greenshoe Manufacturing Company benannt, bei dessen Plazierung zum ersten Mal eine 15%tige Mehrzuteilungsoption zur Verfügung gestellt wurde.
[267] *Hein*, WM 1996, 1 (6) ; *Groß*, ZIP 2002, 160 (161) ; *Bosch*, BuB, Bad 5, Rdn.10/271 f.
[268] *Trapp*, AG 1997, 115 (121)
[269] *Hein*, WM 1996, 1 (6) ; *Trapp*, AG 1997, 115 (121)
[270] *Krämer/Hess*, S.185; *Bosch*, BuB, Band 5, Rdn.10/271; *Trapp*, AG 1997, 115 (121); *Hoffmann-Becking*, S.39
[271] Hoffmann-Becking, S.39

greift der zweite Teil des Greenshoes, die sog. „Mehrzuteilungsoption". Bereits vor der Emission wird den Banken das Optionsrecht eingeräumt, so viele „zusätzliche" Papiere zu den gleichen Ausgabebedingungen zu erwerben, wie mittels der Wertpapierleihe über das Emissionsvolumen hinaus ausgegeben wurden.[272] Die zusätzlichen Aktien stammen dabei entweder von abgabewilligen Großaktionären oder müssen von der Gesellschaft selbst durch ein bereits vor der Plazierung geschaffenes genehmigtes Kapital oder durch einen zuvor durchgeführten Aktienrückerwerb zur Verfügung gestellt werden.[273]

Im Ergebnis wirkt sich der Greenshoe zum einen durch die stabilisierenden Erwerbsgeschäfte des Konsortiums unmittelbar nach der Plazierung kursbeeinflussend aus. Zum anderen gibt er als Folge den Anlegern eine relative Sicherheit bezüglich der Preisentwicklung, was insbesondere von institutionellen Investoren erwartet, aber auch mit der Billigung eines entsprechend höheren Ausgabepreises honoriert wird.[274]

3. Beeinflussung des Börsenkurses durch Handelsgeschäfte bei bestehendem „Alt" –Börsenkurs

Werden Wertpapiere bereits börsennotierter Unternehmen im Wege einer Sekundärplazierung (etwa aus einer Kapitalerhöhung) am Markt plaziert, so besteht die Besonderheit, daß bereits ein Kurs der Altaktien existiert. Da nach früherem Recht bei Bezugsrechtsemissionen der Bezugspreis gemäß § 186 II AktG fest anzugeben war, blieb für die das Bookbuilding-Verfahren kennzeichnende Preisspanne kein Raum und die Plazierung mußte im Wege des Festpreisverfahrens erfolgen.[275] Der Bezugspreis wurde dabei in aller Regel unter Abzug eines 15 - 25%igen Abschlags dem vorhandenen Börsenkurs nachgebildet.[276] Nach der Gesetzesänderung durch das Gesetz zur weiteren Reform des Aktien- und Bilanzrechts zur Transparenz und Publizität (TransPuG)[277], derzufolge es künftig ausreicht, wenn zunächst nur die Grundlagen für die Festlegung des Ausgabebetrages angegeben werden, besteht für die Gesellschaft trotz des bestehenden Börsenpreises und des Bezugsrechts der Aktionäre die Möglichkeit, den Ausgabepreis der jungen Aktien gleichwohl im Wege des Bookbuilding-Verfahrens zu

---

[272] Schäfer, S.66 ; Hoffmann-Becking, S.39
[273] *Hein*, WM 1996, 1 (7)
[274] *Groß*, ZIP 2002, 160 (161) ; *Bosch*, BuB, Band 5, Rdn.10/271
[275] *Bosch*, BuB, Rdn.10/ 260 ; *Lutter*, KK, § 86, Rdn.46
[276] *Bosch*, BuB, Rdn.10/ 260
[277] Gesetz zur weiteren Reform des Aktien- und Bilanzrechts zur Transparenz und Publizität v. 19.7.2002, BGBl. I 2002, 2681

ermitteln. Auch bei Aktienumplazierungen sowie bezugsrechtsfreien Kapitalerhöhungen bzw. Kapitalerhöhungen, die aufgrund eines Bezugsrechtsverzichtes oder einer Bezugsrechtsveräußerung frei plaziert werden können, wird grundsätzlich trotz eines börsentäglichen Kurses das Bookbuilding-Verfahren durchgeführt[278], dessen Preisspanne zum Teil beträchtlich von jenem abweichen kann.[279] Dennoch bildet auch in diesen Fällen der Altbörsenkurs für Investoren einen Indikator für den Wert der Emission, da zum einen der Sekundärmarkt eine alternative Quelle für den Kauf des Wertpapiers ist und zum anderen der Börsenkurs einen Anhaltspunkt dafür bietet, zu welchem Preis das Papier wieder verkauft werden kann. Die Anleger werden folglich die Papiere der Emission nur dann erwerben, wenn der Ausgabepreis unter dem aktuellen Börsenkurs liegt.[280]

In diesem Zusammenhang getätigte An- und Verkaufsgeschäfte am Sekundärmarkt dienen allein dem Ziel, den Börsenkurs auf ein hohes Niveau zu treiben, um so einen entsprechend hohen Emissionspreis am Primärmarkt zu erzielen.[281]

V. Beeinflussung des Börsenkurses durch Handelsgeschäfte in eigenen Aktien unter Mitwirkung Dritter

1. Überblick

Im Zusammenhang mit dem Rückerwerb eigener Aktien durch die Gesellschaft sind auch Aktienkäufe und –verkäufe durch Dritte zu berücksichtigen. In diesen Fällen erwirbt der Dritte die Aktien der Gesellschaft im eigenen Namen. Er selbst wird berechtigt und verpflichtet, er selbst erwirbt das Eigentum und wird Inhaber der Mitgliedschaft.[282]

Jedoch kann sich aus dem Innenverhältnis im Sinne einer sog. „mittelbaren Stellvertretung" die Verpflichtung des Dritten zum Erwerb für Rechnung der Gesellschaft ergeben. In ihrem Rahmen unterwirft sich der Dritte in aller Regel den Weisungen der Unternehmensleitung bezüglich der Ausübung der Mitgliedschaftsrechte und verpflichtet sich, bei Erwerb und späterer Verwaltung primär die Interessen der Gesellschaft zu verfolgen. Im Gegenzug übernimmt die Aktiengesellschaft zumindest zum Teil das wirtschaftliche Risiko des Erwerbs.[283]

---

[278] *Groß*, ZHR 162 (1998), 318 (333/334)
[279] *Krämer/Hess*, S.188 (Fn. 79)
[280] *Lenzen*, S.14
[281] *Lenzen*, S.14
[282] Tritt der Dritte im Namen der Gesellschaft auf, so erwirbt sie aufgrund der offenen Stellvertretung i.S.v. § 164 I BGB selbst die Aktien.
[283] *Oechsler*, MüKo, §71a, Rdn.45

In Betracht zu ziehen sind ferner Konstellationen, in denen der Dritte zunächst in eigenem Namen und für eigene Rechnung Papiere am Markt aufkauft, die Gesellschaft jedoch etwa über Kreditgewährung, über Sicherheitsleistung oder über sonstige Finanzierungsgeschäfte im Endeffekt das wirtschaftliche Risiko des Aktienerwerbs trägt.

2. Auswirkungen der Drittgeschäfte auf den Börsenkurs

Grundsätzlich stellt sich die Frage, inwieweit Erwerbs- bzw. Veräußerungsgeschäften unter Einschaltung eines Dritten ein mit dem Rückerwerb durch die Gesellschaft vergleichbares Kursbeeinflussungspotential zukommen kann.[284] Blickt man beispielsweise auf die von den Rückkaufprogrammen ausgehende Signalwirkung, so drängen sich diesbezüglich durchaus Zweifel auf. Ausgehend von einer an den Kapitalmärkten herrschenden Informationsasymmetrie zwischen Investoren und Management werden die Marktteilnehmer wohl nur den Rückkaufgeboten der Unternehmensleitung der Gesellschaft einen glaubwürdigen Informationsgehalt beimessen und sich dadurch von einer Unterbewertung der Gesellschaft nachhaltig überzeugen lassen, es sei denn, der Dritte steht - wie etwa im Falle der Emissionsbanken - in einem für den Markt erkennbaren engen Näheverhältnis zur Aktiengesellschaft und verfügt insoweit über ein vergleichbares Maß an Informationen.
Hinsichtlich der Verknappung des sich im Umlauf befindenden Aktienmaterials macht es keinen Unterschied, wer die Aktien aus dem Markt abzieht. Auch die finanzierungstechnischen Auswirkungen des Eigenerwerbs auf den fundamentalen Unternehmenswert, die wiederum eine Steigerung des Börsenkurses der Aktie ermöglichen, werden nicht durch den Umstand berührt, daß ein Dritter für Rechnung der Gesellschaft Anteile erwirbt. Denn gemäß § 71d S.4 i.V.m. § 71b AktG stehen weder der Gesellschaft noch dem Dritten mitgliedschaftliche Rechte aus den erworbenen Anteilen zu. In der Folge erhöht sich auch hier der allgemeine „return on investment" pro Aktie. Es kommt auch hier zu einer Verlagerung der Kapitalstruktur der Gesellschaft. Der Eigenkapitalanteil wird reduziert und die Kapitalkosten werden verringert. In den Fällen, in denen die Aktiengesellschaft nicht nur den wesentlichen Teil des Erwerbsrisikos übernimmt, sondern den Aktienkauf tatsächlich finanziert, kommt es schließlich bei der mittelbaren Stellvertretung zu einer Verminderung überflüssiger Liquidität.

Wirtschaftlich betrachtet wirken sich Handelsgeschäfte mittels Einbeziehung Dritter aufgrund des vergleichbaren Beeinflussungspotentials wie durch die Ak-

---

[284] vergleiche zu den Kursbeeinflussungsmöglichkeiten des Aktienrückerwerbs oben auf Seite 118.

tiengesellschaft selbst getätigte Erwerbs- und Veräußerungsgeschäfte aus. In all diesen Fällen liegt – wenn auch nur mittelbar - eine Beeinflussung des Börsenkurses durch die Aktiengesellschaft vor.

3. Beeinflussung des „Börsen"kurses durch Handelsgeschäfte Dritter am Primärmarkt

Sowohl bei Neuemissionen als auch bei Umplazierungen von Effektenpaketen veräußerungswilliger Großaktionäre sowie im Falle einer Kapitalerhöhung findet die Plazierung neuer Wertpapiere in der Praxis indirekt als Fremdbegebung unter Mitwirkung einzelner oder mehrerer Kreditinstitute statt. Eine Direktplazierung durch den Emittenten selbst ist nicht zuletzt wegen des hohen Verwaltungsaufwandes, des allgemein fehlenden Know-hows und der erforderlichen Publizitätsarbeit betriebswirtschaftlich unrentabel.[285]
Bei der Mitwirkung der Banken unterscheidet man das sog. „Festübernahmeverfahren" von der bloßen „Absatzvermittlung".[286] Während bei letzterer die Emissionshäuser lediglich ihre Infrastruktur zur Verfügung stellen und sich um den Absatz der Papiere bemühen, diesen dabei nicht durch eine Übernahmezusage garantieren, erwerben im Regelfall der Festübernahme die mitwirkenden Kreditinstitute sämtliche Wertpapiere im eigenen Namen und auf eigene Rechnung vom Emittenten, um diese (meist sogleich) an die Anleger weiterzuveräußern.[287] Damit verlagert sich das Plazierungsrisiko weitestgehend auf die Emissionsbanken, die sich zur Teilung dieses Risikos zu sog. „Übernahmekonsortien" zusammenschließen.[288]
Im Regelfall treten die Emissionsbanken folglich als Hauptakteure des Plazierungsvorganges auf. Wird in dieser Phase auf die Kursbildung eingewirkt, stellt sich die Frage, inwieweit etwaige Handlungen der Konsortialbanken im Auftrag des Emittenten oder in ihrem eigenen Interesse vorgenommen werden.
Aufgrund der Übernahme des Plazierungsrisikos im Rahmen des Festübernahmeverfahrens besteht die Vermutung, daß die Stabilisierung des Börsenkurses im Gefolge einer Emission im unmittelbaren Interesse der mit der Plazierung betrauten Kreditinstitute liegt. Es ist das unbedingte Ziel der Banken, die Emis-

---

[285] ausnahmsweise findet sich die Direktplazierung bei Emissionen von Banken, von Konzerntöchtern bei Übernahme durch die Mutter, bei Kapitalerhöhungen von Familiengesellschaften oder bei der Privatbegebung an einzelne Großanleger. vgl. *Bosch*, BuB, Band 5, 10/73 ff.
[286] *Wolff*, 108 ff. ; *Bosch*, BuB, Band 5, Rdn 10/76 ff.
[287] *Bosch*, BuB, Band 5, 10/70 ; *Lenzen*, S.199; *Wolff*, S.114
[288] *Bosch*, BuB, Band 5, Rdn.10/75; vgl. zum Rechtsverhältnis zwischen Emittenten und Konsortium *Einsele*, § 7, Rdn. 15 ff.

sion vollständig zu plazieren, das Plazierungsrisiko entsprechend zu minimieren und über die dokumentierte Plazierungskraft und Marktkompetenz die eigenen Geschäftsbeziehungen zu verbessern.[289] Des Weiteren streben die Emissionshäuser nach der Plazierung der Papiere regelmäßig einen Kursanstieg von 10-20% an, da die Emission nur dann als Erfolg gewertet wird. Fällt der Börsenkurs hingegen unter den Ausgabepreis, wird das Emissionsunterfangen als Mißerfolg gewertet.[290] Daneben werden die Konsortialbanken an einem möglichst hohen Veräußerungserlös interessiert sein, weil die Provision für die Durchführung der Plazierung sich in der Regel prozentual am Veräußerungserlös der Emission orientiert.[291]

Trotz der Risikoverlagerung auf die Emissionsbanken bleibt jedoch auch der Emittent an der Maximierung des Emissionserlöses interessiert, um entsprechend höhere Kapitalzuflüsse und damit niedrigere Kapitalkosten zu generieren.[292] Somit ist es nicht auszuschließen, daß die beschriebenen Maßnahmen als Dienstleistung für Rechnung des Emittenten vorgenommen werden.[293]

Heute finden sich Vereinbarungen zur Durchführung kursbeeinflussender Begleit- bzw. Folgemaßnahmen in der Praxis allerdings nicht mehr in den Übernahmeverträgen zwischen Emittent und Banken, sondern vornehmlich in den Konsortialvereinbarungen der teilnehmenden Banken.[294] Theoretisch bleibt es aber dennoch denkbar, daß entsprechende Handlungen auch ohne ausdrückliche Regelungen im Übernahmevertrag als allgemeine Durchführungspflicht der banklichen Emissionsbegleitung im Auftrag und Interesse des Emittenten vorgenommen werden.[295] Zumindest dann, wenn die Emissionsbanken für die Durchführung sog. „Kursstabilisierungsmaßnahmen" eine Provision erhalten, der Emittent die Kosten für die Durchführung von Roadshows[296] oder des gesamten Bookbuilding-Verfahrens trägt, bzw. der Emittent in sonstiger Weise die Kosten der „Kursstabilisierung" übernimmt, ist von einem Handeln der Emissionshäuser im Interesse der Gesellschaft auszugehen.[297]

Im Ergebnis ist es eine Frage des konkreten Einzelfalls, ob die Kurseinwirkungen durch Erwerbsgeschäfte vor oder während einer Emission am Ende doch

---

289 *Wolff*, S.309 f.
290 *Wolff*, S.308
291 *Lenzen*, S.14 ; *Wolff*, S.64
292 *Lenzen*, S.14
293 in diesem Sinne: *Grundmann*, in Schimansky/Bunte/Lwowski, §113, Rdn.30 ; *Westermann*, FS Peltzer, S.613
294 *Krämer/Hess*, S.178 ; *Bruckner/Pospischil*, Lutter/Scheffler/Schneider, Rdn.11.51 ; *Ekkenga*, WM 2002, 317 (318)
295 *Ekkenga*, WM 2002, 317 (318)
296 Präsentationen durch Repräsentanten der Emittenten und der konsortialführenden Banken unmittelbar bei den Investoren vor Ort, teilweise in einzelnen Gesprächsrunden.
297 *Westermann*, FS Peltzer, S. 613 ff.

dem Emittenten zuzurechnen und damit in die Beurteilung der Kursbeeinflussung durch die Aktiengesellschaft einzubeziehen sind.

4. Beeinflussung des Börsenkurses durch Handelsgeschäfte Dritter am Sekundärmarkt

Speziell am Sekundärmarkt kann eine beliebige natürliche oder juristische Person als Strohmann der Gesellschaft auftreten. Aber auch die Gesellschaft selbst kann im Kleide eines sog. „Stützungskonsortiums“[298] oder durch ein von der Aktiengesellschaft abhängiges oder in ihrem Mehrheitsbesitz stehendes Unternehmen Aktien zurückerwerben.[299]

Hat tatsächlich kein Rückerwerb eigener Aktien stattgefunden, kann die Gesellschaft gleichwohl im Wege eines sog. „equity swaps“ durch einen Dritten wirtschaftlich so gestellt werden, als halte sie Anteile am eigenen Unternehmen. Üblicherweise erwirbt dabei ein Finanzdienstleister, entweder selbst oder wiederum über einen Dritten, zunächst Anteile der Gesellschaft am Markt. Im Austausch gegen die Zahlung einer festen Zinsrate verzichtet der Finanzdienstleister dann schuldrechtlich auf die ihm zustehenden Dividendenzahlungen und sonstigen ihm zufließenden Kapitalmittel. Auf diese Weise kann er unter Beibehaltung seiner Stimm- und Kontrollrechte die mit dem Wertentwicklungsrisiko behafteten Vermögensrechte der Aktie durch ein sichereres, festverzinsliches Finanzinstrument ersetzen. Die Gesellschaft erhält im Gegenzug eine mit dem Rückerwerb vergleichbare Position, ohne jemals die eigenen Papiere zu erwerben.[300]

Bei der Vereinbarung sog. „break fees“ geht die Aktiengesellschaft im Rahmen einer freundlichen Übernahme gegenüber einem potentiellen Übernehmer das vertragliche Versprechen ein, für die anfallenden Kosten (Beratungskosten, Due Diligence- Kosten etc.) aufzukommen, sollte die Übernahme aus Gründen scheitern, die in ihrer Person verursacht wurden.[301] Im wesentlichen ist es Zweck dieser Vereinbarungen, die tatsächliche Durchführung der Transaktion, also den tatsächlichen Erwerb der Aktien voranzutreiben. Insbesondere wenn der Übernehmer über eine geringe Eigenkapitalisierung verfügt, können „break fees“ diesen überhaupt erst in die Lage versetzen, die erforderlichen Vorbereitungskosten

---

[298] Bei einem Stützungskonsortium beteiligt sich die AG neben anderen Gesellschaftern an einer GbR, die im eigenen Namen Aktien der AG aufkauft. Erwirbt die AG als Geschäftsführerin Aktien im Namen der GbR, so erfolgt dies auf Rechnung der Gesellschaft.

[299] *Lutter*, KK, §71a, Rdn.19

[300] vgl. *Mick*, DB 1999, 1201 (1202/1203)

[301] Sieger/Hasselbach, BB 2000, 625

der Übernahme durch einen Kreditgeber fremd zu finanzieren und die Übernahme der Aktien in die Wege zu leiten.[302]

Schließlich ist es möglich, daß die mit einer Emission betrauten Kreditinstitute auch noch lange nach dem eigentlichen Plazierungsvorgang die Kurse der Aktiengesellschaft unabhängig von einer unmittelbaren Emissionsbegleitung in „Pflege" nehmen und durch Erwerb- und Veräußerungsgeschäfte etwaigen Kursschwankungen entgegenwirken. Auch hier ist von einer Durchführung der Beeinflussungsmaßnahmen im Interesse der Aktiengesellschaft auszugehen, wenn diese durch die Vergütung der „Kurspflegemaßnahmen" die Aufwendungen der Kursbeeinflussung praktisch selbst trägt.[303]

Auch am Sekundärmarkt kann die Aktiengesellschaft unter Mithilfe Dritter den Kurs ihrer Aktien durch Handelsgeschäfte beeinflussen. Auch hier ist es jedoch eine Frage des konkreten Einzelfalls, ob die Kurseinwirkungen durch den Dritten der Aktiengesellschaft zuzurechnen sind.

C. Beeinflussung des Börsenkurses durch fiktive Handelsgeschäfte in eigenen Aktien

Äußerlich nicht von normalen Kaufs- oder Verkaufsgeschäften zu unterscheiden ist die Vornahme „fiktiver" Wertpapiertransaktionen.[304] Als fiktiv werden bloße Scheingeschäfte sowie solche Geschäfte bezeichnet, die von vornherein keinen endgültigen Übergang des Eigentums am Vermögenswert bezwecken, sondern durch unmittelbare (verdeckte) Gegengeschäfte kompensiert werden oder auf vergleichbare Weise der eigentlichen wirtschaftlichen Relevanz normaler Geschäfte entbehren.[305]

Bei sog. „wash sales" sind Käufer und Verkäufer des gleichen Vermögenswertes zumindest wirtschaftlich identisch.[306] Die gleichzeitige Abgabe deckungsgleicher Kauf- bzw. Verkaufsaufträge wird dabei gewöhnlich durch Verwendung verschiedener Konten, unterschiedlicher Banken oder mittels eines Strohmanns

---

302 Sieger/Hasselbach, BB 2000, 625
303 *Westermann*, FS Peltzer, S.613 ff.
304 *Lenzen*, S.9 ; siehe auch die Beispielsliste der Richtlinie des Europäischen Parlaments und des Rates über Insidergeschäfte und Marktmanipulation, ZBB 2002, 144 (157)
305 RegBegr. BT-Drucks.14/8017, S.89 ; *Altendorfer*, S.214 ; *Ziouvas*, ZGR 2003, 113 (132) ; *Lenzen* WM 2000, 1131 (1132)
306 *Ledermann*, Schäfer, §88, Rdn.12 ;*Weber*, NZG 2000, S.113 (115)

verborgen.[307] Insbesondere bei Transaktionen verbundener Unternehmen sowie bei der Benutzung elektronischer Handelssysteme (z.B. XETRA) sind „In-Sich-Geschäfte" dieser Art schwer zu erkennen.[308]
Im Unterschied zu den „wash sales" findet bei sog. „improper matched orders" zunächst ein Eigentümerwechsel statt. Doch haben sich Verkäufer und Käufer im Vorfeld abgesprochen, durch korrespondierende gegenläufige Aufträge im gleichen Vermögenswert ihre Transaktionen auf längere Sicht wirtschaftlich zu nivellieren, so daß faktisch die Wertpapiere zwischen den Beteiligten lediglich hin und her transferiert werden.[309] Ferner können die Beteiligten bereits bei Eingehung der Geschäfte ihre spätere Stornierung vereinbaren. Diese Praxis wird bei den sog. „circular tradings" („Karussellgeschäfte") auf eine Kette mehrere Marktteilnehmer ausgedehnt, an deren Ende der erste Verkäufer durch Käufe vom letzten Verkäufer den Wertpapierkreislauf wieder schließt.[310]

Allen fiktiven Geschäften liegt der alleinige Zweck zugrunde, durch die vermeintlich höheren Umsätze entgegen der tatsächlichen Marktnachfrage einen lebhaften, liquiden Handel in dem betreffenden Wertpapier zu fingieren. Außenstehende Investoren legen die steigende Handelsaktivität positiv aus und ihrer Anlageentscheidung zu Grunde. In der Folge verstärkt sich die Nachfrage und führt so zu einem Ansteigen des Kurses. In besonders engen Märkten können sogar bereits die „fiktiven" Verkaufs- oder Kaufaufträge selbst einen künstlichen Marktpreis erzeugen.[311]

D. Beeinflussung des Börsenkurses durch „Zurückhalteabkommen" und sog. „parking"

Neben der Möglichkeit, durch großvolumige Erwerbsgeschäfte das Angebot in einem bestimmten Wertpapiertitel zu verringern, kann die Aktiengesellschaft auch auf anderem Wege, ebenfalls über die Limitierung des Angebots, den Markt verengen und bei gleichbleibender Nachfrage den Kurs des Wertpapiers in die Höhe treiben.[312]

Durch „Zurückhalteabkommen" (sog. „lock-up-Vereinbarung") verpflichten sich die Inhaber größerer Wertpapierpakete gegenüber der Gesellschaft, für eine

---

[307] *Schäfer*, S.68 ; *Lenzen*, S.10
[308] *Ziouvas*, ZGR 2003, 113 (132)
[309] *Ziouvas*, ZGR 2003, 113 (133) ; *Lenzen*, S.11
[310] *Lenzen*, S.11
[311] Altendorfer, S.215
[312] *Altendorfer*, S.216 ; *Lenzen*, S.25 f

gewisse Zeit die betreffenden Papiere zurückzuhalten und nicht am Markt zum Kauf anzubieten. Vereinbarungen dieser Art mit Inhabern von Anteilen im Streubesitz sollen die Bildung großer Beteiligungspakete verhindern.[313]
Auch im Emissionsgeschäft werden institutionelle Zeichner häufig nur bei der Plazierung berücksichtigt, wenn sie sich bereit erklären, die erworbenen Papiere unmittelbar nach der Emission noch zu halten.[314]

Beim sog. „parking“ oder „warehousing“ wird das Marktangebot dadurch begrenzt, daß Effektenpakete aus dem Umlauf genommen werden, indem ein Aktionär die Aktien vorübergehend auf ein Wertpapierdepot eines Dritten überträgt. Die Buchung erfolgt direkt und verhindert, daß die Papiere am Markt angeboten werden und der Kurs über das erhöhte Angebot unter Druck gerät.
Zum einen kann das „parking“ dazu eingesetzt werden, um bei einem bestehenden Veräußerungsbedarf die Transaktion und damit das tatsächliche Marktgeschehen zu verschleiern und so einem Kursverfall entgegenzuwirken.
Zum anderen kann auf diese Weise insbesondere im Emissionsgeschäft ein Teil des Emissionsvolumens dem Anlagepublikum vorenthalten werden. Bei entsprechender Aufnahmefähigkeit des Marktes übertrifft das Kaufinteresse die durch das „parking“ verminderte Menge der angebotenen Aktien. Die Emission wird überzeichnet (sog. „hot issue“), was dazu führt, daß der Kurs am Sekundärmarkt den Ausgabekurs der Emission erheblich übersteigt. Fehlt es an der natürlichen Aufnahmefähigkeit des Anlagepublikums so kann die Verringerung des Angebots an sich den Anschein eines sehr aufnahmefähigen Marktes suggerieren und die Überzeichnung der Emission überhaupt erst herbeiführen. Gleichzeitig getroffene Rückkaufabreden bzw. vertragliche oder faktische Zugriffsmöglichkeiten auf das Konto des Dritten ermöglichen es den Akteuren, die Wertpapiere nach vereinbarter Zeit wieder zurückzuerhalten. Nach erfolgter Plazierung stehen die „geparkten“ Papiere dann also für einen gewinnbringenden Verkauf am Sekundärmarkt zur Verfügung.[315]

Schließlich kann das „parking“ auch eingesetzt werden, um den Wertpapierbesitz bestimmter Anteilseigner zu verschleiern und beispielsweise den kapitalmarktrechtlichen Meldepflichten zu entgehen. Insbesondere die Überschreitung bestimmter Beteiligungsschwellen bildet für die Investoren am Kapitalmarkt ein entscheidendes Kriterium im Rahmen ihrer Anlageentscheidung. Sie ist der Gesellschaft sowie den Aufsichtsbehörden mitzuteilen sowie durch die Gesellschaft

---

[313] *Ekkenga* nennt in diesem Zusammenhang das Beispiel der TelekomAG, die allen firmentreuen Aktionären Gratisaktien für den Fall versprochen hat, daß sie für die Dauer von drei Jahren von einer Veräußerung der Anteile absehen. Vgl. *Ekkenga*, WM 2002, 317ff.
[314] *Lenzen*, S.25
[315] *Lenzen*, S.26/27

zu veröffentlichen (vgl. z.B. § 21 WpHG). Werden nun im Wege des „parkings" die tatsächlichen Anteilverhältnisse verheimlicht, kann der Markt nicht entsprechend auf die veränderten Bedingungen reagieren. Der Börsenkurs bleibt zunächst stabil und den Akteuren ist es weiterhin möglich, Aktien zu einem Preis zu handeln, der bei ordnungsgemäßer Meldung nicht erreicht worden wäre.[316]

E. Beeinflussung des Börsenkurses durch informationsbezogene Handlungen

Geht man von der Prämisse aus, daß dem Anlageverhalten der Investoren auf dem Kapitalmärkten die Erwartung kurz- oder langfristiger Erträge zugrunde liegt und die Beurteilung dieser Ertragsaussichten ein hohes Maß an Informationen erfordert, kann über die Steuerung des Informationsflusses – gerade vor dem Hintergrund informationsineffizienter Märkte[317] – nachhaltig auf die Anlageentscheidungen des Publikums eingewirkt werden. Aus der Lenkung des Anlageverhaltens wiederum folgt die Möglichkeit der Kursbeeinflussung.[318]

I. Beeinflussung des Börsenkurses durch Falschinformationen, Gerüchte etc.

In Betracht kommt zunächst das Verbreiten falscher oder irreführender Informationen, die sich für die Anlageentscheidung Dritter als erheblich erweisen. Erfaßt werden Nachrichten, Gerüchte, Falschmeldungen (sog. „market rigging"), die sich inhaltlich auf den Vermögenswert selbst, bzw. auf das hinter dem Wertpapier stehende Unternehmen richten sowie auf bewertungserhebliche Umstände wie Wettbewerb, Marktaussicht oder auf allgemeine wirtschaftliche oder politische Begebenheiten, die das Unternehmen sowie dessen Wertpapiere mittelbar berühren.[319]

Um durch Steuerung des Informationsflusses tatsächlich die erwünschte Kursbeeinflussung zu erzielen, muß die Information auf breiter Basis zur Kenntnis genommen werden und hinreichend glaubwürdig sein. Entscheidend ist also, wie informiert, fachkompetent und seriös die Informationsquelle in der Öffentlichkeit wahrgenommen wird. Neben Informationen aus Kreisen der dem Unternehmen nahestehenden Banken sowie professioneller Analysten kommt ohne Zweifel den Nachrichten und Mitteilungen der Leitungsorgane der Aktiengesell-

---

[316] *Altendorfer*, S.216 ; *Lenzen*, S.27/28
[317] siehe oben auf Seite 82.
[318] *Schröder*, S.61
[319] *Ziouvas*, ZGR 2003, 113 (131/132) ; *Assmann*, Assmann/Schneider, § 13, Rdn.51

schaften die größte Aussagekraft zu.[320] Das Augenmerk des Anlagepublikums fällt dabei insbesondere auf Unternehmensinformationen, die über die Hauptversammlungen, im Wege der Ad-hoc-Mitteilungen, durch Zwischenberichte oder direkt über die Medien in Umlauf gelangen.

Besondere Wirkung zeigen Meldungen über fiktive Übernahmeversuche.[321] Bereits die Ankündigung einer Übernahme kann zu einem Anstieg des Börsenkurses der Zielgesellschaft führen, da die Anleger darauf spekulieren, ein in aller Regel erheblich über dem Börsenkurs liegendes Übernahmeangebot wahrnehmen und ihre Anteile zu einem entsprechend hohen Preis veräußern zu können.[322]
Abgesehen von der Verbreitung falscher Information kann die Aktiengesellschaft auch durch das Zurückhalten kursrelevanter Informationen auf den Börsenkurs eines Wertpapiers einwirken. Die Nichtveröffentlichung oder die verspätete Bekanntgabe von Unternehmensneuigkeiten, wie etwa Umsatz- und Prognosekorrekturen, kann ein drohendes Einbrechen des Kurses hinauszögern.[323]

II. Beeinflussung des Börsenkurses durch Anlageempfehlungen

Neben der Weiterleitung falscher und Unterdrückung wahrer kursrelevanter Informationen besteht die Möglichkeit, durch die Verbreitung von Anlageempfehlungen und vergleichbaren Werturteilen Einfluß auf den Börsenkurs zu nehmen. Das gezielte „Herauf"- oder „Herunterreden" der Aktien kann insbesondere private Anleger in ihrer Entscheidungsfindung beeinflussen.[324]
Eine viel diskutierte Methode ist das sog. „Scalping", bei dem ein Marktteilnehmer Wertpapiere in der Absicht erwirbt, diese alsbald dem Anlagepublikum zu empfehlen und nach der erhofften empfehlungsbedingten Kursänderung wie-

---

[320] *Watter*, SZW 1990, S.193 (196) ; *Lenzen*, S.28/29. Besonders prominente Beispiele finden sich in den Fällen von E.M.-TV und Infomatec. Im August 2000 hatte E.M.-TV eine Verdreifachung des Halbjahresumsatzes auf 604 Millionen Mark (ca. 309 Mio. Euro) per Ad-hoc-Meldung angekündigt. Tatsächlich aber sank der Umsatz im entsprechenden Halbjahr um mehr als 200 Millionen Mark (ca. 102 Mio. Euro). Die positive Bilanzgestaltung war vor allem durch die Integration von Geschäften in das Zahlenwerk erfolgt, die noch gar nicht abgeschlossen waren (vgl. LG München I [Haffa-Urteil], NJW 2003, 2328). Im Falle von Infomatec richtete sich die falsche Ad-hoc-Mitteilung auf angebliche Millionenaufträge, denen zufolge der Kurs der Aktie von 27 Euro auf 290 Euro anstieg (vgl. BGH ZIP 2004, 1604).
[321] *Watter*, SZW 1990, 193 (196) ; *Schröder*, S.72
[322] *Lenzen*, S.28. So ist es TUI beim Kampf um den Verbleib im DAX nicht zuletzt aufgrund von Übernahmespekulationen gelungen, auf den rettenden 35. Rang zu verharren (vgl. FAZ, 2.8.04, N.177, S.12 ; FAZ, 26.8.04, N.198, S.17).
[323] *Lenzen*, S.31
[324] *Lenzen*, S.30

der gewinnbringend zu veräußern.[325] Das Scalping setzt einen Marktteilnehmer voraus, der über entsprechende Reputation und entsprechenden Einfluß verfügt und von dem die Anleger eine unabhängige Anlageempfehlung erwarten, wie dies beispielsweise bei Wertpapieranalysten oder den häufig zitierten „Börsengurus" der Fall ist.[326] Scalping als Beeinflussungsmethode der Aktiengesellschaft kommt allerdings unmittelbar nicht in Betracht, weil eine Anlageempfehlung durch den parteigebundenen Vorstand bzw. Aufsichtsrat diese Voraussetzung nicht erfüllt. Es wären lediglich Fälle konstruierbar, in denen die Aktiengesellschaft einen Dritten veranlaßt, mit Mitteln der Gesellschaft Aktien im eigenen Namen zu erwerben, sodann eine Kaufempfehlung auszusprechen, um die Aktien dann gewinnbringend für Rechnung der Gesellschaft zu verkaufen.

F. Zwischenergebnis

Im Ergebnis steht der börsennotierten Aktiengesellschaft eine Vielzahl von Maßnahmen zur Verfügung, mit deren Hilfe sie – jeweils abhängig von der konkreten Unternehmenssituation – eine mehr oder minder starke Beeinflussung des Börsenkurses ihrer eigenen Aktien herbeiführen kann.

---

325 *Lenenbach*, ZIP 2003, 243

326 Vgl. den Fall „Prior", in dem ein selbsternannter „Börsenguru" eine ihm „kulthaft" verfallene Anhängerschar von Kleinanlegern zum Kauf von bestimmten Wertpapieren veranlaßte, mit denen er sich zuvor selbst eingedeckt hatte, um sie dann anschließend gewinnbringend zu veräußern. Vgl. LG Frankfurt, NJW 2000, 301 ; *Schneider/Burgard*, ZIP 1999, 381 ; *Volk*, ZIP 1999, 787

Teil VI: Der rechtliche Rahmen des deutschen Kapitalmarktrechts - Grenzen der Zulässigkeit der Beeinflussung des eigenen Börsenkurses durch die Aktiengesellschaft

§1 Das Kapitalmarktrecht als Schnittmenge verschiedenartiger Spezialgesetze

Im Rahmen der rechtlichen Würdigung der Börsenkursbeeinflussung durch die Aktiengesellschaft ist vorab klarstellend darauf hinzuweisen, daß in Deutschland keine gesetzliche Regelung besteht, die die Beeinflussung des eigenen Börsenkurses durch die Aktiengesellschaft per se verbietet oder beschränkt. Zunächst ist also von der grundsätzlichen Zulässigkeit derartiger Beeinflussungsmaßnahmen auszugehen. Dies kann selbstverständlich nur solange gelten, wie der Einsatz der kursbeeinflussenden Maßnahmen nicht mit den bestehenden Regelungen der Rechtsordnung kollidiert.

Jede Einwirkung auf die Börsenkursbildung eines Wertpapiers, die zu einer Kursentwicklung führt, die nicht (nur) durch die aktuelle Finanz- oder Geschäftslage der Aktiengesellschaft oder der allgemeinen Marktentwicklung begründet ist und also bei einem unbeeinflußten Spiel der Marktkräfte nicht erzielt worden wäre, bedeutet eine Beeinträchtigung der kapitalmarktrechtlichen Rahmenbedingungen. Jede Beeinflussung des Börsenkurses durch die Aktiengesellschaft ist mithin an dem regulatorischen Rahmen des deutschen Kapitalmarktrechts zu messen.

Noch weit von einer einheitlichen Kodifikation entfernt, ergibt sich der Rechtsrahmen für den deutschen Kapitalmarkt aus „[...] der Gesamtheit aller Normen, Geschäftsbedingungen und Standards, mit denen die Organisation der Kapitalmärkte und der auf sie bezogenen Tätigkeiten sowie das marktbezogene Verhalten der Kapitalmarktteilnehmer geregelt werden sollen.“[327] Das Kapitalmarktrecht bildet somit eine Schnittmenge verschiedener Spezialgesetze, die einen Bezug zur Funktionsweise und Regulative des Kapitalmarkts aufweisen.[328] Neben den Kernbereichen des Wertpapierhandelsrechts und des Börsenrechts werden das Wertpapierprospektgesetz, das Verkaufsprospektgesetz, die Börsenzulassungsverordnung sowie Teile des Aktiengesetzes, des Handelsgesetzbuches, des Wertpapiererwerbs- und Übernahmegesetzes von dieser Umschreibung erfaßt.

---

[327] *Kümpel*, Rdn.1.5/8.4 ; siehe auch: *Hopt*, ZHR 141 (1997), 389 (431) ; *Schwark*, FS Stimpel, S.1087 (1091)
[328] *Hopt*, ZHR 141 (1997), 389 ff.

Das Hauptanliegen des Kapitalmarktrechts, die Gewährleistung der Funktionsfähigkeit der Märkte, kann dabei jedoch nicht allein über die Schaffung marktlicher Interaktionsvoraussetzungen sichergestellt werden.[329] Mit zu berücksichtigen sind daher auch angrenzende Rechtsmaterien, wie das Gesellschafts-, Zivil- oder Strafrecht, die zunächst keinen originären Kapitalmarktbezug aufweisen, sich aber gleichwohl – etwa in Gestalt von Aufklärungs-, Informations-, Haftungs- oder Strafregelungen - im weitesten Sinne kapitalmarktrechtlich auswirken, indem sie zum Beispiel den Anlegerschutz stärken oder die finanzpolitischen Anforderungen der am Markt auftretenden Unternehmen bestimmen.

Im folgenden Teil der Arbeit werden die im Teil V der Untersuchung herausgearbeiteten möglichen Maßnahmen der Börsenkursbeeinflussung einer Aktiengesellschaft unter die jeweils in Betracht zu ziehenden Rechtsvorschriften des deutschen Kapitalmarktrechts sowie der jeweils tangierten übrigen Rechtsmaterien subsumiert und anhand dessen untersucht, inwieweit aus den verschiedenen gesetzlichen Regulierungen die Unzulässigkeit oder die Begrenzung der einzelnen Beeinflussungsmaßnahmen der Aktiengesellschaft folgt.

Korrespondierend mit den obigen Ausführungen hinsichtlich der Eingrenzung des Untersuchungsgegenstandes auf die Beeinflussung des Börsenkurses durch die Aktiengesellschaft selbst sei auch hier im Rahmen der rechtlichen Grenzen des deutschen Kapitalmarktrechts darauf hingewiesen, daß neben den Verbots- und Gebotsvorschriften, die unmittelbar die Aktiengesellschaft anprechen, auch solche Rechtsvorschriften zu berücksichtigen sind, die als Normadressaten die Mitglieder des Vorstands oder Aufsichtsrats vorsehen, da sie ihrem Wesen nach das Handeln natürlicher Personen voraussetzen. Dies gilt im Besonderen für bestimmte Haftungskonstellationen, speziell für zum Schadenersatz verpflichtende Handlungen, für die die Aktiengesellschaft analog § 31 BGB selbst haftet, für Straftatbestände sowie für Ordnungswidrigkeiten.

§2 Grenzen der Zulässigkeit von Maßnahmen zur Beeinflussung des eigenen Börsenkurses durch das Aktiengesetz

Die Aktiengesellschaft und ihre Aktie stellen den Mittelpunkt des kapitalmarktlichen Geschehens dar und dienen als Anknüpfungspunkt des gesetzgeberischen Handelns für diesen Bereich.[330] Als erster Prüfstein für die Zulässigkeit von Einwirkungen soll daher das Aktiengesetz als die die Aktiengesellschaft unmittelbar regelnde Rechtsmaterie herangezogen werden. Neben den unmittelbar kapital-

---

[329] *Assmann*, GK, Einl. Rdn. 365
[330] *Lenzen*, S. 151

marktrechtlichen Regelungsinhalten werden auch die vornehmlich verbandsrechtlichen Vorschriften des Aktiengesetzes dahingehend untersucht, ob sie zur Unzulässigkeit der eingesetzten Methoden und Techniken der Gesellschaft führen können.

A. Historischer Abriß des AktG

Das Aktiengesetz in seiner heutigen Gestalt stammt aus dem Jahre 1965. In der Zeit nach 1965 ist das Aktiengesetz vielfach geändert worden. Vornehmlich die Umsetzung der europäischen gesellschaftsrechtlichen Richtlinien, aber auch die Veränderungen benachbarter Rechtsgebiete haben seine Entwicklung vorangetrieben. Hervorzuheben ist die sog. kleine Aktienrechtsreform von 1998. Im Rahmen des 3. Finanzmarktförderungsgesetzes, des Stückaktiengesetzes (StückAG)[331] sowie des Gesetzes zur Kontrolle und Transparenz im Unternehmensbereich (KonTraG)[332] wurden durch spezielle Regelungen für die börsennotierte Aktiengesellschaft Widersprüche zwischen dem Aktiengesetz und dem benachbarten Wertpapierhandelsgesetz bereinigt. Mit Einführung der Stückaktie wurden erstmals (unechte) nennwertlose Aktien zugelassen, für deren Bewertung nicht mehr auf die irritierende Orientierung am Verhältnis von Nennwert zum Börsenkurs zurückgegriffen werden mußte, sondern auf das Kurs-Gewinn-Verhältnis abgestellt werden konnte. Ergänzt durch das Transparenz- und Publikationsgesetz (TransPuG)[333] von 2002 wurden die Anforderungen an die Unternehmensführung verschärft, die Transparenz unternehmerischer Abläufe verbessert und das System der „Checks and Balances" sowie die Rechenschaftslegung der Verwaltung verbessert.[334] Zusätzlich wurde durch die Vereinfachung des Aktienrückerwerbs, durch die Möglichkeit des Ausschlusses von Minderheitsaktionären[335] sowie durch die Einführung einer Entsprechensklausel zum Deutschen Corporate Governance Kodex das Aktienrecht weiter an die Bedürfnisse des Kapitalmarktes angepaßt. Mit der Verabschiedung des Gesetzes zur Unternehmensintegrität und Modernisierung des Anfechtungsrechts (UMAG)[336] und zugleich des Gesetzes zur Einführung eines Kapitalanleger-

---

[331] Gesetz über die Zulassung von Stückaktien v. 25.3.1998, BGBl. I 1998, 590
[332] Gesetz zur Kontrolle und Transparenz im Unternehmensbereich v. 27.4.1998, BGBl. I, 786
[333] Gesetz zur weiteren Reform des Aktien- und Bilanzrechts, zur Transparenz und Publizität v. 19.7.2002, BGBl. I 2002, 2681
[334] vgl. *Semler/Heider*, MüKo, Einl., Rdn.16ff.
[335] Einführung der §§ 327a ff AktG. Vgl. Art 7 des Gesetzes zur Regelung von Öffentlichen Angeboten und zum Erwerb von Wertpapieren und Unternehmensübernahmen v. 20.12.2002, BGBl. I 2001, 3822.
[336] Gesetz zur Unternehmensintegrität und Modernisierung des Anfechtungsrechts (UMAG), BGBl. I 2005, 2802 v. 27.9.2005.

Musterverfahrensgesetzes (KapMuG)[337] wurde schließlich insbesondere die gerichtliche Durchsetzung von Schadenersatzklagen einzelner Aktionäre erleichtert. Bisher nicht mehrheitsfähig war demgegenüber der Entwurf eines Gesetzes zur Ausweitung der persönlichen Haftung von Führungskräften für fehlerhafte Kapitalmarktinformationen (KapInHaG).

B. Grenzen der Zulässigkeit von Maßnahmen zur Beeinflussung des eigenen Börsenkurses durch das Gebot ordnungsgemäßer Unternehmensleitung gemäß § 76 I und § 93 I S.1 AktG

I. „Unternehmensinteresse" als Inhalt des Gebots ordnungsgemäßer Unternehmensleitung

Gemäß § 76 I AktG hat der Vorstand die Aktiengesellschaft unter eigener Verantwortung zu leiten. Er handelt selbständig und frei von Weisungen anderer Gesellschaftsorgane. Bei der Vornahme unternehmerischer Handlungen steht ihm ein entsprechend weiter Ermessensspielraum zu.[338]

Gemäß § 93 I S.1 AktG hat der Vorstand bei der Geschäftsführung aber die Sorgfalt eines ordentlichen und gewissenhaften Geschäftsleiters anzuwenden. Die ihm dabei vorgeschriebene Ermessensausübung bedeutet sachgerechte Wahrnehmung der in der Gesellschaft und in ihrem Unternehmen zusammentreffenden Interessen. Träger solcher Interessen sind die Aktionäre („shareholder"), die Arbeitnehmer, das Management, die Gläubiger sowie die Öffentlichkeit (sog. „stakeholder").[339]

Da die betroffenen Interessen jedoch in aller Regel divergieren, stellt sich die grundlegende Frage, wessen Interessen das Wirtschaften einer Aktiengesellschaft letzten Endes zu dienen bestimmt ist.

Eine Konkretisierung der Verpflichtung des Vorstands zur verantwortlichen Leitung der Gesellschaft wird anhand der im Zusammenhang mit § 76 I AktG entwickelten Handlungsmaxime des „Unternehmensinteresses" versucht.

So haben das Bundesverfassungsgericht sowie der Bundesgerichtshof entschieden, daß die Leitung der Aktiengesellschaft dem „Unternehmensinteresse" zu dienen bestimmt sei.[340] Erneute Bestätigung hat das Unternehmensinteresse als

---

[337] Gesetz über Musterverfahren in kapitalmarktrechtlichen Streitigkeiten (Kapitalanleger-Musterverfahrensgesetz - KapMuG), BGBl. I v. 19.8.2005, S. 2437

[338] BGHZ 135, 244 (253)- ARAG/Garmenbeck ; BGHZ 136, 133 (140) – Siemens/Nold ; BGH, WM 1998, 1799; *Grunewald/Müller*, JZ 1999, 445 ff. ; *Hüffer*, §76, Rdn.10 ; *Hefermehl*, Geßler/Hefermehl, §76, Rdn.12 ; *Mertens*, KK, §76, Rdn. 42

[339] RegBegrE., abgedruckt in: Kropff, Aktiengesetz 1965, §76, S.97

[340] BVerfGE 50, 290 (374) ; BGHZ 36, 296 (306) ; BGH, NJW 1979, 1823 (1826)

Handlungsmaxime für den Vorstand durch die Aufnahme in den Deutschen Corporate Governance Kodex erfahren.[341]
Was allerdings genau unter dem Begriff zu verstehen ist, bleibt weiterhin offen und ist in der Literatur nach wie vor umstritten.[342] Auf der Suche nach einem kleinsten gemeinsamen Nenner läßt sich das Unternehmensinteresse im wesentlichen auf die Selbsterhaltung und die fortdauernde funktionsgerechte Erfüllung des statutarischen Zwecks der Gesellschaft zurückführen.[343] Beides setzt wiederum die substantielle Erhaltung der Kapital- und Ertragskraft des Unternehmens durch angemessene und dauerhafte Rentabilität voraus.[344] Ohne eine solide wirtschaftliche Grundlage kann die Aktiengesellschaft nicht überleben. Damit dient die Maxime des Unternehmensinteresses primär den Interessen der Aktionäre als Kapitalgeber und Anteilseigner. Ihnen ist insoweit ein Interessenvorrang zuzugestehen, da es auch sie sind, die das unternehmerische Risiko tragen, wenn auch die Interessen der Arbeitnehmer, der Gläubiger sowie des Gemeinwohls[345] von dem Bestand und der Rentabilität des Unternehmens nicht unabhängig sind.[346] Doch insbesondere vor dem Hintergrund der Sozialbindung des Eigentums (Art. 14 II GG) kann die Leitung der Aktiengesellschaft nicht ausschließlich an den Anteilseignern auszurichten sein. Vielmehr verlangt die Pluralität der beteiligten Interessen auch die angemessene Berücksichtigung der übrigen „stakeholder". Dabei sind die widerstreitenden Interessen im Sinne einer praktischen Konkordanz möglichst schonend in Ausgleich zu bringen.[347]

Im Rahmen der rechtlichen Beurteilung der Kursbeeinflussungen gilt es insoweit zu klären, ob und in welchem Maße der Vorstand als Handlungsorgan der Aktiengesellschaft bei der Durchführung von Maßnahmen, die eine Beeinflussung des eigenen Börsenkurses mit sich bringen, durch den Grundsatz des Unternehmensinteresses Grenzen der Kursbeeinflussung aufgegeben werden.

---

[341] vgl. Präambel sowie Abschnitt 4.1.1; 4.3.3 ; 5.5.1 des Kodex . 29 der 30 DAX- Gesellschaften haben sich im Wege der Entsprechungserklärung gemäß § 161 AktG der Kodex-Regelung zum Unternehmensinteresse unterworfen, sei es durch wörtliche Wiederholung der dortigen Formulierung oder durch sinngemäße Verlautbarungen; vgl. *Kuhner*, ZGR 2004, 244 (272)

[342] vgl. Überblick bei *Zöllner*, KK, Einl., Rdn.104ff. ; *Mertens*, KK, §76, Rdn.6ff.;20 ; abgeschwächt *Hüffer*, §76, Rdn.15 ; ablehnend *Mülbert*, ZGR 1997, 129 (156) ; *Wiedemann*, S. 625-628 ; *Zöllner*, AG 2003, 2 (8) ; *Fleischer*, AG 2001, 171 (177)

[343] so *Kuhner*, ZGR 2004, 244 (250)

[344] OLG Hamm, AG 1995, 512 (514) ; *Mertens*, KK, §76, Rdn.17/22

[345] Prinzipiell kann kein öffentliches Interesse an einem dauerhaft unrentablen Unternehmen bestehen; vgl. *Hüffer*, §76, Rdn.13

[346] *Hüffer*, §76, Rdn.13 ; *Mertens*, KK, §76, Rdn.23

[347] *Hopt*, ZGR 1993, 534 (536)

II. Subsumtion einschlägiger Beeinflussungsmaßnahmen unter das Gebot ordnungsgemäßer Unternehmensleitung

1. Beeinflussung durch Steigerung der Ertragskraft des Unternehmens

Zunächst sind sämtliche der unternehmerischen und unternehmens-strategischen Maßnahmen der Aktiengesellschaft, die eine Steigerung der Ertragskraft des Unternehmens zur Folge haben und mittelbar den Börsenkurs der Gesellschaft beeinflussen, indem sie über den entsprechend veränderten Jahresüberschuß die Rendite zugunsten der Aktionäre optimieren, an der Grenze des Unternehmensinteresses zu messen.

Grundsätzlich sind zwar den Maßnahmen zur Steigerung der Ertragskraft des Unternehmens keine Grenzen gesetzt, da der Gesetzgeber auf eine eigene Gewichtung der zu berücksichtigen Interessen verzichtet hat. Eine Unvereinbarkeit mit dem aus §§ 76 I , 93 I AktG abgeleiteten Unternehmensinteresse ist aber in den Fällen anzunehmen, in denen die Entscheidungen des Vorstands eine über den Einzelfall hinausreichende ausschließliche Bindung an das „shareholder value“ zum Ausdruck bringt und im Ergebnis kein angemessener Raum für die Berücksichtigung weiterer Gesichtspunkte verbleibt.[348]

Eine einseitige Ausrichtung an der Steigerung des „shareholder value“ ist auch aus betriebswirtschaftlichen Erwägungen bedenklich. Die ausschließlich an der Leistungs- und Ertragsfähigkeit orientierte Unternehmenspolitik mündet auf lange Sicht nahezu zwangsläufig in einer fragwürdigen Renditespirale; denn je profitabler das Unternehmen geführt wird, desto höher steigt der „return on investment“ pro Aktie, desto höher wird also die am Kapitalmarkt verlangte Risikoprämie[349], desto höher steigen die Kapitalkosten[350] und desto höhere Gewinne muß das Unternehmen schließlich wieder erwirtschaften.[351] Dies kann im Endeffekt nicht zu einer tragfähigen, gesicherten und langfristigen Rentabilität beitragen.

Auch hat eine entsprechende Ausrichtung des Unternehmens Konsequenzen auf die Arbeitnehmermoral sowie die Kundentreue etc., die nicht unberücksichtigt bleiben dürfen, sollen keine Nachteile auf Seiten der Produktivität und Popularität der Gesellschaft entstehen.

---

[348] *Hüffer*, ZHR 161 (197), 214 (218) ; *Semler*, FS Raisch, S.298 ; *Kuhner*, ZGR 2004, 244 (271/272)

[349] im Sinne des im Unternehmergewinn enthaltene Äquivalents für das allgemeine Unternehmerwagnis.

[350] im Sinne impliziter Kapitalkosten, d.h. Opportunitätskosten, die dadurch entstehen, daß der Kapitalgeber durch die Zurverfügungstellung von Kapital auf eine bestimmte Rendite, die mit einem anderen Objekt erzielbar gewesen wäre, verzichtet.

[351] *v.Werder*, ZGR 1998, 69 (88)

Im Ergebnis ist die ausschließliche Orientierung am „shareholder value“ im Sinne einer vollständigen Ausschöpfung aller Ressourcen zur Vergrößerung des „shareholder value“ unvereinbar mit der Verpflichtung des Vorstands zur verantwortlichen Leitung der Gesellschaft.[352]

2. Beeinflussung durch Rücklagenbildung und Dividendenpolitik

Im Regelfall wird der Jahresabschluß vom Vorstand aufgestellt (§ 170 I AktG) und vom Aufsichtsrat festgestellt, d.h. gebilligt (§ 171 I S.1 AktG). Im Zuge der Aufstellung des Jahresabschlusses ist die Verwaltung berechtigt (aber nicht verpflichtet), einen Teil des Jahresüberschusses in andere Gewinnrücklagen einzustellen (§ 58 II AktG). Die Aktionäre sind im Rahmen des Gewinnverwendungsbeschlusses an den festgestellten Jahresabschluß gebunden (§ 174 I S.2 AktG) und können nur den durch die Rücklagen verminderten Bilanzgewinn als Dividende erhalten. Einer satzungsmäßigen Ermächtigung des Vorstands bedarf es insofern nicht. Vielmehr fällt die Bildung anderer Rücklagen als Maßnahme der Geschäftsführung in die eigene Verantwortung der Verwaltung, die auch hier ihre Grenzen in der Handlungsmaxime des Unternehmensinteresses i.S.v. § 76 I AktG findet.[353]
Ist die Unternehmensleitung bestrebt, über die Steuerung der Dividendenausschüttung die Rentabilität des Eigenkapitals zu regulieren und damit den Kurs der eigenen Aktien zu beeinflussen, darf sie dabei aber nicht die elementarsten Interessen der „stakeholder“ völlig außer Betracht lassen. Eine voll umfängliche Ausschüttung der freien Mittel an die Aktionäre muß daher das Interesse der Gesellschaft (Gläubiger, Arbeitnehmer etc.) an einer gesunden Selbstfinanzierung berücksichtigen. Eine Thesaurierung von Mitteln als Gewinnrücklage entspricht zwar nicht dem Interesse der Aktionäre an einer hohen Verzinsung ihres Risikokapitals, ist aber von ihnen zu akzeptieren, da ein Ausgleich für die geringere Verzinsung mit der Erhöhung des Vermögens der Gesellschaft einhergeht, wenn auch dies stets mit dem unternehmerischen Risiko der Beteiligung belastet ist.[354]

Im Ergebnis ist durch die Verpflichtung der Unternehmensleitung auf das Unternehmensinteresse eine Begrenzung der Beeinflussung des eigenen Börsenkurses durch Steuerung der Rücklagen- und Dividendenpolitik zu entnehmen.

---

[352] *v. Werder*, ZGR 1998, 69 (86ff.) ; *Kuhner*, ZGR 2004, 244 (270)
[353] *Bayer*, MüKo, §58, Rdn.37 ff. ; *Lutter*, KK, §58, Rdn.34 ; *Henze*, GK, §58, Rdn.43
[354] *Lutter*, KK, §58, Rdn.5

3. Beeinflussung im Zusammenhang mit sog. „stock options"

Bedenken aus der Maxime des Unternehmensinteresses können sich weiterhin für die Auflage leistungsbezogener Vorstandsvergütungen durch Aktienoptionen (sog. „stock options") ergeben. Optionsprogramme für Vorstände dienen im wesentlichen dazu, die Leistung der Mitglieder des Managements an dem Unternehmenserfolg zu messen, ihre Interessen mit den Interessen eines diversifizierten Anlegers in Einklang zu bringen und ihren Fokus auf die Steigerung des „shareholder values" zu verlagern. Sie werden grundsätzlich als förderlich angesehen. Eine Grenze besteht aber immer dann, wenn die erfolgsorientierte Vorstandsvergütung durch „stock options" zu einem zu hohen Kostenaufwand führt, nicht mehr im Verhältnis zu der erbrachten Leistung steht und folglich den Interessen der Aktionäre zuwider läuft.

Jedenfalls aber lassen bei bestehenden Optionen Einwirkungen der Unternehmensleitung, die eine (insbesondere nur kurzfristige) Erhöhung des Aktienkurses bewirken und in einem unmittelbaren zeitlichen wie sachlichen Zusammenhang mit dem Fälligkeitsdatum der „stock options" zu sehen sind, eine ausschließliche Ausrichtung an den Kapitalinteressen gerade des Vorstands vermuten und sind somit grundsätzlich nicht der Förderung einer langfristigen Rentabilität der Gesellschaft zuträglich. Beeinflussungsmaßnahmen im unmittelbaren zeitlichen wie sachlichen Zusammenhang mit dem Fälligkeitsdatum der „stock options" stellen keine ordnungsgemäße Leitung der Gesellschaft dar und sind dem Vorstand nach §§ 76 I , 93 I AktG versagt.

4. Beeinflussung durch Maßnahmen in Übernahmesituationen

Des weiteren stellt sich die Frage, inwieweit die Verpflichtung auf das Unternehmensinteresse dem Vorstand im Rahmen von Übernahmesituationen die Vornahme kursbeeinflussender Maßnahmen verbietet.

Typischerweise weichen die in einer Gesellschaft zusammenfallenden Interessen insbesondere in Übernahmesituationen mitunter stark voneinander ab. Während die Aktionäre durch einen möglichen Verkaufserlös, den etwaigen Umtausch ihrer Anteile in werthaltige Papiere der Bietergesellschaft bzw. durch die Aussicht auf eine Steigerung der Rentabilität des Unternehmens von einer Übernahme profitieren können, müssen die Mitglieder der Unternehmensleitung nicht selten um ihre lukrativen Führungspositionen bangen. Zudem ist der Fortbestand des Unternehmens in seiner ursprünglichen Form künftig in Frage gestellt. Weiterhin divergierend sind die Interessen von Arbeitnehmern, Gläubigern und der Öffentlichkeit.

Versuche, aus der Leitmaxime des Unternehmensinteresses ein überindividuelles, von den einzelnen Beteiligten abstrahiertes Interesse an dem Bestand des „Unternehmens selbst" abzuleiten, dessen Fortbestand durch entsprechende Abwehrmaßnahmen vom Vorstand gesichert werden müßte[355], sind als zu weitgehend abzulehnen.[356]

Nach dem zugrundeliegenden pluralistischen Verständnis des Unternehmensinteresses ist es danach zunächst offen, inwieweit der Vorstand im Hinblick auf seine Verpflichtung auf das Unternehmensinteresse in Übernahmesituationen zur Abwehr oder Förderung von Unternehmensübernahmen kursbeeinflussende Maßnahmen treffen darf.
Soweit die Übernahme eine Veränderung der Aktionärsstruktur mit sich bringt, haben hierüber nach dem aktienrechtlichen Prinzip der Kompetenzabgrenzung der Gesellschaftsorgane allein die Aktionäre zu bestimmen.[357] Sämtliche insoweit zielgerichteten Eingriffe der Verwaltung (z.B. der Paketerwerb eigener Aktien von einzelnen Aktionären oder die Weiterveräußerung an „bevorzugte" Aktionäre unter Mißachtung des Andienungsrechts) sind demzufolge nur dann zulässig, wenn sie auf einer wirksamen Satzungsgrundlage bzw. einem wirksamen (qualifizierten) Ermächtigungsbeschluß der Hauptversammlung beruhen. Für eine Entscheidung der Unternehmensleitung, die an der Handlungsmaxime des Unternehmensinteresses zu messen wäre, bleibt insoweit kein Raum. An einer konkreten Ermächtigung des Vorstands durch die Hauptversammlung zur Vornahme zielgerichteter Abwehrmaßnahmen wird es insbesondere in den Fällen feindlicher Übernahmen fehlen, in denen ein potentieller Bieter den Aktionären entgegen dem Willen des Vorstands ein Übernahmeangebot unterbreitet; hier weichen die Interessen der Aktionäre in der Regel besonders von den Interessen der Leitungsorgane ab.

Auch die Ausnutzung einer abstrakten Ermächtigung erlaubt dem Vorstand nicht die Durchführung von Maßnahmen, die direkt in die Zusammensetzung des Aktionärskreises einwirken. Abstrakten Ermächtigungen ist keine Entscheidung der Aktionäre über das Schicksal des Übernahmeversuches zu entnehmen, so daß es am Ende dem Vorstand überlassen wäre, über den Einsatz der Abwehrmittel und damit über den Ausgang der Übernahme zu bestimmen. Will man die Kompetenz der Hauptversammlung, über ihre eigene Zusammensetzung zu bestimmen, nicht unterminieren, ist der Verwaltung in diesen Fällen

---

[355] In diesem Sinne noch *Schmidt-Leithoff*, S.132 ff.
[356] vgl. *Kuhner*, ZGR 2004, 244 (248/249)
[357] *Hüffer*, §76, Rdn.15d ; *Hopt*, ZGR 1993, 534 (548) ; *Schander*, BB 1997, 1801 (1804) ; *Hefermehl/Spindler*, MüKo, §76, Rdn.28

eine Verpflichtung zur grundsätzlichen Neutralität im Sinne eines Verbotes der Verhinderung einer Übernahme abzuverlangen.[358]

Analog ist der Verwaltung ohne Mitwirkung der Hauptversammlung auch die Begünstigung einer Übernahme im Wege der Vereinbarung sog. „break fees" verwehrt.[359] Die Gesellschaft verspricht dabei die Zahlung einer Geldsumme für den Fall des Scheiterns der Übernahme. Zivilrechtlich kann es sich je nachdem um ein selbständiges Strafversprechen, einen pauschalierten Schadensersatz oder eine Vertragsstrafe i.S.v. § 339 BGB handeln. Im allgemeinen fallen die Zahlungen so hoch aus[360], daß der damit einhergehende drohende Schaden die Zielgesellschaft de facto an das Übernahmeangebot bindet und somit auch hier die Verwaltung über die Köpfe der Hauptversammlung das Schicksal der Übernahme besiegeln würde.[361]

Anders verhält es sich bei Maßnahmen, die keinen direkten Eingriff in die Aktionärsstruktur beinhalten, oder bei Abwehrmaßnahmen im Rahmen der originären Geschäftsführung des Vorstands. Diese unterliegen – soweit nach Holzmüller-Gesichtspunkten[362] keine Zuständigkeit der Hauptversammlung besteht – nicht dem gesetzlichen Kompetenzvorrang der Aktionärsversammlung, sondern allein der allgemeinen aktienrechtlichen Verpflichtung zur ordnungsgemäßen Unternehmensführung. Die Interessenkonflikte zwischen Vorstand und Aktionären können in diesen Fällen mit Hilfe des Unternehmensinteresses gelöst werden. Dabei ist es eine Frage des konkreten Einzelfalls, ob die jeweilige Maßnahme den im Unternehmensinteresse zusammengefaßten Interessengruppen entspricht oder allein dem Eigeninteresse der opportunistischen Unternehmensleitung oder eines „stakeholders" allein zu dienen bestimmt ist.[363] Wird danach zum Beispiel im Zuge von Abwehrmaßnahmen durch den Vorstand durch individuell vereinbarten Aktienrückerwerb oder Weiterveräußerung eigener Aktien an bestimmte Aktionäre das Andienungs- bzw. Bezugsrecht der Aktionäre berücksichtigt, spielen sich Erwerb und Veräußerung allein auf der Ebene der Ge-

---

358 Ausnahmen bilden hier anerkanntermaßen Übernahmeangebote, die eine erhebliche Schädigung der Marktstellung erwarten lassen; vgl. *Hopt*, ZGR 1993, 534 (557) ; *Mertens*, KK, §76, Rdn.26

359 siehe zu dem Begriff der „break fees" oben auf Seite 142.

360 Im Falle der Übernahme Hoechst/Rhone-Poulenc wurde 1999 eine break fee in Höhe von € 75 Mio. vereinbart. Bei der Übernahme Vodafone/AirTouch waren es $ 225 Mio. für den Fall, daß die Aktionäre ablehnen würden und $ 775 für den Fall, daß sie ein alternatives Angebot annehmen sollten. Vgl. *Hopt*, ZGR 2002, 333 (363)

361 *Hopt*, ZGR 2002, 333 (361 ff.) ; a.A. *Sieger/Hasselbach*, BB 2000, 625 (627)

362 BGHZ 83, 122

363 *Bayer*, ZGR 2002, 588 (602)

schäftsführung ab. Sie dürfen unter Beachtung der Interessen der „stakeholder“ durchgeführt werden.

III. Zwischenergebnis

Im Ergebnis ist festzuhalten, daß aus §§ 76 I, 93 I AktG in Verbindung mit der Maxime des Unternehmensinteresses eine Unzulässigkeit der Beeinflussung des Börsenkurses durch die Gesellschaft nur in den seltenen Fällen folgen kann, in denen sich die Maßnahmen der Beeinflussung derart zu einer Unternehmenspolitik der Gesellschaft verdichten, daß einer Berücksichtigung der Interessen der übrigen „stakeholder“ kein ausreichender Raum mehr verbleiben kann. Im Übrigen steht das Gebot ordnungsgemäßer Unternehmensleitung der Beeinflussung des eigenen Börsenkurses grundsätzlich nicht entgegen. Insbesondere ist auch eine extensive Ausrichtung an der „shareholder value-Doktrin“ in den oben beschriebenen Grenzen nicht zu beanstanden.
Abschließend ist darauf hinzuweisen, daß seit dem 1.1.2002 mit Einführung des WpÜG der Gesetzgeber eine ausdrückliche Regelung zur Abwehr aktueller öffentlicher (Übernahme-) Angebote getroffen hat (§ 33 WpÜG). Soweit diese Regeln Anwendung finden und von den allgemeinen aktienrechtliche Bestimmungen abweichen, kommt ihnen im Sinne von leges speciales Vorrang zu.[364]

C. Grenzen der Zulässigkeit von Maßnahmen zur Beeinflussung des eigenen Börsenkurses durch das Verbot der Einlagenrückgewähr gemäß § 57 I S.1 AktG

Eine weitere rechtliche Grenze der Beeinflussung des eigenen Börsenkurses durch die Aktiengesellschaft kann sich aus dem aktienrechtlichen Verbot der Einlagenrückgewähr ergeben.

I. Der Grundsatz der Kapitalerhaltung und das Verbot der Einlagenrückgewähr

Verbunden mit dem Prinzip der Kapitalaufbringung bildet der aktienrechtliche Grundsatz der Kapitalerhaltung den notwendigen Ausgleich für den in § 1 I S.2 AktG angeordneten Haftungsausschluß. Gemeinsam sollen sie verhindern, daß

---

[364] siehe dazu unten auf Seite 234 sowie *Bayer*, ZGR 2002, 588 (605 ff.)

den Gläubigern sowie den künftigen Aktionären eine finanzielle Mindestausstattung der Aktiengesellschaft vorenthalten oder nachträglich entzogen wird.[365] Besonderen Ausdruck hat dieser Grundsatz in dem Verbot der Einlagenrückgewähr gefunden, § 57 I S.1 AktG. Danach verbietet sich jede Leistung der Gesellschaft an den Aktionär, die im Zusammenhang mit der Mitgliedschaft erfolgt, nicht eine Verteilung des Bilanzgewinns darstellt und nicht ausnahmsweise gesetzlich zugelassen ist.[366] Anders als im Recht der GmbH richtet sich das aktienrechtliche Verbot der Einlagenrückgewähr über die bloße Deckung der Grundkapitalziffer hinaus auf die Bindung des gesamten Gesellschaftsvermögens. Sog. „neutrale“ Umsatzgeschäfte der Aktiengesellschaft mit den eigenen Aktionären sind hingegen zulässig, soweit sie wie mit einem außenstehenden Dritten und also unabhängig von der Mitgliedschaft erfolgen und die Gesellschaft für die von ihr erbrachte Leistung eine angemessene Gegenleistung erhält.[367]

II. Das Verbot des Rückerwerbs eigener Aktien gemäß §§ 57 S.1 i.V.m. 71 I AktG

Ein besonderer Ausfluß des Verbots der Einlagenrückgewähr wiederum findet sich in dem Verbot des Erwerbs eigener Aktien. Das Gesetz betont ausdrücklich die Gefahr einer Beeinträchtigung der Kapitalerhaltung durch Geschäfte der Aktiengesellschaft mit ihren Aktionären in eigenen Anteilen und setzt die Geltung des Verbots eines Eigenerwerbs grundsätzlich voraus, wenn es in §§ 57 I S.2 i.V.m. 71 I AktG den Rückerwerb eigener Aktien durch die Aktiengesellschaft nur in Ausnahmefällen zuläßt.[368]

1. Anwendungsbereich des Rückerwerbverbots eigener Aktien

Zerlegt man den Erwerb eigener Aktien terminologisch in seine Einzelteile, so steht in seinem Zentrum der Begriff der Aktie. Neben der quotalen Beteiligung am Grundkapital und der Verbriefung in der Aktienurkunde verkörpert er vor allem die Mitgliedschaft als Gesamtheit aller Rechte und Pflichten der Aktionäre gegenüber der Gesellschaft.[369] Der Erwerb eigener Aktien beschreibt somit im Kern den Übergang der Mitgliedschaft auf die Aktiengesellschaft als Erwerbe-

---

[365] *Kübler/Assmann*, § 14 I; *Hüffer*, § 1, Rdn.10-12
[366] *Hüffer*, § 57, Rdn.2 ; RGZ 107, 161 (168) ; OLG Frankfurt, AG 1996, 324 (325)
[367] *Hüffer*, §57, Rdn.8 ; *Lutter*, KK, §57, Rdn.22 ; *Barz*, GK, §57, Rdn.7
[368] *Hüffer*, § 71, Rdn.3
[369] *Kraft/Kreutz*, S.328 f ; *Hüffer*, § 1, Rdn.13

rin. Dem daraus folgenden (vermeintlichen) Paradoxon der Mitgliedschaft an sich selbst begegnet das Gesetz über § 71b AktG, indem es die Mitgliedschaftsrechte eigener Anteile neutralisiert. Zudem hat die Schaffung der ausnahmsweisen Rückerwerbsmöglichkeit in §§ 57 I S.2 i.V.m. 71 I AktG die überlieferten rechtsdogmatischen Bedenken an der Mitgliedschaft an sich selbst praktisch aus der Welt geräumt: Die Aktiengesellschaft kann – der mitgliedschaftlichen Rechte und Pflichten enthoben – ihr eigenes Mitglied werden.[370]

a. Merkmal: Aktien

Vom Verbot werden – unabhängig von Fragen ihrer konkreter Ausgestaltung oder Verbriefung – ausschließlich Aktien erfaßt. Bezugsrechte, Dividendenscheinen, Genußrechte sowie von der Aktiengesellschaft bereits begebene Inhaberschuldverschreibungen oder Optionen bleiben von dem Erwerbsverbot unberührt. Sie können von der Aktiengesellschaft frei erworben werden, da sie sich weder selbst unmittelbar mitgliedschaftlich auswirken, noch einen unmittelbaren Anspruch auf Übereignung der Aktie begründen.[371] Gleichwohl bleibt ihre Verwertung auf die Weiterveräußerung begrenzt, da eine Ausübung der in ihnen begründeten Rechte infolge von § 71b AktG nicht möglich ist.[372]

b. Merkmal: Erwerb

Verboten ist der Erwerb eigener Aktien. Der Begriff des Erwerbes erfaßt sämtliche Rechtsgeschäfte auf dinglicher Ebene, solange die Aktiengesellschaft durch sie zumindest vorübergehend das (Mit-) Eigentum an der Aktie erwirbt.[373] Ob sich die Verbotsvorschrift darüber hinaus auch auf das obligatorische Grundlagengeschäft erstreckt, ist fraglich.
Gemeinhin wird unter „Erwerb" im Zivilrecht nur das dingliche Rechtsgeschäft verstanden, so daß für ein abweichendes Verständnis entsprechende Anhaltspunkte gegeben sein müssen. Nach überwiegender Ansicht[374] sollen sich diese Anhaltspunkte (für eine zumindest mittelbare Anwendung) aus einem Umkehrschluß zu § 71 IV S.2 AktG ergeben sowie aus dem Verständnis der für die

---

[370] *Benckendorff*, S.34 ; *Lutter*, KK, § 71, Rdn.17 ; *Eckardt*, Geßler/Hefermehl, § 1, Rdn.45
[371] *Lutter*, KK, § 71, Rdn.19 ; *Mick*, DB 1999, 1201 (1203)
[372] *Oechsler*, MüKo, § 71, Rdn.86-88 ; *Hüffer*, § 71, Rdn.5
[373] *Hüffer*, §71, Rdn.4 ; *Hefermehl/Bungeroth*, Geßler/Hefermehl, § 71, Rdn.17
[374] *Lutter*, KK, § 71, Rdn.18 ; *Hüffer*, §71, Rdn.4 ; *Oechsler*, MüKo, § 71, Rdn.68 ; *Bungeroth*, Geßler/Hefermehl, § 71, Rdn.19

Auslegung maßgebenden europäischen Kapitalrichtlinie[375] (Art. 19 ff.), die den Begriff „Erwerb“ nicht im Sinne des deutschen Abstraktionsprinzips versteht und auch das schuldrechtliche Rechtsgeschäft mit in den Erwerbsvorgang einbezieht.[376]

Dem ist indes der eindeutige Wortlaut des § 71 IV S.2 AktG entgegenzusetzen: „Ein schuldrechtliches Geschäft über den Erwerb eigener Aktien ist jedoch nichtig, wenn der Erwerb gegen die Absätze I oder II verstößt“. Die Formulierung differenziert unmißverständlich zwischen der Verfügungs- und Verpflichtungsebene und impliziert somit, daß in Absatz I und II ausschließlich das dingliche Rechtsgeschäft gemeint sein kann.[377]

Auch losgelöst vom Wortlaut ist nicht einzusehen, auch nicht über das Argument eines Umkehrschlusses, warum der Gesetzgeber von der hergebrachten Gesetzessystematik hätte abweichen wollen, so daß grundsätzlich am Abstraktionsprinzip festzuhalten bleibt. Eine Durchbrechung desselben ist eben nur für den gesetzlich geregelten Fall des § 71 IV S. 2 AktG vorgesehen, in dem das Verfügungsgeschäft gegen § 71 I bzw. II AktG verstößt.

Würde man hingegen auch das schuldrechtliche Geschäft unter den Begriff „Erwerb“ subsumieren, würde sich bei Nichtvorlage der Voraussetzungen des § 71 I oder II AktG die Nichtigkeit des schuldrechtlichen Geschäfts bereits aus § 134 BGB ergeben. In der Konsequenz hätte es der Regelung des § 71 IV S.2 gar nicht bedurft.

Nichts anderes ergibt ein Blick auf den Schutzzweck der §§ 57 I S.1 i.V.m. 71 I AktG. Als Vermögensbindungsvorschriften stehen sie ganz im Dienste der Kapitalerhaltung. Das Kapital der Gesellschaft wird jedoch erst mit der tatsächlichen Zahlung des Kaufpreises angegriffen. Die dingliche Übereignung der Aktien auf die Gesellschaft ist aus ihrer Sicht wirtschaftlich neutral; die Nichtigkeitsanordnung des § 71 IV S. 2 AktG wiederum verhindert, daß der Abschluß des schuldrechtlichen Geschäftes allein zu wirtschaftlich nachteiligen Folgen führen kann.

Schließlich werden teleologische Bedenken dahingehend ins Feld geführt, daß der Vorstand durch den Abschluß eines Verpflichtungsgeschäftes die Gesellschaft faktisch zum Abschluß eines Verfügungsgeschäftes zwingen könne, so daß die Zulässigkeit des Rückerwerbs bereits auf der Verpflichtungsebene zu überprüfen sei. Doch dieser Ansatz verkennt den Schutzzweck des § 71 AktG. Er dient eben zuvörderst der Kapitalerhaltung und in diesem Zusammenhang nicht der Durchsetzung fraglicher Kompetenzverhältnisse innerhalb der Gesellschaft.[378]

---

[375] Zweite Gesellschaftsrichtlinie vom 13. Dezember 1976 (EWGRL 77/91)
[376] *Oechsler*, MüKo, § 71, Rdn.68
[377] *Schmid/Mühlhäuser*, AG 2001, S493 (494) ; *Mick*, DB 1999, 1201 (1203)
[378] vgl. *Mick*, DB 1999, 1201 (1202)

Im Grundsatz unterliegt das vorangehende obligatorische Rechtsgeschäft somit nicht den Beschränkungen der §§ 57 I S.1 i.V.m. 71 I AktG.

c. Merkmal: Eigene Aktien

Schließlich richtet sich die Vorschrift auf den Erwerb eigener Aktien der Gesellschaft. Verbotsgegenstand sind mithin die von der Aktiengesellschaft selbst emittierten Papiere. Gemäß § 71d AktG wird darüber hinaus auch der Erwerb von Aktien einer beherrschenden Gesellschaft durch ein abhängiges (§ 17 I AktG) oder im Mehrheitsbesitz befindliches Unternehmen (§ 16 I AktG) von der Verbotsnorm erfaßt.
Erwirbt hingegen die Aktiengesellschaft Beteiligungen an einem Unternehmen, das wiederum selbst Aktien der Gesellschaft hält, so liegt der Fall nicht mehr so eindeutig. Faktisch werden nicht eigene Aktien, sondern lediglich eine Beteiligung an einem dritten Unternehmen erworben. Dennoch gebieten es der Sinn und Zweck der §§ 57 I S.1, 71 ff AktG, auch hier eine Umgehung der Verbotsvorschrift zu vermeiden. Abhängig vom jeweiligen Einzelfall wird zumindest in den Konstellationen, in denen die dritte Gesellschaft nahezu ausschließlich Aktien der erwerbenden Aktiengesellschaft besitzt, ein Durchgreifen des grundsätzlichen Erwerbsverbotes gerechtfertigt sein.[379]

2. Subsumtion einschlägiger Beeinflussungsmaßnahmen unter das Verbot der Einlagenrückgewähr

a. Beeinflussung durch Erwerbsgeschäfte in eigenen Aktien

Da alle Erwerbsgeschäfte in eigenen Aktien zwangsläufig nur mit Aktionären der Gesellschaft durchgeführt werden können, notwendigerweise also einen unmittelbaren mitgliedschaftlichen Bezug aufweisen und die Zahlung des Erwerbspreises keine Verteilung des Bilanzgewinns verkörpert, stellen sämtliche der oben aufgeführten Beeinflussungsmaßnahmen, die auf die Durchführung von Handelsgeschäften in eigenen Aktien zurückgreifen, wirtschaftlich betrachtet einen klassischen Fall der Einlagenrückgewähr dar.[380]
Zunächst muß also gelten, daß es einer Aktiengesellschaft gemäß §§ 57 I S.1 i.V.m. 71 I AktG vom Grundsatz her, soweit keine Ausnahmen gegeben sind,

---

[379] *Lutter*, KK, §71, Rdn.21 ; *Oechsler*, MüKo, § 71, Rdn.89 ; *Hüffer*, § 71, Rdn.5
[380] *Saria*, NZG 2000, 458 (459) ; *Oechsler* in MüKo § 71, Rdn.61 ; *Hüffer*, § 71, Rdn.1 / 3 ; a.A. *Benckendorff*, S.236

verwehrt ist, Erwerbsgeschäfte in eigenen Aktien zu tätigen und damit jeder Einsatz zur gezielten Beeinflussung des Börsenkurses unzulässig ist.[381]

b. Beeinflussung durch derivative Rückerwerbsmethoden

Fraglich ist, inwieweit der Einsatz derivativer Rückerwerbsmethoden, die in der Praxis zunehmend zur Absicherung von Aktienrückkaufprogrammen benutzt werden, dem grundsätzlichen Verbot des Rückerwerbs eigener Aktien unterfällt.

(1) Kauf- sowie Verkaufsoptionen

Wie bereits oben im Rahmen der Erwerbsmethoden dargestellt, kann die Aktiengesellschaft zum Zwecke des Erwerbs eigener Aktien Optionen an ihre Aktionäre begeben. Unabhängig von ihrer konkreten Rechtsnatur[382] begründen Optionen das Recht des Optionsinhabers, durch einseitige Erklärung einen Vertragsschluß mit dem Stillhalter herbeizuführen und so künftig eine bestimmte Bezugsmenge an Aktien zu einem bestimmten Basispreis von diesem zu erwerben („call-Option") bzw. an diesen zu veräußern („put-Option").[383] Zum Abschluß eines Kaufvertrages kommt es allerdings erst mit Ausübung der Option. Die Einräumung der Option ist dem Kauf bzw. Verkauf der Anteile somit zeitlich wie rechtlich vorgelagert. Vor Ausübung der Option werden weder Mitgliedschaftsrechte übertragen, noch werden Verpflichtungen zur Übereignung der Aktie oder Zahlung des Entgeltes begründet.
Zudem folgt aus der Begebung einer Option noch nicht zwangsläufig die tatsächliche Durchführung des Rückerwerbes. Im Falle einer „call-Option" bleibt es der Gesellschaft überlassen, ihr Optionsrecht auch wirklich auszuüben. So kann sie die Option vor der Ausübung an einen Dritten veräußern oder etwa aufgrund eines Kursabfalls ganz verfallen lassen. Bei der Gewährung eines „puts" kann die Gesellschaft nicht selbst über die Ausübung der Option bestimmen. Als Stillhalterin ist sie vielmehr ausschließlich vom Verhalten des Optionsinhabers abhängig. Gleichwohl fehlt es auch hier zum Zeitpunkt der Ausgabe an der Gewißheit, daß die Option auch wirklich ausgeübt wird. Der Gesellschaft bleibt darüber hinaus immer noch die Möglichkeit, die „put" –Position durch ein gegenläufiges Geschäft glattzustellen (z.B. im Eurex-Handel). Schließlich erzielt

---

[381] *Hüffer*, § 71, Rdn.3
[382] aufschiebend bedingter Vertrag oder langfristig bindendes Vertragsangebot
[383] *Heinrichs*, Palandt, Einf v § 145, Rd. 23 ; *Mick*, DB 1999, 1201 (1201)

die Gesellschaft durch die Ausgabe der put-Optionen regelmäßig eine Verkaufsprämie, die das Gesellschaftsvermögen zunächst sogar vermehrt.[384]

Nicht zuletzt aufgrund des schuldrechtlichen Charakters fällt der Abschluß von Kauf- sowie Verkaufsoptionen, die sich auf den Erwerb eigener Aktien richten, nicht in den Anwendungsbereich der §§ 57 I S.1 i.V.m. 71 I AktG und sind somit der Aktiengesellschaft aktienrechtlich gestattet.[385]

(2) Sog. „forwards"

Anders als bei der Ausgabe von Optionspositionen wird bei einem sog. „forward" bereits zum Zeitpunkt der Ausgabe die unmittelbare Verpflichtung zur Lieferung der Aktien auf Termin und Zahlung des Erwerbspreises begründet.
Dennoch muß auch hier gelten, daß allein die tatsächliche Zahlung des Kaufpreises an den Aktionär zu einer Verringerung des Kapitals der Gesellschaft und damit zur Unzulässigkeit führt. Die Nichtigkeitsanordnung des § 71 IV S.2 AktG verhindert, daß der Abschluß eines schuldrechtlichen Geschäftes bei Verstoß des dinglichen Geschäftes gegen §§ 57 I S.1 i.V.m. § 71 I AktG die Gesellschaft wirtschaftlich belastet.
Auch die Vereinbarung eines forwards unterfällt von vornherein nicht der Beschränkung der §§ 57 I S.1 i.V.m. § 71 I AktG.[386]

(3) Sog. „cash settled instruments"

Sogenannte „cash settled instruments" bei denen von vornherein die Zahlung eines Differenzbetrages an einem bestimmten Stichtag und nicht die tatsächliche Lieferung bzw. Abnahme eigener Aktien geschuldet ist, werden mangels Erwerbs eigener Aktien nicht von der Verbotsvorschrift der §§ 57 I S.1 i.V.m. 71 I AktG erfaßt. Zwar besteht auch hier die Gefahr der Belastung des Grundkapitals, doch handelt es sich dabei um prinzipielle Risiken des Terminhandels, vor denen §§ 57 I S.1, 71 I AktG nicht schützen sollen.[387]

---

[384] *Schmid/Mühlhäuser*, AG 2001 493 (494/495) ; *Mick*, DB 1999, 1201 (1203)
[385] *Paefgen*, AG 1999, 67 (70) ; *Schmid/Mühlhäuser*, AG 2001 493 (494/495) ; *Mick*, DB 1999, 1201 (1203)
[386] *Mick*, DB 1999, 1201 (1203)
[387] ausführlich *Schmid/Mühlhäuser*, AG 2001 493 (495) ; *Oechsler*, MüKo, §71, Rdn.78

c. Beeinflussung durch Erwerbsgeschäfte im „Graumarkthandel" am Primärmarkt

In Deutschland existieren keine Vorschriften, die den Handel in den zu emittierenden Aktien während des Plazierungsverfahrens ausdrücklich regeln.[388] So wird der sich in dieser Phase bildende sog. „Graue Kapitalmarkt" als nicht regulierter bzw. nicht spezialgesetzlich regulierter Teil des Kapitalmarkts verstanden.[389] Für Kaufgeschäfte über Wertpapiere vor deren endgültiger Einführung an einer Börse (sog. „Handel per Erscheinen")[390], die zwischen der Bekanntgabe der wesentlichen Emissionsdaten und der Notierungsaufnahme stattfinden, gelten mithin die allgemeinen Vorschriften.[391] Tritt nun ein Mitglied des Emissionskonsortiums oder der Emittent selbst zum Zweck solcher Geschäfte an die außerhalb der Börsen im Graumarkt agierenden Freimakler heran, so finden die §§ 71, 71a, 71d AktG ebenso Anwendung.

Weitgehend der Privatautonomie der Vertragsparteien überlassen, kann sich der Handel per Erscheinen auf verschiedene Handelsobjekte richten. Bereits im Vorfeld der Emission verbriefte Aktien können ebensogut Gegenstand der Vereinbarung werden wie noch unverbriefte Aktionärsrechte. Wie oben bereits dargestellt, hängt die Anwendbarkeit der §§ 71 ff. AktG allein von dem dinglichen Erwerb des Mitgliedschaftsrechts ab, und zwar unabhängig von ihrer Verkörperung. Die Verbriefung in der Aktienurkunde erfüllt eine rein deklaratorische Funktion. Die Mitgliedschaftsrechte entstehen bereits mit Eintragung der Gesellschaft bzw. mit Eintragung der Kapitalerhöhung.

Handelsgeschäfte der Aktiengesellschaft im Handel per Erscheinen unterfallen damit ebenfalls zunächst dem Verbot der §§ 57 I S.1 i.V.m. 71 I AktG bzw. den Umgehungstatbeständen der §§ 71a, 71d AktG.

---

[388] abgesehen von der neuen Prospektpflicht für nicht in Wertpapieren verbriefte Anlageformen des sog. „Grauen Kapitalmarkts", §§ 8f ff. VerkProspG sowie der vom BGH entwickelten allgemeinen zivilrechtlichen Prospekthaftung.

[389] Bericht der Bundesregierung zum „Grauen Kapitalmarkt" v. 17.09.1999, BT-Drucks.14/1633, S.5

[390] In diesem Sinne verwendete Begriffe: Neuemissionshandel, Pre-IPO-Handel, vorbörslicher Handel, Telephonverkehr.

[391] vgl. *Lenzen*, S.200

III. Das Verbot des Rückerwerbs eigener Aktien durch Umgehungsgeschäfte

1. Umgehungstatbestände

a. Verbot des Rückerwerbs eigener Aktien durch Dritte gemäß §§ 71a II und 71d AktG

Erwirbt ein Dritter Aktien der Gesellschaft im eigenen Namen, jedoch für Rechnung der Gesellschaft (mittelbare bzw. verdeckte Stellvertretung), so richtet sich die rechtliche Beurteilung des Erwerbsvorgangs nach §§ 71a II sowie 71d AktG. Ist die Stellvertretung hingegen aufgedeckt (§§ 164 ff. BGB), erwirbt die Gesellschaft selbst die Aktien und die §§ 57 I S.1, 71 I AktG kommen direkt zum Tragen.

Nach § 71a II AktG ist ein Rechtsgeschäft zwischen der Gesellschaft und einem Dritten nichtig, sofern es diesen berechtigt und verpflichtet, Aktien der Gesellschaft für Rechnung der Gesellschaft oder eines abhängigen oder sich in ihrem Mehrheitsbesitz befindenden Unternehmens zu erwerben, und der Erwerb durch die Gesellschaft selbst gegen § 71 I, II AktG verstoßen würde. Als zugrundeliegendes Rechtsgeschäft kommen dabei der Auftrag (§ 662 BGB), die Geschäftsbesorgung (§ 675 BGB), die Effektenkommission (§ 406 HGB) in Betracht.
Nach § 71d S.1 AktG darf ein Dritter Aktien nur für Rechnung der Gesellschaft bzw. für Rechnung eines von ihr abhängigen oder sich in ihrem Mehrheitsbesitz befindenden Unternehmens erwerben oder besitzen, soweit dies der Gesellschaft nach § 71 I N.1-5,7,8; II AktG gestattet wäre. Gleiches gilt für den Erwerb oder Besitz der Aktien durch ein abhängiges oder sich in ihrem Mehrheitsbesitz befindendes Unternehmen.
Nach beiden Vorschriften ist also der mittelbare Erwerb durch Dritte nur in den gleichen Grenzen erlaubt wie der unmittelbare Erwerb durch die Gesellschaft selbst. Während § 71a II AktG die Wirksamkeit des Innenverhältnisses betrifft, richten sich die Rechtsfolgen des § 71d S.3-6 AktG im Anschluß an § 71d S.1 AktG auf die weitere Behandlung der erworbenen Anteile.

Für Rechnung der Gesellschaft wird ein Dritter dann tätig, wenn das wirtschaftliche Risiko des Erwerbsgeschäftes zumindest zum Teil von der Gesellschaft und nicht von dem Dritten getragen wird.[392] Da jedoch auch im Falle eines Erwerbs auf eigene Rechnung des Dritten unter Gewährung einer Finanzierungshilfe durch die Gesellschaft das Ausfallrisiko des Rückzahlungsanspruchs die

---

[392] *Barz*,GK, §71, Rdn.37 ; *Lutter*, KK, §71a, Rdn.19 ; *Hefermehl/Bungeroth*, Geßler/Hefermehl, §71a, Rdn.26

Gesellschaft trifft, ist ein weiteres Kriterium zu verlangen, das eine präzisere Abgrenzung des § 71a II AktG gegenüber § 71a I AktG ermöglicht. Abzustellen ist danach auf die Weisungsabhängigkeit des Dritten von der Gesellschaft im Rahmen des Erwerbsgeschäftes. Diese kann sich bis hin zur Ausübung der tatsächlichen wirtschaftlichen Verfügungsgewalt über die erworbenen Anteile ausweiten.[393] Insbesondere wenn kein spezielles Eigeninteresse des Erwerbers an der Verwaltung der Aktien zu erkennen ist, die Verwaltung sich vielmehr an der Wahrung der Gesellschaftsinteressen orientiert, drängt es sich förmlich auf, daß die Rolle der Gesellschaft weit über die bloße Finanzierung des Erwerbs hinausreicht.
Ist in diesem Sinne von einem Erwerb für Rechnung der Gesellschaft auszugehen und hält der Erwerb den hypothetischen Anforderungen des § 71 I, II AktG[394] stand, wird die Gesellschaft so behandelt, als habe sie selbst die Aktien erworben. Sie sind laut § 71d S.3 AktG bei der Berechnung des Kapitals zu berücksichtigen und auf ihr Verlangen an die Gesellschaft herauszugeben (§ 71d S.5 AktG). Gemäß §§ 71d S.4 i.V.m. 71b AktG entfalten sie weder Rechte des Dritten noch der Gesellschaft.

Liegen die hypothetischen Voraussetzungen des Erwerbs eigener Aktien nach § 71 I, II AktG bei der Gesellschaft nicht vor, so stellt sich die Frage, ob die Rechtsfolgen des § 71d S.3-6 AktG dennoch Anwendung finden, insbesondere ob die erworbenen Aktien gleichwohl gemäß Satz 3 der Gesellschaft zugerechnet werden. Dies ist zweifelhaft, da das zwischen der Gesellschaft und dem Dritten begründete Rechtsverhältnis nach § 71a II AktG nichtig ist. Aufgrund dieser Nichtigkeitsanordnung wird der Erwerber gerade nicht berechtigt und verpflichtet, Aktien der Gesellschaft zu erwerben. Der Gesellschaft fehlt insbesondere das entscheidende Weisungsrecht, welches die Wahrung ihrer Interessen sicherstellen könnte. Demnach erfolgt der Erwerb nicht für Rechnung der Gesellschaft. Der Anwendungsbereich des § 71d S.1 AktG ist somit nicht eröffnet und es verbleibt kein Raum für die Rechtsfolgen des § 71d S.3-6 AktG. Andernfalls würde sich der Widerspruch ergeben, daß die Gesellschaft über §§ 71d S.4 i.V.m. 71c I AktG verpflichtet wäre, Anteile zu veräußern, die aufgrund der Unwirksamkeit des Rechtsgeschäftes gerade nicht mehr ihrem Vermögen zuzurechnen sind.[395] Genauso widersinnig erschiene es, gemäß § 71d S.5 AktG eine

---

[393] *Schröder*, S.155 ; *Oechsler*, MüKo, §71a, Rdn.7

[394] § 71d S.1 AktG verweist nicht auf die Möglichkeit des Rückerwerbs zur Einziehung i.S.v. § 71 I N.6 AktG und steht somit im Widerspruch zu § 71a II AktG. Die Abstimmung der beiden Vorschriften gilt jedoch grundsätzlich als mißlungen. Der früheren Rechtslage folgend wird man die ausdrücklichere und engere Vorschrift des § 71d S.1 AktG gegenüber dem unspezifischen Umkehrschluß des § 71a II AktG als die speziellere Norm ansehen. Vgl. *Lutter*, KK, §71a, Rdn.13

[395] vgl. *Oechsler*, MüKo, §71d, Rdn.3

Verschaffungspflicht des Dritten anzuerkennen, und ihm gleichzeitig anläßlich des unwirksamen Verpflichtungsgeschäftes den dortigen Herausgabeanspruch (z.B. § 667 BGB) zu versagen.[396]
Gleichwohl wird unter Verweisung auf den historischen Willen des Gesetzgebers überwiegend eine Anwendung zumindest des §§ 71d S.4 i.V.m. 71b AktG gefordert.[397] Die Wertung des § 71 VI S.2 AktG-1965 solle beibehalten werden[398], mit der Folge, daß die Rechte aus den so erworbenen Aktien bis zur Veräußerung oder bis zur endgültigen Auflösung des Innenverhältnisses durch Übernahme auf eigene Rechnung des Erwerbers ruhen sollen. Nur so könne man einer faktischen Durchführung des nichtigen Rechtsgeschäftes begegnen.[399]
Dieser Ansatz verkennt jedoch, daß der Gesellschaft aufgrund der Unwirksamkeit des Innenverhältnisses eine rechtlich relevante Möglichkeit der Einflußnahme auf den Dritten fehlt. Vielmehr trifft nun diesen allein das wirtschaftliche Risiko des Erwerbs. Ein anderes Verständnis würde zudem für den Erwerber eine doppelte Belastung mit sich bringen: Zum einen fehlte diesem aufgrund des nichtigen Rechtsverhältnisses ein Aufwendungsersatzanspruch gegenüber der Gesellschaft und zum anderen stünden ihm keine Dividendenzahlungen zu.[400]

b. Verbot der Finanzierungsgeschäfte gemäß §71a I AktG

Erwirbt ein Dritter im eigenen Namen und für eigene Rechnung Aktien der Gesellschaft, ist das Erwerbsgeschäft im Hinblick auf ein Umgehungsgeschäft an § 71a I AktG zu messen. Danach sind Rechtsgeschäfte zwischen der Aktiengesellschaft und einem Dritten nichtig, soweit sie die Gewährung eines Vorschusses, eines Darlehens oder einer Sicherheitsleistung durch die Gesellschaft zum Gegenstand haben und dem Zweck des Erwerbs von Aktien der Gesellschaft zu dienen bestimmt sind. § 71a I AktG zählt die erfaßten Rechtsgeschäfte nicht abschließend auf, sondern nennt lediglich Regelbeispiele für sämtliche Finanzierungs- und Umgehungsformen, mit deren Hilfe die Aktiengesellschaft das Risiko des Aktienerwerbs durch Einsatz des Gesellschaftsvermögens übernimmt oder mildert und damit ihr eigenes Grundkapital aus eigenen Mitteln zu finanzieren droht.[401]
Von entscheidender Bedeutung ist der funktionale Zusammenhang der Finanzierung mit dem Erwerb der Gesellschaftsaktien. Er bildet die Trennlinie zum zu-

---

[396] vgl. *Benckendorff*, S.260
[397] *Hüffer*, §71d, Rdn.10 ; *Lutter*, KK, §71d, Rdn.63/66 ; *Oechsler*, MüKö, §71d, Rdn.15
[398] RegBegr. BT-Drucks. 8/1678, S.16
[399] *Lutter*, KK, §71b, Rdn.17 ; *Oechsler*, MüKo, §71d, Rdn.15
[400] vor allen *Benckendorff*, S.260/261
[401] *Schröder*, S.174 ff. ; *Oechsler*, MüKo, §71a, Rdn.14

lässigen Kreditgeschäft der Gesellschaft mit Dritten sowie mit eigenen Aktionären. In diesem Sinne setzt § 71a I AktG eine ausdrückliche oder zumindest konkludente Abstimmung der beteiligten Parteien voraus, aus der sich der Wille des Dritten ergibt, die Mittel der Gesellschaft unmittelbar oder mittelbar[402] für den Erwerb von Aktien der Gesellschaft einsetzen zu wollen.[403]

Fraglich ist, ob § 71a I AktG in den Fällen einzuschränken ist, in denen die Gesellschaft selbst gemäß § 71 I, II AktG zum Erwerb eigener Aktien befugt gewesen wäre.

§ 71a I AktG verweist jedoch in keinem Wort auf § 71 I, II AktG. Er will vornehmlich vor den mit Finanzierungsgeschäften allgemein verbundenen Risiken schützen. Wirtschaftlich betrachtet macht es zwar keinen Unterschied, ob die Gesellschaft die Mittel für einen Aktienerwerb selbst aufwendet oder diese im Wege der Finanzierungshilfe einem Dritten zur Verfügung stellt.[404] Anders als bei § 71 I AktG gewährt die Gesellschaft ihre Mittel aber nicht gegen die Rückgabe eigener Aktien, sondern im Gegenzug für einen Rückgewähranspruch aus dem abgeschlossenen Rechtsverhältnis. Primär trifft sie also ein durch das Insolvenzrisiko des Kredit- bzw. Sicherungsnehmers bedingtes Ausfallrisiko. Dieses Ausfallrisiko besteht unabhängig davon, ob der Rückerwerb durch die Gesellschaft selbst zulässig ist. § 71a I AktG verfolgt somit einen eigenständigen Kapitalschutz.[405]

Andererseits sind auch Aspekte des traditionellen Verständnisses zu berücksichtigen, wonach die Vorschrift der Vermeidung einer Umgehung der §§ 57 I S.1, 71 I AktG zu dienen bestimmt ist. Gewährt die Gesellschaft einem Dritten eine Finanzierungshilfe, so kann beispielsweise der Ausfall der Darlehensrückforderung für die Gesellschaft einen erheblichen Verlust bedeuten und sich entsprechend negativ auf den Börsenkurs der Aktie auswirken. Dies wiederum würde das Zahlungsvermögen des Darlehensnehmers verringern und die damit einhergehende Wahrscheinlichkeit der Rückzahlung des Gesellschaftskredits noch weiter senken. Insofern droht der Gesellschaft ein dem Rückerwerb eigener Aktien vergleichbarer Doppelschaden.[406] Darüber hinaus kann die Unternehmensleitung auch über die finanzielle Unterstützung eines Aktienerwerbs gezielt einzelne Erwerber bevorzugen und so indirekt auf die Beteiligungsstruktur der Ge-

---

[402] etwa durch Weiterleitung der Mittel an den Erwerber über einen Dritten i.S.v. §§ 71d S.1 iVm 71a I AktG.

[403] Diese Vereinbarung ist nicht im Sinne einer rechtsgeschäftlichen Einigung zu verstehen und wird bei Vorliegen eines objektiven Zusammenhangs aufgrund eines Beweises des ersten Anscheins vermutet. Vgl. *Oechsler*, MüKo, § 71a, Rdn.27

[404] *Lutter*, KK, §71a, Rdn.2

[405] *Hüffer*, §71a, Rdn.3

[406] *Oechsler*, MüKo, §71a, Rdn.4

sellschaft Einfluß nehmen.[407] In den Fällen des § 71 I, II AktG droht nun allerdings keine Gefahr der Umgehung, so daß sich eine Ausnahme zu dem Verbot des § 71a I AktG aufdrängen würde.
Gegen eine (teleologische) Einschränkung des § 71a I AktG spricht aber letztendlich die Bedeutung der Vorschrift im Zusammenhang mit dem Einsatz progressiver Finanzierungsstrategien in Übernahmesituationen (sog. „takover- Problematik"). Im Falle eines mißbräuchlichen „leveraged buyouts"[408] etwa wird die Übernahme der Aktien durch einen Dritten in der Regel mit Hilfe einer Kreditaufnahme zwischenfinanziert, um dann nach Erreichen der Kontrollmehrheit die Rück- und Zinszahlung endgültig aus dem Unternehmensvermögen zu bestreiten und das Vermögen der Zielgesellschaft gegebenenfalls ganz oder teilweise zu liquidieren.[409] Die Anwendung der Ausnahmevorschriften des § 71 I, II AktG auf § 71a I AktG würde folglich die Gefahr des Mißbrauchs durch das spätere Hinzutreten weiterer Umstände erhöhen und am Ende den Schutz der Kapitalerhaltung gefährden. Im Gegenteil erscheint es vielmehr folgerichtig, den Tatbestand des § 71a I AktG in richtlinienkonformer Auslegung[410] auf die Gewährung von Finanzierungshilfen nach erfolgtem Aktienerwerb auszudehnen.[411] Nur auf diese Weise können die bestimmten Arten der Übernahmefinanzierung innewohnenden Gefahren vermieden werden.[412] Im übrigen hat die Gesellschaft im Unterschied zu § 71a II AktG generell keinen Einfluß auf die Erwerbs- bzw. Veräußerungsentscheidungen des Dritten, ist aber vollumfänglich von den finanziellen Folgen betroffen.[413]
Im Ergebnis ist die Beschränkung des § 71a I AktG durch die Ausnahmevorschrift des § 71 I AktG nicht zu befürworten.[414]

---

[407] *Oechsler*, MüKo, §71a, Rdn.4
[408] Beim mißbräuchlichen „Leveraged-Buy-Out" nimmt der Übernehmer aufgrund mangelnden Eigenkapitals Bankkredite auf, um die Wertpapiere der Zielgesellschaft zu erwerben. Unter Ausnutzung der Unterbewertung wird die Liquidität der Zielgesellschaft zunächst als Sicherheit gestellt und nach erfolgter Übernahme der Kontrollmehrheit vollständig dazu verwendet, die aufgenommenen Kredite zu tilgen. Reichen die freien Finanzmittel nicht aus, können ungenutzte Verschuldungskapazitäten der Zielgesellschaft für die Aufnahme weiteren Fremdkapitals urbar gemacht werden. (vgl. *Oechsler*, MüKo § 71a Rdn.2)
[409] *Oechsler*, MüKo, §71a, Rdn.2,4,27
[410] Während §71a I AktG „zum Zweck des Erwerbes" formuliert, spricht der maßgebliche Art. 23 I der Kapitalschutzrichtlinie von „im Hinblick auf den Erwerb". Im Rahmen einer richtlinienkonformen Auslegung ist der Wortlaut des §71a I S.AktG sinngemäß zu erweitern.
[411] *Oechsler*, MüKo, § 71a, Rdn.4
[412] *Lutter*, KK,§71a, Rdn.6 ; *Hüffer*, §71a, Rdn.3, *Schröder*, S.227 ; *Oechsler*, MüKo, § 71a, Rdn.30
[413] *Werner*, AG 1990, 1 (14) ; *Oechsler*, MüKo, § 71a, Rdn.30
[414] a.M. *Westermann*, FS Peltzer, S.625

c. Verbot des Rückerwerbs eigener Aktien als Grenze der Inpfandnahme gemäß § 71e AktG

§ 71e I S.1 AktG stellt die rechtsgeschäftlich begründete Inpfandnahme eigener Aktien dem Erwerb eigener Aktien gleich. Sie ist danach nur unter den Voraussetzung des § 71 I, II AktG zulässig. Andernfalls ließen sich die Beschränkungen des Eigenerwerbs durch entsprechende Ausgestaltung der Pfändungsvereinbarung einfach umgehen.[415]

2. Subsumtion einschlägiger Beeinflussungsmaßnahmen unter die Umgehungstatbestände

a. Beeinflussung durch Erwerbsgeschäfte für Rechnung der Gesellschaft bzw. von der Gesellschaft finanziert

Sämtliche Beeinflussungsmaßnahmen, die der Fallgruppe „Erwerbsgeschäfte unter Mitwirkung Dritter" unterfallen und die für Rechnung der Gesellschaft erfolgen, fallen unter das Umgehungsverbot der §§ 71a II und 71d AktG und sind unzulässig. Eigene Geschäfte eines Dritten für eigene Rechnung, die durch Mittel der Aktiengesellschaft finanziert werden, sind unter §71a I AktG zu subsumieren und ebenfalls als Umgehung der §§ 57 S.1, 71 I AktG unzulässig.

b. Beeinflussung durch sog. „equity-swaps"

Verpflichtet sich ein Finanzdienstleister im Rahmen eines „equity-swaps"[416], die Aktiengesellschaft so zu stellen, als habe diese selbst eigene Anteile erworben und erwirbt er tatsächlich Anteile der Gesellschaft, um diese Verpflichtung gegenüber der Gesellschaft wirtschaftlich abzusichern, so verstößt der „swap" gegen § 71d S.1 AktG und die schuldrechtliche Vereinbarung ist nach § 71a II AktG nichtig, wenn die hypothetischen Voraussetzungen des § 71 I, II AktG für die Gesellschaft nicht gegeben sind. Denn aufgrund der im Gegenzug von der Gesellschaft gebotenen Ausgleichszahlung wird gerade das Risiko der Wertminderung der Aktie für die Laufzeit des „swaps" auf die Aktiengesellschaft verlagert.[417]

---

[415] *Lutter*; KK, §71e, Rdn.2

[416] Zu dem Begriff siehe oben auf Seite 142.

[417] *Oechsler*, MüKo, § 71a, Rdn.49 ; *Mick*, DB 1999, 1201 (1204)

Erwirbt der „swap“ –Partner selbst keine Aktien als Risikoausgleich, ist gleichwohl davon auszugehen, daß er sich durch ein Gegengeschäft mit einem Dritten gegen das bestehende Kursrisiko absichern wird. Hält also dieser „Vierte“ die Aktien der Gesellschaft, so handelt es sich im Grunde um einen mit einer gestuften mittelbaren Stellvertretung vergleichbaren Fall, an dessen Ende wieder Aktien auf Risiko der Gesellschaft gehalten werden.
Im Ergebnis unterfällt die Vereinbarung eines „equity swaps“ den §§ 71a II, 71d S.1 AktG und ist nur im Rahmen von §§ 71 I, II AktG zulässig und im übrigen aktienrechtlich unzulässig.[418]

c. Beeinflussung durch Handelsgeschäfte der Konsortialbanken im Rahmen des „Greenshoe“

Beim sog. „Greenshoe“ teilen die Konsortialbanken im Rahmen des Bookbuilding-Verfahrens bis zu 15 % mehr Aktien zu als tatsächlich im Emissionsvolumen des Emittenten enthalten sind. Um sämtliche Ansprüche der Erwerber sofort bedienen und die entstandene ungedeckte Position („short-position“) überbrücken zu können, deckt sich das Konsortium im Wege einer Wertpapierleihe bei den Aktionären des Emittenten mit hinreichend Aktien ein. Zur Befriedigung der Rückgabeverpflichtung aus der Wertpapierleihe kaufen die Emissionsbanken, vertreten durch den Stabilisierungsmanager, unmittelbar nach der Plazierung Aktien am Kapitalmarkt zurück oder üben eine ihnen im Vorfeld vom Emittenten eingeräumte Mehrzuteilungsoption aus, je nachdem wie sich der neue Kurs gegenüber dem Bezugspreis der Option entwickelt.[419]

(1) Rückkauf am Markt

Sofern der Aktienkurs unter den ursprünglichen Emissionspreis gesunken ist, tätigen die Emissionsbanken in aller Regel einen Ankauf der Papiere an den Börsen. Dabei verfolgen sie im Rahmen der Erfüllung ihrer Rückgabeverpflichtung aus der Wertpapierleihe zunächst ein eigenes Interesse. Sie treten als „Dritte“ am Kapitalmarkt auf, denen der Aktienerwerb nicht verboten ist. Gleichzeitig wirken sich die Erwerbsgeschäfte der Banken stabilisierend auf den durch die regelmäßig auftretenden Rückflüsse unter Druck geratenen Börsenkurs aus. Da das Übernahmekonsortium aber im Regelfall der Festübernahme das Plazierungsrisiko übernimmt, liegt die hierdurch begünstigte Sicherstellung eines rela-

---

[418] *Oechsler*, MüKo, § 71a, Rdn.49 ; *Mick*, DB 1999, 1201 (1204)
[419] vgl. zu dem Begriff des Greenshoe oben auf Seite 135.

tiven Marktausgleichs ebenfalls im Interessenkreis der beteiligten Banken. Etwaige sog. „Kursstabilisierungsvereinbarungen“ finden sich in der heutigen Praxis daher vornehmlich in den Konsortialverträgen der Emissionshäuser.
Gleichwohl bleibt das Interesse des Emittenten an einem Gelingen der Emission sowie an einem maximalen Emissionsgewinn bestehen. Es kann somit nicht ausgeschlossen werden, daß sich das Konsortium im Rahmen des Emissionsverfahrens gegenüber dem Emittenten zur Vornahme entsprechender Aktienkäufe verpflichtet und im Gegenzug eine Pflegegebühr erhält. Allein in diesen Konstellationen stellt sich die Frage, inwieweit die emittierende Gesellschaft das Konsortium beauftragt oder finanziell unterstützt und damit ein Verstoß gegen §§ 71a I, II ; 71d AktG begründet und zur Unzulässigkeit der Beeinflussungsmaßnahme im Einzelfall führt. In den übrigen Fällen der Festübernahme unterfallen Handelsgeschäfte der Konsortialbanken im Rahmen des „Greenshoe“ nicht den Grenzen der §§ 71a I,II , 71d AktG und sind mithin zulässig.

(2) Mehrzuteilungsoption

Hat der junge Aktienkurs den Emissionspreis kurz nach der Plazierung bereits überschritten, ist die Aufnahme der erforderlichen Aktien am Kapitalmarkt zur Erfüllung der Rückgabeverpflichtung wirtschaftlich wenig sinnvoll. Aus diesem Grunde greifen die Emissionsbanken in der Regel auf die Ausnutzung einer ihnen vorab eingeräumten Mehrzuteilungsoption zurück, die sie dazu berechtigt, eine den ausstehenden Papieren entsprechende Anzahl von Aktien zu den ursprünglichen Ausgabebedingungen zu erwerben.
Werden die benötigten Aktien dabei von einem oder mehreren (Groß-) Aktionären zur Verfügung gestellt, ist dies in diesem Zusammenhang rechtlich unproblematisch.
Finden sich jedoch keine abgabewilligen Aktionäre, so müssen die entsprechenden Papiere vom Emittenten selbst zur Verfügung gestellt werden. Dies ist bei einer Erstplazierung grundsätzlich nur über eine Kapitalerhöhung möglich, bei einer Folgeemission besteht ferner die Möglichkeit, die erforderlichen Papiere aus dem Bestand zurückerworbener Aktien der Gesellschaft zu beschaffen. In letzterem Fall ist der Rückerwerb auch hier an § 71 I AktG zu messen, im übrigen sind die Maßnahmen zulässig.

d. Beeinflussung durch Handelsgeschäfte der Konsortialbanken am Sekundärmarkt und Übernahme von Kurspflegekosten durch die Gesellschaft

Dem Wortlaut nach unterfällt die Zahlung von Kurspflegegebühren an einen Finanzdienstleister zunächst nicht dem Verdikt des § 71a I AktG. Wenn aber bereits ein Rechtsgeschäft nichtig ist, welches den Erwerb eines Dritten nur vo-

rübergehend finanziert, muß dies erst recht für die Gewährung eines nicht zurückzuzahlenden Zuschusses gelten.[420] Bedenkt man weiter, daß § 71a I AktG eine eigenständige Kapitalschutzfunktion zukommt, nach der die Gesellschaft vor dem allgemeinen Ausfallrisiko eines Rückzahlungs- bzw. Zinsanspruches geschützt werden soll, so muß eine Bezuschussung ohne jegliche Kompensation erst recht auf Bedenken im Sinne der Kapitalerhaltung stoßen.
Zwar wird die Kurspflegegebühr in der Regel als Teil der allgemeinen Emissionsvergütung verhältnismäßig gering ausfallen und das finanzielle Risiko des Finanzdienstleisters somit nicht in Gänze auf die Aktiengesellschaft verlagert[421]; doch vermag die Zahlung einer Kurspflegegebühr das durch den Finanzdienstleister übernommene Risiko zumindest zu mildern und scheint dabei hoch genug bemessen zu sein, daß die Banken sich zur Durchführung derartiger Maßnahmen bereit erklären. Mit der Akzentuierung des Kapitalschutzcharakters neben der Umgehungsproblematik berührt die Bezuschussung von Kurspflegemaßnahmen den Anwendungsbereich von § 71a I AktG.[422]

Die Zahlung von Kurspflegekosten an die Konsortialbanken stellt ein Umgehungsgeschäft im Sinne von § 71a AktG dar und ist grundsätzlich unzulässig. Anzumerken bleibt jedoch, daß derartige Vereinbarungen in der heutigen Praxis aufgrund der Übernahme des Plazierungsrisikos im Rahmen des Festübernahmeverfahrens vornehmlich in die Konsortialverträgen der Emissionshäuser Aufnahme finden und im Zusammenhang mit der Kursbeeinflussung durch die Gesellschaft selbst keine Rolle spielen.

e. Beeinflussung durch sog. „break-fee"- Vereinbarungen

Fraglich ist, ob sog. „break-fee- Vereinbarungen" dem Verbot der finanziellen Unterstützung des Aktienerwerbs durch die Gesellschaft nach § 71a I AktG unterfallen.[423]
Dagegen spricht zunächst die Feststellung, daß sich derartige Abreden ausschließlich auf den Fall des Scheiterns der Übernahme beziehen, der Berechtigte

---

[420] Soweit noch zutreffend OLG Frankfurt a.M., WM 1992, 572 ; vgl. auch *Lutter/Gehling* WuB II.A. zu §71a AktG, 955

[421] vgl. *Lutter/Gehling* WuB II.A. zu §71a AktG, 955, die 3,5% des Emissionsvolumens als zu hoch ansehen.

[422] *Oechsler*, MüKo, § 71a, Rdn.17 ; *Schröder*, S.177 ; OLG Frankfurt a.M., WM 1992, 572 ; a.A. *Lutter/Gehling* WuB II.A. zu §71a AktG, 955 ; *Westermann*, FS Peltzer, S.625 ; *Hüffer*, §71a, Rdn.3

[423] zu dem Begriff siehe oben Seite 142.

also gar keine Anteile der Zielgesellschaft erwirbt und folglich auch keine Finanzierung eines Rückerwerbs vorliegen kann.[424]
Aus einem rein wirtschaftlichen Blickwinkel wird dem potentiellen Übernehmer der spätere Erwerb der Aktien jedoch erheblich erleichtert. Verpflichtet sich die Zielgesellschaft, das finanzielle Risiko eines Scheiterns der Transaktionen zu übernehmen, kann der Berechtigte für die Deckung der Vorbereitungskosten ohne Schwierigkeiten fehlendes Eigenkapital durch eine Kreditaufnahme kompensieren und im Falle des Scheiterns der Übernahme den Kreditgebern einen weiteren, solventen Schuldner (über §§ 413, 398 BGB oder Pfändung) an die Hand geben. Damit ist die Vereinbarung eines „break fee" strenggenommen mit der Leistung einer Sicherheit gleichzusetzen.[425] Zusätzlich steigen die Erfolgsaussichten der Übernahme und damit die Wahrscheinlichkeit eines Aktienerwerbs, da die Zielgesellschaft alles daran setzen wird, ihrer Verpflichtung aus der Abrede nicht nachkommen zu müssen. Mit zunehmender Wahrscheinlichkeit eines Übernahmeerfolgs sinken die Kosten der Kapitalaufnahme.[426]
Im Regelfall wird die „break-fee" –Vereinbarung jedoch als selbständiges (uneigentliches) Vertragsstrafeversprechen oder als Schadenspauschale für den Fall des schuldhaften Abbruchs der Übernahmeverhandlungen ausgestaltet und nicht im Sinne einer Garantieleistung die Unterstützung des Aktienerwerbs durch die Gesellschaft angestrebt. In diesen Fällen stellt sich die „break-fee" – Vereinbarung als eine Ausformung des ohnehin geltenden Gedankens der culpa in contrahendo (§§ 241 I, 280 I BGB) dar und kann auch mit Blick auf die Kapitalerhaltung keinen Verstoß gegen § 71a I AktG begründen.[427]

Die Vereinbarung von sog. „break fees" unterfallen nicht dem Umgehungstatbestand des § 71a I AktG und sind insoweit zulässig.

IV. Ausnahmetatbestände vom Verbot der Einlagenrückgewähr i.S.v. §§ 57 I S. 2 i.V.m. 71 I AktG[428]

In § 57 I S. 2 AktG wird jedoch eine Freistellung von dem Verbot der Einlagenrückgewähr statuiert. Danach ist die Zahlung des Erwerbspreises für eigene Aktien ausnahmsweise zulässig, soweit das Gesetz den Erwerb eigener Aktien ges-

---

424 *Sieger/Hasselbach*, BB 2000, 625 (629)
425 *Oechsler*, MüKo, § 71a, Rdn.22
426 *Oechsler*, MüKo, § 71a, Rdn.22
427 *Sieger/Hasselbach*, BB 2000, 625 (629) ; *Oechsler*, MüKo, § 71a, Rdn.17
428 Die Ausnahmevorschriften, die sich ausschließlich auf die Belange von Kreditinstituten, Finanzdienstleistungsinstituten oder Finanzunternehmen beziehen (§ 71 N.4 Alt.2 ; N.7), werden hier aus Platzgründen nicht berücksichtigt.

tattet. Ausfüllung erfährt diese fiktive Ausnahmeregelung in § 71 I AktG, der die zulässigen Verbotsausnahmen enumerativ aufführt.[429]
Eine Vielzahl der oben als grundsätzlich unzulässig eingestuften Beeinflussungsmaßnahmen ist daher mit Blick auf das Verbot der Einlagenrückgewähr bei Vorliegen dieser Ausnahmetatbestände zulässig. Die Ausnahmetatbestände des § 71 I AktG werden im Folgenden beschrieben.

1. Systematik der Ausnahmetatbestände

Mit der Umsetzung der 2. Kapitalrichtlinie[430] durch das KonTraG[431] wurden die Regeln über den Erwerb eigener Aktien 1998 grundlegend geändert. Während bis dato das Gesetz nur ganz bestimmte Erwerbszwecke zugelassen hatte, gestattet heute § 71 I N.8 AktG der Gesellschaft aufgrund einer entsprechenden Ermächtigung der Hauptversammlung (begrenzt) Aktien „zweckfrei", d.h. ohne jegliche gesetzliche Zweckvorgabe zu erwerben. Dennoch kann die weit verbreitete Schlußfolgerung, die Einführung der § 71 I N.8 AktG habe eine grundsätzliche Zulässigkeit des Erwerbs eigener Aktien zur Folge[432] nicht überzeugen. Zwar hat das KonTraG den Erwerb eigener Aktien deutlich liberalisiert - ja schlechterdings zu einem flexiblen Finanzierungsinstrument umgewandelt - und damit der international üblichen Praxis angeglichen[433], doch hält der Gesetzgeber systematisch an dem Zusammenspiel von § 57 I und § 71 I AktG und der damit einhergehenden Einordnung als Verbotstatbestand mit Erlaubnisvorbehalt fest.[434]
Geändert hat sich vielmehr die Systematik innerhalb des Ausnahmetatbestandes. Der Vorlage des Art. 19 II Kapitalrichtlinie folgend gestattet § 71 I N. 8 AktG im Sinne einer Generalklausel immer dann den ausnahmsweisen Einsatz des Aktienrückerwerbs als finanzpolitisches Mittel, wenn ein Beschluß der Hauptversammlung dies ermöglicht. Eine Anwendung der Spezialtatbestände Nr. 1-6 wird also nur in den Fällen eröffnet, in denen der Vorstand nicht auf eine Ermächtigung durch die Hauptversammlung zurückgreifen kann, jedoch das Vorliegen bestimmter Sachgründe die eigenverantwortliche Entscheidung des Vor-

---

[429] *Hüffer*, § 57, Rdn.20
[430] Zweite Richtlinie des Rates der Europäischen Gemeinschaft zur Koordinierung des Gesellschaftsrechts (77/91/EWG) v. 13.12.1996, Abl.EG Nr. L 26/1
[431] Gesetz zur Kontrolle und Transparenz im Unternehmensbereich, BR-Drucks.20398 v. 6.3.1998, S.1
[432] *Wastl*, DB 1997, 461 (462) ; *Schockenhoff/Wagner*, AG 1999, 548 ; *Benckendorff* , S.223
[433] RegBegr., KonTraG, BT-Drucks.13/9712, S.13 ; so bereits der Referentenentwurf: ZIP 1996, 2129 (2130)
[434] vgl. *Peltzer*, WM 1998, 322 (323) ; *Kindl* DStR 1999, 1276 ; *van Aerssen*, WM 2000, 391 (393)

stands rechtfertigt und das Gesetz insoweit eine Sonderkompetenz der Verwaltung begründet.[435] Strukturell irritiert der Standort der Klausel am Ende einer Aufzählung von Sonderausnahmen.[436] Doch ändert dies nichts an der Systematik einer mit den Spezialausnahmen konkurrierenden Generalklausel.[437]

2. Zulässigkeit des Erwerbs eigener Aktien aufgrund Ermächtigungsbeschlusses gemäß § 71 I N.8 AktG

Gemäß § 71 I N. 8 S.1 AktG kann die Aktionärsversammlung die Unternehmensleitung zum Rückkauf eigener Aktien ermächtigen.

a. Beschluß der Hauptversammlung als Voraussetzung

Mangels gesonderter Regelung erfordert die Beschlußfassung lediglich die einfache Mehrheit der abgegebenen Stimmen im Sinne von § 133 I AktG.
Nach § 71 I N.8 S.1 AktG gilt die Ermächtigung nicht länger als 18 Monate und muß zwingend den niedrigsten und höchsten Gegenwert der Aktien beziffern. Dabei sind Beginn und Ende der Frist, das Erwerbsvolumen sowie der Gegenwert der Aktien so zu bestimmen, daß ein außenstehender Dritter die finanzpolitischen Auswirkungen sowie die Risiken der Aktienrückkäufe erkennen und seinen Investitionsentscheidungen zugrunde legen kann. Zugleich soll die Unternehmensleitung bei der Ausnutzung der Ermächtigung nicht über zu große Entscheidungsfreiräume verfügen.[438]
Für die Festlegung des Gegenwertes reicht es aus, wenn sich die angegebene Preisspanne relativ an dem künftigen Börsenkurs orientiert. Sie muß nicht zur Zeit der Beschlußfassung absolut beziffert sein.[439]
Die zeitliche Befristung von 18 Monaten gilt dabei nur für die Ermächtigung zum Erwerb, nicht jedoch für das Halten der erworbenen Aktien.[440]
Neben den genannten zwingenden Vorgaben kann die Hauptversammlung die Ermächtigung in ihrem Beschluß an weitere inhaltliche Voraussetzungen knüpfen. So können die Erwerbsarten, die zeitlichen Rahmenbedingungen sowie die

---

[435] *Oechsler*, MüKo § 71, Rdn.96 / Rdn.171
[436] so zutreffend auch *Benckendorff*, S.224
[437] so *Oechsler*, MuKo § 71, Rdn.171
[438] *Oechsler*, MuKo § 71, Rdn.175/177
[439] RegBegr., KonTraG, BT-Drucks.13/9712, S.32 ; vgl. auch DAI, S.11 wonach 1999 die Untersuchungen in der Praxis einen Preisrahmen von 5-10 % über bzw. unter dem Börsenkurs ergeben haben.
[440] RegBegr., KonTraG, BT-Drucks.13/9712, S.13 ; *Budde*, S.664

Modalitäten der Weiterveräußerung oder Einziehung festgelegt werden. Auch die Bestimmung des Zwecks eines Aktienrückerwerbs kann optional durch die Hauptversammlung vorgenommen werden. Beschränkt die Hauptversammlung den Eigenerwerb jedoch nicht auf bestimmte Zwecke, ist er zu jedem gesetzlich zulässigen Zweck möglich und als Teil der Geschäftsführung Aufgabe des Vorstands.

b. Verbot des Handelns in eigenen Aktien

Als einzige gesetzliche Begrenzung des mit dem Aktienrückerwerb verfolgten Zwecks statuiert § 71 I N.8 S.2 AktG das Verbot des „Handels in eigenen Aktien". Da jedoch jeder Erwerb eigener Aktien, auf den ein späterer Verkauf folgt, ein „Handeln" mit diesen Anteilen beinhaltet, bleibt der Regelungsgehalt dieses Tatbestandsmerkmales zunächst widersprüchlich und muß im Wege der Auslegung genauer herausgearbeitet werden.[441]
Laut der Gesetzesmaterialien soll ein fortlaufender Kauf und Verkauf eigener Aktien sowie der Versuch „Trading-Gewinne" zu erzielen als Zweck des Rückerwerbs ausscheiden.[442] Dabei bleibt jedoch unklar, wann die Grenze zum fortlaufenden An- und Verkauf erreicht wird und was genau unter dem Begriff der „Trading-Gewinne" zu verstehen ist.[443]
Eine Orientierungshilfe bietet der historische Zusammenhang. Danach waren es Spekulationsgeschäfte in eigenen Aktien, die in den Jahren der Weltwirtschaftskrise 1929-1931 zu zahlreichen Unternehmenszusammenbrüchen und schlußendlich zur Einführung des Erwerbsverbotes geführt haben.[444] Spekulationsgeschäfte sind An- und Verkaufsgeschäfte, die darauf angelegt sind, zwischenzeitliche Preisunterschiede mit der Absicht reiner Gewinnerzielung auszunutzen.[445]
Die den Spekulationen innewohnende Gefahr besteht neben den üblichen Prognoserisiken vornehmlich darin, daß der Vorstand bei Geschäften in Aktien der eigenen Gesellschaft nicht als neutraler Anleger, sondern von Natur aus als (Zweck-) Optimist in Erscheinung tritt. Beispielsweise veranlassen fallende Kurse das Management – entgegen dem Anlageverhalten „normaler" Investoren – häufig nicht dazu, die eigenen Anteile zu veräußern. Vielmehr wird der Gesellschaft daran gelegen sein, die Papiere in ihrem Bestand zu halten, um den Abwärtstrend des Marktes nicht zusätzlich zu verstärken. In diesem Sinne droht der Eigenhandel der Gesellschaft in einer regelrechten Verlustspirale zu mün-

---

[441] *Martens*, AG Sonderheft 1997, 83 (86) ; *Benckendorff*, S.224/225
[442] RegBegr., KonTraG, BT-Drucks.13/9712, S.13
[443] *Bosse*, WM 2000, 806 (808)
[444] *Huber*, FS Kropff, S.121 ; *Claussen*, DB 1998, 177 (179) ; *Lutter*, KK; § 71, Rdn.5
[445] *Bosse*, WM 2000, 806 (807)

den.[446] Hinzutreten teleologische Gesichtspunkte, denen zufolge es nicht Aufgabe des Vorstands sein kann, mit dem Geld der Aktionäre zu spekulieren.[447]
Auf der anderen Seite gebieten es das Gebot der Wirtschaftlichkeit sowie das Unternehmenswohl, die eigenen Aktien zumindest nicht verlustbringend zu veräußern.[448] Insofern muß der Unternehmensleitung im Rahmen des Aktienrückerwerbs ein gewisses Maß an Gewinnerzielung und damit ein gewisser Spekulationsfreiraum zuerkannt werden. Immerhin soll die Einführung des § 71 I N.8 AktG ausweislich der Gesetzesmaterialien eine Liberalisierung des Aktienrückerwerbs bewirken und den Aktiengesellschaften ein effizientes finanzpolitisches Instrument an die Hand geben.[449] Diese gesetzgeberische Zielsetzung kann allerdings nur dann erreicht werden, wenn die Gesellschaft die mit dem Rückerwerb bezweckten Reaktionen am Kapitalmarkt auch effektiv auslösen kann und nicht bereits der bloß spekulative Charakter eines Geschäftes bzw. das Mitschwingen einer Gewinnerzielungsabsicht den Einsatz dieses Instruments praktisch leerlaufen ließe.[450]
Unter Zugrundelegung des Sinn- und Zwecks der Norm erscheint es insofern richtig, einen unzulässigen Handel in eigenen Aktien i.S.v. § 71 I N.8 S.2 AktG immer erst dann anzunehmen, wenn der Rückerwerb von vornherein auf die Gewinnerzielung durch Erwerb und Veräußerung der Anteile angelegt ist.[451] Das ständige bzw. fortdauernde An- und Verkaufen eigener Aktien indiziert das Vorliegen eines alles überlagernden Gewinnstrebens.[452] Folgt auf den Erwerb eigener Aktien mehrfach eine Veräußerung mit Gewinnrealisierung, so ist dies mit Blick auf das Verbot des Handels in eigenen Aktien bedenklich. In ähnliche Richtung scheint auch die Gesetzesbegründung zu weisen, nach der ein Rückerwerb nicht der „kontinuierlichen Kurspflege" dienen soll.[453] Hier wird allerdings das grundsätzliche Gefährdungspotential der Spekulationsgeschäfte sachlich auf die Problematik der Kursmanipulation durch Vortäuschen einer echten Marktlage verlagert.[454] Der Gesetzgeber sucht auf diesem Wege augenscheinlich, § 71 I AktG eine zusätzliche kapitalmarktrechtliche Dimension beizumessen. Jedoch ist es zweifelhaft, ob die Frage, inwieweit die Stabilisierung zufälliger Volatilität durch Aktienrückkäufe makro- oder mikro-ökonomisch erstrebenswert ist, über die Reichweite des § 71 I AktG entscheiden soll, der doch zu-

---

[446] *Lutter*, AG Sonderheft 1997, 52 (56) ; *Huber*, FS Kropff, S.121/122 ; *Hüffer*, § 71, Rdn.19i
[447] *Lutter*, AG Sonderheft 1997, 52 (56)
[448] *Martens*, AG Sonderheft 1997, 83 (86) ; *Benckendorff*, S.224/225
[449] RegBegr., KonTraG, BT-Drucks.13/9712, S.13
[450] In diesem Sinne auch *Oechsler*, MüKo, §71, Rdn.194
[451] *Hüffer*, §71, Rdn.19i
[452] Als unbedenklich setzt *Bosse* ein Zahl von fünf Rückerwerbsvorgängen pro Geschäftsjahr an , vgl. WM 2000, 806 (898)
[453] RegBegr., KonTraG, BT-Drucks.13/9712, S.13
[454] *Oechsler*, MüKo, § 71, Rdn.195

vörderst dem aktienrechtlichen Prinzip der Kapitalerhaltung zu dienen bestimmt ist.
Durch die Darlegung sachlicher Gründe, die einen weiteren gesetzlich zulässigen Erwerbs- bzw. Veräußerungszweck erkennen lassen, kann die Gesellschaft dem Vorwurf der reinen Gewinnerzielung begegnen und diese zu einem bloßen Nebeneffekt revidieren, so daß das Tatbestandsmerkmal des Handels in eigenen Aktien nicht mehr erfüllt wird.[455]

c. Erwerbsgrenze

Das zwingend festzusetzende Erwerbsvolumen darf gemäß § 71 I N.8 AktG 10% des Grundkapitals zur Zeit des Ermächtigungsbeschlusses nicht überschreiten.[456] Im Gegensatz zu der Bestandsgrenze des § 71 II AktG handelt es sich laut der Gesetzesmaterialien um eine Erwerbsgrenze, die sich unabhängig vom Aktienbestand auf die insgesamt zu erwerbende Aktienanzahl bezieht.[457] Im Rahmen derselben Ermächtigung ist es der Gesellschaft nicht erlaubt, diese Grenze nach Unterschreiten durch Verkäufe später durch erneute Erwerbsgeschäfte mehrmals auszuschöpfen.[458] Auch wenn der Wortlaut dies nicht zwingend vorgibt, muß ein solches Verständnis aber aus dem systematischen Zusammenhang mit § 71 II AktG folgen. Neben § 71 II AktG würde der 10%-Grenze in § 71 I N.8 S.1 AktG ansonsten keine eigenständige Bedeutung verbleiben.

3. Zulässigkeit des Erwerbs eigener Aktien zur Schadensabwehr gemäß § 71 I N.1 AktG

a. Voraussetzungen des § 71 I N.1 AktG

Gemäß § 71 I N.1 AktG kann die Aktiengesellschaft ausnahmsweise von dem Grundfall des §71 I N.8 AktG abweichen und ohne Rückgriff auf einen Ermächtigungsbeschluß der Hauptversammlung eigene Aktien zurückerwerben, wenn

---

[455] vgl. *Bosse*, WM 2000, 806 (808/809)

[456] Kapitalerhöhungen bzw. -herabsetzungen sind nur zu berücksichtigen, wenn sie bereits wirksam sind.

[457] RegBegr., KonTraG, BT-Drucks.13/9712, S.13 ; *Budde*, S.664 ; *Kraft/Altvater*, NZG 1998, 448 (450) ; a.A. *Bosse*, WM 2000, S.806 (807)

[458] *Oechsler*, MüKo, § 71, Rdn.182 ; *Kraft/Altvater*, NZG 1998, 448 (450) ; a.A. *Bosse*, WM 2000, S.806 (807)

der Rückkauf zur Abwehr eines schweren, unmittelbar bevorstehenden Schadens für die Gesellschaft notwendig ist.
Der Schadensbegriff richtet sich nach §§ 249 ff. BGB und erfaßt sämtliche unmittelbaren und mittelbaren Vermögenseinbußen der Gesellschaft - nicht der Aktionäre - sowie den entgangenen Gewinn i.S.v. § 252 BGB.[459] Gleichwohl soll § 71 I N.1 AktG nicht die Spekulation in eigenen Aktien ermöglichen. Mit der Weiterveräußerung der eigenen Anteile verbundene Wertvorteile, die der Gesellschaft ohne Rückerwerb entgehen würden, stellen insofern keinen Schaden im Sinne dieser Vorschrift dar.[460]

Das Merkmal der Schwere des Schadens dient der Abgrenzung zu alltäglichen Geschäftsverlusten. Es setzt eine nicht unbeachtliche Vermögenseinbuße voraus, die jedoch nicht das Ausmaß einer Bedrohung der Gesellschaftsexistenz erreichen muß. Beurteilungsmaßstab für die Schwere des Schadens ist vielmehr das Verhältnis von Schaden zur Größe und Finanzkraft der Gesellschaft.[461] Die Bestimmung dieses Verhältnisses orientiert sich an einer Prognose, inwieweit das Unternehmen im Einzelfall über ausreichend finanzielle Mittel verfügt, den bevorstehenden Schaden wirtschaftlich abzufedern.[462] Gleichwohl ist der Rückerwerb zur Schadensabwehr nur dann zulässig, wenn der Schaden objektiv vorliegt und objektiv feststellbar ist. Dabei ist es irrelevant, ob der drohende Schaden auf eine besonders risikogeneigte Unternehmung zurückgeführt werden kann. Nach der Konzeption der Norm stützt sich §71 I N.1 AktG auf eine abstrakte Gefährdungslage. Die Bewertung des Schadens darf sich mithin nicht durch Aspekte einer konkreten Gefährdung im Einzelfall leiten lassen.[463]

Sodann muß der Schaden unmittelbar bevorstehen. Dafür reicht es aus, wenn die Prognose des Vorstands mit hinreichender Wahrscheinlichkeit einen Schadenseintritt in naher Zukunft erwarten läßt.[464] Sobald die Situation allerdings eine rechtzeitige Einberufung der Aktionäre zuläßt, fehlt es an der erforderlichen

---

[459] *Lutter*, KK, § 71, Rdn.22 ; *Hüffer*, § 71, Rdn.7 ; *Oechsler*, MüKo, § 71, Rdn.93 ; a.A. *Barz*, GK, §71, Rdn.7
[460] *Hefermehl/Bungeroth*, Geßler/Hefermehl, § 71, Rdn.38 ; *Kuhn*, NJW 1973, 833 (834) ; *Lutter*, KK, § 71, Rdn.22 ; *Barz*, GK, § 71, Rdn.7 ; *Benckendorff*, S.212; *Oechsler*, MüKo, § 71, Rdn.93
[461] *Lutter*, KK, §71, Rdn.28
[462] *Benckendorff*, S.212 ; *Oechsler*, MüKo, § 71, Rdn.93/95
[463] anders noch die sog. Relationstheorie, die die Schwere des Schadens in Relation zu den bestehenden Risiken setzt. Diese weite Auslegung verfolgte das rechtspolitische Ziel, die Durchführung von Marktpflegemaßnahmen zu ermöglichen, hat jedoch angesichts der Einführung des § 71 I N.8 AktG an Bedeutung verloren. Vgl. zur Relationstheorie: *Kuhn*, NJW 1973, 833 (834) ; *Barz*, GK, § 71, Rdn.7
[464] *Hüffer*, § 71, Rdn.7 ; *Lutter*, KK, § 71, Rdn.29 ; *Oechsler*, MüKo, § 71, Rdn.99 ; *Benckendorff*, S.213

Unmittelbarkeit und die Unternehmensleitung hat gemäß § 71 I N.8 AktG eine Ermächtigung der Hauptversammlung einzuholen. Insofern verbleibt § 71 I N.1 AktG nur noch ein eingeschränkter Anwendungsbereich für die Fälle, in denen sich die Gesellschaft plötzlich und unerwartet einem drohenden Schaden ausgesetzt sieht und der Vorstand diese, dem eigenverantwortlichen Rückkauf zugrundeliegende, außergewöhnliche Gefährlichkeit und damit verbundene Eilbedürftigkeit der Maßnahme begründen kann.[465]
Schließlich muß der Rückerwerb zur Abwehr des Schadens notwendig sein. Das Merkmal der Notwendigkeit schränkt den § 71 I N.1 AktG sachlich noch weiter ein. Im Sinne einer ultima ratio steht dem Vorstand der Rückerwerb eigener Aktien nur dann zur Verfügung, wenn sich dieser nach der objektiven Lage der Dinge nicht nur als geeignetes Mittel zur Schadensabwehr darstellt, sondern zusätzlich keine gleichwertige Alternative als Abwehrmittel in Betracht kommt.[466]

b. Einzelne Schadensfälle

(1) Kursverfall

Der bloße Kursverfall berechtigt die Gesellschaft nicht zum Rückerwerb eigener Aktien nach §71 I N.1 AktG. Er stellt keinen unmittelbaren Schaden der Gesellschaft dar, sondern führt lediglich zu Vermögenseinbußen auf Seiten der Aktionäre. Schäden der Aktionäre wiederum werden von der ratio des § 71 AktG nicht erfaßt.[467]

Ein dauerhafter, nicht nur unerheblicher Kursverfall kann sich auf das Ranking der Aktiengesellschaft auswirken und unter Umständen über Verbleib oder Herausfallen aus einem bestimmten Aktienindex entscheiden.[468] Da fast alle institutionellen, aber auch viele private Anleger die verschiedenen Indizes als Orientierungshilfe (so bei sog. „Indexfonds“) oder als konkrete Benchmark (so bei sog. „Exchange Traded Funds“) für ihr Anlageverhalten nutzen, kann der Verlust einer Rankingposition sich zusätzlich negativ auf die Kursentwicklung der Ge-

---

[465] vgl. zur Systematik des § 71 I AktG oben Seite 177 sowie vor allen *Oechsler*, MüKo, § 71, Rdn.96.
[466] *Oechsler*, MüKo, § 71, Rdn.100 ; *Hefermehl/Bungeroth*, Geßler/Hefermehl, §71, Rdn.48 ; *Hüffer*, §71, Rdn.8 ; zurückhaltender: *Lutter*, KK, § 71, Rdn.31 ; *Benckendorff*, S.213
[467] RegBegr. Kroff, S.91 ; BFH AG 1977, 230 ; *Lutter*, KK, §71, Rdn.22 ; *Hüffer*, §71, Rdn.10 ; *Oechsler*, MüKo, §71, Rdn.114 ; *Claussen*, AG 1991, 10 (13) ; *Aha*, AG 1992, 218 (219) ; *Benckendorff*, S.216
[468] Siehe dazu oben auf Seite 101.

sellschaft auswirken.[469] Denn das den Indexgesellschaften entgegengebrachte öffentliche Interesse verbessert sowohl die dem Anlagepublikum zukommende Informationsmenge als auch die Informationsqualität. Stehen für die Anleger mehr verläßliche Informationen bereit, ist die weitere Kursentwicklung für die Investoren mit einem geringeren Risiko verbunden. Die Investoren verlangen in aller Regel eine geringere Risikoprämie und das Kursniveau steigt.[470]

Darüber hinaus wird teilweise angeführt, daß sich erhebliche Kursverluste auf die Kreditwürdigkeit auswirken und damit mittelbar einen Schaden der Aktiengesellschaft begründen könnten.[471] Insbesondere wenn die Gesellschaft aufgrund von Kurseinbrüchen aus einer für sie vorteilhaften Ratingkategorie[472] herausfällt, kann sie als „schlechterer" Schuldner einen erheblichen Nachteil bei der Aufnahme von Fremdkapital erleiden.[473] Es bleibt jedoch festzuhalten, daß Kredite regelmäßig auf Grundlage der Bilanzen sowie anderer Unternehmensunterlagen und nicht anhand der Höhe des Börsenkurses vergeben werden.[474]

Schließlich ist es denkbar, daß im Verlauf einer Börseneinführung oder Neuemission junger Aktien starke Kursschwankungen oder gar Kursstürze auftreten und den Erfolg der Emission unmittelbar gefährden. Ein Fehlschlag des Börsengangs ist für die emittierende Gesellschaft mit erheblichen Kosten verbunden und nicht selten von beträchtlichen Imageeinbußen begleitet, so daß auch hier ein schwerer Schaden der Gesellschaft gegeben sein kann.[475]

In all diesen Konstellationen ist die Frage der Anwendbarkeit des § 71 I N.1 AktG mit Blick auf die Systematik der § 71 I AktG eher theoretischer Natur. Denn für § 71 I N.1 AktG verbleibt neben der Generalklausel des § 71 I N.8 AktG nur Raum bei außergewöhnlich drastischen und vor allem unerwarteten Kursstürzen, die sich im Vorfeld nicht abgezeichnet haben und deren Vermeidung die Verzögerung durch das Einholen einer Hauptversammlungsermächtigung nicht zulassen würde.[476] In all diesen Fällen, in denen ein schlechteres Rating, das Herausfallen aus einem Aktienindex oder das Scheitern der dauerhaften

---

[469] Zum Beispiel hat bereits die Nachricht, daß TUI aufgrund der veränderten Zulassungsregeln womöglich aus dem DAX fallen könnte, zu einem Kursverfall der Aktie geführt; vgl. FAZ Nr.177 v. 2.8.04, S.12. Vgl. weiterhin die Studien bei *Gerke/Arneth/Fleischer*, ZFB 2001, 45-66.
[470] Gerke/Arneth/Fleischer, ZFB 2001, 45 (47)
[471] *Lutter*, KK, §71,Rdn.23 ; *Hefermehl/Bungeroth*, Geßler/ Hefermehl, §71, Rdn.54
[472] bankenintern oder durch Ratingagenturen.
[473] siehe oben auf Seite 102; *Lenzen*, S.17
[474] vgl. *Lutter*, KK, §71, Rdn.23
[475] OLG Frankfurt, AG 1992, 194 (196) ; *Benckendorff*, S.217
[476] *Oechsler*, MüKo, §71, Rdn.114/115

Unterbringung neu emittierter Papiere droht, wird es sich jedoch in aller Regel um Vorgänge handeln, deren Entwicklung sich im Laufe der Zeit bereits angekündigt hat und insofern den Einsatz der ultima ratio „Schadensabwehr" nicht zu rechtfertigen vermag.

In Betracht kommen in diesem Zusammenhang nur extreme Kursverluste, die auf Spekulationen oder Fehlinformationen Dritter zurückzuführen sind und die eine gezielte Schädigung der Gesellschaft, etwa eine Minderung der Kreditwürdigkeit, bezwecken sollen (sog. „Baisseangriffe").[477] Derartige Anwendungskonstellationen finden sich beispielsweise in Verschmelzungsfällen, in denen der aufnehmenden Gesellschaft durch unerwartete und zielgerichtete Angriffe auf den Börsenkurs die Verschlechterung des Umtauschverhältnisses und somit ein unmittelbarer Schaden droht.[478] Weniger theoretisch sind Fälle, in denen Dritte durch ihr Verhalten starke Kursverluste herbeiführen und die so erzielte Unterbewertung der Gesellschaft im Wege einer Übernahme mittels eines mißbräuchlichen „leveraged buyouts"[479] auszunutzen suchen.[480]

(2) Drohende Überfremdung

Hinter dem Stichwort der drohenden Überfremdung verbirgt sich die Frage, inwieweit die Übernahme der Kontrollmehrheit wider den Willen des Vorstands (sog. „feindliche" Übernahme) einen Schaden i.S.v. § 71 I N.1 AktG begründen kann.

Die bloße Überfremdung bereits als Schaden der Gesellschaft zu werten, geht auf einen überlieferten Ansatz zurück, demzufolge die mit der Übernahme verbundene Konzernierung (§ 17 II AktG) die Selbständigkeit der Gesellschaft in bisheriger Form aufhebe und diese bereits dadurch erheblich schädige.[481]

Einer vermittelnden Auffassung zur Folge verursacht eine drohende feindliche Übernahme nur dann einen schweren Schaden, wenn die Übernahme mit dem Ziel verfolgt werde, die übernommene Gesellschaft zu zerstören oder sonstwie zu schädigen, da erst dann ihre konkrete Handlungsmöglichkeit vermindert und die Gesellschaft selbst und unmittelbar betroffen sei.[482]

---

[477] *Hüffer*, §71, Rdn.9 ; *Lutter*, KK, §71, Rdn.23 ; *Oechsler*, MüKo, §71, Rdn.115
[478] *Kuhn*, NJW 1973, 833 (834) ; *Hüffer*, §71, Rdn.9 ; *Lutter*, KK, §71, Rdn.23
[479] vgl. oben auf Seite 171.
[480] *Oechsler*, MüKo, § 71, Rdn.115 ; *Benckendorff*, S.216
[481] *Barz*, GK, §71, Rdn.7 ; *Baumbach/Hueck*, §71, rdn.6
[482] Beispielhaft führt *Hüffer* die Ausplünderung oder die Verdrängung vom Markt an, vgl.

Beiden Ansätzen ist zunächst entgegenzuhalten, daß die Aktiengesellschaft ihrer Struktur nach eine auf den ständigen Wechsel ihrer Mitglieder ausgelegte Gesellschaftsform darstellt.[483] Zudem gewährt das Aktiengesetz der Selbständigkeit einer Gesellschaft in ihrem jeweiligen Bestand keinen Schutz. Sowohl die Vorschriften über die Liquidation (§§ 262 ff. AktG) als auch die Regelungen für verbundene Unternehmen (§§ 291 ff. AktG) können in diesem Sinne als Argumente angeführt werden.[484] Auch der Bundesgerichtshof legt seiner Rechtsprechung ein entsprechendes Verständnis zugrunde, wenn er für den Fall eines Liquidationsbeschlusses die Desinvestitionsentscheidung der Aktionäre einer allgemeinen inhaltlichen Kontrolle entzieht, weil Sie ihre Rechtfertigung in sich trage.[485] Dies muß auch dann gelten, wenn ein zunächst außenstehender Bieter mit einem Liquidationsvorhaben in die Gesellschaft eintritt, denn nach der Übernahme leitet er nicht mehr als „Fremder“ die Geschicke der Gesellschaft, sondern als ihr Mehrheitseigentümer.[486] Das weiterführende Argument, auch die Vorschriften der §§ 291 ff. AktG könnten aufgrund ihrer Lückenhaftigkeit die Gesellschaft nicht ausreichend schützen, kann ebenfalls nicht überzeugen. Zwar mögen die Schutzvorschriften des Konzernrechts beispielsweise einen schleichenden Vermögenstransfer zu Lasten der abhängigen Gesellschaft nicht verhindern, doch ist gleichwohl nicht zu verkennen, daß als Schutzobjekt des § 71 I N.1 AktG allein das Vermögen der Gesellschaft in Betracht kommt und die darüber hinausgehenden Interessen der außenstehenden Aktionäre, Gläubiger und Arbeitnehmer insoweit nicht geschützt werden.[487]

Vertreter der Gegenauffassung sprechen einer drohenden Übernahme generell die Schadenseignung ab.[488] Im Zentrum steht die Argumentation, die Unternehmensleitung dürfe aufgrund der aktienrechtlichen Kompetenzverteilung über den Rückerwerb keinen Einfluß auf die Zusammensetzung des Aktionärskreises ausüben.

Im Rahmen des § 71 I N.1 AktG kann es jedoch nicht um die Frage gehen, was der Verwaltung erlaubt ist und was nicht. Allein ausschlaggebend muß die Frage sein, ob der Gesellschaft ein Schaden entsteht oder nicht. Ist dies der Fall, normiert § 71 I N.1 AktG doch gerade eine Ausnahmeregelung und bringt insoweit

---

Hüffer, §71,Rdn.1 ; *Kessler*, AG 1995, 120 (122) ; *Brandte*, Jura 1987, 165 (468)

483 *Michalski*, AG 1997, 152 (155)

484 *Benckendorff*, S.218 ; *Michalski* AG 1997, 152 (154) ; *Aha*, AG 1992, 218 (220) ; *Lutter*, KK, §71,Rdn.24 ; a.A. *Wiedemann*, S.625 ff. ; *Brandte*, Jura 1987, 465 (468)

485 BGHZ 103, 184 (190)

486 vgl. *Michalski*, AG 1997, 152 (155) ; differenzierend zwischen Aktionär und außenstehendem Bieter hingegen: *Ebenroth/Rapp*, DWiR 1991, 2 (4f.)

487 so vor allen *Oechsler*, MüKo, §71, Rdn.106 ; *Michalski* 1997, 152 (154)

488 *Lutter*,KK, §71,Rdn.24 ; *Kübler/Assmann*,§13 III ; *Mestmäcker*, BB 1961, 945 ; *Michalski*, AG 1997, 152 (155)

die gesetzgeberische Wertung zum Ausdruck, aufgrund der Gefahrenlage eine Durchbrechung der aktienrechtlichen Kompetenzverteilung innerhalb der Aktiengesellschaft in Kauf zu nehmen.[489]

Blickt man aus der heutigen Perspektive auf die tatsächliche Entwicklung der letzten Jahre, so spricht die zu beobachtende Welle an Übernahmen für sich. National wie international ist ein zunehmend übernahmefreundlicher Kapitalmarkt zu beobachten. Den Unternehmensübernahmen werden überwiegend positive Auswirkungen zugeschrieben und die Übernahmefreundlichkeit des Marktes ist somit schon längst zum hehren Ziel rechtsvereinheitlichender Gesetzgebung aufgestiegen.
Diese Erkenntnis wird auch von der im deutschen Kapitalmarktrecht an Bedeutung gewinnenden Theorie vom „Markt für Unternehmenskontrolle" („Market for Corporate Governance Control") aufgegriffen. Ihr zufolge wird der Vorstand neben den aktienrechtlichen Kontrollinstanzen des Aufsichtsrats und des Abschlußprüfers vor allen Dingen durch die Kräfte des Kapitalmarktes kontrolliert. Kann das Management mit seiner Unternehmenspolitik den Markt nicht von dem Potential des Unternehmens überzeugen, sinkt der Börsenkurs im Verhältnis zum eigentlichen Wert des Unternehmens ab. Es kommt somit zu einer Unterbewertung. Für einen potentiellen Übernehmer stellt dieses Szenario eine ökonomisch attraktive Möglichkeit dar, den Aktionären ein über dem Börsenkurs liegendes Übernahmeangebot bieten und durch den Einsatz einer neuen Unternehmensleitung den Wert des Unternehmens noch weiter steigern zu können.[490] Im Ergebnis entsteht ein regelrechter Wettbewerb zwischen den Unternehmensleitungen des Kapitalmarktes, angeheizt durch den ständigen Druck, einer Auswechslung des Managements ausgesetzt zu sein.[491] Das kapitalmarktrechtliche Kontrollmittel der Übernahme griffe jedoch ins Leere, würde man in dem Umstand der Überfremdung einen Schaden i.S.v. § 71 I N.1 AktG erkennen, und damit einem ineffizienten Vorstand ein Mittel an die Hand geben, der eigenen Ablösung entgegenzuwirken.[492]

Ein zur Schadensabwehr initiierter Aktienrückerwerb muß jedoch immer dort in Frage kommen, wo der konkrete Verdacht besteht, daß der Bieter in seiner späteren Rolle als Aktionär außerhalb seiner Entscheidungskompetenzen (Umstrukturierungs- und Desinvestitionsentscheidung) die Gesellschaft zu vernichten oder sonstwie zu schädigen sucht.[493] Im konkreten Einzelfall wird jedoch eine

---

[489] so vor allen *Benckendorff*, S.218
[490] *Immenga/Noll*, S.32 ff. ; *Oechsler*, MüKo, § 71, Rdn.109
[491] *Immenga/Noll*, S.32 ff.
[492] vgl. *Bayer*, ZGR 2002, 588 (601)
[493] *Benckendorff*, S.219 ; *Mertens*, KK, §76,Rdn.26 ; BGHZ 33, 175 (186) ; BGHZ 21, 354 (357)

entsprechende Schädigungsabsicht schwerlich festzustellen sein, eine derartige Sonderkonstellation folglich eher theoretischer Natur bleiben.[494]

(3) sog. Greenmailing- Fälle

Unmittelbar verbunden mit dem Problem der drohenden Überfremdung ist das Phänomen des sog. „Greenmailings".[495] Dabei droht ein Aktionär dem Vorstand mit dem Verkauf maßgeblicher Beteiligungen an einen (feindlichen) Bieter, für den Fall, daß sich die Gesellschaft nicht bereit erkläre, sein Aktienpaket gegen einen entsprechenden Aufpreis zurückzuerwerben. Gleichzeitig wird häufig ein Stillhalteabkommen vereinbart, das die Gesellschaft vor weiteren derartigen Aktivitäten des Großaktionärs schützen soll. Auch hier kann nichts anderes gelten. Die bloße Drohung mit der Veränderung der Kontrollverhältnisse kann keinen Schaden im Sinne von § 71 I N.1 AktG begründen und den Rückerwerb eigener Aktien außerhalb einer Autorisierung durch die Hauptversammlung nicht zulassen.[496]

4. Zulässigkeit des Erwerbs eigener Aktien zur Ausgabe von Belegschaftsaktien gemäß § 71 I N.2 AktG

Nach § 71 I N.2 AktG darf die Aktiengesellschaft eigene Aktien zurückerwerben, wenn die Aktien gegenwärtigen oder früheren Arbeitnehmern der Gesellschaft oder eines verbundenen Unternehmens zum Erwerb angeboten werden sollen. Auf diesem Wege soll der Arbeitnehmer an dem Produktivvermögen der Gesellschaft beteiligt und die Verbundenheit zu seinem Unternehmen erhöht werden.[497] Der begünstigte Personenkreis ist dabei nicht abschließend geregelt (vgl. Wortlaut „vor allem"). Für die Anwendung der Vorschrift auf andere Begünstigte ist jedoch ein vergleichbares Verhältnis zu der Gesellschaft bzw. mit dieser verbundenen Unternehmen vorauszusetzen. Organmitglieder werden nicht von der Regelung erfaßt.[498]

---

[494] Beispielhaft werden angeführt: Übernahmeversuche durch kriminelle Vereinigungen oder politisch bedenkliche Drittstaaten ; konstante Blockade wichtiger Hauptversammlungsbeschlüsse ; Beeinträchtigung der Kreditwürdigkeit der Gesellschaft.
[495] *Böhm*, S.336 ; *Martens*, AG 1996, 337 (340)
[496] *Oechsler*, MüKo, §71, Rdn.113
[497] *Hefermehl/Bungeroth*, Geßler/Hefermehl, §71, Rdn.62
[498] *Weiß*, S.240 ff.

Für die ausnahmsweise Zulässigkeit des Rückerwerbs nach § 71 I N.2 AktG genügt bereits die subjektive Absicht des Vorstands, die Aktien zum Zwecke der Weitergabe an die Arbeitnehmer erwerben zu wollen.[499] Die Absicht des Vorstands muß jedoch ernstlich sein. Davon ist jedenfalls dann auszugehen, wenn ein Vorstandsbeschluß vorliegt, demzufolge die Aktien den Arbeitnehmern zu realistischen Konditionen angeboten werden sollen.

Nach § 71 III S.2 AktG sind die Aktien innerhalb eines Jahres an die Begünstigten auszugeben. Nach den Gesetzesmaterialien soll damit insbesondere eine Kurspflege unter dem Deckmantel des Erwerbs zum Zwecke der Schaffung von Belegschaftsaktien verhindert werden.[500] Wird die Jahresfrist überschritten oder die Ausgabe an die Belegschaft aus anderen Gründen nicht realisiert, wird der Rückerwerb nicht nachträglich unzulässig, wenn von Anfang an die ernstliche Absicht bestand und der Vorstand zunächst versucht hat, diese Absicht umzusetzen. Vielmehr entsteht analog § 71c I AktG eine Veräußerungspflicht.[501]

5. Zulässigkeit des Erwerbs eigener Aktien zur Abfindung von Aktionären gemäß § 71 I N.3 AktG

§ 71 I N.3 AktG regelt eine Ausnahme von dem Verbot der Einlagenrückgewähr für den Aktienrückerwerb zum Zwecke der Abfindung von Aktionären im Falle von Konzernierungen und Umwandlungen.[502]
Beim Abschluß von Beherrschungs- oder Gewinnabführungsverträgen ist die begünstigte (nicht abhängige und nicht im Mehrheitsbesitz stehende) Aktiengesellschaft nach § 305 II N.1 AktG verpflichtet, den außenstehenden Aktionären eigene Aktien anzubieten. Bei Mehrheitsbesitz einer anderen Aktiengesellschaft bzw. bei Abhängigkeit von einer solchen hat die Gesellschaft nach § 305 II N.2 AktG die Wahl, ob sie den außenstehenden Aktionären Aktien der mehrheitlich beteiligten bzw. herrschenden Gesellschaft oder eine Barabfindung anbietet. Im Falle einer Eingliederung durch Mehrheitsbeschluß steht den außenstehenden Aktionären gemäß § 320b AktG ein Anspruch auf Gewährung von Aktien der Hauptgesellschaft zu.
Nach § 29 I S.1 UmwG, §§ 125 S.1 i.V.m. 29 I S.1 UmwG und § 207 I S.1 UmwG hat im Falle der Verschmelzung, Spaltung oder des Formwechsels die übernehmende bzw. formwechselnde Aktiengesellschaft jedem Anteilseigner, der gegen die Umwandlung Widerspruch eingelegt hat, den Erwerb seiner Akti-

---

[499] *Hüffer*, §71, Rdn.13
[500] RegBegr. BT-Drucks. 8/1678, S.15
[501] *Lutter*, KK, §71, Rdn.46 ; *Hefermehl/Bungeroth*, Geßler/Hefermehl, §71, Rdn.87
[502] *Hüffer*, §71, Rdn.14

en gegen eine angemessene Barabfindung anzubieten. Die Aktionäre sollen durch die Umwandlung nicht in eine andere als die von ihnen ursprünglich gewählte Mitgliedschaftsform gezwungen werden.[503]
Die für diese Fallgruppen benötigten Aktien darf die Aktiengesellschaft zurückerwerben. Auch hier reicht die Absicht der Unternehmensleitung, die Aktien zur besagten Abfindung einzusetzen. Von der erforderlichen Ernstlichkeit dieser Absicht ist insbesondere dann auszugehen, wenn die notwendigen Zustimmungsbeschlüsse für die Konzernierung bzw. Umwandlung bereits gefaßt sind.

6. Zulässigkeit des unentgeltlichen Erwerbs eigener Aktien gemäß § 71 I N.4 AktG und des Erwerbes durch Gesamtrechtsnachfolge gemäß § 71 I N.5 AktG

Vor dem Hintergrund des Grundsatzes der Kapitalerhaltung ist der Erwerb eigener Aktien durch die Aktiengesellschaft immer dann zulässig, wenn der Erwerb unentgeltlich (Schenkung, Vermächtnis) erfolgt, da die Gesellschaft aufgrund der Unentgeltlichkeit keine Einlage an den Aktionär zurückzugewähren hat, § 71 I N.4 AktG.[504] Die Belastung mit Schenkungs- bzw. Erbschaftssteuer schließt die Unentgeltlichkeit nicht aus.[505] In der Praxis erlangt diese Fallkonstellation jedoch kaum Bedeutung.

Ausnahmsweise zulässig ist auch der Erwerb eigener Aktien im Wege der Gesamtrechtsnachfolge nach § 71 I N.5 AktG, da andernfalls die Möglichkeit einer derartigen Nachfolge der Gesellschaft grundsätzlich entfiele. Erfaßt werden Fälle der Erbfolge nach § 1922 BGB, der Verschmelzung nach §§ 20 I N.1, 73 UmwG und § 202 I N.1 UmwG sowie Fälle des Vermögensübergangs i.S.v. § 140 I S.2 HGB.[506]

7. Zulässigkeit des Erwerbs eigener Aktien aufgrund Einziehung gemäß § 71 I N.6 AktG

Der Rückerwerb ist schließlich auch zur Durchführung eines bereits gefaßten Hauptversammlungsbeschlusses über eine Kapitalherabsetzung durch Einziehung i.S.v. § 237 I AktG gestattet, §71 I N.6 AktG. Die Kapitalerhaltungsregeln

---

[503] Benckendorff, S. 221
[504] *Hüffer*, §71, Rdn.16 ; *Hefermehl/Bungeroth*, Geßler/Hefermehl, §71, Rdn.106
[505] vgl. *Oechsler*, MüKo, §71, Rdn.148
[506] *Hüffer*, §71, Rdn.18

werden insoweit von den Einziehungsvorschriften (§§ 237 ff, 222 ff. AktG) verdrängt.[507]

V. Generelle Begrenzung des zulässigen Rückerwerbs eigener Aktien

Stellen die Maßnahmen der Gesellschaft einen grundsätzlich zulässigen Rückkauf eigener Aktien nach § 71 I N.1 – N.8 AktG dar, so ist dieser Rückerwerb weiteren inhaltlichen Beschränkungen unterworfen und nur bei Einhaltung der weiteren Voraussetzungen gesetzlich gestattet.

1. Zehnprozentgrenze gemäß § 71 II S. 1 AktG

Gemäß § 71 II S.1 AktG darf die Gesellschaft über die Ausnahmevorschriften des § 71 I N.1-3, 7,8 AktG nicht mehr als zehn Prozent (10%) des Grundkapitals an eigenen Aktien halten.[508] Bezugsgröße ist das gemäß § 266 III HGB auf der Passivseite AI der Bilanz auszuweisende gezeichnete Kapital der Gesellschaft. Genehmigtes oder bedingtes Kapital finden keine Berücksichtigung. Ebenfalls unberücksichtigt bleibt, daß Einlagen nicht oder nicht voll erbracht wurden.[509] In die Berechnung ist der rechnerische Wert aller erworbenen und noch gehaltenen Aktien der Gesellschaft einzubeziehen - entgegen der früheren Rechtslage auch solcher Anteile, die nach den Ausnahmen der N.4-6 erworben wurden. Einzurechnen sind ferner Aktien, die Personen zwar im eigenen Namen, jedoch für Rechnung der Gesellschaft erworben haben (§§ 71d S.3 u. 1, 2 ; 71e I S.1 AktG). Ist die Grenze des § 71 II S.1 AktG einmal erreicht, kommt ein weitergehender Erwerb eigener Anteile allein unter den Voraussetzungen des § 71 I N.4-6 AktG in Betracht, da § 71 II S.1 AktG für diese Erwerbszwecke keine Begrenzung vorsieht.

2. Kapitalgrenze und Rücklagenbildung gemäß § 71 II S. 2 AktG i.V.m. § 272 IV HGB

Der Erwerb eigener Aktien durch die Gesellschaft ist weiterhin nur dann zulässig, wenn die Gesellschaft die nach § 272 IV HGB vorgeschriebene Rücklage

---

[507] *Benckendorff*, S.234 ; *Hüffer*, §71, Rdn.19
[508] *Lutter*, KK, Rdn.53
[509] *Lutter*, KK, § 71, Rdn.54 ; *Barz*, GK, §71, Rdn.17 ; *Hefermehl/Bungeroth*, Geßler/Hefermehl, §71,Rdn.31 ; *Oechsler*, MüKo, §71,Rdn.265

für eigene Aktien bilden kann, ohne dabei das Grundkapital oder eine nach Gesetz oder Satzung zu bildende und nicht für die Zahlung an die Aktionäre bestimmte Rücklage[510] zu mindern. Da eine tatsächliche Rücklagenbildung in der Regel erst mit Erstellung des Jahresabschlusses am Jahresende erfolgt, ist für die Frage der Rechtmäßigkeit des Rückkaufprogramms auf die „Möglichkeit" der Rücklagenbildung im Sinne eines „fiktiven" Zwischenabschlusses abzustellen. Der Vorstand muß nach pflichtgemäßem Ermessen entscheiden, ob die Rücklage aus freien Mitteln gebildet werden könnte, wenn am Stichtag des Rückerwerbs der Jahresabschluß erstellt werden würde.[511]

Über § 71 II S. 2 AktG i.V.m. § 272 IV HGB wird zum einen die bilanzielle Neutralisierung des auf der Aktivseite eingestellten Betrags der eigenen Aktien erreicht und damit eine weitere Auskehr desselben verhindert.[512] Zugleich wird auf diese Weise gewährleistet, daß der Rückerwerb nicht über das gebundene Vermögen der Gesellschaft, sondern allein aus dem ausschüttungsfähigen Gewinn, der Auflösung von Gewinnrücklagen oder sonstwie freien Mitteln finanziert und somit einer Gefährdung der Gläubiger und Aktionäre vorgebeugt wird.[513]

3. Volle Einlageleistung gemäß § 71 II S. 3 AktG

Gemäß § 71 II S.3 AktG sind in den Ausnahmefällen des § 71 I N. 1,2,4,7,8 AktG nur voll eingezahlte Aktien rückerwerbsfähig. Andernfalls würde die Aktiengesellschaft zugleich als Gläubigerin und Schuldnerin auftreten, die Einlageforderung aufgrund der mit dieser Personenidentität verbundenen Konfusion untergehen und im Ergebnis der Grundsatz der Kapitalaufbringung gefährdet werden.[514]

---

[510] beispielhaft sei etwa die gesetzliche Rücklage nach § 150 AktG genannt.

[511] RegBEgr.BT-Drucks.8/1678, S.15 *Oechsler*, MüKo, §71, Rdn.274 ; *Lutter*, KK. §71,Rdn.57

[512] *Hefermehl/Bungeroth*, Geßler/Hefermehl, §71, Rdn.32 ; *Lutter*, KK, §71,Rdn.57 ; *Benckendorff*, S.229

[513] *Beater*, MüKo-HGB, § 272, Rdn.62 ; *Hefermehl/Bungeroth*, Geßler/Hefermehl, §71, Rdn.32 ; *Lutter*, KK, §71,Rdn.57 ; *Benckendorff*, S.229

[514] *Lutter*, KK, §71, Rdn.32,58 ; *Oechsler*, MüKo, §71, Rdn.280

4. Pflicht des Vorstands zum Bericht gemäß § 71 III S.1 AktG und Unterrichtung der Bundesanstalt für Finanzdienstleistungsaufsicht (BaFin) gemäß § 71 III S.3 AktG

a. Berichtspflicht des Vorstands gemäß § 71 III S.1 AktG

Nach § 71 III S.1 AktG muß der Vorstand in der nächsten Hauptversammlung die Aktionäre über Gründe und Zweck der Rückkäufe, über Anzahl und Nennbetrag bzw. rechnerischen Wert der erworbenen Aktien und über ihren Anteil am Grundkapital sowie über ihren Gegenwert unterrichten. Den Aktionären soll so ermöglicht werden, selbständig zu beurteilen und nachzuprüfen, ob der Erwerb eigener Aktien die gesetzlichen Voraussetzungen erfüllt und damit als zulässig anzusehen ist.[515]
Paradoxerweise hat der Gesetzgeber im Rahmen des KonTraG die Berichtspflicht auf den neu eingeführten § 71 I N.8 AktG ausgeweitet, obwohl Art. 19 II S.2 der Kapitalrichtlinie[516] - auf den die Norm zurückgeht – eine sinnvolle Anwendung nur für die Fälle erkennen läßt, denen keine Ermächtigung der Hauptversammlung zugrunde liegt und in denen sich die Aktionäre folglich kein Bild von den Umständen des Rückerwerbes machen können.
Diese Ungereimtheit kann jedoch dahingestellt bleiben, da § 71 III S.1 AktG neben der allgemeinen Berichtspflicht des § 160 AktG kaum praktische Bedeutung zukommt. Nach § 160 I N.2 AktG hat der Vorstand im Anhang zum Lagebericht ohnehin die Aktionäre über die Einzelheiten der Aktienrückkäufe zu informieren. Und da in aller Regel die nächste Hauptversammlung auch diejenige ist, in welcher der Anhang den Aktionären vorzulegen ist, bedarf es für den Vorstand keiner speziellen Berichterstattung, um seiner Berichtspflicht gerecht zu werden.[517]

b. Unterrichtung der Bundesanstalt für Finanzdienstleistungsaufsicht gemäß § 71 III S.3 AktG

Die Aktiengesellschaft hat die BaFin gemäß § 71 III S.3 AktG von der Ermächtigung zum Rückerwerb eigener Aktien i.S.v. § 71 I N.8 AktG bzw. zur Veräußerung i.S.v. § 71 I N.8 S.4 AktG zu informieren. In Ergänzung zu § 15 WpHG soll auf diese Weise die Bekämpfung mißbräuchlicher Insidergeschäfte erleichtert werden.[518]

---

[515] BGHZ 101, 1 (17)
[516] Zweite Gesellschaftsrichtlinie vom 13. Dezember 1976 (EWGRL 77/91)
[517] *Benckendorff*, S.265/266 ; *Oechsler*, MüKo, § 71, Rdn.282 f.
[518] RegBegr. BT-Drucks. 13/9712, S.15

VI. Zwischenergebnis

Grundsätzlich unterfallen sämtliche Beeinflussungsmaßnahmen der Aktiengesellschaft, die ein Erwerbsgeschäft in eigenen Aktien der Gesellschaft zum Gegenstand haben, dem Verbot der Einlagenrückgewähr und dem daraus hervorgehenden Verbot des Rückerwerbs eigener Aktien, §§ 57 S.1, 71 I AktG. Dies gilt nicht für den Einsatz von Kaufs- bzw. Verkaufsoptionen, „forwards" oder „cash settled instruments". Wohl aber wird gemäß §§ 71a, 71d AktG der Erwerb eigener Aktien unter Mitwirkung Dritter für Rechnung der Gesellschaft erfaßt, insbesondere also Kurspflegemaßnahmen unter Übernahme der Pflegekosten durch die Gesellschaft, Rückkäufe im Rahmen des Greenshoes oder die Vereinbarung von „equity swaps". Schließlich werden auch diejenigen Rückkäufe durch Dritte grundsätzlich verboten, die zwar im eigenen Namen und für eigene Rechnung des Dritten erfolgen, aber mit Mitteln der Gesellschaft finanziert werden. Hierunter fällt allerdings nicht die Vereinbarung von „break fees".
Sämtliche dieser Beeinflussungsmaßnahmen sind jedoch dann zulässig, wenn einer der in § 71 I AktG enumerativ aufgezählten Ausnahmetatbestände vorliegt und die jeweiligen Voraussetzungen sowie die Voraussetzungen des § 71 II, III AktG erfüllt sind. Insbesondere im Fall einer Ermächtigung durch die Hauptversammlung i.S.v. § 71 I N.8 AktG ist der Erwerb eigener Aktien in all seinen Varianten zulässig, aber durch die gesetzlichen Erfordernisse der §§ 71 ff. AktG beschränkt.

D. Grenzen der Zulässigkeit von Maßnahmen zur Beeinflussung des eigenen Börsenkurses durch das Verbot „verdeckter" Einlagenrückgewähr gemäß § 57 I S.1 AktG

I. Allgemeines

Die Beeinflussung des eigenen Börsenkurses durch die Aktiengesellschaft ist ferner an dem aktienrechtlichen Verbot der „verdeckten" Einlagenrückgewähr zu messen. Aus dem Grundsatz der Kapitalerhaltung folgt, daß über den Wortlaut des § 57 S.1 AktG hinaus auch solche Leistungen der Gesellschaft an ihre Aktionäre verboten sind, die formal betrachtet den Tatbestand des § 57 S.1 AktG nicht erfüllen - etwa weil es sich um ein Verkehrsgeschäft handelt, gleichwohl aber aufgrund eines Mißverhältnisses von Leistung und Gegenleistung auf „verdeckte" Weise das Prinzip der Vermögensbindung gefährden und zumindest nach Sinn und Zweck den Tatbestand des Verbots der Einlagenrückgewähr erfüllen.[519]

II. Subsumtion einschlägiger Beeinflussungsmaßnahmen unter das Verbot „verdeckter" Einlagenrückgewähr

In Betracht zu ziehen sind auch hier allein diejenigen Beeinflussungsmaßnahmen, die eine Durchführung von (effektiven) Handelsgeschäften in eigenen Aktien beinhalten.

Sind die Voraussetzungen eines der in § 71 I AktG normierten Tatbestände erfüllt, so stellen die An- und Verkaufsgeschäfte in eigenen Aktien gemäß § 57 I S.2 AktG eine gesetzlich gestattete Ausnahme vom grundsätzlichen Verbot der Einlagenrückgewähr i.S.v. § 57 I S.1 AktG dar. Dabei regelt der Gesetzgeber in § 71 I, II AktG die verschiedenen Einzelheiten des Erwerbsvorgangs, ohne jedoch Ausführungen über den zu zahlenden Erwerbspreis zu treffen.[520] Die Höhe des Erwerbspreises ist indes von entscheidender Bedeutung für den Erfolg des durchzuführenden Aktienrückkaufs. Um ausreichend Aktionäre dafür zu gewinnen, ihre Anteile nicht an Dritte über die Börse, sondern im Rahmen des Rückkaufprogramms an die Gesellschaft zu verkaufen, zahlt diese den teilnehmenden Aktionären in aller Regel eine Prämie, die nicht selten erheblich über dem aktuellen Börsenkurs liegt.
Mit der Zahlung überhöhter Erwerbspreise sind jedoch Gefahren für die Gesellschaft verbunden.[521] Entspricht der Kaufpreis nicht dem eigentlichen Wert der zurückerworbenen Anteile, wird dem Aktionär im Zusammenhang mit seiner Mitgliedschaft ein Vermögensvorteil gewährt, der durch keine vollwertige Gegenleistung gedeckt ist und somit zu Lasten des Gesellschaftsvermögens geht. Ähnlich Fällen, in denen sich hinter neutralen Umsatz- oder Drittgeschäften mitgliedschaftlich bedingte Zuwendungen an die Gesellschafter verbergen, ist auch hier der Grundsatz der Kapitalerhaltung gefährdet und der Rückerwerb zu überhöhten Erwerbspreisen als Variante der sog. „verdeckten" Einlagenrückgewähr unter das Verbot des § 57 I S.1 AktG zu subsumieren.[522]
Es stellt sich also die Frage, wann sich der gezahlte Erwerbspreis als unzulässig hoch darstellt und auch bei Erfüllung der Ausnahmevoraussetzungen des § 71 I, II AktG zur Unzulässigkeit des Aktienrückerwerbs führt. Maßgebliches Kriteri-

---

[519] *Hüffer*, §57, Rdn.8 ff.
[520] *Joost*, ZHR 149 (1985), 419 (131)
[521] *Joost*, ZHR 149 (1985), 419 (131) ; *Lutter*, KK, §57, Rdn.17
[522] *Benckendorff*, S.237; ähnlich *Oechsler*, MüKo, § 71, Rdn.64

um muß auch hier ein ausgewogenes Verhältnis zwischen Leistung und Gegenleistung sein.

1. Beeinflussung durch den Rückerwerb über die Börse

Beim Erwerb eigener Aktien über die Börse ergibt sich der Erwerbspreis aus dem aktuellen Börsenkurs. Die Gesellschaft tritt den veräußerungswilligen Aktionären als anonymer Marktteilnehmer gegenüber. Für die Zahlung einer Prämie oder eines Aufschlags verbleibt folglich keinerlei Raum, so daß auch die Gefahr eines überhöhten Erwerbspreises nicht besteht.

2. Beeinflussung durch Prämienzahlung beim öffentlichen Rückkaufverfahren

Im Allgemeinen werden Aktiengesellschaften jedoch größere Mengen an Aktien innerhalb eines kurzen Zeitraumes zurückerwerben wollen und sich demzufolge über öffentliche Rückkaufverfahren (Festpreisangebot oder Preisspannenangebot) direkt an die Aktionäre wenden. Dabei ist die Zahlung einer Prämie unentbehrlich. Fraglich ist also, ob die Prämienzahlung zu einem objektiven Mißverhältnis zwischen dem Wert der Anteile und dem gezahlten Erwerbspreis führt.
Der Wert einer Aktie spiegelt sich in ihrem Marktpreis wider.[523] Bei börsennotierten Aktiengesellschaften bildet grundsätzlich der Börsenkurs den Marktpreis der Aktie.[524] Die Zahlung einer Prämie über dem Börsenkurs würde demzufolge zunächst eine verbotene verdeckte Einlagenrückgewähr an die Aktionäre darstellen. Der Börsenkurs kann jedoch im Rahmen eines öffentlichen Rückkaufverfahrens nicht ohne weiteres als Bezugsgröße herangezogen werden, da ihm als „Index eines anonymisierten Marktes“ ein Preisfindungsmechanismus zugrunde liegt, der sich nicht auf die Besonderheiten dieser Art des Aktienrückerwerbs übertragen läßt.[525] Beim öffentlichen Rückkaufverfahren verläßt die rückerwerbende Gesellschaft ja gerade das Wirkungsfeld anonymer Marktkräfte und tritt direkt an ihre Aktionäre heran, um diese zur Teilnahme am Rückkaufprogramm zu bewegen. Dabei gewinnt die Möglichkeit, schnell und kostengünstig größere Mengen an eigenen Aktien erwerben zu können, so sehr an Bedeutung, daß ihr ein eigenständiger Wert zukommen muß, der je nach Menge der

---

[523] *Hüffer*, §57, Rdn.9 ; *Lutter*, KK, §57, Rdn.17
[524] *Henze*, GK, §57, Rdn.65 ; *Oechsler*, MüKo, §57, Rdn.76
[525] *Oechsler*, MüKo, §71, Rdn.65

zurückzuerwerbenden Aktien sowie nach Länge des veranschlagten Zeitraums variiert. Die Zahlung einer Erwerbsprämie bildet eine Gegenleistung für diesen Wert und ist bei der Berechnung des Marktpreises für eigene Aktien im öffentlichen Rückkaufverfahren auf den Börsenkurs aufzuschlagen.[526]

Steht die Prämienzahlung in keinem erkennbaren Verhältnis mehr zum Werterwerb auf Seiten der Gesellschaft, ist die Grenze zur unzulässigen verdeckten Einlagenrückgewähr i.S.v. § 57 I S.1 AktG überschritten. Üblicherweise wird eine Prämie von bis zu 30 % über dem Börsenkurs als zulässig zu erachten sein.[527] Die Beurteilung hängt insbesondere davon ab, welche Mengen in welchem Zeitraum zurückerworben werden sollen. Je größer die Anzahl und je enger der Zeitraum, desto höhere Kaufpreise sind vertretbar. Maßgebend sind dabei jedoch die konkreten Begebenheiten des Einzelfalls.[528]

3. Beeinflussung durch Paketzuschläge bei individuellen Rückkaufvereinbarungen

Erwirbt die Gesellschaft aufgrund individueller Rückkaufvereinbarungen von einzelnen Aktionären große Aktienpakete zurück, muß sie in aller Regel einen sog. „Paketzuschlag" bezahlen. Der darin beinhaltete Aufpreis ist die werthaltige Gegenleistung für die mit dieser Erwerbsform verbundenen Zeit- und Kostenersparnisse sowie für die zusätzliche - wenn auch nur eingeschränkte – Möglichkeit, auf die Zusammensetzung des Aktionärskreises einzuwirken, und entsprechend den obigen Ausführungen als zulässig einzuordnen. Auch hier gilt jedoch, daß der konkrete Einzelfall über das Verhältnis des Erwerbspreises zum Wertzufluß der Gesellschaft und somit über die Grenze zur verbotenen Einlagenrückgewähr nach § 57 I S.1 AktG entscheidet.[529]

III. Zwischenergebnis

Aus dem Verbot der verdeckten Einlagenrückgewähr nach § 57 S.1 AktG kann sich für Beeinflussungsmaßnahmen, die Erwerbs- oder Veräußerungsgeschäfte der Aktiengesellschaft in eigenen Aktien zum Gegenstand haben, immer dann

---

[526] Schreiben des *BMF* vom 2. Dezember 1998, DStR, 1998, 2011 ; *Oechsler*, MüKo, §71, Rdn.65 ; *Benckendorff*, S.237/238 ;
[527] vgl. *Benckendorff*, S.238
[528] *Benckendorff*, S.238 ; *Oechsler*, MüKo, §71, Rdn.65
[529] Benckendorff, S.238

die rechtliche Unzulässigkeit ergeben, wenn der Erwerb über ein öffentliches Rückkaufangebot oder im Wege individueller Rückkaufvereinbarungen erfolgt und ein eindeutiges Mißverhältnis zwischen dem bisherigen Börsenkurs und dem Erwerbspreis beinhaltet. Unter Berücksichtigung des jeweiligen Einzelfalls kann als Richtwert für die Zulässigkeit dabei eine Überschreitung des Börsenkurses von ca. 30% angesetzt werden.

E. Grenzen der Zulässigkeit von Maßnahmen zur Beeinflussung des eigenen Börsenkurses durch das Gebot der Gleichbehandlung gemäß § 53a AktG

Aus aktienrechtlicher Sicht stellt sich weiterhin die Frage, ob sich aus dem Gebot der Gleichbehandlung Grenzen der Börsenkursbeeinflussung durch die Aktiengesellschaft ableiten lassen.

I. Voraussetzungen des § 53a AktG

Die Aktionäre einer Aktiengesellschaft sind gemäß dem in § 53a AktG normierten aktienrechtlichen Gleichbehandlungsgrundsatz unter gleichen Voraussetzungen gleich zu behandeln. Soweit die Satzung nicht etwas anderes bestimmt oder die Gesellschafter nicht in konkreten Einzelfällen auf eine Gleichbehandlung verzichten, ist den Gesellschaftsorganen grundsätzlich jede willkürliche Ungleichbehandlung der Aktionäre verboten. Dessen ungeachtet muß eine Differenzierung, die auf nachvollziehbaren objektiven Sachgründen beruht, in bestimmten Grenzen möglich bleiben, da andernfalls der Handlungsspielraum der Gesellschaft unverhältnismäßig stark eingeschränkt werden würde. Eine Rechtfertigung der darin gleichwohl bestehenden Ungleichbehandlung kann sich indes nur auf solche Maßnahmen beziehen, die zur Wahrung der Interessen der Gesellschaft als geeignet, erforderlich und angemessen erscheinen.[530]

---

[530] *Hüffer*, §53a, Rdn.10 ; *Lutter/Zöllner*, KK, §53a, Rdn.15 ; *Benckendorff*, S.243

II. Subsumtion einschlägiger Beeinflussungsmaßnahmen unter das Gebot der Gleichbehandlung

1. Beeinflussung durch Erwerbsgeschäfte in eigenen Aktien

a. Überblick

Der Gleichbehandlungsgrundsatz findet auf die Gestaltung aller das Gesellschaftsverhältnis betreffenden Beziehungen der Aktiengesellschaft zu ihren Aktionären Anwendung. Er erstreckt sich unstreitig auch auf den Erwerb eigener Aktien, bei dem die Gesellschaft gleichermaßen mitgliedschaftlich motiviert an die Aktionäre herantritt. Daher gilt das Gebot der Gleichbehandlung auch ohne ausdrückliche Anordnung und gleichsam für sämtliche Ausnahmetatbestände des § 71 I AktG.[531] Die gesonderte Verweisung in § 71 I N.8 S.3 AktG ist daher allein als eine – wenn auch überflüssige – Klarstellung zu verstehen, deren Existenz sich darauf zurückführen läßt, daß der Gesetzgeber nur unter Betonung der strikten Geltung des Gleichbehandlungsgebotes auf die Festlegung besonderer Verfahrensvorschriften für den Erwerbsvorgang eigener Aktien verzichtet hat.[532]

Der Rückerwerb eigener Aktien kann in zweierlei Hinsicht eine Verletzung des Gleichbehandlungsgebotes mit sich bringen. In beiden Fällen droht eine Vermögensverschiebung unter den Aktionären einzutreten, die sich entweder zu Lasten der veräußernden oder der nicht veräußernden Anteilseigner auswirken kann. Denn auf der einen Seite sind es nur die an einem Rückerwerbsprogramm teilnehmenden Aktionäre, die durch die Rückzahlung ihrer Einlage und die Zahlung darüber hinausgehender Prämien Vermögensvorteile auf Kosten der Gesellschaft erlangen. Nicht teilnehmende (aber verkaufswillige) Aktionäre gehen insoweit leer aus. Sie verbleiben zwar in der Gesellschaft und müssen aber dafür die bestehenden mitgliedschaftlichen Beteiligungsrisiken alleine tragen.[533] Auf der anderen Seite kann der Erwerb eigener Aktien den veräußernden Aktionären zum Nachteil gereichen, wenn diese ihre Anteile zu einem Preis verkaufen, der unter dem inneren Wert der Aktie liegt. Die verkaufenden Aktionäre drohen dabei in Unkenntnis der wahren Werthaltigkeit oder etwa einer sich abzeichnenden Wachstumsphase mit ihrem Ausscheiden aus der Gesellschaft von einer etwaigen Wertsteigerung des Unternehmens ausgeschlossen zu werden.[534]
Grundsätzlich bleibt jedoch festzuhalten, daß im Zusammenhang mit dem Rückerwerb eigener Aktien der Gleichbehandlungsgrundsatz nur im Sinne einer

---

[531] *Lutter*, KK, §71, Rdn.15 ; *Hefermehl/Bungeroth*, Geßler/Hefermehl, §71, Rdn.125
[532] RegBegr., KonTraG, BT-Drucks.13/9712, S.13
[533] *Lutter*, KK, §71, Rdn.15 ; *Oechsler*, MüKo, §71, Rdn.198
[534] *Kopp*, S.55 ; *Oechsler*, MüKo, §71, Rdn.198

Chancengleichheit auf Teilnahme am Rückkaufprogramm begriffen werden kann.[535] Ein derartiges Verständnis ist auch der Begründung des Regierungsentwurfs zum KonTraG zu entnehmen, wonach das Gleichbehandlungsgebot bei geschlossenen Aktiengesellschaften bereits dann erfüllt wird, wenn sich das Angebot zum Rückerwerb an alle Aktionäre richtet.[536] Entsprechendes muß dann aber auch für börsennotierte Gesellschaften gelten, die nicht über die Börse, sondern direkt von den Aktionären eigene Aktien zurückerwerben.[537]

Der Pflicht der Unternehmensleitung zur Gleichbehandlung steht reziprok ein Andienungsrecht der Aktionäre gegenüber.[538] Ab dem Zeitpunkt der Rückkaufsentscheidung des Vorstands kann sich dieses Recht zu dem konkreten Anspruch verdichten, im Verhältnis zur Gesamtmenge des Programms so viele Aktien abzunehmen, wie der Anteil des jeweiligen Aktionärs am Grundkapital ausmacht.[539] Das Andienungsrecht der Aktionäre hat zwar auch im Rahmen des KonTraG keinen ausdrücklichen Niederschlag im Gesetzestext gefunden, doch drängt eine konsequente Anwendung des § 53a AktG sowie die parallele gesetzliche Wertung in §§ 186 I, 221 IV AktG eine entsprechende Lesart auf. Während bei einer Kapitalerhöhung die Aktionäre über das Bezugsrecht vor der Verwässerung ihrer Wertanlage geschützt werden, soll das Andienungsrecht als „umgekehrtes Bezugsrecht" beim Aktienrückkauf die nicht verkaufenden Aktionäre davor bewahren, daß ihre Einlage durch die Zahlung eines überhöhten Erwerbspreises an andere Aktionäre wertmäßig ausgehöhlt wird.[540] In beiden Fällen können die Aktionäre jedoch nicht zur Partizipation gezwungen werden.

Es stellt sich somit die Frage inwieweit die einzelnen oben geschilderten Erwerbsmethoden den Anforderungen des Gleichheitsgrundsatzes gerecht werden, insbesondere also ob sie sämtlichen Aktionären die Möglichkeit einräumen, an dem Rückkauf eigener Aktien teilzunehmen bzw. ob bei bestehender Ungleichbehandlung hinreichende Sachgründe den Rückkauf rechtfertigen können.

---

[535] *Benckendorff*, S.243 ; ähnlich auch *Lutter*, KK, §71, Rdn.15
[536] RegBegr., KonTraG, BT-Drucks.13/9712, S.13 ff.
[537] RegBegr., KonTraG, BT-Drucks.13/9712, S.14 ; *Oechsler*, MüKo, §71, Rdn.200 ; *Hüffer*, §71, Rdn.19k
[538] *Paefgen*, AG 1999, 67 (68ff.) ; *Oechsler*, MüKo, §71, Rdn.200
[539] *Oechsler*, MüKo, §71, Rdn.200
[540] *Paefgen*, AG 1999, 67 (69)

b. Erwerb über die Börse

Erwirbt die Gesellschaft eigene Aktien über die Börse zurück, wird ihr Kaufangebot neutral und anonym über den Markt an die verkaufsbereiten Aktionäre vermittelt. Eine gezielte Bevorzugung einzelner Aktionäre ist nicht möglich. Zudem entspricht der Erwerbspreis dem Börsenkurs und beinhaltet keinen über den Einlagewert hinausgehenden Vermögensvorteil zu Lasten der nicht verkaufenden Aktionäre. Das grundsätzliche Andienungsrecht der Aktionäre ist beim Erwerb über die Börse automatisch ausgeschlossen.

Im Ergebnis wird der Aktienrückerwerb über die Börse allen Anforderungen des Gleichbehandlungsgrundsatzes gerecht, was der Gesetzgeber in § 71 I N.8 S. 5 AktG noch einmal klarstellend hervorhebt.

c. Öffentliche Rückkaufverfahren

Tritt die Aktiengesellschaft außerhalb der Börse im sog. Tenderverfahren mit einem festen Rückkaufangebot direkt an die Aktionäre heran, bedarf es vor allem hinreichender Publizität, um die Chancengleichheit sämtlicher Aktionäre bei der Teilnahme am Rückerwerb zu gewährleisten. Die Unternehmensleitung hat das Rückkaufangebot rechtzeitig in den Geschäftsblättern zu veröffentlichen. Dem einzelnen Aktionär muß ausreichend Zeit und Information zur Verfügung stehen, um die Tragweite seiner Verkaufsentscheidung abschätzen und dabei die Werthaltigkeit des Angebots sowie die Wertentwicklung des Aktienkurses überprüfen zu können.[541] Entscheidet sich der Aktionär für eine Teilnahme am Rückkaufprogramm, so gebietet es der Gleichbehandlungsgrundsatz, daß die Gesellschaft seine Anteile samt allen angebotenen Aktien zum gleichen Kaufpreis erwirbt bzw. in Höhe der Beteiligungsquote zu einem gleichen Teil abnimmt.[542] Dies bezieht sich jedoch nur auf diejenigen Aktionäre, deren Angebote eine im Festpreisverfahren vorgegebene bzw. im Auktionsverfahren ermittelte Preisschwelle erreicht haben.[543] Die darin liegende Differenzierung ist mit Blick auf die grundsätzlich gleichen Partizipationschancen hinzunehmen. Macht der Aktionär vom Rückerwerb keinen Gebrauch, so ist diese Entscheidung als willentlicher Verzicht auf die Gleichbehandlung im weiteren Ablauf des Programms zu werten.

---

[541] ähnlich *Oechsler*, MüKo, §71, Rdn.202
[542] RegBegr., BT-Drucks.13/9712, S.13 ; *Escher-Weingart/Kübler*, ZHR 162 (1998), 537 (546) ; *Budde*, S.667 ; *Benckendorff*, S.74/75
[543] *Hüffer*, §71, Rdn.19k

Im Rahmen eines öffentlichen Rückkaufsangebotes besitzt jeder Aktionär die Möglichkeit, von seinem Andienungsrecht Gebrauch zu machen und seine Anteile unter gleichen Bedingungen an die Gesellschaft zu veräußern. Den Anforderungen des § 53a AktG ist insofern Genüge getan.

d. Ausgabe übertragbarer Verkaufsoptionen

Gesteht man den Aktionären im Rahmen des Aktienrückerwerbs grundsätzlich ein übertragbares (§§ 413, 309 BGB) Andienungsrecht zu, schafft man für die nicht verkaufswilligen Aktionäre die Grundvoraussetzung, gleichwohl vom Rückkauf zu profitieren. Die Ausgabe übertragbarer Verkaufsoptionen ermöglicht es den Aktionären, den Wert ihres Andienungsrechts wirtschaftlich zu realisieren, ohne ihre Anteile im Rahmen des Rückkaufs veräußern zu müssen. Anstatt die Verkaufsoption selbst auszuüben, können sie ihr verbrieftes Verkaufsrecht über den aufkommenden Sekundärhandel an andere verkaufsfreudige Aktionäre verkaufen. Der eigenständige Wert des Andienungsrechts errechnet sich dabei aus der Höhe des festgelegten Ausgabepreises im Verhältnis zum Börsenkurs und dessen spekulativer Entwicklung bis zum Ablauf der Ausübungszeit.[544] Die Ausgabe der Verkaufsoptionen richtet sich nach dem Volumen des insgesamt zu erwerbenden Anteils eigener Aktien am Grundkapital sowie nach der jeweiligen Beteiligungsquote des Aktionärs. Aktionäre mit vergleichsweise größeren Beteiligungen können demnach mehr Aktien an die Gesellschaft veräußern als andere. Dies allein führt jedoch nicht zu einer Ungleichbehandlung. Die Aktiengesellschaft ist als Kapitalgesellschaft eingerichtet und muß auch im Rahmen des Gleichbehandlungsgebotes nach Maßgabe der Kapitalbeteiligung beurteilt werden.[545] Jeder Aktionär hat die Chance, den gleichen Prozentsatz seiner Aktien im Rahmen des Rückkaufprogramms zu veräußern.

Die Ausgabe übertragbarer Verkaufsrechte entspricht somit in idealer Form den Anforderungen des Gleichbehandlungsgrundsatzes nach § 53a AktG.[546]

---

[544] *Paefgen*, AG 1999, 67 (69)
[545] BGHZ 70, 117 (121) ; *Bungeroth*, MüKo, § 53a, Rdn.9
[546] *Kindl*, DStR 1999, 1279 ; *Kraft/Altvater*, NZG 1998, 448 (459) ; *Huber*, FS Kropff, S.101 ff. ; *Hillebrandt/Schremper*, BB 2001, 533 (535/536)

e. Individuell vereinbarte Rückkäufe(Pakethandel)

Problematischer stellt sich die Sachlage in Fällen individuell vereinbarter Rückkäufe dar. Erwirbt die Gesellschaft von einzelnen Aktionären größere Aktienpakete zurück, so führt dies zwangsläufig zu einer Ungleichbehandlung derjenigen Aktionäre, die von der Möglichkeit ausgeschlossen werden, ihre Aktien zu den gleichen Bedingungen (Paket- und Kontrollzuschläge) veräußern zu können.
Aus diesem Grund lehnen vereinzelte Stimmen in der Literatur die Zulässigkeit des Pakethandels kategorisch ab.[547] Ein Rückkaufangebot habe sich laut der Gesetzesmaterialien an sämtliche Aktionäre zu richten.[548] Andernfalls würde dem Vorstand entgegen der aktienrechtlichen Kompetenzverteilung die Möglichkeit eröffnet, über den Auskauf unliebsamer Aktionäre mißbräuchlich auf die Zusammensetzung des Aktionärskreises einzuwirken und so die interne Stimmrechtsverhältnisse gezielt zu verändern.[549]
Auf der anderen Seite ist der Gesetzesbegründung zum KonTraG ebenso eindeutig der Entschluß zu entnehmen, im Rahmen des § 71 AktG auf die Festlegung bestimmter Erwerbsverfahren zu verzichten. Eine Beschränkung solle sich allein aus der strikten Geltung des Gleichbehandlungsgebotes ergeben.[550] Auch wird die Möglichkeit der individuell vereinbarten Rückkäufe in den Materialien sogar exemplarisch zur Durchführung von Generationswechseln in geschlossenen, personalisierten Aktiengesellschaften aufgeführt und damit zumindest grundsätzlich als zulässige Erwerbsmethode angesehen.[551] Erwirbt die Aktiengesellschaft die eigenen Aktien gerade nicht über die Börse, muß ähnliches auch für eine börsennotierte Gesellschaft gelten.

In Anerkennung des Andienungsrechts der Aktionäre ist der Einsatz individueller Rückkaufaktionen konsequenterweise von einem vorherigen Ausschluß des Andienungsrechts abhängig zu machen.[552] Wie auch im Fall des echten Bezugsrechtsausschlusses i.S.v. § 186 III AktG ist danach zu fragen, inwieweit objektive Sachgründe vorliegen, die den Ausschluß des „umgekehrten" Bezugsrechts und die damit einhergehende Ungleichbehandlung rechtfertigen können.[553] Eine formale Ungleichbehandlung allein führt noch nicht zwangsläufig zu einem

---

[547] *Huber*,FS Kropff, S.101ff. ; *v. Rosen/Helm*, AG 1996, 434 (439) ; *Peltzer*, WM 1998, 322 (329) ; *Hampel*, S.7
[548] RegBegr., KonTraG, BT-Drucks.13/9712, S.13
[549] vgl. *Kopp*, S.45 ; *Hampel*, S.7
[550] RegBegr., KonTraG, BT-Drucks.13/9712, S.13
[551] RegBegr., KonTraG, BT-Drucks.13/9712, S.14. Die Gesellschaft kann die Anteile ausscheidungswilliger Aktionäre einvernehmlich übernehmen oder so eine Patt-Situation unter den Anteilseignern auflösen.
[552] So auch *Oechsler*, MüKo, §71, Rdn.204
[553] BGHZ 71, 40 (Kali und Salz)

Verstoß gegen § 53a AktG. Der Rückkauf größerer Aktienpakete von einzelnen Aktionären muß erforderlich und verhältnismäßig sein. Insbesondere darf der Unternehmensleitung keine mildere, die Mitgliedschaftsrechte sämtlicher Aktionäre mindestens gleichwertig wahrende Erwerbsmethode zur Verfügung stehen. Neben den bereits erwähnten Rückkäufen zur Regelung gesellschaftsinterner Konfliktsituationen in geschlossenen (kleinen) Aktiengesellschaften sind gezielte Rückkäufe von einzelnen Aktionären in der Publikumsgesellschaft nur in Ausnahmefällen denkbar, da sie dort in aller Regel finanzpolitischen Zielsetzungen unterstellt und ohne weiteres mit anderen Erwerbsmethoden zu erreichen sind. Der Weg über den individuellen Pakethandel bietet sich jedoch in den Fällen an, in denen sich eine Aktiengesellschaft kostengünstig von einer bestimmten Aktiengattung – etwa den zunehmend unpopulären Vorzugsaktien i.S.v. § 139 AktG - trennen möchte.[554] Erwogen wird auch, den Pakethandel dann zuzulassen, wenn das betreffende Aktienpaket – ansonsten unverkäuflich - auf dem freien Markt der Gesellschaft Schaden zufügen würde[555]; gleiches gilt in Fällen extremer Kostenersparnis.[556]

Schließlich setzt der Ausschluß des Andienungsrechts gemäß § 71 I N.8 S.4 AktG formal die Zustimmung der Aktionäre voraus. Im Regelfall des § 71 I N.8 AktG wird diese zusammen mit dem Ermächtigungsbeschluß ergehen. Dabei ist die einfache Mehrheit i.S.v. § 133 I AktG ausreichend. Die Verweisung auf § 186 III S.2 AktG gilt nach dem eindeutigen Wortlaut nur für den Fall der Weiterveräußerung eigener Aktien.

Individuell vereinbarte Erwerbsgeschäfte verstoßen nicht gegen den aktienrechtlichen Grundsatz der Gleichbehandlung aus § 53a AktG, solange ihnen ein wirksamer Ausschluß der Andienungsrechte der übrigen Aktionäre vorausgeht.

f. Zwischenergebnis

Der Erwerb eigener Aktien durch die Aktiengesellschaft auf dem Weg über die Börse, über ein öffentliches Rückkaufverfahren, einschließlich der Ausgabe übertragbarer Verkaufsoptionen verstößt nicht gegen den Gleichbehandlungsgrundsatz. Beeinflussungsmaßnahmen sind unter diesem Aspekt aktienrechtlich

---

[554] *Hillebrandt/Schremper*, BB 2001, 533 (535). Im Gegensatz zur Umwandlung der Aktiengattung i.S.v. §141 I AktG und zur Einziehung i.S.v. §§ 237 iVm 222-240 AktG bedarf es bei der Eliminierung der Aktiengattung durch Aktienrückerwerb nicht eines Sonderbeschlusses z.B. der Vorzugsaktionäre und damit zweier separater Gesellschafterbeschlüsse und ist im Ergebnis mit geringeren Kosten verbunden.

[555] *Wastl*, DB 1997, 461 (463)

[556] Benckendorff, S.246

zulässig. Gleiches gilt für individuell vereinbarte Rückkäufe bei entsprechender Einhaltung der Vorschriften über den Bezugsrechtsausschluß.

2. Beeinflussung durch Veräußerungsgeschäfte in eigenen Aktien

Das Aktiengesetz sieht zunächst keine gesonderten gesetzlichen Bestimmungen über die Art und Weise der Veräußerung eigener Aktien durch die Gesellschaft vor. Wie auch der Erwerbsvorgang unterliegt die Veräußerung eigener Anteile den allgemeinen aktienrechtlichen Grundsätzen und damit ebenfalls dem Gebot der Gleichbehandlung sowie den daraus hervorgehenden Regeln über den Bezugsrechtsausschluß (analog § 186 III, IV AktG). Der Verweisung in § 71 I N.8 S.3 AktG kommt auch hier eine bloß klarstellende Bedeutung zu.

a. Veräußerung über die Börse

Gemäß § 71 I N.8 S.4 AktG genügt die Veräußerung über die Börse[557] den Anforderungen des §53a AktG. Die Anonymität und Neutralität der Börse verhindert die gezielte Bevorzugung einzelner Aktionäre.[558] So sieht auch die Gesetzesbegründung den Weg über die Börse als den Regelfall der Wiederveräußerung eigener Aktien an.[559]

Bei der Veräußerung über die Börse werden Aktien jedoch zwangsläufig auch Nichtaktionären angeboten. Insofern drängt sich die Frage auf, ob die eigenen Anteile nicht grundsätzlich erst den Aktionären im Sinne eines generellen Bezugsrechts analog § 186 I AktG anzubieten sind und die Veräußerung von einem vorherigen Bezugsrechtsausschluß der Aktionäre analog § 186 III, IV AktG abhängig zu machen ist.
Einige Stimmen in der Literatur verweisen in diesem Zusammenhang auf die mit dem Fall einer Kapitalerhöhung durch Ausgabe junger Aktien vergleichbare Interessenlage.[560] Aus der Sicht der Aktionäre bestehe auch hier die Gefahr der Verwässerung ihres Vermögenswertes durch Verkauf der Aktien unter dem

---

[557] d.h. Abwicklung des Geschäfts in sämtlichen Marktsegmenten sowie an ausländischen Börsenplätzen, vgl. RegBegr., KonTraG, BT-Drucks.13/9712, S.13
[558] *Martens*, AG 1996, 337 (339)
[559] RegBegr., KonTraG, BT-Drucks.13/9712, S.13 = ZIP 1997, 2059 (2060)
[560] *Martens*, AG 1996, 337 (343) ; *Lutter*, KK, §71c; Rdn.27 ; *Huber*, FS Kropff, S.1997 ; *Hüffer*, §71, Rdn.19 l ; *Kiem*, ZIP 2000, 209 (214) ; *Reichert/Harbarth*, ZIP 2001, 1441 (1442)

Marktwert sowie das Risiko einer Veränderung ihrer Stimmrechtsmacht.[561] Zudem seien die zurückerworbenen Aktien Teil des Gesellschaftsvermögens, dessen Wert allein den Aktionären im Verhältnis ihrer Beteiligungsquote zustehe.[562] Folglich müssen die Aktionäre mit Hilfe der Gewährung eines Bezugsrechts und der dort geltenden ungeschriebenen Voraussetzung der sachlichen Rechtfertigung geschützt werden.
Gegenteilige Stimmen betonen dagegen die Zugehörigkeit der zurückerworbenen Aktien zum Umlaufvermögen und ordnen ihre Veräußerung dementsprechend den schlichten Umsatzgeschäften zu, in deren Abwicklung kein Raum für die analoge Anwendungen des § 186 I AktG verbleibe. Zudem würde sich die Veräußerung eigener Aktien für die Aktionäre erst dann als wirtschaftlich sinnvoll erweisen, wenn der Ausgabepreis unter dem Marktpreis liege, mit der Folge, daß eine Veräußerung unter Geltung eines generellen Bezugsrechtes stets die Gefahr einer unzulässigen Einlagenrückgewähr in sich trage.[563]
Tatsächlich ist ersterem Ansatz entgegenzuhalten, daß die Interessenlage gegenüber dem Fall des § 186 I AktG durchaus verschieden ist.[564] Wie dort verändert die Veräußerung eigener Aktien zwar die Beteiligungsverhältnisse innerhalb der Gesellschaft, doch wird dabei ein „status quo ante" hergestellt, der im Rahmen des Rückerwerbs gemäß § 71b AktG nur vorübergehend zugunsten der Aktionäre aufgehoben wurde. Somit stellt die Wiederveräußerung lediglich die Stimmrechtsverhältnisse wieder her, die vor dem Rückerwerb gegolten haben. Bestehen bleibt allein die Gefahr einer Verwässerung der Vermögensrechte. Ihr kann jedoch mit Hilfe der Sorgfalts- und Treuepflicht der Verwaltung entgegengetreten werden. Der Vorstand ist als Treuhänder fremden Vermögens gemäß § 93 I S.1 AktG angehalten, die Vermögensinteressen der Aktionäre bestmöglich zu wahren und in diesem Sinne insbesondere einen optimalen Preis für die ausgegebenen Papiere zu erzielen.[565]
Hinzu tritt schließlich der eindeutige Wortlaut des § 71 I N.8 S.4 AktG, demzufolge § 186 III, IV AktG nur für den Fall gelten soll, in dem die Hauptversammlung „eine andere Veräußerung" beschließt. Eine generelle Verweisung erfolgt gerade nicht. Laut der Gesetzesmaterialien handelt es sich vielmehr um eine eingeschränkte Verweisung auf diejenigen Veräußerungsarten, die unter Durchbrechung des Gleichbehandlungsgrundsatzes erfolgen.[566] Anders formuliert: wird der Gleichbehandlungsgrundsatz eingehalten, bedarf es keines Bezugsrechtsausschlusses analog § 186 III, IV AktG und damit keiner gesonderten Beschlußfas-

---

[561] *Martens*, AG 1996, 337 (343)
[562] *Oechsler*, MüKo, §71, Rdn.209
[563] *Hefermehl/Bungeroth*, Geßler/Hefermehl, § 71c, Rdn.18 ; *Würdinger*, S.62
[564] Benckendorff, S.281
[565] Benckendorff, S.281
[566] RegBegr., KonTraG, BT-Drucks.13/9712, S.14

sung der Hauptversammlung. Die Veräußerung fällt als Geschäftsführungsaufgabe in die alleinige Zuständigkeit des Vorstands.

Für die Veräußerung der eigenen Aktien über die Börse ist ein allgemeines Bezugsrecht der Aktionäre vom Gesetz somit nicht vorgesehen.

b. Veräußerung über öffentliche Verkaufsangebote

Genügt nach dem ausdrücklichen Willen des Gesetzgebers die Veräußerung eigener Aktien über die Börse den Anforderungen des § 53a AktG, so muß das auch für andere Veräußerungen (§ 71 I N.8 S.4 AktG) außerhalb der Börse gelten, solange sich das Angebot dabei an sämtliche Aktionäre zu gleichen Bedingungen richtet und die Verwaltung bereits auf diese Weise die Chancengleichheit aller Aktionäre wahrt.

c. Individuelle Verkaufsangebote an einzelne Aktionäre

Etwas anderes kann sich allerdings dann ergeben, wenn die Gesellschaft die zurückerworbenen Aktien frei an einzelne Aktionäre veräußert, etwa um größere Mengen Kapitals kurzfristig, kostengünstig und zugleich kursschonend aufnehmen zu können. Hier weicht die Veräußerung zwangsläufig von dem Grundsatz gleichmäßiger Zuteilung der zurückerworbenen Anteile ab.
In solchen Fällen formaler Ungleichbehandlung fordert der Gesetzgeber als Ausgleich die entsprechende Anwendung des § 186 III, IV AktG, da die Lage spätestens dann wirtschaftlich dem Bezugsrechtsausschluß bei jungen Aktien entspricht.[567] Dabei wird der Verweis auf den Bezugsrechtsausschluß bereits bei Vorliegen der formalen Ungleichbehandlung ausgelöst; ein Verstoß gegen § 53a AktG, der zusätzlich auch das Fehlen einer sachlichen Rechtfertigung verlangt, ist nicht Voraussetzung.[568] Ansonsten würde § 71 I N.8 S. 5 AktG vollständig ins Leere laufen und paradoxerweise nur bei fehlender Rechtfertigung auf § 186 III, IV AktG verweisen, der ohne sachliche Rechtfertigungsgründe wiederum nie einen rechtmäßigen Bezugsrechtsausschluß zulassen würde.[569]
Demzufolge ist die Gesellschaft in der Veräußerung eigener Aktien unter Mißachtung gleichberechtigter Zuteilung an die Aktionäre nur dann frei, wenn der Vorstand den Aktionären hinreichende Gründe für die Abweichung von der

---

[567] RegBegr., KonTraG, BT-Drucks.13/9712, S.114
[568] vgl. zu den Voraussetzungen des §53a AktG: *Hüffer*, §53a, Rdn.8-10
[569] vgl. *Weiß*, WM 1999, 353 (361)

Gleichbehandlung sowie die Höhe des Bezugspreises (§ 186 IV S.2 AktG) vorlegen kann und diese in der Hauptversammlung den Vorgang mit der erforderlichen ¾-Mehrheit billigen (§ 186 III S.2 AktG).[570]

Gemäß §§ 71 I N.8 S. 5 i.V.m. 186 III S.4 AktG ist der Bezugsrechtsausschluß auch mit erleichterter sachlicher Rechtfertigung zulässig, wenn der Ausgabebetrag den Börsenpreis nicht wesentlich unterschreitet. Als Bezugsgröße wird in der Regel der Börsenpreis im Sinne eines Durchschnittspreises zugrunde gelegt, der sich aus einer Zeitspanne von etwa fünf Börsentagen errechnet und der regelmäßig um 3%, maximal jedoch um bis zu 5% unterschritten werden darf.[571] Darüber hinaus ist die Gesellschaft laut § 186 III S. 4 AktG auch im Rahmen der Weiterveräußerung auf eine Höchstgrenze von 10% des zum Beschlußzeitpunkt bestehenden Grundkapitals beschränkt. Dieser Schwellenwert ergibt sich freilich bereits aus der Erwerbsgrenze des § 71 I N.8 S.1 AktG, nach der ohnehin höchstens 10% an eigenen Anteilen zurückerworben werden können. Wie auch dort darf der 10%ige Grenzwert insgesamt nur einmal ausgeschöpft werden.[572]

Der Beschluß der Hauptversammlung, eine andere Veräußerung zu gestatten, muß zum Schutze der abstimmenden Aktionäre zusammen mit dem Ermächtigungsbeschluß über den Rückerwerb gefaßt werden. Da die Entscheidung der Aktionäre zu diesem Zeitpunkt noch maßgeblich von der Erwartung getragen sein wird, aufgrund der Geltung des Gleichbehandlungsgebotes ebenfalls gleichberechtigt an der Weiterveräußerung teilnehmen zu können, kann ein sachgerechtes Urteil über den Rückkauf nur in Kenntnis des Bezugsrechtsausschlusses getroffen werden.[573] Die 18monatige Frist des § 71 I N.8 S.1 AktG gilt dabei nur für die Ermächtigung zum Rückerwerb eigener Aktien und richtet sich nicht auf deren Veräußerung. Der Ausschluß des Bezugsrechts ist schließlich als Tagesordnungspunkt gemäß § 124 AktG bekanntzugeben (§ 186 IV S.1).
Die Veräußerung eigener Aktien an einzelne Aktionäre ist nur bei einem vorherigen wirksamen Ausschluß der Bezugsrechte der übrigen Aktionäre zulässig.

d. Veräußerungsgeschäfte zur Bedienung von Aktienoptionsprogrammen

Im Rahmen der Liberalisierung des Aktienrechts durch das KonTraG hat der Gesetzgeber den Gesellschaften die Möglichkeit an die Hand gegeben, mit Hilfe

---

[570] es gelten die Maßstäbe der Siemens/Nold-Entscheidung: BGHZ 136, 133 = ZIP 1997, 1499
[571] RegBegr. BT-Drucks.12/7848, S.9 ; *Groß*, DB 1994, 2431 (2435) ; *Hüffer*, §186, Rdn.39d
[572] RegBegr. BT-Drucks.113/9712, S.14
[573] *Oechsler*, MüKo, §71, Rdn.218

sog. „nackter Optionen“ Mitgliedern der Geschäftsleitung sowie Führungskräften des Unternehmens Aktienoptionen zu gewähren und den bis dahin in der Praxis gebräuchlichen, doch umständlichen Weg der Koppelung an die Ausgabe von Optionsanleihen oder Wandelschuldverschreibungen zu umschiffen.[574] Für die Unterlegung der Optionen mit entsprechenden Aktien steht neben dem Institut des bedingten Kapitals (§ 192 II N.3 AktG) auch die Veräußerung zurückerworbener Aktien (§ 71 I N.8 AktG) zur Verfügung.[575] Die Weiterveräußerung der eigenen Anteile an die Führungskräfte führt dabei zwangsläufig zu einer formalen Ungleichbehandlung der übrigen Aktionäre, die nicht dem Begünstigtenkreis angehören. Damit unterfällt die Bedienung von Optionsprogrammen den obigen Ausführungen zufolge als „andere Veräußerung“ dem § 71 I N.8 S. 5 AktG, der eine entsprechende Anwendung der § 186 III, IV AktG sowie § 193 II N.4 AktG anordnet.

Mit der Verweisung auf § 193 II N.4 AktG stellt der Gesetzgeber den Eigenerwerb im Rahmen der Bedienung der Aktienoptionen dem bedingten Kapital gleichberechtigt zur Seite und sucht so zu gewährleisten, daß die strengen Anforderungen der §§ 192 ff. AktG nicht über den Umweg der Veräußerung eigener Aktien untergraben werden können.[576]
Gerade vor diesem Hintergrund stellt sich also die Frage, inwieweit § 186 III, IV AktG auch im Zusammenhang mit Optionsprogrammen anzuwenden sind. In der Literatur vorgebrachte Zweifel konzentrieren sich vornehmlich auf die vom Gesetzgeber erstrebte Angleichung des „Sicherheitsniveaus“ beider Bedienungsvarianten, die eben nicht erreicht werden könne, würde man einen Bezugsrechtsausschluß bei der Veräußerung eigener Aktien, nicht jedoch bei dem Einsatz eines bedingten Kapitals verlangen.[577] § 193 II N.4 AktG und § 186 III, IV AktG stehen vielmehr in einem Alternativverhältnis. Ein Beschluß der Hauptversammlung über Wartezeiten, Erfolgsziele etc. mache nur im Zusammenhang mit Optionsprogrammen Sinn, während umgekehrt die Regeln über den Bezugsrechtsausschluß nur in den sonstigen Fällen ungleichbehandelnder Veräußerungen eingreifen sollen. Die ausgeschlossenen Aktionäre seien außerdem hinreichend über die Bestimmtheitserfordernisse des § 193 II N.4 AktG geschützt.[578]
Diesen systematischen Erwägungen ist entgegenzuhalten, daß bei der Beschlußfassung einer bedingten Kapitalerhöhung zur Gewährung von Bezugsrechten an Arbeitnehmer und Mitglieder der Geschäftsführung der Gesellschaft das Bezugsrecht der Aktionäre schon kraft Gesetzes ausgeschlossen ist.[579] Dies liegt in

---

[574] RegBegr., KonTraG, BT-Drucks.13/9712, S.14
[575] RegBegr., KonTraG, BT-Drucks.13/9712, S.14
[576] RegBegr., KonTraG, BT-Drucks.13/9712, S.14 ; *Hüffer*, §71,Rdn.19 l
[577] *Weiß*, WM 1999, 353 (362)
[578] *Weiß*, WM 1999, 353 (362)
[579] LG Stuttgart DB 2000, 2110

der Natur der Sache. Die Aktionäre kennen die gesetzlich enumerativ vorgegebenen Verwendungszwecke des bedingten Kapitals. Ergänzt durch die strengen Beschlußanforderungen des § 193 II AktG haben sie die Möglichkeit, bereits im Vorfeld abzuwägen, inwieweit sie dem Aktienoptionsprogramm eine Unternehmenswertsteigerung zutrauen, die den negativen Kapitalverwässerungseffekt übersteigen wird.[580] Zudem ist die Schaffung des bedingten Kapitals gemäß § 193 I AktG an eine qualifizierte Beschlußmehrheit von mindestens ¾ der Stimmen gebunden. Demgegenüber kann die Gesellschaft gemäß § 71 I N.8 AktG mit bloß einfacher Stimmenmehrheit und ohne Zweckvorgabe Aktien zurückerwerben. Würde man nun auf die entsprechende Anwendung der Regeln über den Bezugsrechtsausschluß verzichten, könnte die Gesellschaft diese Aktien dann ohne weitere Mitwirkung der Anteilseigner zur Bedienung der Optionen verwenden. Im Ergebnis verlangt also gerade die Angleichung des „Sicherheitsniveaus" eine kumulative Anwendung von § 186 III, IV AktG und § 193 II N.4 AktG. Schließlich soll über den Verweis auf § 193 II N.4 AktG lediglich das Maß an Bestimmtheit und Transparenz erhöht werden, jedoch nicht der Wertung des Gesetzgebers entgegengewirkt werden, daß jede formale Ungleichbehandlung durch entsprechende Anwendung der Bestimmung über den Bezugsrechtsausschluß auszugleichen ist.

Die Bedienung von Aktienoptionen mit eigenen Aktien der Gesellschaft bedarf folglich einer Beschlußfassung der Hauptversammlung i.S.v. § 186 II, IV AktG. Dabei ersetzt jedoch der ausdrückliche Verweis auf § 193 II N.4 AktG die sachliche Rechtfertigung des Bezugsrechtsausschlusses.[581] Aufgrund der schweren Berechenbarkeit des Wertes der Optionen, der schwer vorhersagbaren Anreizwirkung der Optionsprogramme und der daraus folgenden schlechten gerichtlichen Überprüfbarkeit würde eine zusätzlich sachliche Rechtfertigung den Einsatz eigener Aktien im Rahmen der Bedienung von Aktienoptionen entgegen der gesetzgeberischen Vorstellung unverhältnismäßig erschweren.

Der Beschluß hat die für die Anteilseigner wesentlichen Eckpunkte der Aktienoptionen zu benennen. Er muß laut § 193 II N.4 AktG Regelungen über die Aufteilung der Bezugsrechte, die Erfolgsziele des Programms, den Erwerbs- sowie Ausübungszeitraum enthalten.

Besonderes Augenmerk fällt dabei auf die Bindung der Aktienoptionen an die Realisierung bestimmter Erfolgsziele. Unter Erfolgszielen sind die Ziele zu verstehen, die erreicht sein müssen, bevor die Bezugsrechte überhaupt begründet werden dürfen.[582] Sie können sich u.a. an einer bestimmten Entwicklung des

---

[580] RegBegr., KonTraG, BT-Drucks.13/9712, S.24
[581] *Oechsler*, MüKo, §71, Rdn.222 ; LG Stuttgart, DB 2000, 2110
[582] LG Stuttgart DB 2000, 2110 ; *Hüffer*, § 193 Rdnr. 9

Börsenkurses bzw. eines Kursindexes orientieren. Richtiger Auffassung zufolge steht der Anknüpfung an den Börsenkurs nicht entgegen, daß den Begünstigten dann unter Umständen auch Kurssteigerungen zugute kommen können, die nicht von einer Ergebnissteigerung des Unternehmens begleitet sind, sondern lediglich auf Grund einer allgemeinen Markt- und Börsensituation herbeigeführt wurden (sog. „windfall profits").[583] Denn die Kurssteigerung beinhaltet für den einzelnen Aktionär bereits einen realisierbaren Wertzuwachs, der hinreichend legitimes Ziel des Optionsprogramms sein kann.[584] Zur gleichen Zeit erhöht ein an der Kursentwicklung ausgerichtetes Erfolgsziel die Anreize auf Seiten der Begünstigten, den Börsenkurs zu beeinflussen, um die Zielvorgabe zu erreichen und die Ausgabe der Optionen sicherzustellen. Soll darüber hinaus die Option „ins Geld gebracht werden", so besteht die Gefahr, daß etwa die kurssteigernden Auswirkungen des Aktienrückerwerbs gezielt dazu eingesetzt werden, die Option auf dem Höhepunkt des Bezugsrechts ausüben zu können.[585] Um diesen Verdachtsmomenten entgegenzuwirken, bietet es sich an, die erstmalige Ausübung der Option zeitlich deutlich vom Ende des Ermächtigungszeitraums i.S.v. § 71 I N.8 S.1 AktG abzuheben.[586]

Die Bedienung von Aktienoptionen mit eigenen Aktien der Gesellschaft unterfällt dem Verdikt des Gleichbehandlungsgrundsatzes aus § 53a AktG und bedarf folglich eines Bezugsrechtsausschlusses durch Beschlußfassung der Hauptversammlung i.S.v. § 186 II, IV AktG. Dabei ersetzt jedoch der ausdrückliche Verweis auf § 193 II N.4 AktG die sachliche Rechtfertigung des Bezugsrechtsausschlusses.

e. Veräußerung an außenstehende Dritte

Sollen auf der anderen Seite eigene Aktien beispielsweise im Zusammenhang mit einer Unternehmensakquisition veräußert, als Gegenleistung für (andere) Sacheinlagen gewährt oder sonstwie an außenstehende Dritte ausgeben werden, ist die Veräußerung eigener Aktien unter anderen Gesichtspunkten zu beurteilen.[587] Da das Gesetz die Anwendung der Regelungen über den Bezugsrecht-

---

[583] LG Stuttgart DB 2000, 2110 ; *Oechsler*, MüKo, §71, Rdn.225

[584] *Oechsler*, MüKo, §71, Rdn.225

[585] *Oechsler*, MüKo, §71, Rdn.226

[586] RegBegr., KonTraG, BT-Drucks.13/9712, S.14

[587] Der Gesetzgeber nennt des weiteren die Ausgabe an institutionelle Anleger, die Einführung der Aktien an einer ausländischen Börse. RegBegr., KonTraG, BT-Drucks.13/9712, S.14. Zu denken ist auch an eine Verwendung im Rahmen von Teilschuldverschreibungen mit Wandel- oder Optionsrechten, vgl. *Reichert/Harbarth*, ZIP 2001 1441 (1447)

sausschluß analog § 186 III, IV AktG an die Wahrung des Gleichbehandlungsgrundsatzes knüpft, der Gleichbehandlungsgrundsatz wiederum ausschließlich zwischen den Aktionären Geltung entfalten kann, ist die Gesellschaft frei, die zurückerworbenen Aktien an außenstehende Dritte zu veräußern. § 71 I N.8 S.4 AktG begründet kein allgemeines Bezugsrecht der Aktionäre, sondern soll allein die Aktionäre vor einer Ungleichbehandlung im Verhältnis zu ihren Mitaktionären bewahren.[588] Ein anderes Verständnis würde am Ende die Verwendung des Aktienrückerwerbs sowie die Veräußerung der eigenen Aktien als ein flexibel einsetzbares, finanzpolitisches Instrument empfindlich erschweren. Zudem ist es den Aktionären stets überlassen, Einzelheiten des Veräußerungsvorgangs im Ermächtigungsbeschluß der Hauptversammlung vorzugeben und den Spielraum des Vorstands auf diese Weise einzuschränken.

Eine Veräußerung eigener Aktien ausschließlich an außenstehende Dritte unterliegt keinen besonderen Grenzen des Gleichbehandlungsgrundsatzes, insbesondere besteht kein allgemeines Bezugsrecht der Aktionäre.

f. Zwischenergebnis

Im Ergebnis entspricht die Veräußerung eigener Aktien durch die Aktiengesellschaft über die Börse sowie über ein öffentliches Rückkaufverfahren den Anforderungen des § 53a AktG. Individuell vereinbarte Veräußerungen sind hingegen nur bei einem wirksamen Ausschluß des Bezugsrechts zulässig, ebenso wie die Bedienung von Optionsprogrammen. Die Veräußerung eigener Aktien als Maßnahme der Beeinflussung des Börsenkurses durch die Aktiengesellschaft ist soweit zulässig. Auf Veräußerungsgeschäfte mit außenstehenden Dritten findet § 53a AktG bereits keine Anwendung.

3. Beeinflussung durch Bedienung der Mehrzuteilungsoption im Rahmen des „Greenshoe"

Da die Emissionsbanken beim sog. „Greenshoe" mehr Aktien zuteilen, als tatsächlich im Emissionsvolumen des Emittenten enthalten sind, muß sich das Konsortium im Wege einer Wertpapierleihe zur Erfüllung ihrer Verpflichtungen beim Emittenten mit hinreichend Aktien eindecken. Überschreitet der Aktienkurs bereits unmittelbar nach der Plazierung den Ausgabepreis, ist es für die Banken wirtschaftlich wenig sinnvoll, die Papiere zur Befriedigung der Rückgabeverpflichtung aus dem Leihgeschäft am Kapitalmarkt anzukaufen. Für diesen

---

[588] Benckendorff, S.285

Fall gewährt die Aktiengesellschaft den Emissionsbanken in der Regel eine sog. „Mehrzuteilungsoption", die diese dazu berechtigt, eine den ausstehenden Papieren entsprechende Anzahl von Aktien zu den ursprünglichen Ausgabebedingungen zu erwerben.
Bedient die Aktiengesellschaft die Mehrzuteilungsoption, werden die Aktien allein dem Emissionskonsortium zur Verfügung gestellt. Auch hier kommt es also zwangsläufig zu einer formalen Ungleichbehandlung der übrigen Aktionäre.
Stammen die Aktien aus einem vorherigen Rückerwerb i.S.v. § 71 I AktG, so gelten die obigen Ausführungen.
Für die außerordentlich kurzfristige Bereitstellung der Aktien kommt neben den zurückerworbenen Anteilen insbesondere der Weg über ein bereits vor der Plazierung genehmigtes Kapital unter vereinfachtem Ausschluß des Bezugsrechts der übrigen Aktionäre gemäß §§ 203 I S.1 i.V.m. 186 III S.4 AktG in Betracht. In diesem Zusammenhang ist jedoch zu bedenken, daß das Bankenkonsortium jeweils nur dann von der Mehrzuteilungsoption Gebrauch machen wird, wenn der Ausübungspreis der Option unter dem aktuellen Börsenkurs liegt. Nach § 186 III S.4 AktG ist ein vereinfachter Bezugsrechtsausschluß jedoch nur dann zulässig, wenn der Ausgabepreis der neuen Aktien den Börsenkurs nicht wesentlich unterschreitet. Der Schwellenwert wird im allgemeinen bei 5% angesiedelt, während 3% den Regelabschlag bilden.[589] Diese Obergrenze kann aber gerade im Anschluß an eine Erstplazierung durch starke Kurschwankungen leicht überschritten werden.[590]
Fraglich ist jedoch, zu welchem Zeitpunkt der Börsenkurs als Vergleichsgröße heranzuziehen ist. Folgt man dem Wortlaut der Vorschrift und stellt man auf den zur Zeit der Ausgabe geltenden Kurs ab, würde die zeitliche Verzögerung der Durchführung der Kapitalmaßnahme durch die Registereintragung (§§ 203 I S.1, 189 AktG) das Risiko der Kursschwankungen erhöhen und die praktische Einsetzbarkeit des genehmigten Kapitals erheblich erschweren. Da der Beschluß über die Durchführung der Kapitalerhöhung in Höhe des „Greenshoe" regelmäßig vor der Emission der Aktien gefaßt wird, liegt eine später eintretende Erhöhung des Aktienkurses außerhalb der Einflußmöglichkeit der Unternehmensleitung und kann mithin nicht mehr in der Beschlußfassung berücksichtigt werden. Nach einhelliger Meinung sind insofern der Zeitpunkt der letzten Verwaltungsentscheidung und damit die Beschlußfassung des Vorstands plus Zustimmung durch den Aufsichtsrat maßgeblich.[591] Zu diesem Zeitpunkt entspricht der ver-

---

[589] BT-Drucks.12/7848, S.9 ; *Lutter*, AG 1994, 429 (442) sieht die Obergrenze hingegen bei 3%.
[590] *Hein*, WM 1996, 1 (7) ; *Hoffmann-Becking*, S.42
[591] *Trapp*, AG 1997, 115 (122) ; *Hirte*, GK, §203, Rdn.72 ff. ; *Hoffmann-Becking*, S.42 ; *Hein*, WM 1996, 1 (6); *Groß*, ZIP 2002, 160 (163)

einbarte Ausgabebetrag der „Greenshoe“ –Tranche dem im Bookbuilding-Verfahren ermittelten Emissionspreis der Haupttranche, so daß keine unangemessene Divergenz zwischen Börsenpreis und Ausübungshöhe der Option besteht.[592]

Um der zeitlich unkalkulierbaren Verzögerung des genehmigten Kapitals zu entgehen, kann sich der Emittent der Mehrzuteilungsoption über die Schaffung eines bedingten Kapitals bedienen, bei dem sowohl das Erfordernis der Registereintragung als auch des Bezugsrechtsausschlusses entfällt. Schwierigkeiten ergeben sich jedoch aus dem Umstand, daß auch im Gefolge des KonTraG die Ausgabe sog. „nackter Optionen“, bei denen die Optionsscheine ohne gleichzeitige Emission einer Optionsanleihe begeben werden, nur in der Sonderkonstellation des § 192 II N.3 AktG[593] zulässig und die allgemeine Ausgabe der Optionen auf den Bezug von Aktien (bislang) nicht möglich ist.[594] Insoweit bleibt allein der komplizierte Umweg über eine kurzfristige Zeichnung von Wandelanleihen durch das Konsortium und einer späteren Ausübung des Wandelungsrechts und Ausnutzung des bedingten Kapitals.[595] Am Ende ist es fraglich, ob sich der anfallende Aufwand nur für die Vermeidung einer zeitlichen Verzögerung durch das Registerverfahren überhaupt lohnt.

III. Zwischenergebnis

Macht das Emissionskonsortium im Rahmen eines „Greenshoes“ Gebrauch von der ihm eingeräumten Mehrzuteilungsoption, so erfordert das Gebot der Gleichbehandlung für den Fall der Bedienung der Option mit zurückerworbenen Aktien wie die Bedienung mit Aktien aus einem genehmigten Kapital, daß das grundsätzlich bestehende Bezugsrecht der Aktionäre der Gesellschaft vorher wirksam ausgeschlossen wurde. Nur unter Ausschluß des Bezugsrechts ist eine entsprechende Beeinflussung des Börsenkurses durch Veräußerung eigener Aktien zulässig.

---

[592] *Hein*, WM 1996, 1 (7) ; *Hoffmann-Becking*, S.42 ; *Groß*, ZIP 2002, 160 (163)
[593] Bezugsrechte für Arbeitnehmer und Geschäftsführungsmitglieder.
[594] *Lutter*, KK, §221, Rdn.85ff. ; offenlassend *Hüffer*, §221, Rdn.75 ; aA.: *Steiner*, WM 1990, 1776ff.; *Fuchs*, AG 1995, 433 (451)
[595] *Oltmanns*, DB 1996, 2319 ff.

F. Grenzen der Zulässigkeit von Maßnahmen zur Beeinflussung des eigenen Börsenkurses durch Rechtsfolgen bei Mißachtung der aktienrechtlichen Vorschriften

Die Unternehmensleitung hat die aktienrechtlichen Vorschriften, insbesondere die Gebots- und Verbotsvorschriften, bei all ihren Handlungen zu beachten. Die Rechtsfolgen ihrer Mißachtung, insbesondere Schadensersatzansprüche sowie ordnungswidrigkeits- und strafrechtlichen Folgen schränken mittelbar kursbeeinflussende Maßnahmen ein.

I. Haftungs- und Schadensersatzregelungen

Verstoßen die Beeinflussungsmaßnahmen der Gesellschaft gegen eine der aufgeführten aktienrechtlichen Grenzen und führt der Vorstand als Geschäftsführungs- und Vertretungsorgan diese Maßnahmen gleichwohl durch, so sind die Vorstandsmitglieder der Aktiengesellschaft gegenüber gemäß § 93 II S.1 AktG schadenersatzpflichtig. Im Falle der Einlagenrückgewähr (auch der verdeckten) folgt die Ersatzpflicht aus dem Sondertatbestand des § 93 III N.1 AktG. Im Falle des unzulässigen Aktienrückerwerbs folgt sie aus § 93 III N.3 AktG.
Voraussetzung ist jeweils, daß dem Vorstand diesbezüglich eine Pflichtverletzung vorzuwerfen ist. Ist streitig, ob der Sorgfaltspflicht genüge getan wurde, trifft die Beweislast nach § 93 II S.2 AktG den Vorstand.
Entsprechend § 93 AktG hat auch der Aufsichtsrat gemäß § 116 AktG für etwaige eigene Sorgfaltspflichtverletzungen einzustehen.
Die Aktionäre können in diesen Fällen nach der jetzigen Rechtslage zumindest aus § 93 AktG keine Schadenersatzansprüche gegen den Vorstand geltend machen. § 93 AktG dient allein dem Schutze der Gesellschaft.[596] Auch steht den Aktionären nicht das Recht zu, Leistung an die Gesellschaft zu verlangen. Ihnen bleibt allein der Weg über die §§ 147, 148 AktG.

II. Veräußerungspflicht bzw. Einziehungspflicht bei unzulässigem Rückerwerb

Erwirbt eine Aktiengesellschaft entgegen § 71 I, II AktG (bzw. § 71d AktG) eigene Aktien zurück, bleibt das dingliche Rechtsgeschäft nach § 71 IV S.1 AktG wirksam.[597] Die verbotswidrig erworbenen Aktien sind jedoch nach § 71c I

---

[596] *Mertens*,KK, §93, Rdn.169
[597] Nur wenn die Aktiengesellschaft auch Eigentümerin der Aktien wird, kann sie ihrer Ver-

AktG innerhalb eines Jahres nach dem Erwerb zu veräußern. Kommt die Gesellschaft auch dieser Verpflichtung nicht nach, so hat sie die Aktien gemäß § 71c III i.V.m. § 237 AktG einzuziehen.
Demgegenüber führt ein verbotswidriger Erwerb nach § 71 IV S.2 AktG zur Nichtigkeit des schuldrechtlichen Verpflichtungsgeschäfts. Weder die Gesellschaft noch die Aktionäre haben einen Anspruch auf Erfüllung. Sind gleichwohl Leistungen ausgetauscht worden, stehen sich Rückübertragungsansprüche der Aktionäre aus §§ 812 ff. BGB und der Gesellschaft aus § 62 AktG gegenüber.[598]

III. Ordnungswidrigkeiten

Schließlich droht das Aktiengesetz in § 405 I N.4 AktG Vorstand und Aufsichtsrat im Wege einer Ordnungswidrigkeit eine Geldbuße in Höhe von maximal 25.000€ an, für den Fall eines Verstoßes gegen § 71 I N.1-4 , II oder §71e oder § 71c I, II, III AktG. § 406 AktG ordnet ein Bußgeld an, wenn der Mitteilungspflicht aus § 71 III S.3 AktG nicht entsprochen und die BaFin nicht, nicht richtig, nicht vollständig oder nicht rechtzeitig über den Aktienrückerwerb unterrichtet wird.

IV. Strafvorschriften

1. Unrichtige Wiedergabe oder Verschleierung der Verhältnisse der Kapitalgesellschaft gemäß § 331 N.1 HGB sowie § 400 I N.1 AktG

§ 331 N.1 HGB und § 400 I N.1 AktG stellen die unrichtige Wiedergabe sowie die Verschleierung der Verhältnisse von Kapitalgesellschaften unter Strafe.
Der Begriff der Verhältnisse der Kapitalgesellschaft umfaßt nicht nur die wirtschaftlichen Beziehungen der Gesellschaft, sondern alle wirtschaftlichen, sozialen und politischen Umstände, die als Beurteilungsfaktoren für die Einschätzung der Lage, der Funktion, des Erscheinungsbildes oder der Entwicklung der Gesellschaft erheblich sein können. Er richtet sich damit auf sämtliche Tatsachen, Umstände, Daten, Vorgänge und Schlußfolgerungen der Vergangenheit, Gegenwart oder Zukunft, die für die Beurteilung der Gesellschaft von Bedeutung sein können.[599]

---

pflichtung aus § 71c AktG nachkommen. Vgl. *Lutter*, KK, §71, Rdn.76
598 *Aha*, AG 1992, 218 (223) ; *Lutter*, KK, §71, Rdn.81 ; *Barz*,GK, §71, Rdn.28
599 *Südbeck*, Park, § 331, Rdn.23

Die Wiedergabe ist dann unrichtig, wenn die Darstellung der Verhältnisse und dadurch die wirtschaftliche Situation der Gesellschaft nicht den objektiven Gegebenheiten entspricht, wobei der Inhalt der Erklärungen vom Empfängerhorizont auszulegen ist.[600] Den Maßstab für die Festlegung der objektiven Wirklichkeit, insbesondere für Fälle der Bewertungen und Prognosen bilden die Vorschriften des Bilanzrechts und die Grundsätze ordnungsgemäßer Buchführung.[601] Im Ergebnis müssen sich die Angaben als evident unrichtig erweisen, die vorgenommene Bewertung also schlicht unvertretbar sein.[602]
Eine Verschleierung ist stets dann anzunehmen, wenn die wirtschaftlichen Verhältnisse zwar objektiv richtig dargestellt werden, ihre Erkennbarkeit aber derart erschwert wird, daß sich der tatsächliche Sachverhalt selbst für einen sachverständigen Leser nur unter erschwerten Bedingungen oder überhaupt nicht erschließen läßt.
Während sich § 331 I N.1 HGB auf die unrichtige Wiedergabe bzw. Verschleierung in der Eröffnungsbilanz, im Jahresabschluß, im Lagebericht oder Zwischenabschluß bezieht, richtet sich § 400 I N.1 AktG auf sonstige Darstellungen oder Übersichten über Vermögensgegenstände (sowie Vorträge oder Auskünfte in den Hauptversammlungen). In Abgrenzung zu dem spezielleren § 400 AktG nachgebildeten § 331 HGB[603] erstreckt sich der Begriff der Darstellungen oder Übersichten über Vermögensgegenstände auf Abschlüsse, die im Laufe eines Geschäftsjahres aufgestellt werden (z.B. Liquiditäts-, Zwischen- und Übersichtsbilanzen), aber auch Gewinn- und Verlustrechnungen sowie Zwischenberichte für die Aktionäre und die Öffentlichkeit sowie Quartalsberichte über Umsätze und Erträge der Gesellschaft.[604]
An dieser Stelle drängt sich die Frage auf, ob neben Zwischenberichten und Übersichtsbilanzen etc. auch Ad-hoc-Mitteilungen als Darstellungen oder Übersichten einzustufen sind. Geht man davon aus, daß Darstellungen und Übersichten über den Vermögensstand Angaben erfordern, die zumindest den Eindruck der Vollständigkeit erwecken, so ist dies für den Fall abzulehnen, in dem die Ad-hoc-Mitteilungen nur einzelne Aspekte des Unternehmens zum Inhalt haben und sich dadurch wesentlich von Darstellungen und Übersichten über den Vermögensstand der Gesellschaft unterscheiden.[605] Beinhaltet die Ad-hoc-Mitteilung dagegen umfangreiche Unternehmenszahlen – z.B. Gewinn- und Verlustrechnungen für das erste Halbjahr, so unterfällt diese dem Begriff der

---

[600] BGH („EM.-TV") NZG 2005, 132 (135) ; LG München I („EM.-TV") NJW 2003, 2328 (2331) ; *Otto*, Hopt/Wiedemann, §400, Rdn.13
[601] *Südbeck*, Park, § 331, Rdn.23
[602] *Geilen*, KK, §400, Rdn.27 ; *Otto*, Hopt/Wiedemann, §400, Rdn.14
[603] § 400 AktG ist aufgrund der gesetzlich angeordneten Subsidiarität nur einschlägig, wenn die Tat nicht bereits in § 331 HGB mit Strafe bedroht ist.
[604] BGH („EM.-TV") NZG 2005, 132 (135) ;
[605] OLG München („Infomatec") NJW 2003, 144 (146) ; *Thümmel*, DB 2001, 2331 (2332)

Darstellung über den Vermögensstand und ist damit zusätzlich an § 400 I N.1 AktG zu messen.[606]

Die unter dem Stichwort der „unorthodoxen Bilanzierungsmethoden“ zusammengefaßten Verhaltensweisen der Aktiengesellschaft, die sich darauf richten, den Eindruck einer günstigen Gesamtsituation zu erwecken und dadurch den Kurs der Aktie positiv zu beeinflussen, finden demzufolge ihre Grenze in § 331 N.1 HGB sowie § 400 I N.1 AktG. Diese Grenzen erstrecken sich beispielsweise auf die Aufnahme von gesellschaftsfremden Gegenständen, auf die Nichtaufnahme von Schulden, auf die Einstellung fiktiver Beträge oder überbewerteter Vermögensgegenstände, auf die Falschbezeichnung einzelner Bilanzpositionen oder auf die Nichtbeachtung der bilanzrechtlichen Gliederungsvorschriften.

2. § 399 AktG

Nach § 399 AktG ist es verboten, gegenüber dem Registergericht oder in den aufgezählten öffentlichen Ankündigungen falsche Angaben zu machen oder erhebliche Umstände zu verschweigen. Die Vorschrift betrifft die Aufbringung des Grundkapitals der Aktiengesellschaft. Sie richtet sich auf den Schutz des Vertrauens gutgläubiger Dritter, insbesondere der Aktionäre in die Richtigkeit der Registereintragung bzw. der öffentlichen Ankündigungen der Gesellschaft.[607] Der Schwerpunkt der Norm liegt in dem Machen falscher Angaben im Zusammenhang mit der Eintragung der Gesellschaft sowie ihrer Kapitalerhöhungen in das Handelsregister. Falschangaben bei der Gründung der Gesellschaft sind mit Blick auf die Fragestellung dieser Arbeit kaum von Interesse. Zwar hat der sog. Gründungsschwindel, spätestens seit zu Zeiten des Neuen Marktes sog. „Start Ups“ zu Börsengängen zugelassen wurden, grundsätzlich kapitalmarktrechtliche Bedeutung, doch läßt sich in diesem Stadium eine Beeinflussung des künftigen Börsenkurses nur schwerlich denken. Relevant wird § 399 AktG somit nur in Fällen der Beeinflussung im Rahmen einer Erhöhung des Grundkapitals, die falsche Angaben über die Zeichnung, die Einbringung oder den Ausgabebetrag der neuen Aktien beinhalten und eine Aufwertung des inneren Wertes des Unternehmens und damit mittelbar des Kurses der Aktien bezwecken. Doch ist an dieser Stelle zu betonen, daß dem Anwendungsbereich der Vorschrift aufgrund des stark begrenzten Kataloges der erfaßten Falschangaben bzw. der unterlassenen Offenlegung keine praktische Bedeutung zukommt.

---

[606] LG München I („EM.-TV“) NJW 2003, 2328 (2331)
[607] vgl. *Fuhrmann*, Geßler/Hefermehl, §399, Rdn.2ff.

Im Regelfall der Fremdbegebung der Kapitalerhöhung kommt es zusätzlich zu einer Konkurrenzlage mit § 263 StGB. So hat im Falle ComRoad das Landgericht München die Erhöhung des Kapitals aufgrund falscher Informationen strafrechtlich als gewerbsmäßigen Betrug zu Lasten der emissionsbegleitenden Institute gewertet. § 399 AktG kam dabei kein eigenständiges Gewicht zu und mußte hinter § 263 StGB zurücktreten.[608]

G. Zwischenergebnis zu § 2

Mit der Verpflichtung des Vorstands zur ordnungsgemäßen Unternehmensleitung (§§ 76 I, 93 I AktG), dem Verbot der Einlagenrückgewähr und dem daraus hervorgehenden Verbot des Rückerwerbs eigener Aktien (§§ 57 S.1, 71 I AktG), dem Verbot der verdeckten Einlagenrückgewähr (§ 57 S.1 AktG) sowie mit dem Grundsatz der Gleichbehandlung (§ 53a AktG) und schließlich der für einen Verstoß angeordneten Rechtsfolgen beinhaltet das deutsche Aktiengesetz verschiedene rechtliche Grenzen, die eine Beeinflussung des eigenen Börsenkurses durch die Aktiengesellschaft nicht zulassen.
Kursbeeinflussende Maßnahmen wie (effektive) Handelsgeschäfte in eigenen Aktien der Gesellschaft sind nur dann zulässig, wenn einer der in § 71 I AktG enumerativ aufgezählten Ausnahmetatbestände vorliegt, die jeweiligen Voraussetzungen erfüllt sind und zudem kein eindeutiges Mißverhältnis zwischen dem bisherigem Börsenkurs und dem Erwerbspreis besteht. Bei dem Einsatz individueller Rückerwerbsangebote und bei Verkaufsangeboten, die sich an einzelne Aktionäre richten sowie bei der Bedienung einer Mehrzuteilungsoption im Rahmen eines „Greenshoes" ist das Andienungsrecht bzw. das Bezugsrecht der übrigen Aktionäre zu beachten und vor der Durchführung der jeweiligen Maßnahme auszuschließen. In Übernahmesituationen ist es der Unternehmensleitung bereits aktienrechtlich untersagt, die Übernahme abwehrende bzw. fördernde Beeinflussungsmaßnahmen außerhalb ihrer Geschäftsführungsaufgaben durchzuführen.

§3 Grenzen der Zulässigkeit von Maßnahmen zur Beeinflussung des eigenen Börsenkurses durch das Wertpapiererwerbs- und Übernahmegesetz (WpÜG)

Weitere Einschränkungen für die Durchführung kursbeeinflussender Maßnahmen durch die Aktiengesellschaft können sich aus den Vorschriften des Wertpa-

---

[608] LG München I („ComRoad"), NStZ 2004, 291 (292)

piererwerbs- und Übernahmegesetzes[609] ergeben, das die Regelung von Leitlinien für ein faires und geordnetes Übernahmeverfahren bei Unternehmensübernahmen und anderen öffentlichen Angeboten zum Erwerb von Wertpapieren zum Gegenstand hat.
Das kommt in zweierlei Fällen in Betracht, zum einen in dem Fall der Abgabe von öffentlichen Angeboten zum Erwerb von Wertpapieren durch die Gesellschaft selbst und zum anderen, wenn sich die Aktiengesellschaft im Sinne von § 33 WpÜG einem Übernahmeangebot eines Dritten ausgesetzt sieht.

A. Historischer Abriß des WpÜG

Am 1. Januar 2002 ist mit dem Wertpapiererwerbs- und Übernahmegesetz in Deutschland erstmals eine gesetzliche Regelung öffentlicher Übernahmeangebote in Kraft getreten. Die Entstehungsgeschichte des WpÜG blickt zurück auf die Leitsätze der Börsensachverständigenkommission (1979) und den Übernahmekodex (1995), beides Vorläuferregelungen, die allein auf der freiwilligen Befolgung durch die Marktteilnehmer beruhten. Ziel des Gesetzes ist es, verbindliche Rahmenbedingungen für Unternehmensübernahmen und andere öffentliche Angebote von Wertpapieren zu schaffen, die den Entwicklungen der modernen und globalisierten Finanzmärkte gerecht werden und dadurch den Wirtschafts- und Finanzstandort Deutschland im internationalen Wettbewerb weiter stärken. Die Regelungen sollen ein faires und geordnetes Übernahmeverfahren schaffen, ohne Übernahmen zu fördern oder zu verhindern; sie sollen den Informationsfluß sowie die Transparenz für Wertpapierinhaber und Arbeitnehmer verbessern sowie die rechtliche Stellung von Minderheitsaktionären stärken.[610]
Die nationalen Entwicklungen bis hin zum WpÜG standen vor dem Hintergrund eines langwierigen Ringens um eine europäische Übernahmerichtlinie. Nach zahlreichen Entwürfen und Vorschlägen, die allesamt an den unterschiedlichen Regelungskonzeptionen und wirtschaftlichen Einzelinteressen der Mitgliedstaaten zu scheitern schienen, haben Rat und Parlament im Frühjahr 2004 schließlich die Europäische Übernahmerichtlinie verabschiedet.[611] Im Sinne eines Minimalkonsenses erlaubt der Richtliniengeber in Art 12 I Übernahmerichtlinie den Mitgliedstaaten, allerdings über die Konstruktion eines sog. „Opt-out"- Modells von der Umsetzung der Art. 9 II, III und/oder Art. 11 Übernahmerichtlinie abzusehen und den heimischen Gesellschaften die nationalen Übernahmeab-

---

[609] BGBl. I 2001, S.3822ff. Das WpÜG wurde am 15.11.2001 vom Bundestag verabschiedet und ist im Wesentlichen am 01.01.2002 in Kraft getreten.
[610] RegBegr. WpÜG, BT-Drucks.14/7034, S.28
[611] Richtlinie 2004/25/EG des Europäischen Parlaments und des Rates vom 21.4.2004 betreffend Übernahmeangebote, ABl L 14212

wehrmechanismen zu lassen. Voraussetzung gemäß Art. 12 II Übernahmerichtlinie ist lediglich, den Gesellschaften solcher Länder im Gegenzug die Möglichkeit eines sog. „Opt-in" zu gewähren, nach der sich die Unternehmen durch Beschluß der Hauptversammlung dem Regime der Richtlinie unterwerfen können, um sich gegebenenfalls besser am europäischen Kapitalmarkt behaupten zu können.[612]
Mit Gesetz vom 8.7.2006 ist das deutsche Wertpapiererwerbs- und Übernahmegesetz geändert und an die europäischen Anforderungen angepaßt worden.[613] Hinsichtlich einer Reihe von Regelungen hat der deutsche Gesetzgeber von der „Opt-out-Möglichkeit" Gebrauch gemacht und insbesondere mit Blick auf ein allgemeines Verhinderungsverbot sowie auf die Beschränkungen in Bezug auf die Übertragung von Wertpapieren von einer Umsetzung der europarechtlichen Vorgaben abgesehen. Inwieweit sich die deutschen Gesellschaften wiederum durch entsprechende Satzungsänderungen von der Rückausnahme des „Opt-in" Gebrauch machen und sich somit dem strengeren Recht unterwerfen werden, bleibt abzuwarten. Dies wird letzten Endes vom Kapitalmarkt und der Frage abhängen, ob die beim „opt-out" verbleibenden Gesellschaften durch Kursabschläge der Anleger sanktionieren werden oder nicht.

B. Grenzen der Zulässigkeit von Maßnahmen zur Beeinflussung des eigenen Börsenkurses bei der Abgabe von Angeboten zum Erwerb von Wertpapieren

I. Der Anwendungsbereich des WpÜG nach §§ 1, 2 WpÜG

Nach § 1 I WpÜG ist das Wertpapiererwerbs- und Übernahmegesetz anzuwenden „auf Angebote zum Erwerb von Wertpapieren, die von einer Zielgesellschaft ausgegeben wurden und zum Handel an einem organisierten Markt zugelassen sind."

Nach § 2 VII WpÜG ist unter einem organisierten Markt der Amtliche Markt oder der Geregelte Markt an einer Börse im Inland sowie der geregelte Markt in einem anderen Staat des Europäischen Wirtschaftsraums zu verstehen. Der europäische Wirtschaftsraum wiederum erfaßt die Staaten der Europäischen Gemeinschaft sowie Staaten des Abkommens über den Europäischen Wirtschaftsraum, § 2 VIII WpÜG.

---

[612] *Kindler/Horstmann*, DStR 2004, 866 (873)
[613] BGBL. I 2006, 1426

Nach § 2 I WpÜG sind Angebote freiwillige oder aufgrund einer Verpflichtung nach diesem Gesetz erfolgende öffentliche Kauf- oder Tauschangebote zum Erwerb von Wertpapieren einer Zielgesellschaft. Zielgesellschaften sind Aktiengesellschaften oder Kommanditgesellschaften auf Aktien mit Sitz im Inland und nach Änderung des WpÜG ebenfalls Gesellschaften mit Sitz in einem anderen Staat des Europäischen Wirtschaftsraums, § 2 III WpÜG. Die Neufassung des Gesetzes sieht diesbezüglich jedoch folgende Einschränkungen vor: Auf Wertpapiere einer inländischen Zielgesellschaft mit ausschließlich ausländischer Notierung gerichtete Angebote unterfallen dem Gesetz gemäß § 1 II WpÜG nur hinsichtlich der gesellschaftsrechtlichen Übernahmevorschriften (d.h. Kontrollschwellen, Pflichten zur Angebotsabgabe, Abwehrmaßnahmen, Arbeitnehmerunterrichtung etc.). Auf Angebote, die sich auf Wertpapiere ausländischer (europäischer) Gesellschaften richten, die nicht in ihrem Sitzstaat, sondern ausschließlich zum Handel am organisierten Markt im Inland oder einem anderen Staat des europäischen Wirtschaftsraums zugelassen sind, findet das WpÜG gemäß § 1 III WpÜG nur bezüglich der Fragen der Gegenleistung, des Inhalts der Angebotsunterlagen und des Angebotverfahrens Anwendung. Die gesellschaftsrechtlichen Fragen richten sich dagegen nach dem Recht des Herkunftslandes. Jedoch gilt das Marktrecht des WpÜG dabei nur, wenn die Zulassung zuerst im Inland erfolgte oder im In- und Ausland gleichzeitig, und die Zielgesellschaft sich für die Zuständigkeit der BaFin entschieden hat, § 1 III N.2 WpÜG.[614] Damit wird das sog. Herkunftslandprinzip perpetuiert, nach dem grundsätzlich für ein Übernahmeangebot das Herkunftsland der Zielgesellschaft in der Europäischen Union eingreift, es sei denn, diese Gesellschaft ist in ihrem Sitzland nicht börsennotiert. Dann gilt das Recht des Landes, in dem die Notierung erstmals erfolgt bzw. für das sich die Zielgesellschaft entschieden hat.

II. Regelungsinhalt für Abgabe von Angeboten zum Erwerb von Wertpapieren

§ 3 I und II WpÜG verpflichten eine bietende Gesellschaft im Rahmen des Angebotverfahrens, die Aktionäre der Zielgesellschaft je nach Aktiengattung gleich zu behandeln. Sie ist weiter an das Gebot der Transparenz durch Information gebunden. Der Gesetzgeber geht davon aus, daß ein Marktteilnehmer seine Entscheidung nur wohlüberlegt aufgrund umfassender Informationen treffen kann. Die Gesellschaft trifft daher zahlreiche Veröffentlichungspflichten.

Nach § 10 WpÜG hat der Bieter bereits seine Entscheidung über die Abgabe eines freiwillige öffentlichen Angebots zu veröffentlichen, um durch eine rechtzeitige Information der Marktteilnehmer die Ausnutzung von Spezialwissen ü-

---

[614] *Diekmann*, NJW 2007, 17 (18/19)

ber derart kursrelevante Informationen zu verhindern.[615] Bei Pflichtangeboten i.S.v. § 35 WpÜG hat er die Tatsache der Kontrollerlangung zu veröffentlichen. Gemäß §§11 I S.1, 14 II S.1, 35 II S.1 WpÜG sind in allen Fällen Angebotsunterlagen zu erstellen und zu veröffentlichen. Die inhaltlichen Bestimmungen wurden im Zuge der Gesetzesänderung in Einzelheiten verändert, entsprechen aber im wesentlichen den börsenrechtlichen Vorschriften über Wertpapierprospekte. Diese Pflicht ist eine Ausprägung des Transparenz- und Gleichbehandlungsgrundsatzes.
Alle beteiligten Gesellschaften sind dabei dem Grundsatz der Verfahrensbeschleunigung verpflichtet (§ 3 IV WpÜG). Den Aktionären der Zielgesellschaft ist zwar ausreichend Zeit einzuräumen für eine fundierte Anlageentscheidung, ein zu langes Verfahren würde jedoch die Zielgesellschaft unangemessen belasten.

III. Subsumtion einschlägiger Beeinflussungsmaßnahmen unter die Anforderungen des WpÜG bei der Abgabe von Angeboten

1. Beeinflussung durch Maßnahmen zur Steigerung der Ertragskraft des Unternehmens

Wie oben dargestellt, kann die Aktiengesellschaft durch den Erwerb einer Beteiligung an einem anderen Unternehmen die Ertragskraft des eigenen Unternehmens steigern und auf diesem Wege den eigenen Börsenkurs beeinflussen. Die Aktiengesellschaft, die Anteile an einer anderen Aktiengesellschaft im Wege eines öffentlichen Angebots an die Aktionäre dieser Zielgesellschaft erwirbt, ist dem Regime des WpÜG unterstellt und muß insbesondere den umfangreichen Veröffentlichungs- und Informationspflichten des Gesetzes Folge leisten.

2. Beeinflussung durch Erwerbsgeschäfte in eigenen Aktien

Es ist zu untersuchen, inwieweit kursbeeinflussende Erwerbsgeschäfte eigener Aktien durch die Gesellschaft selbst ebenfalls unter den Anwendungsbereich des § 1 WpÜG zu subsumieren sind, denn auch hier geht es ganz allgemein um den Erwerb von Wertpapieren einer Aktiengesellschaft.
Im Spannungsfeld zwischen Verbandsrecht und Kapitalmarktrecht hat der Gesetzgeber die Frage nach dem Verhältnis des Übernahmerechts zum zunehmend

---

[615] RegBegr., WpÜG, Drucks. 14/7034, S.39

frequentierten Erwerb eigener Aktien durch die Aktiengesellschaft sowohl im Gesetz als auch in den Gesetzesmaterialien offengelassen.[616] Anlaß zur Diskussion hat in diesem Zusammenhang eine auf Anfrage der Siemens AG erteilte formlose Stellungnahme der Bundesanstalt für Finanzdienstleistungsaufsicht (BaFin) gegeben, wonach diese von der Anwendung des WpÜG auf öffentliche Rückkaufangebote einer Aktiengesellschaft ausgeht.[617] Die darauf folgenden divergierenden Reaktionen der Literatur lassen die Irritation und Rechtsunsicherheit in der Praxis andauern.[618] Es besteht folglich Klärungsbedarf, inwieweit das aktienrechtliche Phänomen des Erwerbs eigener Aktien dem Regime des WpÜG unterfällt, die dort geregelten Vorschriften also auf die Erwerbsgeschäfte in eigenen Aktien anzuwenden sind.

a. Direkte Anwendung des WpÜG auf den Aktienrückerwerb

(1) Merkmal: öffentliches Angebot nach § 2 I WpÜG

Der Gesetzgeber hat im WpÜG angesichts der Vielseitigkeit der denkbaren Übernahmekonstellationen eine Definition des Begriffs des „öffentlichen Angebots" bewußt vermieden.[619] Doch ist es unbestritten, daß nach dem allgemeinen Sprachverständnis ein gewisses Maß an Außenwirkung vorauszusetzen ist.[620] Die verschiedenen, oben bereits vorgestellten Methoden des Rückerwerbs eigener Aktien sind somit zunächst an der Mindestanforderung der Außenwirkung zu messen.[621]

Im Fall der sog. „self tender offer" ist das Rückerwerbsangebot zweifelsohne als „öffentlich" i.S.v. § 2 I WpÜG zu betrachten, da sich die Gesellschaft bei diesem Verfahren regelmäßig an sämtliche Aktionäre wendet und sich dabei zu-

---

[616] zum Ablauf des Gesetzgebungsverfahrens vgl. *Schüppen*, in Haarmann/Riehmer/ Schüppen, WpÜG, Einleitung, Rdn.9 ff.

[617] Handelsblatt vom 6.5.2002, Nr. 86, S.29

[618] Exemplarisch für die allgemein herrschende Verunsicherung der Praxis heißt es im Hauptversammlungsbeschluß der Siemens AG vom 12.06.02: „Die Vorschriften des Wertpapiererwerbs- und Übernahmegesetzes sind zu beachten, *sofern und soweit* diese Anwendung finden."

[619] RegBegr. BT-Drucks.14/7034, S.33

[620] Ein „funktionales Verständnis" etwa im Sinne *Fleischers* (ZIP 2001, 1653), wonach ein öffentliches Angebot grundsätzlich dann anzunehmen sei, wenn die allgemeinen Grundsätze des § 3 WpÜG auf dem Spiel ständen, ist mit dem Wortsinn nicht mehr in Einklang zu bringen. Ein Anhaltspunkt für eine extensive Auslegung wider den Wortsinn ist dem Willen des Gesetzgebers nicht zu entnehmen. vgl. in diesem Sinne *Berrar/Schnorbus*, ZGR 2003, 59 (70)

[621] vgl. zu den Erwerbsmethoden oben auf Seite 124.

nehmend der öffentlich zugänglichen modernen Medien bedient, um das entsprechend breite Publikum zu erreichen.[622]

Aber auch bei individuell ausgehandelten Rückkaufangeboten, die sich an einzelne Aktionäre oder Aktionärsgruppen richten, kann das Kriterium „öffentlich" nicht pauschal verneint werden. Unter Berücksichtigung des jeweiligen Einzelfalls ist hier auf die konkrete Personenzahl abzustellen, die jedoch eine gewisse Mindestanzahl an Adressaten nicht unterschreiten darf, um ein Minimum an Außenwirkung aufrechtzuerhalten.[623]

Beim anonymisierten Rückerwerb über die Börse hingegen tritt die Gesellschaft nicht erkennbar als Käufer am Markt auf, so daß es mangels jedweder Außenwirkung nicht zu einem öffentlichen Angebot kommen kann und es somit bei der alleinigen Anwendung der aktienrechtlichen Vorschriften bleiben muß.[624]

(2) Merkmal: Wertpapiere einer Zielgesellschaft nach § 2 I WpÜG

Weitere Voraussetzung ist, daß es sich bei den eigenen Aktien der Gesellschaft um Wertpapiere einer Zielgesellschaft im Sinne von § 2 III WpÜG handelt. Da die rückerwerbende Gesellschaft beim Aktienrückkauf notgedrungen in der Gesellschaftsform der Aktiengesellschaft auftritt, ist sie unter formaler Betrachtung des Wortlautes unter den Begriff der Zielgesellschaft zu subsumieren. Weitere Anforderungen sind dem Gesetzeswortlaut nicht zu entnehmen.

An dieser Stelle gilt es jedoch zu erwägen, inwieweit der Sinn des Gesetzes nicht ein von dem Wortlaut abweichendes Begriffsverständnis aufdrängt. Im folgenden soll im Wege der Auslegung überprüft werden, ob sich weitere Anforderungen an die Begriffsbestimmung der „Zielgesellschaft" ermitteln lassen.

---

[622] *Berrar/Schnorbus*, ZGR 2003, 59 (71) ; *Oechsler*, NZG 2001, 217 (218) ; *Fleischer/Körber*, BB 2001, 2589 (2692)
[623] *Berrar/Schnorbus*, ZGR 2003, 59 (71) ; *Fleischer*, ZIP 2001, 1653 (1659)
[624] *Fleischer*, ZIP 2001, 1653 (1659) ; *Berrar/Schnorbus*, ZGR 2003, 59 (72) ; *Koch*, NZG 2003, 61 ; *Lenz/Linke*, AG 2002, 420 (421)

aa. Sprachlich-grammatikalische Auslegung: „Zielgesellschaft" beim Rückerwerb eigener Aktien

Ausgehend vom allgemeinen Sprachgebrauch macht die Bezeichnung: „Zielgesellschaft" begrifflich nur dann Sinn, wenn dem Ziel auch ein weiterer Beteiligter, ein zielender Dritter, gegenübersteht. Diesem Verständnis zufolge ist dem Begriff der Zielgesellschaft eine Personenmehrheit bzw. Personenverschiedenheit immanent.[625]

Nach dem juristischen Sprachgebrauch des Übernahmerechts suggeriert der Begriff der Zielgesellschaft eine Situation, in der eine natürliche oder juristische Person den Einfluß auf eine dritte Gesellschaft zu gewinnen sucht. Der Erwerb eigener Aktien kann verschiedene finanzpolitische oder andere unternehmensbedingte Motive verfolgen, nie jedoch auf Einflußerlangung bzw. -intensivierung in der eigenen Gesellschaft abzielen. Aufgrund der Beschränkung der Rechte aus eigenen Aktien nach § 71b AktG sowie der 10%igen Erwerbsgrenze des § 71 II S. 1 AktG ist die Ausübung entsprechenden Einflusses nicht realisierbar.[626]

Sowohl nach dem allgemeinen als auch nach dem juristischen Sprachgebrauch drängen sich somit Zweifel auf, ob das WpÜG auf Handelsgeschäfte in eigenen Aktien durch die Aktiengesellschaft anzuwenden und die Eröffnung des Anwendungsbereiches des WpÜG allein an die Rechtsform der Gesellschaft zu knüpfen ist.

bb. Historische Auslegung: „Zielgesellschaft" beim Rückerwerb eigener Aktien

In die gleiche Richtung weist ein Blick auf die Entstehungsgeschichte des WpÜG. Die ursprüngliche Diskussionsgrundlage[627] des Gesetzesentwurfs war ausschließlich auf sog. Übernahmeangebote ausgerichtet, so daß allein die Überschreitung der Kontrollgrenze von 30% den übernahmerechtlichen Regeln unterstellt werden sollte. Da die rückerwerbende Gesellschaft aufgrund der aktienrechtlichen Vorschriften im übernahmerechtlichen Sinne jedoch niemals die Kontrolle erlangen kann, hat sich die Frage der Anwendbarkeit des WpÜG auf den Rückerwerb eigener Aktien zu jenem Zeitpunkt noch gar nicht gestellt. Erst mit dem Richtlinienentwurf zur gescheiterten Übernahmerichtlinie[628] wurde auf

---

[625] *Koch*, NZG 2003, 61 (64)
[626] *Berrar/Schnorbus*, ZGR 2003, 59 (72/73)
[627] Diskussionsentwurf des Bundesministeriums für Finanzen (BMF), abgedruckt in NZG 2000, 844f.
[628] In der Fassung des gemeinsamen Standpunktes des Rates v. 19.06.2000 (Nr. I/2001,

europäischer Ebene der Rückerwerb eigener Aktien thematisiert, dann aber explizit aus dem dortigen Geltungsbereich herausgenommen.
Der deutsche Gesetzgeber hat demgegenüber im Verlauf der nationalen Gesetzesentstehung inhaltlich umgelenkt und den Anwendungsbereich des WpÜG auf sämtliche öffentliche Angebote erweitert, um so auch den Erwerb von Wertpapieren unterhalb der Kontrollgrenze von 30% sowie die Erhöhung der Beteiligungen bereits kontrollierender Aktionäre übernahmerechtlich zu erfassen. Die ausdrückliche Ausklammerung des Aktienrückerwerbs im Stile der europäischen Vorlage wurde nicht übernommen. Da das WpÜG aber im übrigen nach Maßgabe der vorgeschlagenen Übernahmerichtlinie konzipiert wurde, wird dieser Umstand häufig als bewußte Einbeziehung der Aktienrückkäufe gewertet. Hätte der deutsche Gesetzgeber wirklich von dem europäischen Leitmodell abweichen und das an Aktualität gewinnende aktienrechtliche Phänomen des Rückerwerbs eigener Aktien grundlegend neu regeln wollen, so hätte er einen solchen Willen in der Gesetzesbegründung kundgetan.[629] Inwieweit das vollständige Schweigen der Materialien als „beredtes" Schweigen gewertet werden kann und somit Indizwirkung für die Anwendung des WpÜG auf den Aktienrückerwerb entfaltet oder vielmehr eher davon auszugehen ist, daß die Frage vom Gesetzgeber schlicht übergangen wurde, ist rein spekulativer Natur und kann somit keine verläßliche Auskunft über die Einbeziehung des Rückerwerbs eigener Aktien in den Geltungsbereich des WpÜG geben.

cc. Systematische Auslegung: „Zielgesellschaft" beim Rückerwerb eigener Aktien

Mehr Aufschluß über den Anwendungsbereich des WpÜG verspricht eine Betrachtung der dem Gesetz zugrundeliegenden Systematik. Neben dem hier in Frage stehenden Begriff der Zielgesellschaft nennt das Gesetz in § 2 IV WpÜG mit dem sog. „Bieter" eine weitere Zentralfigur des Übernahmerechts. Ausgestattet mit eigenen Rechten und Pflichten tritt der Bieter gegenüber der Zielgesellschaft zumeist als eigenständiger Gegenspieler auf. Eine Vielzahl der Ver-

---

ABLEG Nr. C 23/1 v. 24.101) sowie v. 06.06.01 (abgedruckt bei *Neye*, ZIP 2001, 1120)
[629] *Berrar/Schnorbus*, ZGR 2003, 59 (76) ; *Koch*, NZG 2003, 61 (65) ; *Lenz/Linke*, AG 2002, 420 (421). Zudem erfolgten entsprechende Hinweise von Seiten der Praxis, insb. des DAV. Im Zusammenhang mit anderen Regelungsmaterien wurde der Erwerb eigener Aktien auch in der Regierungsbegründung behandelt (vgl. BT-Drucks.14/7034, S.53, 58, 81); a.A. *Baums/Stöcker*, unter B II ; *Paefgen* ZIP 2002, 1509 (1514)

fahrensvorschriften[630] geht dabei ersichtlich von einer Dualität der beiden Verfahrensbeteiligten aus.[631]
Nach dem allgemeinen Grundsatz des § 3 IV WpÜG zum Beispiel haben Bieter und Zielgesellschaft das (Übernahme-)Verfahren rasch durchzuführen, damit die Zielgesellschaft nicht in ihrer normalen Geschäftstätigkeit eingeschränkt wird. Eine Behinderung der Geschäfte ist beim Aktienrückerwerb aufgrund der Personenidentität von Bieter und Zielgesellschaft jedoch nicht zu befürchten. Sodann ist gemäß § 10 V S. 1 WpÜG der Bieter verpflichtet, den Vorstand der Zielgesellschaft unverzüglich schriftlich über die Veröffentlichung der Entscheidung zur Angebotsabgabe zu informieren sowie nach § 14 IV S. 1 WpÜG diesem die Angebotsunterlagen zu übermitteln. Laut § 27 I WpÜG hat die Leitung der Zielgesellschaft wiederum eine begründete Stellungnahme zu dem Angebot des Bieters sowie zu jeder seiner Änderungen abzugeben. Diese Vorschriften würden im Fall des Rückerwerbs eigener Aktien, bei Gleichheit von Bieter und Zielgesellschaft also, zu dem bizarr anmutenden Ergebnis führen, daß die Unternehmensleitung derselben Gesellschaft sich ihr eigenes Angebot zukommen lassen müßte und dies zudem noch zu erläutern hätte.[632]

Aber nicht nur innerhalb des WpÜG, sondern auch im Verhältnis zum Aktiengesetz ergeben sich Unstimmigkeiten als Folge einer Subsumtion der zurückerwerbenden Gesellschaft unter dem Begriff der Zielgesellschaft. Gemäß § 10 WpÜG hat die Gesellschaft ihre Entscheidung über den Rückerwerb zu veröffentlichen, obwohl der Ermächtigungsbeschluß der Hauptversammlung bereits nach § 71 III S. 3 AktG der BaFin mitgeteilt wurde und zugleich Gegenstand der Ad-hoc-Mitteilungspflicht des § 15 WpHG ist. Deutlich zeigt sich ein Widerspruch zwischen Übernahme- und Aktienrecht in der Vorschrift des § 20 WpÜG. Diese setzt voraus, daß der Bieter das Stimmrecht aus von ihm gehaltenen Aktien der Zielgesellschaft ausüben kann, was nach § 71b AktG aktienrechtlich nicht zulässig ist, wenn Bieter und Zielgesellschaft identisch sind. Schließlich befremden auch Vorschriften wie §§ 11; 16 III, IV; 25 WpÜG, die ein umfängliches Informieren der Aktionäre sowie die Einberufung der Hauptversammlung „im Zusammenhang mit dem Angebot" zum Gegenstand haben. Denn im Regelfall des § 71 I N. 8 AktG geht der Rückerwerb eigener Aktien bereits auf einen Ermächtigungsbeschluß der Hauptversammlung zurück, der die wichtigsten Eckdaten des Rückerwerbs selbst vorgibt. Soll die Aktionärsver-

---

[630] vgl. §§ 3 I, IV; 10 I,II, V; 11 II; 14 IV; 16 III, IV; 20; 21; 25; 26 II, I, 27 WpÜG

[631] Dabei ist die systematische Betrachtung an den für einfache Erwerbsangebote geltenden §§ 3 sowie 10-28 WpÜG auszurichten, da Rückkaufprogramme aufgrund der gesetzlichen Mengenbegrenzung des § 71 II S.1 AktG niemals zu einem Kontrollerwerb i.S.v. §§ 29 ff WpÜG führen können.

[632] vergleiche zu den einzelnen Vorschriften: *Baums/Stöcker*, unter B IV 2 ; *Berrar/Schnorbus*, ZGR 2003, 59 (76/77,80/81)

sammlung also erneut über ihre eigenen Vorgaben abstimmen? Weitere Einberufungen der Hauptversammlung sind aktienrechtlich gerade nicht vorgesehen, da die Durchführung des Rückerwerbs letztendlich Geschäftsführungsaufgabe des Vorstands ist.

dd. Richtlinienkonforme Auslegung: „Zielgesellschaft" beim Rückerwerb eigener Aktien

Mittlerweile ist die neue Übernahmerichtlinie in Kraft getreten. Wie bereits in dem gescheiterten Richtlinienvorschlag definiert Art. 2 I a) Übernahmerichtlinie das „Übernahmeangebot" und das „Angebot" als ein „an die Inhaber der Wertpapiere einer Gesellschaft gerichtetes (und nicht von der Zielgesellschaft abgegebenes) öffentliches Pflicht- oder freiwilliges Angebot [...]". Über den Klammerzusatz nimmt die Richtlinie den Erwerb eigener Aktien somit eindeutig aus dem Anwendungsbereich der Übernahmerichtlinie heraus. Im Rahmen der Umsetzung der neuen europäischen Vorgaben, die bis Mai 2006 erfolgen muß, ist von einer Anpassung der nationalen Gesetze auszugehen. Bis dahin gibt eine richtlinienkonforme Auslegung des Begriffs „Zielgesellschaft" in § 2 III WpÜG vor, daß eine Gesellschaft, die eigene Aktien zurückerwirbt, nicht als Zielgesellschaft zu verstehen ist.

ee. Teleologische Auslegung: „Zielgesellschaft" beim Rückerwerb eigener Aktien

Dieses Ergebnis erfährt auch nach teleologischen Gesichtspunkten keine andere Wertung. Das WpÜG soll ausweislich der Gesetzesbegründung ein faires und geordnetes Angebotsverfahren schaffen, die Information und Transparenz für die betroffenen Wertpapierinhaber und Arbeitnehmer verbessern und die rechtliche Stellung der Minderheitsaktionäre bei Unternehmensübernahmen stärken.[633] In diesem Sinne postuliert § 3 WpÜG fünf allgemeine Grundsätze, die vor allem eine Gleichbehandlung der Wertpapierinhaber, eine ausreichende Entscheidungszeit und Angebotstransparenz sowie ein Handeln der Verwaltung im Interesse der Gesellschaft gewährleisten sollen. Das Hauptanliegen des WpÜG liegt damit im Schutz der Wertpapierinhaber der Zielgesellschaft, denen ein Übernahmeangebot unterbreitet wird.[634] Fraglich ist jedoch, ob dieser übernahme-

---

[633] Begr. RegE WpÜG, BT-Drucks.14/7034, S.28 re. Sp.
[634] *Koch*, NZG 2003, 61 (62)

rechtliche Anlegerschutz für den Fall des Erwerbs eigener Aktien nicht bereits durch die aktienrechtlichen Regelungen erreicht wird.
Aus der Perspektive der Aktionäre der Zielgesellschaft liegt dem Eigenerwerb eine vom Normalfall des Fremderwerbs deutlich abweichende Interessenlage zugrunde.[635] Während im letzteren Fall der außenstehende Dritte regelmäßig wirtschaftlich gegenläufige Interessen verfolgt (niedriger Kaufpreis gegen hohen Verkaufspreis), handelt es sich beim Rückerwerb eigener Aktien um einen gesellschaftsinternen Vorgang, der etwaige Interessenkonflikte zwar nicht immer umgehen kann, diese aber auch nicht zwangsläufig in sich birgt (im Falle einer Ausschüttung überschüssiger Liquidität können diese sogar völlig vermieden werden).[636]
Rechtlich unterscheidet sich der Aktienrückerwerb vor allem durch das mitgliedschaftliche Verhältnis der Zielgesellschaft zu ihren eigenen Aktionären. Da gemäß § 71b AktG eigene Anteile keine mitgliedschaftlichen Rechte begründen und den in der Gesellschaft verbleibenden Aktionären eben keine neuen Mitgesellschafter an die Seite treten, die bestehende Einflußverhältnisse in der Korporation zu beeinflussen drohen, sind die Aktionäre der Zielgesellschaft gegenüber dem Fremderwerb weniger schutzwürdig.[637] Zudem sieht sich die Gesellschaft durch §§ 76 I, 93 I AktG sowie durch die mitgliedschaftliche Treuepflicht[638] auch unabhängig von § 3 III WpÜG dem Unternehmensinteresse sowie den Interessen der Aktionäre verpflichtet. Insbesondere wird auf diesem Wege einer Übervorteilung der Aktionäre im Zuge des Rückkaufs entgegengewirkt.[639] Die Treuepflicht der Aktionäre untereinander verhindert zudem etwaige Umgehungskonstellationen, in denen sich herrschende Großaktionäre des Rückerwerbs über die Gesellschaft bedienen, um den Verfahrensvorschriften der §§ 10 ff WpÜG zu entgehen. Daneben gewährleistet bereits § 53a AktG die Gleichbehandlung der Aktionäre. § 71 I N.8 S.3 AktG betont im Zusammenhang mit dem Aktienrückerwerb die Bedeutung des Gleichbehandlungsgrundsatzes. Laut der Gesetzesmaterialien zum KonTraG macht dessen „strikte Geltung" jedwede weitergehende ausdrückliche Regelung zum Rückerwerbsverfahren entbehrlich.[640]
Mit Blick auf den Aspekt der Transparenz des Angebots ist darauf hinzuweisen, daß zumindest im Regelfall des § 71 I N.8 AktG die Aktionäre in der Hauptversammlung die Unternehmensleitung zum Rückerwerb selbst ermächtigt und die

---

[635] *Koch*, NZG 2003, 61 (66/67) ; *Berrar/Schnorbus*, ZGR 2003, 59 (78)
[636] *Koch*, NZG 2003, 61 (66/67)
[637] *Koch*, NZG 2003, 61 (67)
[638] vgl. zur Treuepflicht der AG gegenüber der Aktionäre: BGHZ 65, 15 (18f) ; BGHZ 127, 107 (111f) ; *Hüffer*, MüKo, § 243, Rdn.50ff. ; *Dreher*, ZHR 157 (1993), 150 /151
[639] *Koch*, NZG 2003, 61 (66/67) ; *Bezzenberger*, Rdn.162 (SEITE ??) ; *Fleischer/Körber*, BB 2001, 2589 (2592)
[640] RegBegr., BT-Drucks.13/9712, S.13, r. Spalte ; kritisch dazu *Paefgen*, ZIP 2002 1509

groben Rahmenbedingungen selbst festgesteckt haben und somit bereits im Vorfeld der eigentlichen Durchführung des Rückkaufs über hinreichend Informationen verfügen. Dabei werden die Beschlußgegenstände der Tagesordnung im Bundesanzeiger veröffentlicht und weitere Einzelheiten über das Auskunftsrecht des § 131 AktG zugänglich.
Auch die als Ausfluß der Treuepflicht sowie des Grundsatzes der Gleichbehandlung erforderliche Einräumung einer angemessenen Überlegungszeit, die allen Aktionären eine rationale Verkaufsentscheidung ermöglicht, ist gewahrt. Die Gefahr einer etwaigen Überraschungs- oder Drucksituation besteht dabei nicht. Insbesondere droht bei Nichtannahme eines Rückkaufangebots nicht das Damoklesschwert eines eindringenden, die Mehrheit übernehmenden Großaktionärs.[641]
Weiterhin sprechen auch die Haftungsvorschriften des § 12 WpÜG nicht zwingend für die Anwendung des WpÜG auf den Erwerb eigener Aktien. Sobald die aktienrechtlichen Haftungstatbestände der §§ 93 II; 116, 93 II AktG von vorvertraglichen und vertraglichen Vorschriften flankiert werden, erscheinen die Wertpapierinhaber hinreichend geschützt.[642] In den wichtigsten Fällen der §§ 71 I N. 1, 3, 7, 8 AktG ist schließlich auch außerhalb des § 13 WpÜG die Finanzierung des Aktienrückkaufs durch die Rücklagenpflicht nach §§ 71 II S. 2 AktG i.V.m. 272 IV HGB gesichert.
Aus der Perspektive der Bietergesellschaft bleibt schließlich noch der Aspekt der „Waffengleichheit", demzufolge Wettbewerbsverzerrungen zwischen miteinander konkurrierenden öffentlichen Angeboten zu vermeiden sind. Dieser Grundsatz werde verletzt, wenn die Zielgesellschaft beim Aktienrückerwerb durch die Nichtanwendung der Verfahrensvorschriften des WpÜG gegenüber dem Bieter begünstigt werde.[643] Dagegen ist jedoch anzuführen, daß ein öffentliches Angebot der Zielgesellschaft zum Rückerwerb eigener Aktien nicht zuletzt aufgrund der begrenzten Erwerbszahl von 10% (§§ 71 I N.8 S. 1, II S. 1 AktG) faktisch nur selten mit dem Angebot einer dritten Gesellschaft konkurrieren können wird. Zudem hat der Grundsatz der Waffengleichheit im bislang geltenden Recht noch keinen Niederschlag gefunden und bleibt mithin eine nicht justiziable Forderung der Literatur.[644]

Im Ergebnis ergeben die teleologischen Erwägungen, daß der bezweckte Schutz der Wertpapierinhaber beim Erwerb eigener Aktien durch die aktienrechtlichen Regelungen zwar mangels formalisierter Verfahrensvorschriften nicht in glei-

---

[641] *Koch*, NZG 2003, 61 (68) ; *Berrar/Schnorbus*, ZGR 2003, 59 (78) ; a.A. *Fleischer/Körber*, BB 2001, 2589 (2592) ; *Lenz/Linke*, AG 2002, 420 (422)
[642] *Berrar/Schnorbus*, ZGR 2003, 59 (79)
[643] *Fleischer/Körber*, BB 2001, 2589 (2592) ; *Oechsler*, NZG 2001, 817 (818)
[644] *Wackerbarth*, WM 2001, 1741 (1742) ; *Koch*, NZG 2003, 61 (68)

chen Maße erreicht werden kann, wie nach Maßgabe des WpÜG, doch gewährt das aktienrechtliche Regelsystem dennoch ausreichenden Anlegerschutz und kann gleichzeitig die hohe Flexibilität des Instituts des Aktienrückerwerbs aufrechterhalten. Eine direkte Anwendung des WpÜG auf den Erwerb eigener Aktien ist somit abzulehnen.[645]

b. Analoge Anwendung auf den Aktienrückerwerb

Somit bleibt lediglich Raum für eine analoge Anwendung der Vorschriften des WpÜG auf den Erwerb eigener Aktien.[646] Bereits unter methodisch-systematischen Aspekten ist eine Analogiebildung in diesem Zusammenhang zweifelhaft.[647] Die Übertragung einer für bestimmte Tatbestände vorgesehene Regelung auf einen anderen Tatbestand ist nur dann zulässig, wenn die zugrundeliegenden Sachverhalte rechtlich vergleichbar sind und nach Zweck und Gesamtzusammenhang des Gesetzes davon auszugehen ist, daß der Gesetzgeber entgegen dem angelegten Gesetzesplan eine entsprechende Regelung für den in Frage stehenden Tatbestand planwidrig nicht getroffen hat.[648]
Die Ermittlung dieser planwidrigen Regelungslücke ist maßgeblich anhand der historischen und teleologischen Auslegung vorzunehmen.[649] Insbesondere die teleologischen Erwägungen haben oben bereits gezeigt, daß sich die Schutzwürdigkeit der Aktionäre beim Rückerwerb eigener Aktien durch die Geltung der aktienrechtlichen Vorschriften von der Schutzwürdigkeit in klassischen Übernahmesituationen unterscheidet. Insbesondere den Gefahren der Ungleichbehandlung, Überrumpelung, Übervorteilung der Wertpapierinhaber der Zielgesellschaft - die Hauptanliegen des WpÜG - wird beim Aktienrückkauf bereits durch das Aktienrecht weitgehend entgegengewirkt. Insoweit fehlt es bereits an der Vergleichbarkeit der beiden Sachverhalte.
Denjenigen Stimmen in Literatur und Praxis, die eine (direkte, teleologisch reduzierte oder analoge) Anwendung des WpÜG auf den Rückerwerb eigener Aktien befürworten, ist zwar zuzugestehen, daß nicht alle Vorschriften des WpÜG eine Dualität von Bieter- und Zielgesellschaft voraussetzen und zudem das Ver-

---

[645] a.A. *Lenz/Linke*, AG 2002, 420, die eine direkte Anwendung des WpÜG uneingeschränkt bejahen sowie *Fleischer/Körber*, BB 2001, 2589, die über eine teleologische Reduktion der für den Aktienrückerwerb nicht sinnvoll erscheinenden Vorschriften zu einer direkten Anwendung des WpÜG gelangen. Ähnlich *Oechsler*, NZG 2001 817 (818) ; *Paefgen*, ZIP 2002, 1509 (1517f)
[646] *Baums/Stöcker*, unter C, S.18 ff.
[647] vgl. statt aller: *Berrar/Schnorbus*, ZGR 2003, 59 (83)
[648] vgl. zur Rechtsfigur der Analogie: BGHZ 105 140 (143f.) ; *Larenz/Canaris*, S.202f. ; *Bydlinski*, S.473; *Schnorbus*, AcP 201 (2001), 860 (890/891)
[649] *Larenz/Canaris*, S.194 f. ; *Heinrichs*, Palandt, Einleitung, Rdn.47

fahren der §§ 3, 10 ff., 40 ff. WpÜG durch seine Transparenz- und Informationsmaßstäbe auch bei der Durchführung des Aktienrückerwerbs einen umfassenderen Anlegerschutz leisten kann[650], doch darf die bloße Feststellung, daß eine bestimmte Regelung durchaus sinnvoll wäre, nicht gleich auf die Anordnung derselben schließen lassen. Entscheidend ist, daß der Gesetzgeber bei Kenntnis der Unvollständigkeit des Gesetzes eine entsprechende Regelung getroffen hätte.[651] Der Umstand, daß die Gesetzesmaterialien dazu schweigen, läßt dabei noch nicht auf eine ausfüllungsbedürftige Lücke schließen.[652] Vielmehr ist an dieser Stelle die historische Auslegung des WpÜG durch eine Betrachtung der Gesetzesmaterialien des KonTraG zu ergänzen. Danach hat der Gesetzgeber mit der Liberalisierung des Rückerwerbes eigener Aktien durch das KonTraG (insb. § 71 I N. 8 AktG) den Aktiengesellschaften gerade ein flexibles Kapitalbeschaffungsinstrument an die Hand geben wollen.[653] Begleitende kapitalmarktrechtliche Regelungen, wie das zeit- und kostenaufwendige Verfahren der §§ 10 ff WpÜG, würden jedoch die gewollte Flexibilität und schnelle Einsetzbarkeit des Aktienrückerwerbs wieder zunichte machen. Eine dahingehende Intention des Gesetzgebers kann dem WpÜG wiederum nicht entnommen und ein solches Umlenken ohne dahingehende Bekundung des Gesetzgebers diesem nicht unterstellt werden.[654]

IV. Zwischenergebnis

Im Ergebnis führt die Auslegung des § 2 III WpÜG, insbesondere aufgrund der systematischen und teleologischen Betrachtungen, zu dem Schluß, daß die rückerwerbende Gesellschaft entgegen dem weiten Gesetzeswortlaut nicht unter den Begriff der Zielgesellschaft zu subsumieren ist und insoweit die Verfahrensvorschriften des Wertpapiererwerbs- und Übernahmegesetzes keine Anwendung auf den Erwerb eigener Aktien i.S.v. §§ 71 ff. AktG finden, also die Zulässigkeit von Erwerbsprogrammen eigener Aktien und deren Verwendung zur Beeinflussung des Börsenkurses nicht durch das WpÜG begrenzt wird.

---

[650] in diesem Sinne *Baums/Stöcker*, unter C, S.18 ff.
[651] *Berrar/Schnorbus*, ZGR 2003, 59 (84)
[652] BVerfGE 65, 182 (191 f.)
[653] RegBegr., KonTraG, BT-Drucks.13/9712, S.13
[654] *Koch*, NZG 2003, 61 (66) ; im Ansatz auch *Berrar/Schnorbus*, ZGR 2003, 59 (78)

C. Grenzen der Zulässigkeit von Maßnahmen zur Beeinflussung des eigenen Börsenkurses in Übernahmesituationen - das Handlungsverbot nach § 33 I S.1 WpÜG

Ist es nicht die Aktiengesellschaft selbst, die ein öffentliches Erwerbsangebot abgibt, sondern ist sie Zielgesellschaft eines fremden Erwerbsangebots, greift das Handlungsverbot des § 33 I S.1 WpÜG, woraus sich Grenzen der Zulässigkeit von Beeinflussungsmaßnahmen der Aktiengesellschaft ergeben können.

I. Voraussetzungen des § 33 I S.1 WpÜG

1. Regelungsinhalt des § 33 I S.1 WpÜG

Von der Veröffentlichung der Entscheidung eines Bieters, ein Angebot abzugeben, bis zur Veröffentlichung des Ergebnisses des Übernahmeversuchs ist es dem Vorstand einer Zielgesellschaft gemäß § 33 I S.1 WpÜG grundsätzlich verwehrt, Handlungen vorzunehmen, durch die der Erfolg des Angebots verhindert werden könnte.

Die Vorschrift soll vermeiden, daß die Entscheidung der Aktionäre, ein Angebot anzunehmen, durch tatsächliche Maßnahmen der Unternehmensleitung verhindert wird.[655] Die Aktionäre selbst unterliegen einem solchen Handlungsverbot nicht, wie aus der Ausnahmeregelung des §33 II WpÜG eindeutig zu erkennen ist.[656] Die Norm ist also im wesentlichen der Wahrung der Aktionärsinteressen und weniger dem Schutz des Bieters zu dienen bestimmt.[657] Demzufolge kommt ihr strenggenommen nur geringe kapitalmarktrechtliche Bedeutung zu. § 33 I S.1 WpÜG stellt vielmehr im Sinne einer verbandsinternen Kompetenznorm[658] sicher, daß die aktienrechtliche Zuständigkeitsordnung der Gesellschaftsorgane

---

[655] In diesem Zusammenhang von einer kapitalmarktrechtlichen „Neutralitätspflicht" des Vorstands zu sprechen, ist ungenau und irreführend, denn dem Vorstand wird beispielsweise in § 27 WpÜG gerade eine begründete Stellungnahme zur eigenen Position bezüglich des Angebots abverlangt. Terminologisch präziser erscheint der Begriff des „Verhinderungsverbots" oder der noch allgemeinere Begriff des „Handlungsverbotes".

[656] Im RefE wurden Entscheidungen der Hauptversammlung noch ausdrücklich in §33 I S.1 vom Verbot ausgenommen. Auch wenn der Gesetzgeber dies nicht übernommen hat, hat sich an dem sachlichen Gehalt in diesem Punkt nichts geändert.

[657] vgl. *Ekkenga*, FS Kümpel, S. 95 (96 ff.)

[658] *Merkt*, ZHR 165 (2001), 224 (245) ; *Winter/Harbarth*, ZIP 2002, 1 (17) ; *Altmeppen*, ZIP 2001, 1073, 1076. Andere Autoren sehen in der Vorschrift des §33 I WpÜG vielmehr eine Organpflicht des Vorstands, die dessen Geschäftsführungsbefugnis beschneidet. Vgl. *Schwennicke*, Geibel/Süßmann, §33, Rdn.18 ; *Hopt*, FS Lutter, S.1386

übernahmerechtlich nicht aufgehoben wird und es also grundsätzlich Aufgabe der Aktionäre bleibt, selbst über den Ausgang eines Übernahmeangebots und damit die ihnen eröffneten Verkaufschancen zu entscheiden.[659] Insoweit überlagert § 33 I S.1 WpÜG die sonstigen aktienrechtlichen Rechte und Pflichten des Vorstands der Zielgesellschaft für den Zeitraum des Angebots.[660]

§ 33 WpÜG will insbesondere Maßnahmen verhindern, die eine Annahme des Angebots für die Aktionäre der Zielgesellschaft wirtschaftlich unattraktiv machen. Welche Maßnahmen im Einzelnen unzulässig sind, ist dem Handlungsverbot nicht zu entnehmen, doch richtet sich die Beurteilung maßgeblich nach ihrer objektiven Eignung, den Übernahmeversuch zu vereiteln. Der Eintritt eines konkreten Verhinderungserfolges oder gar das Vorliegen einer bestimmten Verhinderungsabsicht ist darüber hinaus nicht erforderlich.[661]

2. Anwendungsbereich des § 33 I S.1 WpÜG auf einfache Übernahmeangebote

Zunächst ist jedoch unklar, wann der Anwendungsbereich der Verbotsvorschrift eröffnet ist, denn das WpÜG verwirrt durch eine uneinheitliche Verwendung der Angebotsbegriffe. Während nach dem eindeutig erscheinenden Wortlaut des § 33 I S.1 WpÜG jedes (einfache) Angebot zum Erwerb von Wertpapieren bereits das Handelsverbot des Vorstands auslöst, sprechen die Ausnahmeregeln § 33 I S. 2 Alt.1 sowie § 33 II S.1 WpÜG von sog. „Übernahmeangeboten", die sich gemäß § 29 WpÜG auf den Erwerb der Kontrollmehrheit richten. Daraus ergeben sich inhaltlich widersprüchliche Aussagen: So dispensiert § 33 I S.2 WpÜG solche Maßnahmen vom Handlungsverbot, die eine ordnungsgemäße und gewissenhafte Geschäftsleitung einer nicht von einem „Übernahmeangebot" betroffenen Gesellschaft durchgeführt hätte. Würde diese Formulierung den Umkehrschluß zulassen, daß, wenn kein Übernahme- sondern ein nur einfaches Angebot vorliegt, der Vorstand alle Maßnahmen zur Abwehr treffen dürfte, dann wäre das für einfache Angebote nach § 33 I S.1 WpÜG geltende Handlungsverbot wieder aufgehoben.

Beispielhaft für die begriffliche Widersprüchlichkeit sei auch § 31 IV WpÜG genannt, der in irreführender Weise von (einfachen) Angeboten spricht, obwohl er zweifelsohne nur für Übernahmeangebote gilt. Der Gesetzeswortlaut ergibt

---

[659] vgl. etwa *Hirte*, KK-WpÜG, § 33, Rdn.26
[660] *Hirte*, KK-WpÜG, §33, Rdn.1
[661] RegBegr., BT-Drucks.14/7034, S.141 = ZIP 2001, 1262 (1286) ; *Winter/Harbarth*, ZIP 2002, 1 (3 ff.) ; *Hirte*, ZGR 2002, 623 (631) ; *Röh*, Haarmann/Riehmer/Schüppen, §33, Rdn.76

somit keinen verläßlichen Aufschluß über den Anwendungsbereich des § 33 WpÜG.

a. Systematische Auslegung

Unter systematischen Gesichtspunkten wäre § 33 WpÜG aufgrund seiner Stellung hinter § 29 WpÜG im 4. Abschnitt des Gesetzes ausschließlich auf „Übernahmeangebote“ anzuwenden. Systematisch mit § 33 WpÜG verwandte Normen wie die Stellungnahmepflicht des Vorstands (§ 27 WpÜG) und die Werberegulierung (§28 WpÜG) befinden sich jedoch wiederum im 3. Abschnitt und gelten auch für einfache Angebote. Zudem sieht die Erleichterung der Einberufung einer besonderen „Abwehrhauptversammlung“ nach § 16 III, IV WpÜG nicht zwingend das Vorliegen eines Übernahmeangebots vor. Ist eine solche Einberufung aber für sämtliche Angebote möglich, schiene es nur konsequent die Verbotsvorschrift des § 33 WpÜG auf alle Angebote anzuwenden.[662] Auch eine systematische Betrachtung liefert somit kein eindeutiges Resultat.

b. Teleologische Auslegung

Schließlich ist der Sinn und Zweck des Gesetzes heranzuziehen. Zum einen würde eine Nichtanwendung des § 33 WpÜG auf einfache Angebote zu dem fragwürdigen Ergebnis führen, daß der Vorstand gegen einfache Angebote mit besseren Abwehrmöglichkeiten ausgestattet ist als bei Übernahmeangeboten, die auf einen Kontrollerwerb gerichtet sind. Dies würde der Intention des Gesetzgebers zuwiderlaufen, die Abwehrmöglichkeiten gegen öffentliche Angebote grundsätzlich zu verstärken. Zum anderen ist es Regelungszweck des § 33 WpÜG, dem Aktionär als Adressaten des Angebots, die Entscheidungsfreiheit zu sichern, selbst über die wirtschaftlichen Geschicke seiner Anteile zu entscheiden. Diesen Freiraum benötigt der Aktionär aber auch bei Angeboten, die nicht auf eine Kontrollmehrheit gerichtet sind, da er auch dort entscheiden muß, ob es sich für ihn rechnet, seinen Anteil zu veräußern.
Über die teleologische Auslegung kommt man zu dem Ergebnis, den § 33 I WpÜG auch auf einfache Angebote anzuwenden.[663]

---

[662] *Röh*, Haarmann/Riehmer/Schüppen, §33, Rdn.50 ; *Hirte*, KK-WpÜG, §33, Rdn.31 ; *Oechsler*, NZG 2001, 817 (824)
[663] *Hirte*, KK-WpÜG, §33, Rdn.31 ; *Hirte*, ZGR 2002, 623 (6625ff.)

3. Zeitlicher Anwendungsbereich des § 33 WpÜG

Dem Wortlaut des § 33 I S.1 WpÜG zufolge gilt das Handlungsverbot erst ab der Veröffentlichung der Entscheidung eines Bieters zur Abgabe eines Übernahmeangebots. Davor gilt das Handlungsverbot nicht. Nach Maßgabe des Übernahmegesetzes hat der Vorstand im Vorfeld von Übernahmeangeboten absolute Handlungsfreiheit.
Ein solches Ergebnis würde allerdings verkennen, daß die Aktionäre der Zielgesellschaft vor Beginn des Übernahmekampfes im Zweifel mindestens genauso schutzbedürftig sind wie währenddessen. Denn eine (erfolgreiche) präventive Abwehr läßt den Bieter bereits von der Abgabe des Angebots Abstand nehmen, mit der Folge, daß die Aktionäre gar nicht erst die Chance erhalten, ihre Anteile gegen einen Aufpreis zu veräußern.

Außerhalb des zeitlichen Anwendungsbereichs des § 33 WpÜG schützt aber das allgemeine Aktienrecht. Danach sind Abwehrmaßnahmen mit direktem Einfluß auf die Aktionärsstruktur der Kompetenz des Vorstands entzogen. Maßnahmen im Rahmen seiner originären Geschäftsführung unterliegen dem aktienrechtlichen Gebot ordnungsgemäßer Unternehmensführung (§§76, 93 AktG).[664]
Bei auffallender zeitlicher Nähe zum Anwendungszeitraum des § 33 I S.1 WpÜG drängt es sich unter Umgehungsgesichtspunkten auf, den aktienrechtlichen Schutz dahingehend zu erweitern, daß der Vorstand die Gesellschaft ohne Gestattung durch die Hauptversammlung nicht durch Präventivmaßnahmen derart „uneinnehmbar" gestalten darf, daß ein künftiges Übernahmeangebot den Aktionären gar nicht erst angetragen wird.[665] Konsequenterweise muß das Handlungsverbot des § 33 I S.1 WpÜG in die Vorphase einer Übernahmesituation hinein strahlen und darf von der Unternehmensleitung nicht völlig außer Betracht gelassen werden.[666]
Soll es sich bei § 33 I WpÜG nun aber tatsächlich um eine verbandsrechtliche Kompetenznorm handeln, die das organisationsrechtliche Trennungsprinzip des Aktienrechts auch in Übernahmekonstellationen beibehalten will, so erscheint es an dieser Stelle zweifelhaft, eine konkurrierende Zuständigkeit der Hauptversammlung in Bereichen der Geschäftsführung anzuerkennen. Denn derartige Organisationsregeln dienen normalerweise der Verhinderung von Konflikten konkurrierender Entscheidungsträger und sollen sie nicht erst entstehen lassen.[667] Zudem gilt es zu verhindern, daß eine nur möglicherweise ins Haus stehende Übernahme die Gesellschaft in ihren Geschäften zu stark „lähmt".[668] Um

---

[664] siehe oben auf Seite 152.
[665] *Hopt*, ZGR 1993, 534 (558 ff.) ; *Winter/Harbarth*, ZIP 2002, 1 (4)
[666] *Hirte*, KK-WpÜG, § 33, Rdn.44 ; *Winter/Harbarth*, ZIP 2002, 1 (4)
[667] *Ekkenga*, FS Kümpel, S.99
[668] *Winter/Harbarth*, ZIP 2002, 1 (4)

dem vorzubeugen, erscheint es folgerichtig, nicht nur § 33 I S.1 WpÜG zeitlich vorzuverlagern, sondern ebenfalls die Ausnahmetatbestände des WpÜG außerhalb ihrer zeitlichen Anwendung greifen zu lassen. Ansonsten würde es zu dem merkwürdig anmutenden Ergebnis kommen, daß dem Vorstand im Fall der bloßen Möglichkeit einer künftigen Übernahme die Hände stärker gebunden sind als in einer konkreten Übernahmesituation unter Geltung des Handlungsverbot aus § 33 I S.1 WpÜG.[669]

II. Subsumtion relevanter Beeinflussungsmaßnahmen unter das Handlungsverbot des § 33 I S.1 WpÜG

Alle Formen der Kursbeeinflussung durch die Aktiengesellschaft, die einen Anstieg des Börsenkurses zur Folge haben, bringen gezwungenermaßen eine Verteuerung der Übernahme für die bietende Gesellschaft mit sich, da sich das Übernahmeangebot an dem aktuellen Börsenkurs der Zielgesellschaft messen lassen muß. Je nachdem wie stark der Anstieg des Kurses im konkreten Einzelfall ausfällt, sind die jeweiligen Beeinflussungsmaßnahmen der Gesellschaft mehr oder weniger geeignet, den Erfolg eines konkreten Übernahmegebotes tatsächlich zu verhindern. Neben der Verteuerung des Übernahmevorgangs kommen den einzelnen Beeinflussungstechniken weitere, jeweils spezifische erfolgsverhindernde Effekte zu.

1. Beeinflussung durch Erwerbsgeschäfte in eigenen Aktien

Die mit dem Erwerb eigener Aktien verbundenen Auswirkungen auf die Finanzpolitik und die Eigentümerstruktur der Gesellschaft begründen verschiedenartige Möglichkeiten, einer drohenden Wertpapierübernahme entgegenzuwirken oder eine solche zu erschweren.[670]
Kauft eine Gesellschaft von ihren eigenen Aktionären Anteile zurück, kann sie auf diesem Wege etwaige überschüssige Liquidität ausschütten und gleichzeitig die bisher aufgrund der Liquidität nicht in Anspruch genommene Fremdfinanzierung ausweiten. Der damit verbundene „Leverage-Effekt" erhöht im allgemeinen nicht nur den Unternehmenswert und steigert den zu zahlenden Akquisi-

---

[669] vor allen: *Bayer*, ZGR 2002, 588 (618) ; auch *Krause*, AG 2002, 133 (136,144) ; a.A. *Ekkenga*, FS Kümpel, S.102, nach dem diese „Fehlkonstruktion" einer milderen Neutralitätspflicht vor Veröffentlichung der Angebotsentscheidung hinzunehmen ist.
[670] *Kopp*, S.41 ff. ; *Benckendorff*, S.60 ff. ; *Berrar/Schnorbus*, ZGR 2003, 59 (101) ; *Bayer*, ZGR 2002, 588 (592f.) ; *Hirte*, ZGR 2002, 623 (632)

tionspreis entsprechend, sondern es schwinden zur gleichen Zeit die Anreize für den Übernehmer, den Erwerb der Wertpapiere über einen sog. „Leveraged-Buy-Out“ zu finanzieren.[671] Dem zunächst durch die hohe Liquidität angelockten Bieter stehen nach erfolgter Übernahme aufgrund des Rückkaufs weniger freie Finanzmittel und ein geringeres Verschuldungspotential in der Zielgesellschaft zur Verfügung als die Tilgung des vom ihm aufgenommenen Fremdkapitals erfordern würde.[672]

Neben der finanzpolitischen Wirkung des Rückerwerbs ermöglichen die §§ 71 ff. AktG dem Vorstand, unter Umständen strategisch auf die Beteiligungsstruktur der Gesellschaft einzuwirken. Zwar bedeutet die Verminderung der sich im Umlauf befindlichen Aktien aufgrund der Stimmrechtsbeschränkung des § 71b AktG zunächst, daß der Bieter auch nur eine entsprechend geringere Anzahl an Wertpapieren erwerben muß, um die angestrebte Stimmenmehrheit zu erlangen, doch kann die Unternehmensleitung über den Erwerbsvorgang den relativen Stimmrechtsanteil „loyaler“ Anteilseigner stärken und auf diesem Wege einer Kontrollerlangung entgegenwirken. So können im Rahmen des Rückkaufprogramms gerade diejenigen Aktionäre herausgefiltert werden, die sich als besonders „verkaufswillig“ erweisen, weil sie subjektiv von einem geringen Wert der Beteiligung überzeugt sind und somit im Falle eines feindlichen Übernahmeversuchs ihre Aktien an einen unliebsamen Bieter abzugeben drohen.
Insbesondere unter Verwendung der sog. „dutch auction“ lassen sich diese Aktionäre unter Wahrung der Gleichbehandlung (§ 53a AktG) ermitteln, da bei diesem Verfahren die Aktionäre im Rahmen eines vorgegebenen Preisfensters den Kaufpreis selbst vorgeben und die Gesellschaft sodann den niedrigsten Ausgabepreis wählen kann, der ihr den Erwerb der erforderlichen Anzahl eigener Aktien ermöglicht. Damit steigt im Ergebnis der Anteil der Aktionäre, die in der Gesellschaft verbleiben wollen und folglich ihre Beteiligung nicht oder zumindest nur zu einem deutlich höheren Preis an einen potentiellen Übernehmer veräußern würden.
Darüber hinaus wird die Unternehmensleitung gegebenenfalls ein Interesse haben, einen Bieter, der bereits Aktionär der Gesellschaft ist, von der geplanten (feindlichen) Übernahme abzubringen, indem sie die Anteile des Bieters zurückerwirbt und ihm gleichzeitig die Verpflichtung abringt, die verbleibende Beteiligung nicht weiter aufzustocken (sog. „stand still agreements“). Ein solcher Ver-

---

[671] Beim „Leveraged-Buy-Out“ nimmt der Übernehmer aufgrund mangelnden Eigenkapitals Bankkredite auf, um die Wertpapiere der Zielgesellschaft zu erwerben. Die Liquidität der Zielgesellschaft kann hier als Sicherheit gestellt und nach erfolgter Übernahme der Kontrollmehrheit dazu verwendet werden, die aufgenommenen Kredite zu tilgen. Reichen die freien Finanzmittel nicht aus, können ungenutzte Verschuldungskapazitäten der Zielgesellschaft für die Aufnahme weiteren Fremdkapitals urbar gemacht werden.
[672] *Oechsler*, MüKo, § 71, Rdn.10 ; *Kopp*, S.41 ; *Benckendorff*, S.61

zicht für den Bieter ist dann sinnvoll, wenn er durch einen entsprechend attraktiven Paketzuschlag honoriert wird, der in der Regel beträchtlich über dem aktuellen Börsenkurs liegen wird, welches aber wiederum unter aktienrechtlichen Gesichtspunkten problematisch ist. (vgl. Fälle des sog. „Greenmailing").[673]

Diese Möglichkeit, durch Aktienrückkäufe die Übernahme Dritter abzuwenden, unterfällt § 33 I S.1 WpÜG. Der Gesetzgeber hatte die Aktienrückkaufprogramme zunächst explizit als unzulässige Handlung des Vorstands § 33 II N.2 RefE hervorgehoben.[674] Diese Bestimmung mit seinen Katalogtatbeständen ist zwar einer generalklauselartigen Gesetzesfassung gewichen, doch hat der Gesetzgeber gleichwohl an seinem Standpunkt festgehalten und den Rückerwerb in der Gesetzesbegründung als Beispiel erfolgsverhindernder Handlungen beibehalten.[675]
Aufgrund der Erwerbsgrenze des § 71 I N.8 S.1 und II S.1 AktG wäre im übrigen die Effektivität des Aktienrückerwerbs als Abwehrmaßnahme begrenzt und gewänne wohl erst in Ergänzung mit anderen Kapitalmaßnahmen (z.B. Genehmigtes Kapital) an praktischer Bedeutung.

2. Beeinflussung durch Veräußerung eigener Aktien

Durch die Weiterveräußerung eigener Aktien während der Geltung des Angebots eines Bieters wird die Anzahl der vom Bieter zu adressierenden Aktionäre erhöht und damit die Übernahme verteuert.
Gibt der Vorstand die zurückerworbenen Anteile im Rahmen der Weiterveräußerung (unter Ausschluß des Andienungsrechts nach §§ 71 I N.8 S.3 i.V.m. 186 I AktG) gezielt an loyale Aktionäre bzw. an außenstehende strategische Partner (sog. „white knights" bzw. „white squires"[676]) aus, wird die Zahl der für den Bieter faktisch erreichbaren Papiere verringert, da diese Personen das Übernahmeangebot nicht annehmen werden.
Aufgrund dieser Auswirkungen stellt die Kursbeeinflussung durch Veräußerung eigener Aktien grundsätzlich einen Verstoß gegen das Handlungsverbot des § 33 I S.1 WpÜG dar.

---

[673] *Kopp*, S.45 ; siehe zum Greemailing oben Seite 188.
[674] RefE vom 12. März 2001 abrufbar unter: http://www.rws-verlag.de/volltext/01wueg01.htm
[675] RegBegr., WpÜG, BT-Drucks. 14/7034, S.39
[676] Der white squire unterscheidet sich vom white knight dadurch, daß er keine (freundliche) Übernahme der Zielgesellschaft anstrebt, sondern lediglich eine bedeutende Beteiligung, verbunden mit einer entsprechenden schuldrechtlichen Vereinbarung über die Ausübung der mitgliedschaftlichen Rechte erwirbt.

3. Beeinflussung durch Zurückhalteabkommen und sog. „parking"

Zurückhalteabkommen (sog. „lock-up-Vereinbarung") sowie „parking-Vereinbarungen" mit Inhabern meist größerer Aktienpakete ermöglichen es der Zielgesellschaft eine entsprechend große Zahl von Aktien aus dem Umlauf zu nehmen und dem Bieter entsprechend Anteile im Angebotsverfahren vorzuenthalten.[677]
Richten sich die Vereinbarungen auf eine nicht nur unerhebliche Aktienmenge, sind sie als unzulässige Abwehrmaßnahme unter § 33 I WpÜG zu subsumieren und grundsätzlich verboten.

4. Beeinflussung durch sog. „cash settled instruments"

„Cash settled instruments", bei denen die Zielgesellschaft im Rahmen von derivativen Geschäften statt tatsächlicher Lieferung der Bezugsgröße lediglich deren Wertentwicklung über einen bestimmten Zeitraum zu zahlen verspricht, können den Bieter bei entsprechendem Umfang von der Übernahme abbringen. Die Verpflichtung der Zielgesellschaft als Stillhalterin, am vereinbarten Stichtag die Differenz zwischen Basis- und Marktpreis zu tragen, kann sich für die bietende Gesellschaft als unerwünschte finanzielle Belastung darstellen.
Im zeitlichen Anwendungsbereich des § 33 I AktG ist es einer Aktiengesellschaft grundsätzlich verwehrt, derartige Vereinbarungen zu treffen.

5. Beeinflussung durch Informationspolitik

Es versteht sich von selbst, daß es der Zielgesellschaft gerade in einer Übernahmesituation verwehrt ist, durch die Verbreitung falscher oder irreführender Informationen in Gestalt von Nachrichten, Gerüchten, Falschmeldungen etc. über das Angebot oder den Bieter selbst, dem Übernahmeversuch entgegenzuwirken. Insbesondere im Rahmen der Entscheidung über die Annahme eines Angebots sind die Aktionäre darauf angewiesen, die Werthaltigkeit ihrer Anteile richtig einzuschätzen, die künftigen Ertragsaussichten mit und ohne Übernahme zu prognostizieren und sämtliche übrigen Risiken und Vorteile einer Übernahme gegeneinander abzuwiegen. In diesem Prozeß haben verläßliche Informationen einen enormen Stellenwert. Vor allem der Informationspolitik der eigenen Unternehmensleitung als „geborenem Insider" wird bei dem Versuch, das eigene

---

[677] vgl. *Wagner*, S.40 ff.

Informationsdefizit zu kompensieren, noch häufig ein grundsätzliches Vertrauen entgegengebracht.
Nicht verboten ist hingegen die Werbung gegen die Annahme des Übernahmeangebots (z.B. in Gestalt von sog. „road shows“) sowie sonstige argumentative Verteidigungen gegen den Übernahmeversuch.[678]

6. Beeinflussung durch Maßnahmen zur Steigerung der Ertragskraft

Maßnahmen der Gesellschaft, die eine Steigerung der Ertragskraft zur Folge haben und sich so positiv auf die Börsenkursentwicklung auswirken, können das Schicksal einer Übernahme entscheidend benachteiligen. Zu nennen ist hier etwa die gezielte Veränderung der betrieblichen Struktur oder des Aktiv- bzw. Passivbestandes der Gesellschaft. Im unmittelbaren Zusammenhang mit einem Übernahmeangebot ist insbesondere die Veräußerung wesentlicher Bestandteile des Gesellschaftsvermögens (sog. „crown jewels“) unzulässig. Sie können die vom Bieter anvisierten Synergieeffekte verhindern und damit den eigentlichen Anreiz der Übernahme zunichte machen.[679] Für die Frage der Wesentlichkeit ist in erster Linie auf die besondere Bedeutung der jeweiligen Unternehmenskomponente der Zielgesellschaft für den Bieter abzustellen. Ist dies den Angebotsunterlagen nicht zu entnehmen und nicht auf andere Weise ersichtlich, scheint es – in Anlehnung an internationale Praxis – angemessen, eine Wesentlichkeitsuntergrenze von 10% des Bilanzwertes anzusetzen.[680]
Zu denken ist ferner an einen Erwerb bestimmter Unternehmensteile zu dem Zweck, kartellrechtliche Hürden für die Bietergesellschaft aufzubauen.
Zulässig ist demgegenüber die Zahlung oder Ankündigung einer besonders hohen „Dividende“, wofür Gewinnrücklagen oder stille Reserven aufgelöst oder gar eine Kapitalherabsetzung durchgeführt werden. Denn Zweck des Handlungsverbotes ist es nur, den Aktionären die Wahlmöglichkeit zwischen dem Verbleib in der Gesellschaft und der Veräußerung der Aktien zu bewahren.681
Im Ergebnis ist die Durchführung von Maßnahmen zur Steigerung der Ertragskraft, insbesondere von wesentlichen Strukturmaßnahmen, in Übernahmesituationen nach § 33 I S.1 WpÜG grundsätzlich unzulässig.

---

[678] *Hirte*, KK-WpÜG, §33, Rdn.63
[679] *Krause*, AG 2002, 133 (143)
[680] *Schwennicke*, Geibel/Süßmann/, §33, Rdn.30 in Anlehnung an Note 2 zu Rule 21.1 des englischen City Code.
[681] *Hirte*, KK-WpÜG, §33, Rdn.63

7. Zwischenergebnis

Grundsätzlich ist folglich in allen genannten Fällen ein Handlungsverbot des Vorstands gemäß § 33 I S.1 WpÜG gegeben, soweit nicht Ausnahmetatbestände vorliegen.

III. Ausnahmetatbestände vom Handlungsverbot des § 33 I S.1 WpÜG

Anders als noch im Vorschlag zur EG-Übernahmerichtlinie[682] sowie entgegen dem die restriktive Ausrichtung der Richtlinie aufgreifenden Referentenentwurf hat das WpÜG von einer strikten Neutralitätspflicht des Vorstands Abstand genommen und das in § 33 I WpÜG statuierte Handlungsverbot durch eine Reihe von Ausnahmeregelungen in §§ 33 I S.2 sowie 33 II WpÜG wieder aufgeweicht. Die mit den Ausnahmemöglichkeiten verbundene Erweiterung der Abwehrmöglichkeiten geht auf die Bestrebungen der Bundesregierung zurück, die deutschen Aktiengesellschaften vor einer vermeintlich drohenden Übernahmewelle aus dem Ausland zu schützen, und bildet – insbesondere aufgrund der Forderung, Abwehrbeschlüsse auf Vorrat zuzulassen – den Grund für das letztendliche Scheitern der ersten Übernahmerichtlinie.[683] Im Rahmen der Umsetzung der neuen Übernahmerichtlinie hat der deutsche Gesetzgeber über die Möglichkeit des „Opt-out" an der bisherigen Gestalt des § 33 WpÜG samt seiner Ausnahmetatbestände festgehalten.

1. Zulässigkeit von Abwehrmaßnahmen aufgrund Vorratsbeschlusses der Hauptversammlung nach § 33 II WpÜG

Nach § 33 II WpÜG kann die Hauptversammlung bereits im Vorfeld einer Übernahmesituation[684] den Vorstand zur Durchführung von Abwehrmaßnahmen gegen Übernahmeangebote[685] ermächtigen, soweit die Maßnahmen „in die Zuständigkeit der Hauptversammlung fallen". Der Hauptversammlung steht es also

---

[682] 13. Richtlinie des Europäischen Parlaments und des Rates auf dem Gebiet des Gesellschaftsrechts über Übernahmegebote AblEG N. C 23 vom 24 Januar 2001, S.1 ff. = AG 2000, 296 ff.

[683] *Drygala*, ZIP 2001, 1861 ff. ; *Winter/Harbarth*, ZIP 2002, 1 (3) ; *Bayer*, ZGR 2002, 588 (621)

[684] d.h. vor der Veröffentlichung der Entscheidung zur Abgabe eines Angebots.

[685] nach der hier vertretenen Ansicht gilt die Ausnahme des §33 II WpÜG auch für einfache Erwerbsangebote.

frei, gezielt gegen den Erfolg eines (Übernahme-) Angebots vorzugehen. Sie unterliegt nicht dem Handlungsverbot des § 33 I S.1 WpÜG.
Die Maßnahmen sind im Ermächtigungsbeschluß ausdrücklich als Abwehrinstrumente gegen feindliche Übernahmen zu kennzeichnen und der „Art nach" zu bestimmen.[686] Zudem ist der Beschluß nur für maximal 18 Monate gültig (§ 33 II S.2 WpÜG), kann nur mit einer qualifizierten Mehrheit von mindesten ¾ des vertretenen Grundkapitals gefaßt (§ 33 II S.3 WpÜG) und nur mit Zustimmung des Aufsichtsrats ausgenutzt werden (§ 33 II S.4 WpÜG).[687]

Die Ausnahmeregelung des § 33 II WpÜG legt es nahe, im Umkehrschluß eine allgemeine Ermächtigung der Hauptversammlung ohne eine explizite abwehrspezifische Zielrichtung, also allgemeine Ermächtigungen zum Rückkauf von Aktien, Aufnahme bedingten und genehmigten Kapitals etc., als Grundlage für die Verhinderung des Angebots eines Bieters nicht ausreichen zu lassen. Im Falle des § 71 I N.8 AktG beispielsweise liegt dem Aktienrückerwerb zwar ein Ermächtigungsbeschluß der Hauptversammlung zugrunde, doch wurde dieser im allgemeinen in völliger Unkenntnis eines Übernahmeangebots gefaßt. Bezüglich des Einsatzes als Abwehrinstrument und der mit der Abwehr verbundenen Einflußnahme auf den Wechsel der Anteilseigner und die Zusammensetzung des Aktionärskreises fehlt es somit an der erforderlichen Legitimation. Vielfach wird § 33 II WpÜG insoweit eine Sperrwirkung attestiert und die Ausnutzung allgemein gefaßter Ermächtigung in Übernahmesituationen grundsätzlich abgelehnt.[688]
Beeinflussungsmaßnahmen, die sich auf eine den Anforderungen des § 33 II WpÜG entsprechenden Hauptversammlungsbeschluß stützen können und insbesondere über die erforderliche abwehrspezifische Zweckbestimmung verfügen, sind vom Handlungsverbot des Vorstands ausgenommen und insoweit zulässig.

---

[686] „Der Art nach" ist dahingehend zu verstehen, daß die Maßnahme grob bezeichnet werden soll, z.B. Durchführung einer Kapitalerhöhung, Veräußerung von Beteiligungen. Vgl. Stellungnahme BT-Finanzausschuß, ZIP 2001, 2102 (2104)
[687] Da die Zwecksetzung im Hauptversammlungsbeschluß dem Kapitalmarkt deutlich signalisiert, daß eine Übernahme zu befürchten ist, wird die Unternehmensleitung nur selten auf einen Vorratsbeschluß zurückgreifen; vgl. *Hopt*, ZHR 166 (2002), 383 (423). In den Jahren 2002 und 2003 ist es zu keinem „echten" Vorratsbeschluß gekommen, vgl. *v. Bülow*, FAZ v.12.2.2003, S.19.
[688] *Oechsler*, MüKo, § 71, Rdn.251 ; vgl. auch Diskussionsbericht von *Heinrich*, ZGR 2002, 659

2. Zulässigkeit von Abwehrmaßnahmen als Handlungen des Vorstands mit Zustimmung des Aufsichtsrats nach § 33 I S.2 Alt. 3 WpÜG

Gemäß § 33 I S.2 Alt. 3 WpÜG ist der Vorstand aber auch dann zur Vornahme von Abwehrmaßnahmen befugt, wenn der Aufsichtsrat der jeweiligen Handlung zustimmt.
Richtet man sich ausschließlich nach dem Wortsinn des § 33 I S.2 Alt. 3 WpÜG, so scheint die Vorschrift einem Freibrief zum Alleinhandeln der Unternehmensleitung gleichzukommen.[689] Unter rechtspolitischen Erwägungen nicht unbedenklich, wäre es Vorstand und Aufsichtsrat danach möglich, an der Hauptversammlung vorbei ohne jedwede Legitimation der Aktionäre Abwehrmaßnahmen zu ergreifen. Doch aus dem Umkehrschluß zu § 33 II S.1 WpÜG, der von Handlungen in der „Zuständigkeit der Hauptversammlung" spricht, sowie aus der Stellungnahme des federführenden Finanzausschusses des Bundestages[690] ergibt sich, daß nur Handlungen innerhalb der Geschäftsführungskompetenz des Vorstands die Zustimmungsmöglichkeit des Aufsichtsrats nach § 33 I S.2 Alt. 3 WpÜG eröffnen sollen. Indem er ausführt, daß sämtliche Maßnahmen, die nach allgemeinen gesellschaftsrechtlichen Grundsätzen in die Zuständigkeit der Hauptversammlung fallen, in ihrer Kompetenz verbleiben sollen, bekräftigt der Finanzausschuß, daß die Geschäftsführungsbefugnis des Vorstands nicht etwa zu Lasten der Hauptversammlungsbefugnisse erweitert werden soll. Demzufolge bedarf es für Maßnahmen aus dem Zuständigkeitsbereich der Hauptversammlung stets der erforderlichen Legitimation durch eine entsprechende Ermächtigung der Aktionäre.[691] Andernfalls würde für § 33 II WpÜG kein sinnvoller Anwendungsbereich mehr verbleiben, da der Vorstand sämtliche Abwehrmaßnahmen auch anhand einer Aufsichtsratszustimmung umsetzen könnte. Von einer Streichung des § 33 II WpÜG hat der Gesetzgeber jedoch ausdrücklich abgesehen.[692] Zudem würde sonst ein mitunter paritätisch besetzter, nicht in seiner Gesamtheit von den Aktionären gewählter Aufsichtsrat an der Hauptversammlung vorbei über das Anteilseigentum der Aktionäre verfügen. Auch wenn das Bundesverfassungsgericht in seinem Mitbestimmungsurteil[693] bezüglich des „gesellschaftsrechtlich vermittelten" Anteilseigentums ausführt, daß die Verfügungsrechte – bis auf die Veräußerung und Belastung der Anteile - nur mittelbar über die Vertretungsorgane auszuüben sind, bedeutet die Abwehr eines Übernahmeangebots doch im Grunde gerade die Beschränkung der Veräußerung

---

[689] in dieser Richtung: *Winter/Harbarth*, ZIP 2002, 1 (8,10) ; *Zschocke*, DB 2002, 79 (82)
[690] Stellungnahme BT-Finanzausschuß, ZIP 2001, 2102 (2104)
[691] Stellungnahme BT-Finanzausschuß, ZIP 2001, 2102 (2104)
[692] Auf Drängen des DGB habe der Gesetzgeber an der Regelung des § 33 II WpÜG festgehalten, so *Heinrich*, ZGR 2002, 659 (Diskussionsbericht) ; *Hirte*, ZGR 2002, 623 (641)
[693] BVerfGE 50, 290, 342

selbst und ist somit nicht nur verbandsrechtlich[694], sondern mit Blick auf Art. 14 GG auch verfassungsrechtlich bedenklich.[695]

Fraglich ist, ob der Vorstand mit Zustimmung des Aufsichtsrats nach § 33 I S.2 Alt.3 WpÜG solche Maßnahmen durchführen darf, die zwar grundsätzlich in den Zuständigkeitsbereich der Hauptversammlung fallen, für die aber eine Legitimation des Vorstands durch allgemeinen Ermächtigungsbeschluß der Hauptversammlung vorliegt.
Dafür sprechen zunächst die weiteren Ausführungen des Finanzausschusses, nach denen es dem Vorstand neben § 33 II WpÜG unbenommen bleiben soll, auch solche Maßnahmen durchzuführen, die auf „Ermächtigungen nach anderen Rechtsvorschriften" beruhen, sofern die Anforderungen des § 33 I S.2 WpÜG erfüllt seien. So solle neben der Ausnutzung eines genehmigten Kapitals beispielsweise auch der Rückkauf von Aktien nach § 71 I N.8 AktG für die Dauer einer Übernahmesituation zulässig sein.[696] Dieser Ansatz wird unterstützt von einigen Stimmen in der Literatur, nach denen die Zuständigkeitsverteilung des Aktienrechts unberührt bleiben solle.[697] Die Durchführung von Aktienrückkäufen dürfe über § 71 I AktG hinaus nicht an zusätzliche Erfordernisse geknüpft werden. Ergänzend verweisen sie auf den zum Ende des Gesetzgebungsverfahrens deutlich zum Ausdruck kommenden Willen des Gesetzgebers, die Durchführung von Abwehrmaßnahmen zu erweitern und gerade nicht zu erschweren. Insbesondere die Ausnutzung des genehmigten Kapitals und der Rückerwerb von Aktien seien zentrale Abwehrinstrumente. Ein Verbot der Ausnutzung allgemeiner Ermächtigungen würde ihre Wirksamkeit leerlaufen lassen und die Wertung des Gesetzes regelrecht auf den Kopf stellen. § 33 II WpÜG komme damit kein Vorrang gegenüber dem allgemeinen Aktienrecht zu.[698]

Ob diese Schlußfolgerung überzeugen kann, hängt von dem grundsätzlichen Verhältnis des Aktien- zum Übernahmerecht ab und von der Frage, inwieweit die aktienrechtliche Zuständigkeitsordnung der Gesellschaftsorgane in Übernahmesituationen eine andere Wertung erfahren muß:
Ermächtigt die Hauptversammlung den Vorstand zur Vornahme von Maßnahmen, die in ihren Zuständigkeitsbereich fallen, so wird die Delegation originärer Hauptversammlungskompetenz im Aktienrecht grundsätzlich durch die Ver-

---

[694] Mit der Beschränkung der Veräußerung der Anteile wird dem Aktionär auch die kapitalgesellschaftsrechtliche Möglichkeit erschwert, die Mitgliedschaft in der Gesellschaft zu beenden.
[695] *Winter/Harbarth*, ZIP 2002, 1 (8)
[696] Stellungnahme BT-Finanzausschuß, ZIP 2001, 2102 (2104)
[697] *Berrar/Schnorbus*, ZGR 2003, 59 (106/107)
[698] *Berrar/Schnorbus*, ZGR 2003, 59 (106/107) ; ähnlich *Winter/Harbarth*, ZIP 2002, 1 (8 / 12)

pflichtung der Unternehmensleitung auf das Unternehmensinteresse abgefedert. Das gemäß § 76 I AktG grundsätzlich freie unternehmerische Ermessen des Vorstands findet seine Grenzen in dem ökonomischen Gebot, ja der Rechtspflicht der Verwaltung, den Bestand und die dauerhafte Rentabilität des Unternehmens zu fördern.[699]
Während der Dauer eines Übernahmeangebots droht die Zielsetzung jedoch mit anderen Interessen des Vorstands in Konflikt zu geraten und die Interessenlage sich zu verschieben. Bereits grundsätzlich birgt das kapitalgesellschaftsrechtliche Modell der Fremdorganschaft mit der Übertragung der Unternehmenskontrolle auf die „herrschende" Verwaltung und der damit verbundenen Trennung der Verfügungsmacht von der Rechtsinhaberschaft der Aktionäre (sog. „kapitallose Herrschaftsrechte") die Gefahr in sich, daß der Vorstand andere, insbesondere von den Interessen der Aktionäre abweichende Ziele verfolgt.[700] Die Gefahr opportunistischen Vorstandsverhaltens nimmt in Übernahmesituationen noch weiter zu. Denn die Unternehmensleitung hat mit jeder Übernahme einen Wechsel der Kontrollmehrheit und mit jedem Wechsel der Kontrollmehrheit ihre Ablösung durch ein neues Management zu befürchten. Um dem entgegenzuwirken, droht der Vorstand unter dem Deckmantel des Unternehmensinteresses - die begriffliche Unbestimmtheit und Weite dieser Maxime ausnutzend - Maßnahmen zu treffen, die allein auf die Erhaltung seines lukrativen Arbeitsplatzes abzielen.[701] Diese Gefahrenlage spricht nun dafür, daß eine Ausnutzung allgemeiner Ermächtigungen, die normalerweise als Geschäftsführungsmaßnahme dem Kompetenzbereich des Vorstands zufällt, auch bei Zustimmung durch den Aufsichtsrat nicht in Betracht kommt, weil die Entscheidung über die Abwehr eines Übernahmeangebots ausschließlich der Zuständigkeit der Hauptversammlung untersteht. Hier scheint es konsequent, davon auszugehen, daß § 33 WpÜG im Sinne eines lex specialis das allgemeine Aktienrecht überlagert.[702]
In die gleiche Richtung weist die im deutschen Kapitalmarktrecht an Bedeutung gewinnende Theorie vom „Markt für Unternehmenskontrolle" (sog. „Market for Corporate Governance Control"). Ihr zufolge wird der Vorstand neben den aktienrechtlichen Kontrollinstanzen des Aufsichtsrats und des Abschlußprüfers vor allen Dingen durch die Kräfte des Kapitalmarktes kontrolliert. Kann das Management mit seiner Unternehmenspolitik den Markt nicht von dem Unternehmenspotential überzeugen, sinkt der Börsenkurs im Verhältnis zum eigentlichen

---

[699] *Hüffer*, § 76, Rdn.13 ; *Mertens*, KK, § 76, Rdn.22. Siehe zum Unternehmensinteresse oben Seite 152.
[700] *Immenga/Noll*, S.7ff./36ff. ; *Oechsler*, MüKo, § 71, Rdn.109
[701] Nach der sog. „Managerial Entrenchment Hypothesis" werden Abwehrmaßnahmen grundsätzlich als Schutz vor Entlassung des Vorstands durchgeführt, vgl. insoweit Ausführungen mit empirischer Grundlage bei *Kopp*, S.86 ff.
[702] *Bayer*, ZGR 2002, 588 (605) ; *Hirte*, KK-WpÜG, § 33, Rdn.93 ; *Röh*, Haarmann/Riehmer/Schüppen, § 33, Rdn.46

inneren Wert des Unternehmens ab. Es kommt somit zu einer Unterbewertung. Für einen potentiellen Übernehmer stellt dieses Szenario eine ökonomisch attraktive Möglichkeit dar, den Aktionären ein über dem Börsenkurs liegendes Übernahmeangebot bieten und durch den Einsatz einer neuen Unternehmensleitung den Wert des Unternehmens weiter steigern zu können.[703] Im Ergebnis entsteht ein regelrechter Wettbewerb zwischen den Unternehmensleitungen des Kapitalmarktes, angeheizt durch den ständigen Druck, einer Auswechslung des Managements ausgesetzt zu sein.[704] Das kapitalmarktrechtliche Kontrollmittel der Übernahme griffe jedoch ins Leere, wenn der ineffiziente Vorstand selbst durch Ausnutzung allgemeiner Ermächtigungen seiner eigenen Ablösung entgegenwirken könnte.[705]

Hieraus ein absolutes Handlungsverbot des Vorstands zu folgern, kann indes nicht überzeugen.

Das Modell des „Marktes für Unternehmenskontrolle" birgt nämlich auch die Gefahr in sich, die Position der Aktionäre nicht unerheblich zu beeinträchtigen. Aus der Sicht des Übernehmers macht die Übernahme wirtschaftlich nur dann Sinn, wenn der innere Wert des Unternehmens tatsächlich deutlich über dem jeweiligen Börsenkurs liegt. Für den einzelnen Aktionär ist die Werthaltigkeit seiner Beteiligung allerdings nur schwer zu beurteilen, viel zu komplex und kostspielig gestaltet sich die Beschaffung der erforderlichen Informationen. Ihm bleibt allein das Vertrauen auf die Informationseffizienz des Kapitalmarktes, der in der Praxis jedoch nicht alle relevanten und verfügbaren Daten des Unternehmens im Börsenkurs widerzuspiegeln vermag.[706] Der Bieter hingegen erhält in der Regel im Wege umfangreicher Unternehmensbewertungen detaillierte Informationen über die Zielgesellschaft. Die daraus resultierende Informationsasymmetrie gewährt dem Bieter einen Wissensvorsprung gegenüber dem verkaufswilligen Aktionär, der in der Regel zu dessen Nachteil ausgenutzt wird; denn bei Kenntnis der Unterbewertung würde ein ökonomisch denkender Aktionär seinen Anteil nicht unter Wert veräußern, sondern mit dem Wissen um das Potential des Unternehmens in diesem verbleiben.[707] Insofern kann man es sogar als Aufgabe des Vorstands ansehen, eine Schädigung des Aktionärs durch einen zu niedrigen Übernahmepreis zu verhindern. Und in der Tat liegt es im Interesse der Aktionäre, den Vorstand nicht vollständig vom Ablauf der Übernahmeverhandlungen fernzuhalten, da dieser als geborener „Insider" das Informationsdefizit der veräußerungswilligen Aktionäre zu kompensieren vermag.[708] Dies gilt es mit Blick auf das dem Vorstand in Übernahmesituationen entgegengebrachte

---

[703] *Immenga/Noll*, S.32 ff. ; *Oechsler*, MüKo, § 71, Rdn.109
[704] *Immenga/Noll*, S.32 ff.
[705] vgl. *Bayer*, ZGR 2002, 588 (601)
[706] Siehe dazu oben auf Seite 82.
[707] *Oechsler*, MüKo, § 71, Rdn.1,2/108,109/249
[708] *Oechsler*, MüKo, § 71, Rdn.249

Mißtrauen zu berücksichtigen. Auch die Wertung des Umwandlungsgesetzes, das die Entscheidung über die Verschmelzung im wesentlichen in die Hände der beteiligten Leitungsorgane legt, spricht für eine Einbeziehung der Verwaltung in Ablauf und Schicksal der Übernahme.[709]

Am Ende erscheint es daher richtig zu differenzieren:
Die Durchführung von Grundlagengeschäften wie Strukturmaßnahmen im Sinne einer Veräußerung wesentlicher Unternehmensteile sowie Maßnahmen, die einen direkten Eingriff in die Zusammensetzung des Aktionärskreises mit sich bringen, wie etwa der Rückerwerb eigener Aktien unter gleichzeitigem Ausschluß des Bezugsrechtes (§ 71 I N.8 S.4 AktG), verbleiben in der originären Zuständigkeit der Hauptversammlung. Insoweit bleibt es beim aktienrechtlichen Vorrang der Hauptversammlungskompetenz. Dies gilt auch für eine erweiterte Zuständigkeit der Hauptversammlung, die sich aus einer Anwendung der Holzmüller-Grundsätze[710] ergeben kann.[711]
Um gleichwohl dem weiteren gesetzgeberischen Ziel der Erweiterung der Abwehrmöglichkeiten zu entsprechen, ist eine Delegation der originären Hauptversammlungsbefugnisse jedoch auch in den Kernbereichen möglich, allerdings aufgrund der aufgezeigten Interessenkonflikte auf der einen Seite und der mitgliedschaftlichen Auswirkungen der Maßnahme auf der anderen nur unter den engen Voraussetzungen des § 33 II WpÜG (Hauptversammlungsbeschluß mit abwehrspezifischer Zielrichtung). Unter diesen Voraussetzungen kann der Vorstand auch über den Ausgang eines Übernahmeangebots entscheiden, im Extremfall auch gegen die wirtschaftlichen Interessen der Aktionäre, soweit das Unternehmensinteresse dies noch zuläßt. Insoweit wird das allgemeine Aktienrecht übernahmerechtlich überlagert.[712]

Solange direkt in die Aktionärsstruktur der Gesellschaft eingegriffen wird, scheint es sachgerecht, auch gegenüber § 33 I S. 2 Alt.3 WpÜG eine Sperrwirkung des § 33 II WpÜG anzunehmen und die Ausnutzung allgemeiner Ermächtigungen über Absatz I nicht zuzulassen; hier sind zu nennen: die Veräußerung oder der Erwerb wesentlicher Unternehmensteile, die Ausnutzung eines genehmigten Kapitals mit Bezugsrechtsausschluß, der Aktienrückerwerb mit Andienungsrechtsausschluß oder die Veräußerung eigener Aktien unter Ausschluß des Bezugsrechtes der Aktionäre. Zwar wird der Unternehmensleitung auf diesem Wege das wirksamste der Abwehrinstrumente aus der Hand geschlagen, doch

---

[709] vgl. auch Diskussionsbericht von *Heinrich*, ZGR 2002, 659
[710] BGHZ 83, 122, 133
[711] *Hirte*, KK-WpÜG, § 33, Rdn.102 ; *Bayer*, ZGR 2002, 588 (603/ 612) ; *Winter/Harbarth*, ZIP 2002, 1 (10)
[712] *Altmeppen*, ZIP 2001, 1073 (1078) ; *Drygala*, ZIP 2001, 1861 (1866) ; *Röh*, Haarmann/Riehmer/Schüppen, § 33, Rdn.47

würde anderenfalls das Regel-Ausnahme-Verhältnis des § 33 WpÜG auf den Kopf gestellt und der Aktionär in seiner Rolle als Kapitalmarktteilnehmer zu stark gefährdet.

Maßnahmen, die lediglich indirekt in die Zusammensetzung der Aktionäre eingreifen, bzw. Maßnahmen der originären Geschäftsführung, berühren die Belange der Aktionäre dagegen nur mittelbar. Trotz der sich teilweise widersprechenden Interessenlage erscheint es aber insofern zulässig, den Vorstand in den Ablauf der Übernahme einzubeziehen. Auch insoweit ist der § 33 WpÜG gegenüber dem Aktienrecht vorrangig. In diesen Konstellationen kann der Vorstand mit der Zustimmung des Aufsichtsrats (§ 33 I S. 2 Alt. 3 WpÜG) eine allgemeine Ermächtigung der Hauptversammlung ausnutzen. Hierunter fallen insbesondere genehmigtes Kapital ohne Bezugsrechtsausschluß sowie Erwerb eigener Aktien ohne Ausschluß des Andienungsrechts.
Ohne eine solche Ermächtigung können mit Zustimmung des Aufsichtsrats durchgeführt werden zum Beispiel die Entscheidung über die Veräußerung eigener Aktien, die Vereinbarung sogenannter „cash settled instruments", die Vereinbarung von Zurückhalteabkommen, der Erwerb- bzw. die Veräußerung unwesentlicher Unternehmensteile (außerhalb der Holzmüller-Zuständigkeit der Hauptversammlung).

3. Zulässigkeit von Abwehrmaßnahmen als Maßnahmen eines ordentlichen und gewissenhaften Geschäftsleiters nach § 33 I S.2 Alt.1 WpÜG

Nach § 33 I S.2 Alt.1 WpÜG ist dem Vorstand die Durchführung von Maßnahmen erlaubt, die auch ein ordentlicher und gewissenhafter Geschäftsleiter einer nicht von einem Übernahmeangebot betroffenen Gesellschaft vorgenommen hätte. Auch während eines Übernahmeverfahrens bleibt das Management der Zielgesellschaft zur Wahrung aller in der Gesellschaft zusammentreffenden Interessen verpflichtet. In Anlehnung an die Grundsätze parallel verlaufender aktienrechtlicher Konstellationen[713] ist im Wege eines Drittvergleiches zu prüfen, ob der Vorstand einer hypothetischen Gesellschaft in gleicher Lage - jedoch ohne Übernahmeangebot - eine entsprechende Handlung hätte vornehmen dürfen. Dafür muß sich die Maßnahme zum einen im Rahmen der ordnungsgemäßen und gewissenhaften Geschäftsleitung sowie in den Grenzen des dem Vorstand eröffneten Ermessens bewegen. Zum anderen darf das Übernahmeangebot nicht kausal für die abwehrwirksame Handlung geworden sein, d.h. die Handlung darf

[713] Die Formulierung „ordentlicher und gewissenhafter Geschäftsmann" wurde dem Aktienrecht entliehen (vgl. §§ 93 I S.1 ; 317 II AktG), so daß im Rahmen der Auslegung auf die dort entwickelten Grundsätze verwiesen werden kann vgl. RegBegr., ZIP 2001, 1262 (1286).

nicht speziell auf die Abwehr von Übernahmeangeboten gerichtet sein, auch wenn sie sich gleichwohl als irgendwie abwehrwirksam darstellt.[714] Nach der Gesetzesbegründung ist es Sinn und Zweck der Regelung, die Gesellschaft auch während einer Übernahmesituation nicht unangemessen in ihrer Geschäftstätigkeit zu behindern.[715] Insbesondere das Tagesgeschäft soll reibungslos weitergeführt werden können. Gegenüber dem Referentenentwurf wurde der Anwendungsbereich über „laufende" Geschäfte hinaus auf „außergewöhnliche" Geschäfte erweitert, solange diese einer bereits eingeschlagenen Unternehmensstrategie entsprechen, d.h. schon in Gang gesetzt oder zumindest konkret geplant waren.[716] Um der Einwendung zu entgegnen, es wäre für jedes Management ein Leichtes, Unternehmensstrategien „auf Vorrat" anzulegen und diese je nach Bedarf weiterzuverfolgen, um so das Handlungsverbot des Satz 1 zu umgehen, sind an die Konkretisierung und die Dokumentation der Unternehmensstrategie im Vorfeld der Übernahmesituation strenge Anforderungen zu stellen. Unabhängig von einer Übertragung der ARAG-Grundsätze des BGH[717] auf Übernahmesituationen ist eine im Vorfeld angelegte Unternehmensstrategie insoweit auch richterlich voll überprüfbar.[718]

Fraglich ist allerdings an dieser Stelle, ob auch die Durchführung einer Abwehrmaßnahme unter Ausnutzung einer im Vorfeld erteilten allgemeinen Ermächtigung (z.B. Ausnutzung einer zweckfrei erteilten Rückkaufermächtigung nach § 71 I N.8 AktG) als Weiterverfolgung einer bereits eingeschlagenen Unternehmensstrategie von der Verbotsvorschrift des § 33 I S.1 WpÜG dispensiert. Gegen eine solche Annahme spricht die Wertung des § 33 II WpÜG. Zwar ist festzuhalten, daß § 33 II WpÜG nur solche Maßnahmen erfaßt, die eine zielgerichtete Abwehr unerwünschter Angebote zum Gegenstand haben, während § 33 I S.2 Alt. 1 WpÜG nur solche Handlungen erlauben will, die unabhängig von der Übernahmesituation getroffen wurden und sich nur „nebenbei" abwehrwirksam auswirken. Doch findet die Annahme, der Gesetzgeber wolle über § 33 I S.2 Alt.1 WpÜG dem Vorstand in Übernahmesituationen originäre Kompetenzen der Hauptversammlung zuweisen, auch hier keinen Halt.[719] Entsprechend der Ausführungen zu § 33 I S.2 Alt.3 WpÜG muß vielmehr auch bei Alt.1 gel-

---

[714] *Röh*, Haarmann/Riehmer/Schüppen, §33, Rdn.114ff.
[715] RegBegr., ZIP 2001, 1262 (1286)
[716] RegBegr., ZIP 2001, 1262 (1286) ; so auch *Drygala*, ZIP 2001, 1861 (1865 ff.) ; *Winter/Harbarth*, ZIP 2002, 1 (7) ; *Maier-Reimer*, ZHR 165 (2001), 258 (274)
[717] BGHZ 135, 244 ; dazu *Kindler*, ZHR 162 (1998), 101: Danach steht dem Vorstand ein breites unternehmerisches Ermessen zu, das lediglich dahingehend gerichtlich überprüfbar ist, ob die Grenzen verantwortlicher Unternehmensführung deutlich überschritten oder unverantwortliche Risiken eingegangen wurden.
[718] *Winter/Harbarth*, ZIP 2002, 1 (7)
[719] *Bayer*, ZGR 2002, 588 (615)

ten, daß eine Beeinflussungsmaßnahme, die einen direkten Eingriff in die Aktionärsstruktur mit sich bringt, durch § 33 II WpÜG gesperrt bleibt und nur durch eine zielgerichtete abwehrspezifische Ermächtigung der Hauptversammlung legitimiert werden kann.[720]
Ob die Ausnutzung beispielsweise einer einfachen Rückkaufermächtigung ohne Bezugsrechtsausschluß als Weiterführung unternehmerischer Strategien mangels direkter Eingriffe in die Zusammensetzung der Aktionäre dem Vorstand zuzugestehen ist oder ob es sich als angemessene Beschränkung der Geschäfte darstellen würde, für wenige Wochen mit der Durchführung des Rückkaufprogramms zu warten, kann mit Blick auf die Praxis offen bleiben. Denn nicht selten wird sich die Unternehmensleitung durch eine Ad-hoc-Ermächtigung der Unterstützung der Aktionäre vergewissern bzw. sich mittels einer Zustimmung des Aufsichtsrats hinreichend absichern, wenn dieser die Maßnahme nicht sowieso bereits über § 111 IV S.2 AktG an seine Mitwirkung gebunden hat.[721]

Die Entscheidung über die Veräußerung eigener Aktien ohne Bezugsrechtsausschluß, die Vereinbarung sogenannter „cash settled instruments", die Vereinbarung von Zurückhalteabkommen, der Erwerb- bzw. die Veräußerung unwesentlicher Unternehmensteile (außerhalb der Holzmüller-Zuständigkeit der Hauptversammlung) sind als Maßnahmen im alleinigen Zuständigkeitsbereich der Unternehmensleitung trotz des Vorliegens des Angebots eines Bieters zulässig, wenn sie sich als Bestandteil einer im Vorfeld angelegten Unternehmensstrategie darstellen. Dies gilt auch für die Ausnutzung allgemeiner Ermächtigungen zur Vornahme von Handlungen ohne direkten Eingriff in die Aktionärsstruktur der Gesellschaft. So kann das Management ein genehmigtes Kapital ohne Bezugsrechtsausschluß ausnutzen sowie einen Erwerb eigener Aktien ohne Ausschluß des Andienungsrechts durchführen, wenn dies von langer Hand geplant war. Maßnahmen, die als Grundlagengeschäft in die Kompetenz der Hauptversammlung fallen, wie die Veräußerung oder der Erwerb wesentlicher Unternehmensteile, die Ausnutzung eines genehmigten Kapitals mit Bezugsrechtsausschluß, der Aktienrückerwerb mit Andienungsrechtsausschluß oder die Veräußerung eigener Aktien unter Ausschluß des Bezugsrechtes der Aktionäre (an „white knights" oder „white squires"), sind ohne spezielle Abwehrermächtigung im Sinne von § 33 II WpÜG unzulässig.

---

[720] so auch *Bayer*, ZGR 2002, 588 (616/617)
[721] *Ekkenga/Hofschroer*, DStR 2002, 724 (734) ; *Hirte*, KK-WpÜG, § 33, Rdn.71

4. Zulässigkeit von Abwehrmaßnahmen als Suche nach einem konkurrierenden Angebot nach § 33 I S.2 Alt.2 WpÜG

Nach § 33 I S.2 Alt.2 WpÜG ist insbesondere die Suche nach einem konkurrierenden Angebot nicht als unzulässige Handlung im Sinne von § 33 I S.1 WpÜG zu verstehen (Suche nach sog. „white knight"). Zwar würde die Annahme des konkurrierenden Angebots das ursprüngliche Angebot zwangsläufig verhindern. Doch aus Sicht der Aktionäre handelt es sich nicht um eine Verhinderung, sondern vielmehr um eine Erweiterung der wirtschaftlichen Möglichkeiten, den Wert ihrer Anteile möglichst vorteilhaft zu realisieren, denn in aller Regel verbessern sich mit einem konkurrierenden Angebot auch die Konditionen übriger Übernahmeangebote.[722]
Hinsichtlich der Einbeziehung des „white knights" wird jedoch nur die „Suche" nach einem anderen Bieter privilegiert. Welche weiteren Maßnahmen zu seinen Gunsten gestattet sind, bemißt sich nach den allgemeinen Regeln.[723] Daher darf der Vorstand nicht etwa durch Maßnahmen wie den gezielten Beteiligungserwerb bzw. die Beteiligungsveräußerungen oder die Veräußerung eigener Aktien an den „white knight" den ihm angenehmeren Bieter bevorzugen.[724]
Anders verhält es sich im Falle der Heranziehung eines sog. „white squire", dessen Aufgabe allein darin besteht, die Wertpapiere der Zielgesellschaft am Markt aufzukaufen, um den Erfolg des Übernahmeangebots eines Bieters im Interesse der Zielgesellschaft zu unterbinden. Hier handelt es sich nicht um die Suche nach einem konkurrierenden Angebot.[725]

Das Handelsverbot des § 33 I S.1 WpÜG steht also insbesondere der Suche nach einem „white knight" nicht entgegen. Demgegenüber ist die Einbeziehung eines sog. „white squire" unzulässig.

5. Zulässigkeit von Abwehrmaßnahmen aufgrund Ermächtigung durch außerordentlichen Hauptversammlungsbeschluß nach § 33 I S.2 „Alt.4" WpÜG

Auf jeden Fall bleibt es dem Vorstand stets unbenommen, eine in Reaktion auf ein öffentliches Übernahmeangebot gefaßte aktuelle außerordentliche Ermächtigung herbeizuführen. Die endgültige Fassung des § 33 I S.2 WpÜG sieht diese Möglichkeit zwar nicht explizit vor, doch ist sie zweifelsohne (im Sinne einer

---

[722] *Hirte*, KK-WpÜG, §33, Rdn.74/75 ; *Noack*, Schwark, §33 WpÜG, Rdn.8
[723] *Röh*, Haarmann/Riehmer/Schüppen, §33, Rdn.119
[724] *Winter/Harbarth*, ZIP 2002, 1 (5) ; *Maier-Reimer*, ZHR 165 (2001), 258 (278)
[725] *Assmann*, Assmann/Schneider, §14, Rdn.84b

vierten Ausnahmealternative) vorauszusetzen.[726] Das ergibt sich zum einen aus der Möglichkeit der erleichterten Einberufung der Hauptversammlung durch den Vorstand gemäß § 16 IV WpÜG. Zum anderen folgt aus § 33 I und II WpÜG nur ein Handlungsverbot für den Vorstand und nicht für die Aktionärsversammlung. Und schließlich: Wenn der Vorstand aufgrund einer Aufsichtsratszustimmung bzw. auf Grundlage eines Ermächtigungsbeschlusses der Hauptversammlung Abwehrmaßnahmen treffen darf, so muß es der Hauptversammlung „a maiore ad minus“ erst recht möglich sein, in der konkreten Übernahmesituation aktuelle Abwehrmaßnahmen zu treffen.[727]

Sämtliche der oben aufgeführten Beeinflussungsmaßnahmen, die sich auf einen außerordentlichen abwehrspezifischen Hauptversammlungsbeschluß stützen können, sind vom Handlungsverbot des Vorstands ausgenommen.

IV. Das „Opt-in“ in das Europäische Verhinderungsverbot des § 33a WpÜG

In Umsetzung der Übernahmerichtlinie hat der deutsche Gesetzgeber in § 33a WpÜG den rechtlichen Rahmen für das sog. „Opt-in“ geschaffen. Danach kann die Satzung einer Zielgesellschaft vorsehen, daß die Regelungen des § 33 WpÜG keine Anwendung finden sollen. Die obigen Ausführungen zum Handlungsverbot sowie zu den weitgehenden Ausnahmetatbeständen des § 33 WpÜG entfalten in diesen Fällen keine Geltung. Sie werden vielmehr durch das dem Vorbild der Übernahmerichtlinie nachgebildete Europäische Verhinderungsverbot des § 33a II WpÜG ersetzt. Für die Zulässigkeit von Beeinflussungsmaßnahmen durch die Aktiengesellschaft hat dies allerdings nur geringe Auswirkungen. Denn gegenüber den nach § 33 WpÜG bestehenden Abwehrmöglichkeiten sieht § 33a WpÜG lediglich von der Möglichkeit der Aufsichtsratsermächtigung ab. Alle übrigen Maßnahmen der Unternehmensleitung sind weitgehend gleichartig ausgestaltet.[728]

Die Möglichkeit des „Opt-in“ wird durch die Gegenseitigkeitsregelung des § 33c WpÜG ergänzt. Dem Gedanken der Waffengleichheit folgend, kann danach die Hauptversammlung einer Zielgesellschaft, die sich dem Europäischen Verhinderungsverbot verpflichtet hat, für die Dauer von 18 Monaten beschließen, daß die Gesellschaft immer dann von dem Verhinderungsverbot befreit sein

---

[726] Zumeist wird dies auf ein Redaktionsversehen zurückgeführt, das seine Ursache in der Eile der Schlußberatung hat.

[727] *Oechsler*, MüKo, § 71, Rdn.248 ; *Bayer*, ZGR 2002, 588 (606) ; *Hirte*, ZGR 2002, 623 (634)

[728] *Diekmann*, NJW 2007, 17 (17)

soll, wenn der Bieter oder ein von diesem beherrschtes Unternehmen wiederum selbst nicht den strengen Regeln eines § 33a WpÜG unterliegt.

D. Grenzen der Zulässigkeit von Maßnahmen zur Beeinflussung des eigenen Börsenkurses durch Rechtsfolgen bei Mißachtung der Vorschriften des WpÜG

Die Aktiengesellschaft hat die Vorschriften des WpÜG, insbesondere das Handlungsverbot des § 33 I S.1 WpÜG zu beachten. Die Rechtsfolgen ihrer Mißachtung schränken mittelbar kursbeeinflussende Maßnahmen ein.

1. Ordnungswidrigkeiten

Mißachtet der Vorstand die Vorschriften des WpÜG, begeht er eine Ordnungswidrigkeit im Sinne von § 60 WpÜG. So trifft ihn gemäß § 60 I N.8, III WpÜG ein Bußgeld in Höhe von bis 1 Millionen Euro, wenn er vorsätzlich oder leichtfertig gegen das in § 33 I S.1 WpÜG normierten Handlungsverbot verstößt.

2. Schadenersatzregelungen

Eine eigenständige Schadensersatzregelung findet sich im WpÜG nur für den Fall der falschen oder unrichtige Angebotsunterlagen, § 12 I WpÜG. Der Verstoß gegen das Handlungsverbot des § 33 I S.1 WpÜG durch den Vorstand beurteilt sich hingegen nach den allgemeinen Regelungen, insbesondere die des Aktiengesetzes. Er begründet eine Pflichtverletzung des Vorstands (bzw. des Aufsichtsrats). Seine Mitglieder haben der Gesellschaft den aufgrund der Pflichtverletzung entstandenen Schaden zu ersetzen, § 93 II AktG (bzw. § 116 AktG).[729]
In der Regel liegt der Schaden jedoch nicht bei der Aktiengesellschaft, sondern bei den Aktionären, die durch die Abwehr des Übernahmeversuches der Möglichkeit beraubt wurden, ihre Anteile an den Bieter zu veräußern. Dieser Individualschaden kann über § 93 II AktG nicht gegen die Vorstandsmitglieder geltend gemacht werden.[730] Auch der Bieter kann weder gegen die Aktiengesellschaft noch gegen den Vorstand bzw. den Aufsichtsrat Schadenersatzansprüche

---

[729] *Winter/Harbarth*, ZIP 2002, 1 (16)
[730] *Noack*, Schwark, §33 WpÜG, 37

wegen Verstoßes gegen das Handlungsverbot des § 33 I S.1 WpÜG geltend machen.[731]

E. Zwischenergebnis zu § 3

Grundsätzlich ist der Aktiengesellschaft während der Dauer eines (Übernahme-) Angebots eines Bieters die Beeinflussung des eigenen Börsenkurses, insbesondere durch Erwerbs- oder Veräußerungsgeschäfte in eigenen Aktien, durch Zurückhalteabkommen oder „parking" –Vereinbarungen, durch „cash settled instruments", durch informationsgestützte Maßnahmen oder durch Maßnahmen zur Steigerung der Ertragskraft nach § 33 I S.1 WpÜG verwehrt. Dies gilt jedoch nur insoweit die Unternehmensleitung nicht auf eine im Vorfeld ergangene oder erst außerordentlich eingeholte Hauptversammlungsermächtigung zurückgreifen kann. Zudem ist es der Aktiengesellschaft erlaubt, ein konkurrierendes Angebot einzuholen. Stellen sich die Maßnahmen als Weiterführung der bisherigen ordnungsgemäßen und gewissenhaften Geschäftsführung dar oder hat der Aufsichtsrat im Falle des „Opt-out" Maßnahmen, die nicht in den Zuständigkeitsbereich der Hauptversammlung fallen, zugestimmt, so sind diese Maßnahmen der Beeinflussung des eigenen Börsenkurses ausnahmsweise zulässig.

§4 Grenzen der Zulässigkeit von Maßnahmen zur Beeinflussung des eigenen Börsenkurses durch das Wertpapierhandelsgesetz (WpHG)

Das zentrale Regelwerk des deutschen Kapitalmarktrechts ist das Wertpapierhandelsgesetz[732]. Sämtliche der Maßnahmen der Beeinflussung des eigenen Börsenkurses durch die Aktiengesellschaft sind vor allen Dingen an den Vorschriften des WpHG zu messen, insbesondere an dem Verbot von Insidergeschäften (§ 14 WpHG), der Pflicht zur Führung von Insiderverzeichnissen (§ 15b WpHG), der Pflicht zur Ad-hoc-Publizität (§ 15 WpHG), dem Verbot der Marktmanipulation (§ 20a WpHG), der Veröffentlichungspflicht bei Veränderung der Stimmrechtsanteile (§26 WpHG) sowie den neu ins WpHG aufgenommene periodischen Berichtspflichten (§§ 37 v ff. WpHG) und Zulassungsfolgepflichten (§§ 30a ff WpHG).

---

[731] *Noack*, Schwark, §33 WpÜG, Rdn.37ff.

[732] Gesetz über den Wertpapierhandel (Wertpapierhandelsgesetz – WpHG) in der Fassung vom 9. September 1998, zuletzt geändert durch das Anlegerschutzverbesserungsgesetz vom 29.10.2004, BGBl. I 2004, Nr. 56, S.2630

A. Historischer Abriß des WpHG

Das WpHG stellt heute das Kernstück des vielschichtigen deutschen Kapitalmarktrechts dar. Seine ursprüngliche Fassung stammt aus dem Jahre 1994 und sollte neben der Umsetzung mehrerer EG-Richtlinien (Transparenz-[733], Insider-[734], Wertpapierdienstleistungsrichtlinie[735]) die Funktionsfähigkeit und die internationale Wettbewerbsfähigkeit des Finanzstandortes Deutschland normativ sicherstellen sowie das Vertrauen der Anleger in den deutschen Kapitalmarkt stärken.[736] Seit dem wurde das WpHG fortlaufend modifiziert. Wichtigste Änderungen wurden vor allem 1998 mit dem 3. Finanzmarktförderungsgesetz[737] und 2002 mit dem 4. Finanzmarktförderungsgesetz[738] vorgenommen. Diese bestanden unter anderem in der Verbesserung der Mitteilungspflichten, der Intensivierung der Marktaufsicht hinsichtlich des Insiderrechts, der Aufstellung von Publizitätspflichten für sog. „directors' dealings", der Aufnahme neuer Schadensersatzregelungen für Anleger sowie formell in der Verlagerung verschiedener Vorschriften des BörsG in das WpHG. Mit dem Erlaß der „Marktmißbrauchsrichtlinie"[739] am 28.01.2003 hat der europäische Gesetzgeber im Rahmen des sog. „Lamfalussy-Prozesses"[740] die europäischen Vorgaben für das deutsche Kapitalmarktrecht erneut geändert. Sie bezweckt die Sicherung der Integrität der Wertpapiermärkte und will das Vertrauen der Öffentlichkeit in die Wertpapiere und Derivate stärken.[741] Zur Durchführung der Richtlinie hat die europäische Kommission die Verordnung (EG) Nr. 2273/2003 über Ausnahmeregelungen für Rückkaufprogramme und Kursstabilisierungsmaßnahmen[742] verabschiedet, die kraft ihres Art. 12 unmittelbare Anwendung findet. Zusätzlich wurde die Richtlinie 2003/124/EG betreffend die Begriffsbestimmung und die Veröffentlichung von Insiderinformationen und die Begriffsbestimmung der Marktmanipu-

---

[733] RiLi 88/627/EWG v. 12.12.1988, ABl. EG Nr. L348
[734] RiLi 89/592/EWG v. 13.11.1989, ABl. EG Nr. L334
[735] RiLi 93/22/EWG v. 10.5.1993, ABl. EG Nr. L141
[736] RegBegr., BT-Drucks. 12/6679, S. 1, 33
[737] 3.FMFG v. 24.3.1998, BGBl. I 1998
[738] 4.FMFG v. 21.6.2002, BGBl. I 2002
[739] Richtlinie des Europäischen Parlaments und des Rates über Insidergeschäfte und Marktmanipulation v. 28.1.2003, ABl. EG L 96/16 v.12.04.2003
[740] Wesentlicher Inhalt des nach Alexandre Lamfalussy benannten Gesetzgebungskonzeptes liegt darin, daß die Regelung technischer Details nicht mehr im herkömmlichen Rechtssetzungsverfahren vollständig vom Parlament und Rat vorgenommen wird, sondern diese vielmehr auf eine Art Rahmengesetzgebung beschränkt ist, während die Kommission zum Erlaß von Durchführungsmaßnahmen ermächtigt wird. Ziel ist es, Rat und Parlament inhaltlich zu entlasten, die Dauer des Gesetzgebungsverfahrens zu verkürzen, technischen Sachverstand stärker berücksichtigen zu können und schließlich rascher und flexibler den sich ständig verändernden Anforderungen der Finanzdienstleistungsmärkte entsprechen zu können.
[741] Erwägungsgrund 2 der Richtlinie ; vgl. auch *Seitz*, BKR 2002, 340 (342)
[742] ABl. 2003 L 339, S.70

lation und die Richtlinie 2003/125/EG über die sachgerechte Darbietung von Anlageempfehlungen und die Offenlegung von Interessenskonflikten erlassen. Zur Umsetzung der Richtlinien hat der deutsche Gesetzgeber Ende 2004 das Anlegerschutzverbesserungsgesetz (AnSVG)[743] verabschiedet, mit dessen Hilfe er das Wertpapierhandelsgesetz an vielen Stellen sowohl formal als auch inhaltlich geändert und dabei erneut insbesondere die Bereiche des Insiderrechts, der Marktmanipulation, der Ad-hoc-Publizität, der „directors' dealings" sowie der Wertpapieranalyse erneuert hat. Letzte Änderungen des WpHG erfolgten jüngst im Zuge der Umsetzung der neuen Transparenzrichtlinie[744] durch das Transparenzrichtlinien-Umsetzungsgesetz (TUG) vom 5.1.2007.[745] Mit der weitestgehend maßstabsgetreuen Umsetzung der Richtlinie im TUG soll die Kapitalmarkttransparenz im europarechtlichen Kontext noch weiter verbessert werden. Das Gesetz enthält neben der Senkung der Meldeschwelle für Beteiligungen an börsennotierten Unternehmen vor allem eine Erweiterung der Publizitätspflichten im Bereich der externen Rechnungslegung sowie eine Neuregelung der ehemals im Börsengesetz normierten Zulassungsfolgepflichten. .

B. Grenzen der Zulässigkeit von Maßnahmen zur Beeinflussung des eigenen Börsenkurses durch das Verbot von Insidergeschäften nach § 14 I WpHG

Das Verbot von Insidergeschäften nach § 14 I WpHG untersagt den Handel in Insiderpapieren (§ 14 I N.1 WpHG), die Weitergabe von Insiderinformationen (§ 14 I N.2 WpHG) sowie die Empfehlung bzw. Verleitung zur Vornahme von Erwerbs- oder Veräußerungsgeschäften in Insiderpapieren (§ 14 I N.3 WpHG).

I. Grenzen der Zulässigkeit von Maßnahmen zur Beeinflussung des eigenen Börsenkurses durch das Erwerbs- und Veräußerungsverbot gemäß § 14 I N.1 WpHG

Nach § 14 I N.1 WpHG ist zunächst der Insiderhandel verboten, d.h. der Handel in Wertpapieren unter Verwendung von Insiderinformationen. Mit dem AnSVG hat der Gesetzgeber materielle Änderungen bezüglich des Tatbestandes des Insiderhandels vorgenommen. Während der Insider bisher unter „Ausnutzung von Insidertatsachen" handeln mußte, reicht es nach § 14 I N.1 WpHG heute aus,

---

[743] Gesetz zur Verbesserung des Anlegerschutzes v. 29.10.2004, BGBl. I 2004, Nr. 56, S.2630
[744] Richtlinie 2004/109/EG Des Europäischen Parlaments und des Rates zur Erhöhung des Anlegerschutzes und der Tranzparenz vom 15.12.2004, ABl. L 390/38.
[745] BGBl. I S.10

wenn er Insiderpapiere „unter Verwendung von Insiderinformationen" für eigene oder fremde Rechnung oder für einen anderen erwirbt oder veräußert.

1. Merkmal: Insiderpapiere

Der Begriff der Insiderpapiere wird in § 12 S.1 WpHG legaldefiniert. Danach sind unter Insiderpapieren zunächst sämtliche Finanzinstrumente zu verstehen, die an einer inländischen Börse zum Handel zugelassen, in den geregelten Handel oder den Freiverkehr einbezogen oder in einem anderen Mitgliedsstaat der EU bzw. einem Vertragsstaat des EWR[746] an einem organisierten Markt zugelassen sind.[747]

Unter den Begriff der Finanzinstrumente, der seit Änderungen durch das AnSVG als Oberbegriff den Anwendungsbereich des Gesetzes bestimmt, fallen gemäß § 2 IIb WpHG Wertpapiere, Geldmarktinstrumente, Derivate sowie sämtliche sonstigen Instrumente, die im Inland oder innerhalb der EU an einem organisierten Markt gehandelt werden. Wertpapiere im Sinne des Gesetzes sind nach dem neugefaßten § 2 I WpHG insbesondere Aktien, mit Aktien vergleichbare Anlagewerte und Zertifikate, die Aktien vertreten sowie Schuldtitel, Optionsscheine und Zertifikate, die Schuldtitel vertreten, wenn sie an einem Markt gehandelt werden können.
Unter einem organisierten Markt ist gemäß § 2 V WpHG ein Markt zu verstehen, der von staatlich anerkannten Stellen geregelt und überwacht wird, regelmäßig stattfindet und für das Publikum unmittelbar oder mittelbar zugänglich ist.

Gemäß § 12 S.1 N.3 WpHG und entsprechend der gemeinschaftsrechtlichen Vorgaben[748] wurde durch das AnSVG der Kreis der Insiderpapiere auf solche Instrumente ausgeweitet, deren Preis unmittelbar oder mittelbar von einem börsenzugelassenen oder im geregelten Handel oder Freiverkehr einbezogenen Fi-

---

[746] Abkommen über den Europäischen Wirtschaftsraum.
[747] Der Zulassung steht es gleich, wenn der Zulassungs- bzw. Einbeziehungsantrag gestellt oder öffentlich angekündigt wurde (§12 II S.2 WpHG).
Mit der Einbeziehung der Freiverkehrswerte geht der deutsche Gesetzgeber über die Vorgaben der EG-Richtlinie hinaus, da diese strenggenommen nicht unter die Definition eines organisierten Marktes fallen, sondern nur faktisch in das Börsengeschehen integriert werden. Da jedoch im inländischen Freiverkehr beispielsweise auch Optionen auf amtlich notierte Papiere gehandelt werden, erscheint es unter Umgehungsgesichtspunkten sachgerecht, dieses Marktsegment nicht aus dem Anwendungsbereich des Insiderrechts herausfallen zu lassen; vgl. *Schwark*, Schwark, §14 WpHG, Rdn.5 ; *Caspari*, ZGR 1994, 530 (534)
[748] vgl. Art. 9 I und Art 2 I MarktmißbrauchsRL

nanzinstrument abhängt, auch wenn sie selbst nicht an einem organisierten Markt der EU zugelassen sind. In diesem Sinne werden von Aktien oder Schuldverschreibungen abhängige, als Festgeschäfte oder Optionsgeschäfte ausgestaltete Termingeschäfte sowie Rechte auf Zeichnung aus gesetzlichen oder vertraglich eingeräumten Bezugsrechten („calls“ oder „puts“) sowie Rechte auf Zahlung von Differenzbeträgen, die sich an der Wertentwicklung von Wertpapieren orientieren (vgl. „cash settled instruments“) oder beispielsweise sog. „Indexpapiere“ erfaßt.[749] Darüber hinaus richtet sich das Insiderhandelsverbot beispielsweise auch auf Geschäfte, die ausschließlich im außerbörslichen Telephonverkehr abgewickelt werden, solange das betreffende Finanzinstrument, auf das Bezug genommen wird, börslich zugelassen oder in den Börsenhandel einbezogen ist.

2. Merkmal: Erwerb und Veräußerung

Die Verbotsvorschrift des § 14 I N.1 WpHG setzt den Erwerb oder die Veräußerung von Insiderpapieren voraus. Nach dem ausdrücklichen Gesetzeswortlaut werden dabei Erwerbs- und Veräußerungsgeschäfte für eigene oder fremde Rechnung sowie für einen anderen und damit neben Eigengeschäften auch sämtliche Fälle offener oder verdeckter Stellvertretung erfaßt.

Im Zusammenhang mit den Begriffen des Erwerbs und der Veräußerung stellt sich erneut die Frage, ob das zugrundezulegende Begriffsverständnis allein auf die Vornahme des dinglichen Verfügungsgeschäftes gerichtet ist oder ob bereits der Abschluß des obligatorischen Verpflichtungsgeschäfts den Anwendungsbereich des § 14 I N.1 WpHG eröffnet.
Erneut kommt es zu einem Aufeinandertreffen des deutschen Abstraktionsprinzips mit dem Rechtsverständnis der meisten übrigen europäischen Rechtssysteme, denen die Abstraktion von Verpflichtungs- und Erfüllungsgeschäft grundsätzlich fremd ist.
Bedenkt man dabei, daß das Wertpapierhandelsgesetz die europäische Insider- sowie Marktmißbrauchsrichtlinie in nationales Recht umsetzen soll, drängt sich eine richtlinienkonforme Auslegung auf, derzufolge für die Erfüllung des Verbotstatbestandes eine Übertragung der Verfügungsmacht durch das Wertpapiergeschäft nicht unbedingt erforderlich ist. Danach würde eine auf Erwerb oder Veräußerung gerichtete Verpflichtung des Insiders genügen.
Gegen eine derartige Sichtweise spricht, daß der deutsche Gesetzgeber bei der Umsetzung der Richtlinie eine Übernahme des gemeinschaftsrechtlichen Ver-

---

[749] *Kümpel*, Rdn.16/77 ; *Holzborn/Israel*, WM 2004, 1948

ständnisses nicht signalisiert hat - etwa durch die Verwendung klarstellender Begriffe wie „Kauf“ oder „Verkauf“ statt „Erwerb“ und „Veräußerung“. Ohne eine eindeutig erkennbare Intention des Gesetzgebers kann jedoch nicht von einer Abkehr vom bewährten System des Abstraktionsprinzips ausgegangen werden, so daß in § 14 I N.1 WpHG insoweit eine Änderung der dinglichen Zuordnung vorauszusetzen ist.[750]
Unter Umgehungsgesichtspunkten wäre es dann allerdings ein Leichtes, Wertpapiertransaktionen zu tätigen und dabei Gewinne zu erzielen, ohne je das Eigentum an den Papieren erlangt zu haben. Beispielhaft kann in diesem Zusammenhang der Kauf von Wertpapieren angeführt werden, die unverzüglich – noch vor Eintritt der (herausgeschobenen) Fälligkeit des Lieferanspruchs - wieder veräußert werden. In diesen Fällen erwirbt der Insider auch nicht vorübergehend Eigentum oder Verfügungsmacht an den Papieren. Vielmehr werden die Lieferansprüche zur Abwicklung der beiden Transaktionen am Erfüllungstag verrechnet.[751] Insofern ist es der Schutzzweck des Wertpapierhandelsgesetzes, der (anders als die aktienrechtliche Auslegung im Rahmen der Rückerwerbsproblematik[752]) im Sinne der Aufrechterhaltung der Funktionsfähigkeit des Kapitalmarktes sowie der Gewährleistung des Anlegerschutzes eine weite Auslegung des wertpapierrechtlichen Erwerbsbegriffs erfordert.
Dem ist allerdings wiederum entgegenzuhalten, daß es zu weit führen würde, wenn man bereits die bloße Erteilung einer Order zum Kauf oder Verkauf als tatbestandserfüllende Handlung ansehen würde bzw. sämtliche Vorstufen des Erwerbs, bei denen der Übergang der Papiere nicht allein von dem Verhalten des Insiders selbst abhängt (aufschiebende bzw. auflösende Bedingungen), genügen lassen würde. Richtig erscheint es insofern, dem Wertpapiergeschäft eine vertraglich gefestigte, abgeschlossene Rechtsposition abzuverlangen, die eine Realisierung des erwarteten Gewinns auch tatsächlich ermöglicht.[753]
Grundvoraussetzung ist in jedem Fall ein rechtsgeschäftlicher Vorgang, an dem es insbesondere fehlt, wenn der Insider aufgrund bestimmter Informationen vom Erwerb respektive der Veräußerung Abstand nimmt oder einen erteilten, aber

---

[750] *Schäfer*, §24, Rdn.9 ; *Cramer*, Assmann/Schneider, §14, Rdn.9 (Erstauflage)
[751] Siehe Beispiel bei *Kümpel*, Rdn.16.160: Danach werden an bestimmten ausländischen Märkten, die in den Geltungsbereich des WpHG fallen (Pariser Börse), die Valutierungszeitpunkte vergleichsweise herausgezögert (Monatsultimo), so daß es dem Insider möglich ist, eine bestimmte positive Information dadurch auszunutzen, daß er ein Kaufvertrag über die betreffenden Papiere abschließt und anschließend vor dem Eintritt der Fälligkeit die Papiere wieder verkauft.
[752] vgl. die Ausführungen auf Seite 161.
[753] *Assmann/Cramer*, Assmann/Schneider, §14, Rdn.11 ; *Schwark*, Schwark, §14 WpHG, Rdn.7 ; *Kümpel*, Rdn.16.160 ; *Schneider*, ZIP 1996, 1774 ; a.A. *Casper*, WM 1999, 364 ; *Irmen*, BuB, Rdn.7/722

noch nicht durchgeführten Auftrag zurücknimmt.[754] Zwar kann der Insider auch diese Entscheidung aufgrund von Insiderinformationen treffen, doch würde eine teleologische Ausdehnung des Tatbestandes auf Fälle des echten Unterlassens aufgrund mangelnder gesetzlicher Regelung gegen das verfassungsrechtliche Bestimmtheitsgebot des Art. 103 II GG verstoßen.[755]

3. Merkmal: Unter Verwendung von Insiderinformationen

Mit der Umsetzung der Marktmißbrauchsrichtlinie stellt das WpHG nicht mehr auf die Person des Insiders ab, sondern rückt das Tatbestandsmerkmal der Insiderinformationen ins Zentrum des Insiderrechts. Auf der Tatbestandsebene entfällt damit die herkömmliche Differenzierung in Primär- und Sekundärinsider, die allerdings auf der Rechtsfolgenseite im Zusammenhang mit den Straf- und Bußgeldvorschriften in §§ 38, 39 WpHG bestehen bleibt.

a. Insiderinformationen

§ 13 I S.1 WpHG definiert den Begriff der Insiderinformation als eine konkrete Information über nicht öffentlich bekannte Umstände oder Ereignisse, die sich auf einen oder mehrere Emittenten von Insiderpapieren oder auf die Insiderpapiere selbst beziehen und die geeignet sind, im Falle ihres öffentlichen Bekanntwerdens den Börsen- oder Marktpreis der Insiderpapiere erheblich zu beeinflussen.

(1) Umstände und Ereignisse

Das Merkmal der „Umstände und Ereignisse", das heute den Begriff der „Insidertatsache" ersetzt, geht über die Anforderung der Tatsachen als äußere Wahrnehmung und dem Beweis zugängliche Geschehnisse und Zustände hinaus und erstreckt sich auf überprüfbare Prognosen und Werturteile. Zudem macht Satz 3 nun deutlich, daß auch künftige Ereignisse und Umstände in den Geltungsbereich der Verbotsvorschrift einzubeziehen sind, solange ihr Eintreten

---

[754] *Assmann/Cramer*, Assmann/Schneider, §14, Rdn.9/10 ; *Schwark*, Schwark, §14 WpHG, Rdn.8 ; *Kümpel*, Rdn.16.157 ; *Schröder*, NJW 1994, 2879 (2880) ; a.A. *Claussen*, ZBB 1992, 281

[755] *Assmann/Cramer*, Assmann/Schneider, §14, Rdn.9 ; *Kümpel*, Rdn.16.157 ; *Schröder*, NJW 1994, 2879 (2880) ; *Schäfer*; §14, Rdn.6 ; *Irmen*, BuB, Rdn.7/723

hinreichend wahrscheinlich ist. Die Verbreitung bloßer Gerüchte reicht dafür nicht aus. Im Gegenteil sind diesbezüglich konkrete Tatsachen zu verlangen, welche den Eintritt des Ereignisses oder des Umstandes voraussehbar erscheinen lassen.[756]

Die öffentlich nicht bekannten Umstände und Ereignisse müssen sich nicht unmittelbar auf den Emittenten bzw. das konkrete Finanzinstrument beziehen. Ausreichen soll ein nur mittelbarer Bezug, der auch dann gegeben ist, wenn die Umstände nicht der Sphäre des Tätigkeitsbereichs der Gesellschaft entstammen, aber dennoch den Prozeß der Preisbildung und Preisentwicklung an einem organisierten Markt als solchen erheblich beeinflussen können.[757] Dies ergibt sich zwar nicht wörtlich aus § 13 I WpHG, wird aber in der Gesetzesbegründung vorausgesetzt und ist zudem Art. 1 N.1 Marktmißbrauchsrichtlinie als der entsprechenden gemeinschaftsrechtlichen Rechtsgrundlage zu entnehmen, die sowohl auf einen direkten als auch auf einen indirekten Emittentenbezug abstellt.

Mit den Regelbeispielen des § 13 I S.4 WpHG wird insbesondere klargestellt, daß auch das Wissen um bestimmte Kauf- bzw. Verkaufsaufträge (N.1) anderer Personen sowie das Wissen um bestimmte Umstände in Bezug auf Derivate (N.2) Insiderinformationen darstellen können, wenn die Marktteilnehmer erwarten können, daß sie diese Information in Übereinstimmung mit der zulässigen Praxis an den betreffenden Märkten erhalten würden.

Mit der Umstellung auf den Begriff der „Insiderinformation" hat der Gesetzgeber verdeutlicht, daß die Verwendung sog. selbst geschaffener Tatsachen, wie etwa der bloße Entschluß, eine Wertpapiertransaktion vorzunehmen, nicht zu einem Verstoß gegen § 14 I N.1 WpHG führen soll.
In diesem Sinne hat auch der BGH jüngst ausgeführt, es widerspreche dem allgemeinen Sprachgebrauch, daß eine Person sich über einen von ihr selbst gefaßten Gedanken „informiere". Insoweit fehle es an dem erforderlichen Drittbezug des Begriffs der Information.[758]
Ein solches Verständnis gebietet auch die Berücksichtigung der gemeinschaftsrechtlichen Vorgabe der „präzisen Information".[759] Insbesondere Erwägungsgrund (30) der Richtlinie stellt klar, daß jeder Erwerb oder jede Veräußerung von Finanzinstrumenten auf einer entsprechenden Entscheidung der handelnden

---

[756] RegBegr. BT-Drucks. 15/3174, S.34
[757] RegBegr. BT-Drucks. 15/3174, S.34
[758] BGH, AG 2004, 144 (145) ; ähnlich bereits : *Weber*, NJW 2000, 562 (563) ; *Lenenbach*, ZIP 2003, 243 (245)
[759] Art. 1 I MarktmißbrauchsRL iVm Art. 1 I RL 2003/124/EG zur Durchführung der MarktmißbrauchsRL

Person beruht, so daß die Tatsache dieses Erwerbs oder dieser Veräußerung als solche nicht als Verwendung von Insiderinformationen gelten kann.

(2) Nicht öffentlich bekannt

Ziel des § 13 WpHG ist es nicht, sämtlichen Anlegern den gleichen Informationsstand zu verschaffen. Das Insiderrecht richtet sich vielmehr darauf, die potentielle Chancengleichheit bei der Verwertung nicht öffentlicher Informationen zu gewährleisten, die rechtmäßig allen Marktteilnehmern zustehen und deshalb diesen zu veröffentlichen sind.[760] Die potentiell gleiche Informationsmöglichkeit wiederum bildet das Fundament für das Vertrauen des Anlagepublikums in die Fairneß und Integrität des Kapitalmarktes.[761]

Für das Kriterium der Öffentlichkeit reicht nach der Gesetzesbegründung zum 2.Finanzmarktförderungsgesetz das Herstellen einer sog. „Bereichsöffentlichkeit" aus.[762] Diese setzt voraus, daß dem Anlagepublikum die Möglichkeit gegeben wird, die betreffende Information zur Kenntnis zu nehmen. Dabei ist es nicht erforderlich, daß die Information einer breiten Öffentlichkeit zur Kenntnis gebracht wird oder die Marktteilnehmer von der veröffentlichten Information im konkreten Fall tatsächlich Gebrauch gemacht haben. Denn auch wenn nur für einen Bereich der Öffentlichkeit potentiell die Möglichkeit der Kenntnisnahme besteht, ist davon auszugehen, daß die Marktteilnehmer die kursrelevanten Informationen in ihre Anlageentscheidungen und damit in die Marktpreisbildung einfließen lassen. Auf diese Weise kann wiederum die Funktionsfähigkeit der Wertpapiermärkte hinreichend sichergestellt werden.[763]

Unerheblich ist zudem, wer die Insiderinformation publik gemacht hat. Insbesondere spielt es keine Rolle, ob die der Insiderinformation zugrunde liegenden Umstände vom Emittenten selbst bekannt gegeben oder auf sonstige Weise der Öffentlichkeit zugänglich gemacht worden sind. Grundsätzlich ist allerdings darauf hinzuweisen, daß die kapitalmarktrechtlichen, aktienrechtlichen, börsenrechtlichen Publizitätspflichten bereits eine präventive insiderrechtliche Schutzfunktion erfüllen. Wird diesen Veröffentlichungspflichten entsprochen, verliert eine Vielzahl an Informationen durch die Veröffentlichung den Charakter als öffentlich nicht bekannte Insiderinformation i.S.v. § 13 WpHG. Ein Verstoß gegen § 14 I N.1 WpHG kommt in diesen Fällen nicht in Betracht.

---

[760] *Assmann*, AG 1994, 196 (202)
[761] RegBegr. 2.FMFG, BT-Drucks. 12/6679, S.33
[762] RegBegr. 2.FMFG, BT-Drucks. 12/6679, S.46
[763] *Kümpel*, Rdn.16/104 ; *Irmen*, BuB, Rdn.7/714

Ausreichend ist die Verbreitung über ein allgemein zugängliches Informationsvertreibungssystem. Die Veröffentlichung über die breiten Medien ist nicht erforderlich. Auf der anderen Seite reicht eine Verbreitung in nur von bestimmten Kreisen genutzten Börseninformationsdiensten oder Newsboards, in Pressekonferenzen oder Hauptversammlungen nicht aus, da sie sich gerade nicht an eine unbestimmte Personenzahl richtet und somit die Gefahr unzulässiger Sondervorteile in Gestalt von Informationsvorsprüngen bestehen bleibt.

(3) Eignung zur erheblichen Preisbeeinflussung

Den Kern der Vorschrift bildet die Eignung der Information zur erheblichen Kursbeeinflussung im Falle ihres öffentlichen Bekanntwerdens. Eine Kursbeeinflussung ist genau dann als erheblich zu bezeichnen, wenn die Kursentwicklung eines Wertpapiers infolge der neuen Information in statistisch signifikanter Weise positiv (sog. „Überrendite") oder negativ (sog. „abnormale Rendite") von der normalen Kursentwicklung abweicht. Die normale Rendite ist dabei definiert als die Gleichgewichtsrendite, die sich ohne das Auftreten neuer Informationen ergeben hätte.[764]

Das Merkmal der Eignung verlangt eine auf den Zeitpunkt der Vornahme des Insidergeschäfts bezogene und die Umstände des Einzelfalls berücksichtigende objektive Ex-ante-Prognose, inwieweit die betreffende Information für sich allein betrachtet in der Lage sein wird, Einfluß auf die Kursbildung zu entfalten. Ein Erfolgseintritt im Sinne einer tatsächlichen Kursreaktion infolge des Insidergeschäfts wird von § 13 WpHG nicht vorausgesetzt. Dies kann höchstens eine Indizwirkung für eine in Erwartung der Kursbewegung vorgenommene verbotene Handlung entfalten.[765]

Die bislang kontrovers diskutierte Frage nach dem in der Prognose anzulegenden Maßstab findet seit der Novellierung des WpHG künftig ihre Antwort in § 13 I S.2 WpHG. Eine erhebliche Eignung zur Kursbeeinflussung ist danach gegeben, wenn ein verständiger Anleger die Information bei seiner Anlageentscheidung berücksichtigen würde. Damit hat der Gesetzgeber denjenigen Stimmen in Literatur und Praxis eine Absage erteilt, die bei der Feststellung der Kurserheblichkeit auf das Erreichen bestimmter fester oder variabler Schwellenwerte abgestellt haben.[766]

---

[764] *Nowak*, ZBB 2001, 449 (451)
[765] *Assmann*, AG 1994, 237 (244) ; *Claussen*, ZBB, 1992, 277
[766] *Assmann*, AG 1994, 237 (244) ; *Caspari*, ZGR 1994, 530 (540) ; *Hopt*, ZHR 159 (1995), 135 (154); *Immenga*, ZBB 1995, 197 (203) ; *Weber*, BB 1995, 157 (164)

Bedenkt man, daß bereits geringe Kursveränderungen insbesondere bei entsprechend hohem Kapitaleinsatz einen anreizschaffenden Gewinn ermöglichen können, so scheint Satz 2 das Erheblichkeitskriterium des Satz 1 zwar fast vollständig zu nivellieren. Versteht man das Merkmal der Erheblichkeit jedoch nicht im Sinne einer absoluten Schwellenmarke, sondern vielmehr als Verhältnis der Kursänderung zum Nutzen für den jeweiligen Anleger, dann löst sich der vermeintliche Widerspruch auf. Entscheidend sind demzufolge die für den verständigen Anleger anreizbildenden Faktoren. Dabei ist im kapitalmarktrechtlichen Kontext unter einem verständigen Anleger, derjenige Marktteilnehmer zu verstehen, der als börsenkundig anzusehen und mit den Gegebenheiten des Marktes vertraut ist.[767] Weitere individuelle Kenntnisse und Fähigkeiten, die es dem Anleger ermöglichen, auf die Kurserheblichkeit zu schließen, finden dank des objektiven Maßstabes der Beurteilung keine Berücksichtigung und können sich allein im Rahmen der §§ 38 I, 14 I WpHG auf den subjektiven Tatbestand der Strafvorschrift auswirken.[768]
Ein ausreichender Anreiz besteht für einen vernünftigen Anleger in der Regel stets dann, wenn ein nicht ganz unerheblicher wirtschaftlicher Vorteil mit überwiegender Wahrscheinlichkeit zu erzielen ist und die Investition insoweit vielversprechender erscheint als eine andere Anlagemöglichkeit mit vergleichbarem Risiko. Der Anleger wird dabei insbesondere prüfen, ob Informationen vorliegen, die sich auf die wirtschaftlichen Verhältnisse des Emittenten auswirken, da diese die Wertvorstellungen bezüglich des Emittenten und damit die Kauf- und Verkaufsentscheidungen des Anlagepublikums beeinflussen. Entscheidende Bedeutung kommt demzufolge Informationen über die Ertragskraft des Emittenten, den zukünftig ausgewiesenen Gewinn vor Steuern, der Kreditsituation etc. zu. In jedem Fall ist die Kursrelevanz einer Information für jeden konkreten Einzelfall gesondert zu bestimmen, da ein einzelner Umstand (z.B. Ausfall eines Kredits) für den einen Emittenten existenzgefährdend, für einen anderen jedoch ohne besondere Bedeutung sein kann.[769] Die Beurteilung der Kursrelevanz hängt zwangsläufig von individuellen Faktoren ab wie Größe und Struktur des Unternehmens, Branche, Wettbewerbssituation etc.. Ferner sind die äußeren Marktverhältnisse wie Marktenge, Volatilität sowie allgemeine und branchenspezifische Kurstrends in der Beurteilung der Kursrelevanz zu berücksichtigen, um willkürliche Ergebnisse zu verhindern. Geht man nun davon aus, daß die Börsenpreisbildung vornehmlich von den Erwartungen der Kapitalmarktteilnehmer über die wirtschaftlichen Verhältnisse des betreffenden Emittenten abhängt, so kann eine Information allerdings nur dann die notwendige Kursrelevanz entfal-

---

767 *Schwark*, Schwark, § 13 Rdn.59 ; *Assmann*, Assmann/Schneider, §13, Rdn.65c ; *Caspari*, ZGR 1994, 530 (540)
768 *Schwark*, Schwark §13, Rdn.46 ; *Assmann*, Assmann/Schneider, §13, Rdn.65a
769 *Zimmer*, Schwark, §15, Rdn.105

ten, wenn sie zu einer Erwartungsänderung führt und den bereits bestehenden Erwartungen nicht völlig entspricht.[770]
Eine so verstandene Erheblichkeitsgrenze wird auch ihrem eigentlichen Ziel gerecht, Bagatellfälle aus dem Anwendungsbereich der Insidergeschäfte auszuklammern. Denn angesichts des allgegenwärtigen Kursrisikos werden unerhebliche und nur unwahrscheinliche Kursveränderungen den Anleger nicht zur Vornahme eines Anlagegeschäfts motivieren können.

Mit Blick auf die Wahrscheinlichkeit der erheblichen Kursbeeinflussung erscheint es falsch, bereits die bloße Möglichkeit der erheblichen Kursbeeinflussung genügen zu lassen. Im Gegenzug würde eine hohe oder gar mit an Sicherheit grenzende Wahrscheinlichkeit die Anforderungen an die Tatbestandserfüllung übertreiben. Richtig ist, die Prognose daran zu messen, ob die erhebliche Kursbeeinflussung sich ihr zufolge als wahrscheinlicher darstellt als ihr Ausbleiben (also eine Wahrscheinlichkeitsquote von mehr als 50 %).[771]

b. Begriff der Verwendung

Bislang wurde der Tatbestand des § 14 I N.1 WpHG a.F. nur dann bejaht, wenn der Insider seinen Wissensvorsprung bewußt mit dem Ziel eingesetzt hat, für sich oder einen anderen einen wirtschaftlichen Vorteil zu erzielen, was als Verstoß gegen den Grundsatz der Chancengleichheit der Marktteilnehmer mißbilligt wurde.[772] Voraussetzung war dabei zum einen ein Ursachenzusammenhang dergestalt, daß der Insider das Geschäft ohne die Kenntnis von der Insiderinformation nicht vorgenommen hätte, und zum anderen die Absicht, mit der Transaktion einen Gewinn zu erzielen bzw. Verluste zu vermeiden.[773]
Mit der Umstellung von dem Begriff des „Ausnutzens" auf das Merkmal „unter Verwendung" hat der Gesetzgeber deutlich gemacht, daß der Verbotstatbestand heute nicht mehr an der subjektiven Zielsetzung der Handlungen des Insiders auszurichten ist.[774] Definitiv entfallen ist damit das Erfordernis der Gewinnerzielungsabsicht. Dazu bewogen hat ihn die Feststellung, daß das Ausnutzen als zweckgerichtetes „Alleinstellungsmerkmal" in der Vergangenheit, insbesondere in Fällen der Motivbündelung und nicht zuletzt aufgrund praktischer Beweis-

---

[770] *Kümpel*, WM 1996, 653 (655) ; *Burgard* ZHR 162 (1998), 51 (71) *Zimmer*, Schwark, §15, Rdn.108
[771] zum ganzen: *Schwark*, Schwark, §14 WpHG, Rdn.59
[772] vgl. RegBegr. BT-Drucks. 12/6679, S. 47
[773] *Schwark*, Schwark, §14 WpHG, Rdn.12 ff. ; *Assmann/Cramer*, Assmann/Schneider, §14, Rdn.23 ff. ; *Irmen*, BuB, Rdn.7/725
[774] RegBegr. BT-Drucks. 15/3174, S.34

schwierigkeiten, wiederholt zu Anwendungslücken geführt hat.[775] Als Konsequenz findet der Zweck der Handlung fortan nur noch auf der Ebene der Straf- bzw. Bußgeldzumessung im Rahmen der §§38, 39 WpHG Berücksichtigung.[776]

Seit dem AnSVG ist § 14 I N.1 WpHG dahingehend zu verstehen, daß der Insider, um den Tatbestand zu erfüllen, die Information lediglich in sein Handeln einfließen lassen muß.[777] Die Gesetzesmaterialien ergänzen, daß in diesem Zusammenhang die Erfüllung bereits bestehender Verbindlichkeiten, die in gleicher Weise auch ohne Kenntnis der Insiderinformation erfolgt wäre, nicht ausreichen soll.[778] Fraglich ist, ob damit auch das Erfordernis eines Ursachenzusammenhangs zwischen der Insiderinformation und dem Erwerb bzw. der Veräußerung grundsätzlich obsolet geworden ist.
Dem sprachgebräuchlichen Verständnis des neu gefaßten Wortlauts „unter Verwendung" zufolge setzt § 14 I N.1 WpHG ein Mindestmaß an Mitursächlichkeit der Insiderinformation für den Erwerb bzw. die Veräußerung voraus. An dieser fehlt es in aller Regel, wenn das Handelsgeschäft auch ohne die Kenntnis der Insidertatsache abgeschlossen worden wäre. Dies ist insbesondere dann der Fall, wenn sich das Wertpapiergeschäft als Umsetzung vorab angelegter und nicht durch Insiderwissen veranlaßter unternehmerischer Pläne und Entscheidung darstellt. In vielen dieser Konstellationen bleibt jedoch zu bedenken, daß der Ausschlag für den Erwerb zwar nicht durch die Insiderinformation, sondern durch die zuvor getroffene unternehmenspolitische Entscheidung gegeben wird, sich aber gleichwohl nicht leugnen läßt, daß später gewonnene Insiderinformationen, beispielsweise in Form von Ergebnissen einer Due-Diligence-Prüfung, trotz der vorher getroffenen Kaufentscheidung für das Handeln mitursächlich sein können, denn die Due-Diligence-Ergebnisse etwa dienen ja gerade dazu, die Grundlage der Kaufentscheidung zu bestätigen.[779]
Greift man auf der anderen Seite im Rahmen einer richtlinienkonformen Auslegung des unbestimmten Rechtsbegriffs „unter Verwendung" auf die Marktmißbrauchsrichtlinie zurück, so rücken Art. 2 III Marktmißbrauchsrichtlinie sowie Erwägungsgrund (30) ins Auge des Betrachters. Danach ist die Verwendung (im Wortlaut der Richtlinie heißt es „Nutzung") von Insiderinformationen ausnahmsweise unschädlich, wenn es um die Erfüllung vorab begründeter Verbindlichkeiten geht oder wenn das Handelsgeschäft lediglich die jedem Geschäft zwangsläufig vorangehende Entscheidung umsetzt, das Erwerbsgeschäft vorzu-

---

[775] RegBegr. BT-Drucks. 15/3174, S.34
[776] vgl auch *Kuthe*, ZIP 2004, 883 (884) ; *Diekmann/Sustmann*, NZG 2004, 929 (931) ; *Ziemons*, NZG 2004, 537 (539)
[777] RegBegr. BT-Drucks. 15/3174, S.34
[778] RegBegr. BT-Drucks. 15/3174, S.34 ; mit Bezug auf Art. 2 III der Marktmißbrauchsrichtlinie
[779] *Diekmann/Sustmann*, NZG 2004, 929 (931)

nehmen. Die Existenz beider Erwägungen läßt nun aber darauf schließen, daß im Grundsatz - anders als beim bisherigen „Ausnutzen" - keinerlei Ursächlichkeit zu verlangen ist und der bloße „Besitz" der Insiderinformation bereits den Tatbestand der Insidergeschäfte erfüllen soll. Andernfalls wären sie schlicht überflüssig.[780]
Unter teleologischen Gesichtspunkten erscheint es dennoch geboten, die Verbotsvorschrift einschränkend auszulegen, wenn es an jeglicher Ursächlichkeit fehlt.[781] Ansonsten sieht sich die Unternehmensleitung allzu häufig gezwungen, die Leitung der Geschäfte unter Verletzung des Gesellschaftsinteresses zu betreiben. Beispielhaft sei nur eine lang angelegte und vor allem betrieblich gebotene Beteiligungsstrategie genannt, die die Gesellschaft nicht verfolgen kann, sofern die Realisierung zu einer erheblichen Kursbeeinflussung geeignet wäre.[782] Auch wäre die Durchführung einer unternehmerisch gebotenen Due-Diligence-Prüfung im Zusammenhang mit M&A-Maßnahmen vor dem tatsächlichen Unternehmenskauf nicht mehr denkbar, was den Bedürfnissen der Praxis erheblich entgegenstehen würde.[783]

II. Grenzen der Zulässigkeit von Maßnahmen zur Beeinflussung des eigenen Börsenkurses durch das Weitergabeverbot gemäß § 14 I N.2 WpHG

Nach § 14 I N.2 WpHG ist es verboten, einem anderen Insiderinformationen unbefugt mitzuteilen oder zugänglich zu machen. [784]

Ein „Mitteilen" liegt vor, wenn einem Dritten willentlich Kenntnis von der Insiderinformation verschafft wird. Dabei ist unerheblich, ob der Gegenstand der Mitteilung als Insiderinformation kenntlich gemacht oder vom Dritten gar als Insiderinformation wahrgenommen wurde. Auch die Art und Weise der Informationsübermittlung ist ohne Belang. Schließlich braucht es auch nicht zu einer tatsächlichen, die Interessen der Anleger verletzenden Wertpapiertransaktion durch den Informationsempfänger zu kommen, da die Vorschrift allein auf die in der Weitergabe begründete abstrakte Gefährdung abstellt.[785]

---

[780] *Ziemons*, NZG 2004, 537 (539,540)
[781] so zur bisherigen Rechtslage: *Schröder*, NJW 1994, 2879 (2880) ; *Kümpel*, Rdn.16.164 ; *Assmann*, ZGR 2002, 697 (701)
[782] *Kümpel*, Rdn.16.164
[783] In diesem Sinne auch *Diekmann/Sustmann*, NZG 2004, 929 (931)
[784] bzgl. des Begriffs der Insiderinformation ist auf obige Ausführungen auf Seite 262 zu verweisen.
[785] *Schwark*, Schwark §14 WpHG, Rdn.27 ; *Assmann/Cramer*, Assmann/Schneider, §14, Rdn.42

In Abgrenzung zur Mitteilung setzt die Alternative des Zugänglichmachens ein eigenes Handeln des Dritten voraus. Der Insider veranlaßt die Kenntniserlangung nicht unmittelbar selbst, schafft aber bewußt die Voraussetzungen, die einem anderen die Kenntnisnahme der Insiderinformation ermöglicht.[786] Dabei braucht der Dritte auch hier nicht zu wissen, daß es sich bei der Information um eine nicht öffentlich bekannte kursrelevante Information handelt oder diese ihm von einem Insider zugänglich gemacht wurde.[787] Der Tatbestand ist allerdings nur dann erfüllt, wenn der andere tatsächlich auf die Insiderinformation zugreift und tatsächlich von ihr Kenntnis erlangt.[788] Ist ihm die Information bereits bekannt, so kommt nach dem Schutzzweck dieser Verbotsalternative eine Verwirklichung des Tatbestandes nicht in Betracht, da die Anzahl der mit dem Insiderwissen ausgestatteten Personen und damit die Gefahr der Vornahme von Insidergeschäften sich nicht vergrößert hat.[789]

Sowohl das Mitteilen als auch das Zugänglichmachen einer Insiderinformation ist nur dann gemäß § 14 I N.2 WpHG verboten, wenn der Vorgang „unbefugt" erfolgt. Die Befugnis zur Weitergabe ist dabei als ein vollwertiges Tatbestandsmerkmal des gesetzlichen Verbotstatbestandes zu werten und nicht im Sinne eines allgemeinen Verbrechensmerkmals auf Rechtswidrigkeitsebene im Rahmen von §§ 38, 14 I N.2 WpHG zu verstehen.[790]
In der Gesetzesbegründung hat der Gesetzgeber die europäischen Vorlagen aufgegriffen und geht immer dann von einer Befugnis zur Weitergabe der Informationen aus, wenn diese in einem normalen Rahmen der Ausübung einer Arbeit, eines Berufes oder der Erfüllung anderer Aufgaben des Insiders zu dienen bestimmt ist.[791] Diese Erwägungen stehen vor dem Hintergrund, daß der reibungslose Ablauf der Geschäfte der Gesellschaft sowie die Funktionsfähigkeit anerkannter und notwendiger Institutionen (z.B. Wirtschaftsprüfer, Emissionsbanken etc.) eine Weitergabe von Insiderwissen in bestimmten Grenzen erforderlich machen.[792]

Mit Blick auf den internen, betrieblich motivierten Informationsfluß bedeutet dies, daß die Weitergabe von Informationen nur dann zulässig ist, wenn sie ge-

---

[786] *Schwark*, Schwark, §14 WpHG, Rdn.28
[787] *Süßmann*, AG 1999, 162 (163)
[788] *Schwark*, Schwark, §14 WpHG, Rdn.29 ; *Assmann/Cramer*, Assmann/Schneider, §14, Rdn.44 ; *Lenenbach*, Rdn.10.53 ; *Schäfer*, §14, Rdn. 17
[789] *Schwark*, Schwark, §14 WpHG, Rdn.29
[790] *Caspari*, ZGR 1994, 530 (545) ; *Süßmann*, AG 1999, 162 (163)
[791] RegBegr. BT-Drucks.12/6679, S.47 ; Art. 3 a Insiderrichtlinie sowie Art. 3 a Marktmißbrauchsrichtlinie
[792] in diesem Sinne auch der Leitfaden der BaFin und der Deutsche Börse AG zur Insiderüberwachung, S.21.

setzlich vorgesehen ist oder wenn sie den allgemein üblichen Unternehmensabläufen entspricht und sich gleichzeitig als betrieblich erforderlich erweist.[793] Zuzulassen sind grundsätzlich also nur solche Konstellationen, in denen die Arbeitsabläufe im Unternehmen praktisch blockiert würden und dem Unternehmen andernfalls keine Spielräume mehr für kurzfristige und unvorhergesehene Reaktionen auf betriebliche Vorgänge verblieben. Maßgebend ist, inwieweit andere betriebliche Alternativen zur Verfügung stehen, die eine ordnungsgemäße Aufgabenerfüllung des Kenntnisträgers gewährleisten können.

Bei Informationsweitergaben an externe Dritte kann der gleiche Maßstab angelegt werden.[794] Zu denken ist an die Weitergabe der Informationen im Rahmen eines Vertragsverhältnisses mit externen Beratern, Anwälten oder Notaren, die ihre vertraglichen Aufgaben nur in Kenntnis der Insiderinformationen erfüllen können und deren Bedeutung für den reibungslosen Ablauf des Unternehmens gleichsam außer Frage steht.

Seit der Novellierung des WpHG kommt es für die Frage der Befugnis zur Weitergabe von Insiderinformationen zweifellos nicht darauf an, ob der Empfänger einer vertraglichen oder gesetzlichen Verschwiegenheitspflicht unterworfen ist. Denn mit dem Wegfall der tatbestandlichen Unterscheidung in Primär- und Sekundärinsider unterfallen ohnehin sämtliche Personen der gesetzlichen Verschwiegenheitspflicht aus § 14 I N.2 WpHG. Das insiderrechtliche Weitergabeverbot gibt dabei hinreichende Gewähr dafür, daß der Empfänger seinerseits die erhaltenen Insiderinformationen nicht unbefugt weitergibt. Das Kriterium besonderer vertraglicher Verschwiegenheitspflichten hat damit seine Berechtigung verloren.[795]

In beiden Fällen, der internen wie externen Informationsweitergabe, erscheint es sachgerecht, das Verbot von einer Abwägung der widerstreitenden Interessen abhängig zu machen. Je nach konkretem Einzelfall ist zu prüfen, inwieweit der primäre Schutzzweck der Verbotsvorschrift, den Kreis der potentiellen Insider möglichst klein zu halten, um die informationelle Chancengleichheit der Marktteilnehmer gewährleisten zu können, von den Interessen der Aktionäre und der Gesellschaft an einem ordnungsgemäßen Betriebsablauf sowie dem allgemeinen Interesse an der Funktionalität wirtschaftlicher und rechtlicher Institutionen überlagert wird.[796]

Einer Abwägung bedarf es allerdings nicht, wenn die Weitergabe gesetzlich angeordnet ist und der Gesetzgeber das allgemeine Insiderhandelsverbot zurücktre-

---

[793] *Schwark*, Schwark, §14 WpHG, Rdn.32

[794] *Assmann*, AG 1997, 55 ; *Schwark*, Schwark, §14 WpHG, Rdn.32 ; a.A. *Lenenbach*, Rdn.10.53

[795] so auch *v.Falkenhausen*, Der Konzern 2005, 225 (226)

[796] *Assmann*, AG 1997, 55 ; *Irmen*, BuB, Rdn.7/735 ; *Singhof*, ZGR 2001, 153 ; *Schäfer*, §14, Rdn.21

ten läßt. Dies gilt beispielsweise hinsichtlich der Informationspflichten des Vorstands (§§ 90, 170f., 337 AktG), der Einsichts- und Prüfungsrechte des Aufsichtsrats (§ 111 II AktG), der Prüfung durch Abschluß- oder Sonderprüfer (§ 320 II HGB) sowie bei sämtlichen gesellschafts-, kapitalmarkt- oder kartellrechtlichen Mitteilungs- und Veröffentlichungspflichten (z.B. §§ 21 AktG, 21 ff WpHG, 15 WpHG etc.). Die Weitergabe ist in diesen Fällen rechtlich gewollt. Durch die Veröffentlichung wird der Information die Rechtsqualität als Insiderinformation genommen und damit die Chancengleichheit der Anleger bestmöglich gewahrt. Dies gilt allerdings nur, wenn die Öffentlichkeit über die überregionale Presse bzw. die elektronischen Medien in ausreichender Weise adressiert wurde.

III. Grenzen der Zulässigkeit von Maßnahmen zur Beeinflussung des eigenen Börsenkurses durch das Empfehlungsverbot gemäß § 14 I N.3 WpHG

Gemäß § 14 I N.3 WpHG ist es verboten, einem anderen auf der Grundlage der eigenen Kenntnis von Insiderinformationen den Erwerb oder die Veräußerung von Insiderpapieren zu empfehlen oder einen anderen auf sonstige Weise zum Erwerb oder zur Veräußerung von Insiderpapieren zu verleiten.[797]

In Anlehnung an die Begriffsbestimmung des kartellrechtlichen Empfehlungsverbots i.S.v. § 22 GWB ist als Empfehlung jede einseitige, rechtlich unverbindliche Erklärung zu betrachten, durch die jemand in der Absicht, den Willen des Adressaten zu beeinflussen, ein Verhalten als für den Adressaten vorteilhaft bezeichnet und die Verwirklichung dieses Verhaltens anrät oder sonstwie den Kauf-/ Verkaufsentschluß verursacht.[798] Die Empfehlung wiederum muß auf der Kenntnis von Insiderwissen beruhen. An der dafür erforderlichen Kausalität fehlt es immer dann, wenn der Insider die Empfehlung auch ohne diese Kenntnisse ausgesprochen hätte. In Abgrenzung zum Weitergabeverbot des § 14 I N.2 WpHG hat das Empfehlungsverbot insbesondere dann Bedeutung, wenn der Insider einen Hinweis gibt, ohne dem Dritten dabei Kenntnis von der Insiderinformation zu vermitteln. In der Empfehlung muß auch nicht zum Ausdruck kommen, daß sie auf einer Insiderinformation beruht. Vornehmlich soll dem Insider unter Umgehungsgesichtspunkten die Möglichkeit genommen werden, über den Umweg einer dritten Person die Insiderkenntnis urbar zu machen, ohne selbst unmittelbar tätig werden zu müssen.[799] In einheitlicher Auslegung des

---

[797] bzgl. des Begriffs der Insiderinformation ist auf obige Ausführungen auf Seite 262 zu verweisen.

[798] *Tiedemann*, Immenga/Mestmäcker, §38, Rdn.124

[799] RegBegr. BT-Drucks. 12/6679, S.48 ; *Schwark*, Schwark, §14 WpHG, Rdn.50/51 ; *Ass-*

§ 14 I WpHG kann die Empfehlung nämlich sowohl auf den Wertpapiererwerb für eigene als auch für fremde Rechnung abzielen.[800]

Empfehlungen, denen zufolge der Adressat die Vornahme des Wertpapiergeschäfts unterlassen soll, werden nach dem klaren Wortlaut der Vorschrift und in Anlehnung an die Ausführungen zu Absatz I nicht von der Verbotsalternative erfaßt. Dem Insider ist es insoweit möglich, sogar unter Verweis auf die Insiderquelle, vom Kauf oder Verkauf bestimmter Papiere abzuraten.[801]

IV. Subsumtion einschlägiger Beeinflussungsmaßnahmen unter das Verbot der Insidergeschäfte

Im Folgenden soll überprüft werden, inwieweit die oben dargestellten Maßnahmen der Aktiengesellschaft zur Beeinflussung des eigenen Börsenkurses den Verboten des § 14 I N.1-3 WpHG unterfallen.

1. Beeinflussung durch (effektive) Handelsgeschäfte in eigenen Aktien

Im Falle der Beeinflussung des eigenen Börsenkurses durch Erwerbs- bzw. Veräußerungsgeschäfte in eigenen Aktien erwirbt bzw. veräußert die Gesellschaft Insiderpapiere i.S.v. § 14 I N.1 WpHG. Es stellt sich also die Frage, ob dies auch „unter Verwendung von Insiderinformationen" geschieht.

Bevor dieser Frage jedoch weiter nachgegangen wird, ist darauf hinzuweisen, daß der Gesetzgeber in Befolgung der Vorgaben der Marktmißbrauchsrichtlinie[802] in § 14 II WpHG eine Sonderregelung für den Handel in eigenen Anteilen getroffen hat. Danach stellt der Handel mit eigenen Aktien im Rahmen von Rückkaufprogrammen in keinem Fall einen Verstoß gegen das Verbot des Absatzes 1 dar, soweit er den Anforderungen der Verordnungen der Europäischen Kommission zur Durchführung der Marktmißbrauchsrichtlinie[803] entspricht.

---

mann/Cramer, Assmann/Schneider, §14, Rdn.71

[800] Dies entspricht § 14 I N.1 WpHG sowie Art. 3 lit. b Insiderrichtlinie. Vgl. *Lenenbach*, Rdn.10.56 ; *Schäfer*, §14, Rdn.26 ; *Assmann/Cramer*, Assmann/Schneider, §14, Rdn.73

[801] *Schwark*, Schwark, §14 WpHG, Rdn.51 ; *Assmann/Cramer*, Assmann/Schneider, §14, Rdn.72

[802] vgl. Art. 8 MarktmißbrauchsRL

803 Verordnung (EG) Nr. 2273/2003 der Kommission vom 22. Dezember 2003 zur Durchführung der Richtlinie 2003/6/EG des Europäischen Parlaments und des Rates - Ausnahmeregelungen für Rückkaufprogramme und Kursstabilisierungsmaßnahmen (ABl. EU Nr. L 336 S.

Klarstellend sei hier erwähnt, daß dem wertpapierrechtlichen Begriff des „Handels in eigenen Aktien“ ein anderes Verständnis zugrunde liegt, als dies im Rahmen von § 71 I N.8 S.2 AktG der Fall ist.[804] Im aktienrechtlichen Kontext dient das Merkmal dazu, einen fortlaufenden Kauf und Verkauf eigener Aktien sowie den Versuch, „Trading-Gewinne“ zu erzielen, aus dem Anwendungsbereich des dortigen Rückerwerbverbots auszunehmen.[805] Im Wertpapierhandelsgesetz sowie in der Durchführungsverordnung wird der Begriff nicht als terminus technicus im engeren Sinne, sondern vielmehr beschreibend eingesetzt, allgemein als Vorgang des Erwerbs bzw. der Veräußerung von Finanzinstrumenten durch den Emittenten selbst. Erwägungsgrund (4) der Durchführungsverordnung stellt insoweit klar, daß die dortigen Bestimmungen über den Handel mit eigenen Aktien nicht die Anwendung der Kapitalrichtlinie, auf die § 71 I AktG zurückzuführen ist, berühren sollen.

Die von der Kommission erlassene Durchführungsverordnung sieht vor, daß ein Aktienrückkauf vor allem dann per se vom Insiderhandelsverbot ausgenommen ist, wenn er zum Zweck der Kapitalherabsetzung, zur Bedienung von bereits bestehenden Verpflichtungen aus Wandel- und Optionsschuldverschreibungen bzw. Genußrechten oder zur Erfüllung bereits bestehender Mitarbeitervergütungsprogrammen erfolgt und den weiteren Anforderungen der Verordnung über Publizität, Volumen, Preis und Zeitraum entspricht.
In Regelfall erwirbt die Aktiengesellschaft eigene Anteile jedoch aufgrund einer allgemeinen Ermächtigung gemäß § 71 I N.8 WpHG zweckfrei zurück, so daß die Ausnahmeregelung des § 14 II WpHG für das Gros der Rückerwerbsprogramme nicht gelten kann.
Sind die Handelsgeschäfte in eigenen Aktien anderen Zwecken zu dienen bestimmt oder werden sie zweckfrei durchgeführt, ist unter Berücksichtigung der allgemeinen Ausführungen zur Auslegung des § 14 I N.1 WpHG zu ermitteln, inwieweit sie dem Merkmal „unter Verwendung“ unterfallen sind.
Dabei soll erneut Erwägungsgrund (30) der Marktmißbrauchsrichtlinie hervorgehoben werden. Da jedem Rückerwerb und jeder Weiterveräußerung eigener Aktien notwendigerweise eine entsprechende unternehmerische Entscheidung der Unternehmensleitung vorausgeht, ist die Umsetzung dieser Entscheidung als solche in dem jeweiligen Handelsgeschäft nicht als Verwendung von Insiderinformationen zu sehen. Derartigen selbstgeschaffenen Umständen fehlt der für den Informationsbegriff charakteristische Drittbezug.[806] Die bloße Umsetzung

---

33). Für Finanzinstrumente, die in den Freiverkehr oder in den geregelten Markt einbezogen sind, gelten die Vorschriften der Verordnung (EG) Nr. 2273/2003 entsprechend.
[804] siehe oben Seite 179.
[805] RegBegr., KonTraG, BT-Drucks.13/9712, S.13
[806] BGH, AG 2004, 144 (145) ; vgl. oben auf Seite 263.

der Rückkaufs- oder Weiterveräußerungsentscheidung stellt demzufolge noch keinen Verstoß gegen § 14 I N.1 WpHG dar.
Treten allerdings im Moment der Geschäftsvornahme weitere Insiderinformationen hinzu, die die Geschäftsvornahme beeinflussen oder wird beispielsweise der Zeitpunkt des Erwerbs bzw. der Veräußerung der eigenen Anteile durch das Wissen der Unternehmensleitung um eine die Gesellschaft betreffende Insiderinformation bestimmt, kommt ein Verstoß gegen § 14 I N.1 WpHG durchaus in Betracht.
In Anlehnung an die obigen Darstellungen sind im Erwerbs- bzw. Veräußerungsvorgang neu hinzutretende Insiderinformationen jedoch wiederum unerheblich, wenn die Ausführung des Rückerwerbs bzw. der Weiterveräußerung in Durchführung einer völlig eigenständigen, vorab getroffenen unternehmerischen Entscheidung oder Strategie der Aktiengesellschaft erfolgt.[807] Eine entsprechend enge Auslegung der Verbotsvorschrift findet jüngst seine Bestätigung in Erwägungsgrund (2) der Durchführungsverordnung, demzufolge Handelsgeschäfte in eigenen Anteilen im Rahmen von Rückkaufprogrammen auch dann nicht per se als Marktmißbrauch gewertet werden sollen, wenn sie nicht den Anforderungen der Verordnung gerecht werden. Dies gilt allerdings nur, soweit die Verhaltensweisen der Gesellschaft noch einen unmittelbaren Bezug zum Zweck der Rückkaufmaßnahmen aufweisen.[808]
Im Ergebnis verstößt die Kursbeeinflussung durch Handelsgeschäfte in eigenen Aktien grundsätzlich nicht gegen das Insiderhandelsverbot des § 14 I N.1 WpHG, sei es aufgrund des Ausnahmetatbestandes des § 14 II WpHG oder sei es aufgrund der bloßen Umsetzung einer vorangegangenen eigenen unternehmerischen Entscheidung der Leitungsorgane.

2. Beeinflussung durch Maßnahmen zur Kursstabilisierung und Kurspflege

Bleibt zu untersuchen, ob und inwieweit sonstige Maßnahmen zur Kursstabilisierung und Kurspflege unter § 14 I N.1 WpHG fallen.

---

[807] Siehe oben auf Seite 268.
[808] Erwägungsgrund (3) der Durchführungsverordnung.

a. Beeinflussung durch Kurspflege am Sekundärmarkt

Gemäß § 14 II WpHG stellen Maßnahmen zur Stabilisierung des Preises von Finanzinstrumenten in keinem Fall einen Verstoß gegen das Handelsverbot des § 14 I N.1 WpHG dar, soweit diese nach Maßgabe der Durchführungsverordnung erfolgen.
Art. 2 N.7 Durchführungsverordnung ist allerdings ein dahingehendes Verständnis zugrunde gelegt, daß die als Stabilisierungsmaßnahmen einzuordnenden Käufe, Kaufangebote und Transaktionen von Wertpapierhäusern oder Kreditinstituten durchgeführt werden. Hier in Frage stehende Maßnahmen der Gesellschaft selbst werden also nicht erfaßt. Sie unterfallen aber regelmäßig dem Merkmal des Handels in eigenen Aktien im Rahmen von Rückkaufprogrammen. Dies deckt sich mit der Feststellung, daß Vereinbarungen zur Durchführung von Kursstabilisierungs- und Kurspflegemaßnahmen heute nicht mehr zwischen Emittent und Emissionshäusern getroffen werden, sondern sich in aller Regel in den Konsortialbedingungen der Emissionsbanken wiederfinden. Denn aufgrund der Übernahme des Plazierungsrisikos im Rahmen des Festübernahmeverfahrens erfolgt die Stabilisierung des Börsenkurses nach einer Emission im unmittelbaren Interesse der mit der Plazierung betrauten Kreditinstitute.[809]
Die für die Durchführung der Kurspflege erforderlichen Informationen haben die Emissionsbanken in der Regel bereits im Rahmen des Plazierungsvorgangs vom Emittenten erhalten. Zu diesem Zeitpunkt ist die Weitergabe von Insiderinformationen als nicht unbefugt anzusehen. Sie erfolgte im normalen Rahmen der Verrichtung ihrer Arbeit und dient der Sicherung der Funktionsfähigkeit der Emissionsbanken als anerkannte und notwendige Institutionen. Insofern ist die Durchführung von Kurspflegemaßnahmen durch das Emissionskonsortium nicht aufgrund von § 14 I N.2 WpHG unzulässig.

Versucht die Aktiengesellschaft ausnahmsweise selbst, durch marktausgleichende An- und Verkäufe ein Abgleiten der Kurse sowie künstliche Kurssteigerungen am Sekundärmarkt zu vermeiden, so werden die Handelsgeschäfte in der Regel im Rahmen eines Kurspflegeprogramms vorgenommen und demzufolge in Ausführung einer vorab ergangenen unternehmerischen Entscheidung seitens des Emittenten durchgeführt.[810] Nach den bisherigen Ausführungen ist ein Verstoß gegen das Verbot der Vornahme von Insidergeschäften in diesen Konstellationen zu verneinen.
Ist jedoch die Entscheidung zur Durchführung von Kursstabilisierungs- bzw. Kurspflegemaßnahmen selbst auf die Kenntnis einer Insiderinformation zurück-

---

[809] vgl. oben auf Seite 140.
[810] RegBegr. 2.FMFG BT-Drucks.12/6679, S.47 ; *Assmann*, WM 1996, 1337 (1344) ; *Kümpel*, Rdn.16.172 ; *Irmen*, BuB, Rdn.7/727 ; *Schäfer*, WM 1999, 1345 (1350)

zuführen (z.B. bevorstehende Kapitalerhöhung oder bevorstehender Unternehmenszusammenschluß), so kommt auch im Rahmen von Kurspflegeprogrammen ein Verstoß gegen das Handelsverbot des § 14 I N.1 WpHG in Betracht.[811] Gleiches gilt, wenn die grundsätzliche Kurspflegepolitik aufgrund von Insiderinformationen unversehens abgeändert wird oder wenn einzelne Maßnahmen im Rahmen einer allgemeinen Entscheidung zur Kurspflege nicht von dieser Entscheidung, sondern von weiterem Insiderwissen veranlaßt sind.[812] Beispielsweise ist es denkbar, daß eine Kurspflege betreibende Aktiengesellschaft die Durchführung entsprechender Maßnahmen plötzlich aufgibt und sich in Kenntnis dieser Entscheidung vorab von seinem gesamten Aktienbeständen trennt, um sich als Marktteilnehmer im Hinblick auf den zu erwartenden Kurseinbruch so weit wie möglich schadlos zu halten und sich zugleich gegenüber dem Anlagepublikum einen Sondervorteil zu verschaffen.[813]

Für den Sonderfall, daß die Aktiengesellschaft selbst Kurspflege am Sekundärmarkt betreibt, richtet sich die rechtliche Beurteilung nach den Ausführungen zur Zulässigkeit von Handelsgeschäften in eigenen Aktien, die der Aktiengesellschaft grundsätzlich nicht verwehrt sind. Im Regelfall der Kurspflege durch die Emissionshäuser ist die Weitergabe von Insiderinformation an die Banken grundsätzlich nicht unbefugt und verstößt nicht gegen § 14 I N.2 WpHG.

b. Beeinflussung durch den „Handel per Erscheinen" am Grauen Kapitalmarkt

Tätigt die Aktiengesellschaft oder ein von dieser beauftragter Dritter im sog. Handel per Erscheinen Handelsgeschäfte in eigenen Aktien, so sind die Aktien am Grauen Kapitalmarkt im Vorstadium der eigentlichen Plazierung zwar noch nicht an einem organisierten Markt i.S.v. §§ 12 S.1 i.V.m. 2 V WpHG zugelassen bzw. in einen solchen einbezogen, dennoch werden diese Geschäfte grundsätzlich vom Insiderhandelsverbot erfaßt. Denn § 12 S.2 WpHG setzt einen erweiterten Schutz vor Insidergeschäften fest, indem er der Zulassung zum Handel an einem organisierten Markt oder der Einbeziehung in den geregelten Markt oder in den Freiverkehr die Stellung oder öffentliche Ankündigung des Antrags auf Zulassung oder Einbeziehung gleichstellt.[814] Auf diese Weise soll das Ver-

---

[811] RegBegr. 2.FMFG, BT-Drucks. 12/6697, S.47 ; *Assmann*, WM 1996, 11337 (1344/1345)
[812] *Assmann*, Assmann/Schneider, §14, Rdn.35a
[813] *Assmann*, Assmann/Schneider, §14, Rdn.35a ; *Krämer/Hess*, S.190
[814] Der Antrag auf Zulassung ist zusammen mit dem Antrag auf Billigung des Zulassungsprospekts mindestens 15 Börsentage vor dem geplanten IPO-Termin zu stellen (§ 30 IV S.2 BörsG, § 6 I VerkaufsProspG). Vgl. auch *Heidelbach*, Schwark, § 5 VerkProspG, Rdn. 3 ;

trauen der Anleger in die Chancengleichheit und Fairneß des Kapitalmarktes bereits im Vorfeld der Emission geschützt werden.[815]

Der Handel per Erscheinen unterfällt zwar dem Anwendungsbereich des § 14 I N.1 WpHG, seine rechtliche Beurteilung richtet sich jedoch nach den allgemeinen Erwägungen zu den Handelsgeschäften der Gesellschaft in eigenen Aktien, die grundsätzlich nicht gegen das Insiderhandelsverbot verstoßen.

3. Beeinflussung im Zusammenhang mit Optionen auf eigene Aktien

Erwirbt oder veräußert die Gesellschaft Optionen auf eigene Aktien, ergeben sich mit Blick auf die Kursbeeinflussung durch die Aktiengesellschaft keine insiderrechtlichen Besonderheiten. Zwar sind die Optionen bei ihrer Einführung durch die Gesellschaft regelmäßig noch nicht an einem organisierten Markt zugelassen, so daß es ihnen nach bisherigem Recht an der Insiderpapierqualität fehlte.[816] Wie bereits dargelegt, hat das AnSVG jedoch den § 12 WpHG auch auf solche Papiere erweitert, die selbst nicht an einem organisierten Markt gehandelt werden, aber auf einen Basiswert Bezug nehmen, der wiederum an einem organisierten Markt zugelassen ist. Damit schließt das AnSVG eine Gesetzeslücke. Insidern bleibt es künftig verwehrt, auf dem Umweg über Optionsgeschäfte Insiderwissen zu verwenden.

Insbesondere im Zusammenhang mit einem Emissionsvorgang ist es dem Emittenten jedoch insiderrechtlich nicht verboten, im Rahmen eines sog. „Greenshoes" Aktienoptionen (Mehrzuteilungsoptionen) an die Emissionsbanken auszugeben. Dies gilt auch dann, wenn Insiderinformationen – zum Beispiel über das bevorstehende Absinken des jungen Emissionskurses – mit der Optionsgewährung oder der Ausübung der Option durch die Banken zusammenfallen. Denn insoweit ist der „Greenshoe" Teil eines vorab ausgearbeiteten Emissionsvorhabens, und die Mehrzuteilungsoption erfolgt in Ausführung einer unternehmerischen Entscheidung, ist folglich nicht durch Insiderinformationen veranlaßt und, einer einschränkenden Auslegung der Verbotsnorm folgend, insiderrechtlich nicht zu beanstanden. Die Akzeptanz der Einräumung einer Mehrzuteilungsoption im Rahmen des „Greenshoe" findet ihre Bestätigung in der Durchführungsverordnung der Europäischen Kommission, derzufolge der „Greens-

---

Wieneke, NZG 2005, 109 (114)

[815] RegBegr. 2.FMFG, BT-Drucks. 12/6679, S.45 ; *Kümpel*, Rdn.16.81 ; *Schwark*, Schwark, §12, Rdn.3 ; *Caspari*, ZGR 1994, 530 (534,535)

[816] Schreiben des BAWe v. 1.10.1997 (Einl. Rdn.50), S.1 ; *Casper*, WM 1999, 364 ; *Fürhoff*, AG 1998, 83 ; *Schneider*, ZIP 1996, 1775

hoe" im engen Zusammenhang mit der Durchführung von Stabilisierungsmaßnahmen zu sehen und unter Beachtung der zeitlichen und publizitätsbedingten Anforderungen der Verordnung unter die Ausnahme des § 14 II WpHG zu subsumieren ist.[817]

Eine andere Frage im Zusammenhang mit Optionen auf eigene Aktien richtet sich darauf, inwieweit eine Aktiengesellschaft, die Optionen auf eigene Aktien innehat (z.B. aus einem Rückerwerb unter Ausgabe von sog. „put-options"), in Kenntnis ihrer Optionsposition weitere Aktien zurückerwerben darf.
Die Frage muß bejaht werden. Die Information, daß die Gesellschaft Optionspositionen an eigenen Aktien hält, kann nicht als Umstand gewertet werden, der im Falle des öffentlichen Bekanntwerdens den Kurs des Basiswertes erheblich beeinflussen könnte, und stellt mithin keine Insiderinformation dar.[818]
Auch der Umstand, daß die Durchführung weiterer Handelsgeschäfte in eigenen Aktien allein zu dem Zweck erfolgt, den Kurs der eigenen Aktien als Basiswert der Optionen zu beeinflussen, läßt sich als selbstgeschaffene Information nicht unter den Insiderinformationsbegriff subsumieren. Im übrigen sollen die Erwerbsgeschäfte im Basiswert dazu dienen, die Position der Gesellschaft gegenüber dem Vertragspartner aus der Option zu verbessern. Hierdurch wird aber nicht die Chancengleichheit oder Gleichbehandlung der Anleger insgesamt gefährdet. Die Wirkungen der Beeinflussung betreffen vielmehr nur das Verhältnis zwischen den Parteien der jeweiligen Option. Daraus einen Insiderverstoß zu konstruieren, ginge über den Schutzzweck des WpHG hinaus.[819]

Für die rechtliche Beurteilung von Beeinflussungsmaßnahmen der Aktiengesellschaft, die auf die Verwendung von Optionen auf eigene Aktien zurückgreifen, ergeben sich insiderrechtlich keine Besonderheiten. Insbesondere der Einsatz des „Greenshoe" sowie der Aktienrückerwerb unter Verwendung sog. „call"- oder „put" – Optionen unterfallen nicht dem Insiderhandelsverbot des § 14 I N.1 WpHG.

4. Beeinflussung durch „Cash settled instruments" und „equity swaps"

Bei der Vereinbarung sog. „cash settled instruments" wie auch in Fällen der „equity swaps"[820] kommt es zu keiner tatsächlichen Vornahme von Handelsge-

---

[817] vgl. Erwägungsgrund (19) sowie Art. 1 N.14 ; Art. 9 I e) ; Art. 11 Durchführungsverordnung
[818] *Lenzen*, S.218
[819] *Lenzen*, S.218
[820] vgl. zu den Begriffen oben auf Seite 133 und Seite 142.

schäften. Ein Verstoß gegen das Insiderhandelsverbot des § 14 I N.1 WpHG kommt folglich nicht in Betracht.

5. Beeinflussung durch Insidergeschäfte in Übernahmesituationen

a. Verstöße gegen § 14 I N.1 WpHG

Der Plan einer Bietergesellschaft, ein Übernahmeangebot an die Aktionäre einer Zielgesellschaft abzugeben, kann eine Insiderinformation i.S.v. § 13 WpHG darstellen, sobald er im Falle seines öffentlichen Bekanntwerdens geeignet ist, den Kurs der Aktien der Zielgesellschaft erheblich zu beeinflussen. Ist eine Aktiengesellschaft einem Übernahmeangebot eines Dritten ausgesetzt und ist sie als Zielgesellschaft von dem Entschluß des Bieters vorab informiert, unterliegt sie dem Insiderhandelsverbot des § 14 I N.1 WpHG. Dies hat zur Folge, daß die Zielgesellschaft keine eigenen Aktien erwerben oder veräußern darf. Das gilt nur dann nicht, wenn sie nachweisen kann, die Entscheidung zum Erwerb der eigenen Anteile beruhe nicht auf der Erlangung der Kenntnis vom Angebotsvorhaben des Bieters. Die Aussetzung eines sich in Durchführung befindenden Aktienrückkaufprogramms ist mithin nicht erforderlich, um das Insiderhandelsverbot abzuwenden. Wie in den übrigen Fällen des Erwerbs eigener Aktien, sind nur solche Transaktionen insiderrechtlich verboten, die über eine vorher getroffene unternehmerische Entscheidung hinausgehen.[821] Häufig werden die eigenen Anteile jedoch zum Zwecke der Abwehr des Erfolges des zu erwartenden Angebots zurückerworben. In diesem Zusammenhang ist der Rückerwerb eigener Aktien nicht als Ausführung eines vorab entschiedenen Plans, sondern vielmehr als eine mehr oder minder kurzfristige Reaktion auf den in seiner konkreten Form nicht vorhersehbaren feindlichen Übernahmeversuch anzusehen.

Auch eine einschränkende Auslegung des Wortlauts „unter Verwendung" kann zu keinem anderen Ergebnis führen, als von der Unzulässigkeit der Vornahme effektiver Handelsgeschäfte bei zeitgleicher Kenntnis von der Abgabe eines Übernahmeangebots auszugehen.

b. Verstöße gegen § 14 I N.2 WpHG

Gerade in Übernahmesituationen sieht sich die Aktiengesellschaft in ihrer Rolle als Zielgesellschaft häufig aufgefordert, Insiderinformationen (z.B. das Ergebnis

---

[821] *Hopt*, FS Lutter, S.1396

einer Due-Diligence-Prüfung) an potentielle Bieter weiterzugeben, damit diese über das Für und Wider, über Inhalt und Umfang des konkreten Übernahmeangebots entscheiden können. Die Zulässigkeit einer solchen Weitergabe ergibt sich aus der zu gewährleistenden Funktionsfähigkeit des Übernahmemarktes. Insbesondere geht es in diesen Fällen nicht um die Umgehung von Chancengleichheit oder Gleichbehandlung der Anleger am Kapitalmarkt, sondern um die Wahrung der Interessen der Zielgesellschaft an der Umsetzung ihrer unternehmerischen Entscheidungen, was eine umfassende Information des mit der Prüfung eines möglichen Angebots befaßten Bieters beinhalten kann.

Der Zielgesellschaft steht es im Rahmen von Übernahmesituationen zudem frei, sich der Mithilfe Dritter zu bedienen, sei es mit dem Ziel das Übernahmeersuchen des Bieters zu unterstützen, oder sei es um den als feindlich einzuordnenden Übernahmeversuch abzuwehren. Zu diesem Zweck kann die Zielgesellschaft etwaige Insiderinformationen an Dritte weitergeben, ohne gegen § 14 I N.2 WpHG zu verstoßen, da es sich hierbei um eine befugte Weitergabe handelt.[822] Gleiches gilt auch für die Informationsweitergabe an einen sog. „white knight", einen befreundeten Dritten, der den Aktionären der Zielgesellschaft ein mit dem Bieter konkurrierendes Übernahmeangebot unterbreitet. Die Zulässigkeit der Weitergabe bezieht sich dann auch auf Informationen, die die Zielgesellschaft von dem Bieter erhalten hat. Dies ergibt sich vornehmlich aus einer Vorschrift des Wertpapiererwerbs- und Übernahmegesetzes, § 33 I S.2 WpÜG.[823] Danach wird die Suche nach einem konkurrierenden Angebot aus dem Handlungsverbot des §33 I S.1 WpÜG explizit ausgenommen. Grundsätzlich ist davon auszugehen, daß das Übernahmerecht dem Insiderrecht vorgeht, da andernfalls die Funktionsfähigkeit des Übernahmemarktes gefährdet wäre.[824] Die Weitergabe der über den Bieter gewonnenen Insiderinformationen ist in vielen Fällen Voraussetzung dafür, daß sich der „white knight" auf die Abgabe eines konkurrierenden Angebots ernsthaft vorbereiten kann. Erst ein ernstzunehmendes, erfolgversprechendes Konkurrenzangebot vermag es, den Übernahmemarkt zu vitalisieren.

Anders verhält es sich im Falle der Heranziehung eines sog. „white squire", dessen Aufgabe allein darin besteht, die Wertpapiere der Zielgesellschaft am Markt aufzukaufen, um den Erfolg des Übernahmeangebots eines Bieters im Interesse der Zielgesellschaft zu unterbinden. Hier handelt es sich nicht um die Suche nach einem konkurrierenden Angebot, sondern vielmehr um einen Verstoß ge-

---

[822] *Assmann*, Assmann/Schneider, §14, Rdn.84a
[823] *Assmann*, ZGR 2002, 706 ff.
[824] *Schwark*, Schwark, § 14, Rdn.53

gen das übernahmerechtliche Verbot des § 33 I S.1 WpÜG, was auch die insiderrechtliche Unzulässigkeit zur Folge hat.[825]

Im Ergebnis ist die Weitergabe von Insiderinformationen sowohl an einen Bieter als auch an einen „white knight“, nicht hingegen an einen „white squire“ insiderrechtlich zulässig.

6. Beeinflussung durch fiktive Handelsgeschäfte

Das Insiderhandelsverbot knüpft an das Vorliegen tatsächlich durchgeführter Erwerbs- oder Veräußerungsgeschäfte in Insiderpapieren an. Da es bei fiktiven Geschäften (z.B. „wash sales“, „improper matched orders“, „circular tradings“ etc.) zu keiner wirtschaftlich relevanten Vermögensverschiebung kommt, scheidet ein Verstoß gegen § 14 I N.1 WpHG aus und ist insiderrechtlich zulässig.

7. Beeinflussung durch informationsbezogenes Handeln

Ein Verstoß kann vorliegen bei einem informationsbezogenen Handeln der Aktiengesellschaft. Die Beeinflussung des eigenen Börsenkurses unter Einsatz von informationsbezogenen Maßnahmen ist an den Verbotsnormen §§ 14 I N.2 und N.3 WpHG zu messen. Selbstverständlich ist es auch der Aktiengesellschaft verboten, im Rahmen ihrer Informationspolitik Insiderinformationen unbefugt an Dritte weiterzugeben.
Zudem ist es der Aktiengesellschaft verwehrt, Anlageempfehlungen und vergleichbare Werturteile bezüglich der eigenen Aktien gegenüber Dritten auszusprechen, soweit für die Kaufempfehlung die Kenntnis von Insiderinformationen ursächlich ist. Bei Kaufempfehlungen durch den Emittenten ist allerdings anzumerken, daß das Interesse des Unternehmens und die daraus resultierende Subjektivität der Empfehlung für die Marktteilnehmer erkennbar ist und es insoweit fraglich bleibt, ob die Empfehlungen den Kaufentschluß der Marktteilnehmer hervorzurufen vermögen.

Der Aktiengesellschaft ist es verboten, im Rahmen von informationsbezogenen Beeinflussungsmaßnahmen Insiderinformation unbefugt an Dritte weiterzugeben oder aufgrund von Insiderinformationen Anlageempfehlungen – insbesondere bezüglich ihrer eigenen Aktien – auszusprechen.

---

[825] *Assmann*, Assmann/Schneider, §14, Rdn.84b

V. Grenzen der Zulässigkeit von Maßnahmen zur Beeinflussung des eigenen Börsenkurses durch Rechtsfolgen bei Mißachtung des Verbots von Insidergeschäften

Bei einem Verstoß der Aktiengesellschaft gegen das Verbot der Insidergeschäfte gemäß § 14 WpHG greifen die Straf- und Bußgeldvorschriften der §§ 38 I; 39 II N.3, 4 i.V.m. § 14 I N.1-3 WpHG, die ebenfalls die Durchführung kursbeeinflussender Maßnahmen mittelbar einschränken.

§ 14 WpHG füllt die Blankettvorschriften der §§ 38; 39 WpHG inhaltlich aus. Während der Verstoß gegen § 14 I N.1 WpHG in jedem Fall eine Strafbarkeit i.S.v. § 38 I N.1 WpHG nach sich zieht, werden gemäß § 38 I N.2 i.V.m. § 39 II N. 3 oder N.4 WpHG Zuwiderhandlungen gegen §§ 14 I N.2 und N.3 WpHG nur für „Primärinsider" als Straftat qualifiziert. Als Primärinsider sind nach § 38 I N.2 WpHG Personen zu qualifizieren, die als Mitglied des Geschäftsführungs- oder Aufsichtsorgans oder als persönlich haftender Gesellschafter des Emittenten oder eines mit dem Emittenten verbundenen Unternehmens, aufgrund ihrer Beteiligung am Kapital des Emittenten oder eines mit dem Emittenten verbundenen Unternehmens, aufgrund ihres Berufs oder ihrer Tätigkeit oder ihrer Aufgabe bestimmungsgemäß über eine Insiderinformation verfügen. Der subjektive Tatbestand verlangt Vorsatz. Erforderlich ist somit, daß die handelnde Person weiß, daß ihr Handeln auf einer Insiderinformation im Sinne von § 13 WpHG beruhte bzw. die Weitergabe oder Empfehlung sich auf eine Insiderinformation bezog.
Alle übrigen Verstöße stellen nach § 39 II N.3, 4 WpHG eine bußgeldbedrohte Ordnungswidrigkeit dar.

C. Grenzen der Zulässigkeit von Maßnahmen zur Beeinflussung des eigenen Börsenkurses durch die Pflicht zur Führung von Insiderverzeichnissen gemäß § 15b WpHG

Eine weitere wertpapierhandelsgesetzliche Begrenzung der Durchführung von kursbeeinflussenden Maßnahmen der Aktiengesellschaft kann sich aus § 15b WpHG ergeben.

I. Voraussetzungen des § 15b WpHG

Nach § 15b I S.1 WpHG haben Emittenten und in ihrem Auftrag oder für ihre Rechnung handelnde Personen Verzeichnisse über solche Personen zu führen, die für sie tätig sind und bestimmungsgemäß Zugang zu Insiderinformationen haben. Die nach Satz 1 Verpflichteten müssen diese Verzeichnisse unverzüglich aktualisieren und der Bundesanstalt für Finanzdienstleistungsaufsicht auf Verlangen übermitteln.

Die Vorschrift wird durch § 9 I S.1 WpHG ergänzt, wonach die BaFin durch die meldepflichtigen Kredit- und Finanzdienstleistungsinstitute über sämtliche Auftraggeber von Geschäften in Wertpapieren und Derivaten informiert wird. Ergeben sich Übereinstimmungen der Daten mit den Insiderverzeichnissen, erhärtet sich der Verdacht, daß Insider mit Sonderwissen Geschäfte abgeschlossen haben. Die Bundesanstalt zeigt diese Personen bei der Staatsanwaltschaft an. Auf diese Weise soll der Kreis der Insider in konkreten Fällen schneller ermittelt und dadurch die Überwachung von Insidergeschäften erleichtert werden.[826]
Nach der Gesetzesbegründung sind zumindest solche Personen in die Liste aufzunehmen, die entsprechend der ihnen zugewiesenen professionellen Aufgaben bestimmungsgemäß Zugang zu Insiderinformationen haben (Primärinsider i.S.v. § 38 I N.3 WpHG).[827] Bei gemeinschaftsrechtlicher Auslegung unter Berücksichtigung der Vorgaben der Art. 6 III S. 3, 4 Marktmißbrauchsrichtlinie und Art. 5 I Durchführungsrichtlinie[828] sowie der Ziele der Markttransparenz und Finanzmarktintegrität erstreckt sich die Verzeichnispflicht jedoch auch auf Personen mit Zugangsmöglichkeiten zu solchen Informationen, die sich nur indirekt auf den Emittenten beziehen.[829] Der genaue Inhalt der Verzeichnisse, der Aktualisierungszeitpunkt und weitere Einzelheiten sind über § 15b II WpHG der Wertpapierhandelsanzeige- und Insiderverzeichnisverordnung (WpAIV)[830] zu entnehmen, welche die europäische Durchführungsrichtlinie umsetzt.

II. Subsumtion relevanter Beeinflussungsmaßnahmen unter die Pflicht zur Führung von Insiderverzeichnissen

Am Ende begründet die Pflicht des Emittenten, Insiderverzeichnisse zu führen, für die Gesellschaft nicht nur einen enormen Verwaltungs- und Personalaufwand sowie entsprechend hohe Kosten, faktisch wirkt sich § 15b WpHG auch

---

[826] RegBegr. BT-Drucks. 15/3174, S.36
[827] RegBegr. BT-Drucks. 15/3174, S.36
[828] Richtlinie 2004/72/EG der Kommission vom 29.04.2004 zur Durchführung der Richtlinie 2003/6/EG des Europäischen Parlaments und des Rates – Zulässige Marktpraktiken, Definition von Insiderinformationen in Bezug auf Warenderivate, Erstellung von Insiderverzeichnissen, Meldung von Eigengeschäften und Meldung verdächtiger Transaktionen, AblEG v. 30.04.2004 N. L 162, S. 70-75
[829] vgl. *Bürgers*, BKR 2004, 424 (425)
[830] Verordnung zur Konkretisierung von Anzeige-, Mitteilungs- und Veröffentlichungspflichten sowie der Pflicht zur Führung von Insiderverzeichnissen nach dem Gesetz über den Wertpapierhandel (WpAIV) vom 13. Dezember 2004, BGBl. 2004 Teil I Nr. 68, 3376 ff

als eine Beschränkung der Vornahme von Beeinflussungsmaßnahmen aus. Insbesondere die Möglichkeit der Durchführung von Handelsgeschäften unter Mitwirkung Dritter wird durch die Verzeichnisführungspflicht der Gesellschaft erschwert, da sie insoweit Personen offenlegen muß, die für sie tätig sind und bestimmungsgemäß Zugang zu Insiderinformationen haben, und deshalb schwerlich zu Insiderzwecken auf sie zurückgreifen kann.

III. Grenzen der Zulässigkeit der Beeinflussung des eigenen Börsenkurses durch Rechtsfolgen bei Mißachtung der Pflicht zur Führung von Insiderverzeichnissen

Ein Verstoß des Emittenten gegen die Verzeichnisführungspflicht des §15b WpHG wird gemäß § 39 II N.8, 9 WpHG als Ordnungswidrigkeit geahndet und nach § 39 IV WpHG mit einem Bußgeld von bis zu 50.000 € sanktioniert.

D. Grenzen der Zulässigkeit von Maßnahmen zur Beeinflussung des eigenen Börsenkurses durch die Pflicht zur Ad-hoc-Publizität gemäß § 15 WpHG

Im folgenden Abschnitt der Arbeit gilt es zu untersuchen, in welchem Maße die Durchführung von kursbeeinflussenden Maßnahmen durch die Aktiengesellschaft von der Pflicht zur Ad-hoc-Publizität nach § 15 WpHG begrenzt wird.

I. Überblick

Zentrale Voraussetzung für die Funktionsfähigkeit und Effizienz des Kapitalmarktes ist seine Transparenz. Je geringer die Informationsasymmetrie zwischen den Marktakteuren, desto höher ist die Allokationseffizienz des Marktes.[831] In Ergänzung der jährlichen Rechnungslegung und der laufenden Zwischenberichterstattung, die sich vornehmlich an die Aktionäre und Gläubiger einer Aktiengesellschaft richten, erlangt das breite Anlagepublikum die für eine fundierte Anlageentscheidung erforderlichen Informationen hauptsächlich über die kapitalmarktrechtliche Publizität. Das Gebot der Ad-hoc-Publizität bildet dabei einen wesentlichen Bestandteil des kapitalmarktrechtlichen Informationssystems. Durch sie wird gewährleistet, daß die Marktteilnehmer so früh wie möglich über

---

[831] *Nowak*, ZBB 2001, 449

alle kursrelevanten Informationen verfügen und daß sich im freien Wirkungsfeld der Marktkräfte ein authentischer Börsenpreis für die Finanzinstrumente entwickeln kann. Gleichzeitig soll durch die frühzeitige Veröffentlichung kursrelevanter Informationen der Kreis der potentiellen Insider möglichst klein gehalten werden, um das Risiko von Insiderverstößen zu minimieren und die Marktintegrität aufrechtzuerhalten.

Während die Pflicht zur Ad-hoc-Publizität zunächst im Zuge der Umsetzung der EG-Börsenzulassungsrichtlinie 1979 durch die Börsengesetznovelle 1986 Einzug in das Börsengesetz gefunden hat, wurde sie – erneut gemeinschaftsrechtlich motiviert – durch das Zweite Finanzmarktförderungsgesetz 1994 dem Insiderhandelsverbot zur Seite gestellt und in das Wertpapierhandelsgesetz eingefügt. Im Rahmen des Vierten Finanzmarktförderungsgesetzes, des Anlegerschutzverbesserungsgesetzes sowie jüngst durch das Transparenzrichtlinien-Umsetzungsgesetz wurde § 15 WpHG schließlich den letzten gemeinschaftsrechtlichen Vorgaben angepaßt.

II. Personeller und sachlicher Anwendungsbereich

Mit Erlaß des TUG knüpft das Gesetz den Anwendungsbereich der Ad-hoc-Publizitätspflicht in sachlicher Hinsicht künftig an den Begriff des Inlandsemittenten i.S.v. § 2 VII WpHG an. Danach sind Inlandsemittenten Emittenten, für die die Bundesrepublik Deutschland der Herkunftsstaat i.S.v. § 2 VI WpHG[832] ist, mit Ausnahme solcher Emittenten, deren Wertpapiere nicht im Inland, sondern lediglich in einem anderen EU-Mitgliedstaat oder einem anderen Vertragsstaat des Europäischen Wirtschaftsraums zugelassen sind, und Emittenten, für die nicht die Bundesrepublik Deutschland, sondern ein anderer EU- oder EWR-Mitgliedstaat der Herkunftsstaat ist, deren Wertpapiere aber nur im Inland zum Handel an einem organisierten Markt zugelassen sind.

In sachlicher Hinsicht richtet sich der Anwendungsbereich des § 15 WpHG entgegen der bisherigen Rechtslage nicht mehr nach „Wertpapieren, die zum Handel an inländischen Börsen zugelassen sind“, sondern mit Änderung durch das TUG einheitlich nach dem Begriff der Finanzinstrumente i.S.v. § 12 WpHG. Damit entfällt die bisherige Begrenzung auf Wertpapiere des Amtlichen und Ge-

---

[832] Herkunftsstaat ist nach der Systematik des Financial Service Action Plan der EU i. d. R. der Mitgliedstaat, in dem der Emittent seinen Sitz hat bzw., soweit der Emittent seinen Sitz außerhalb der EU und des EWR hat, der Mitgliedstaat, in dem seine Wertpapiere erstmalig zugelassen wurden, siehe Art. 2 i) der RL 2003/71/EG v. 4. 11.2003 (Prospektrichtlinie), ABlEG L 345 v. 31. 12.2003, 64 ff. Vgl. *Beiersdorf/Buchheim*, BB 2006, 1674 (1675)

regelten Marktes der deutschen Börsen. Von der Veröffentlichungspflicht erfaßt werden somit künftig auch im Freiverkehr gehandelte oder in den Geregelten Markt einbezogenen Wertpapiere.

III. Grenzen der Zulässigkeit von Maßnahmen zur Beeinflussung des eigenen Börsenkurses durch die Ad-hoc-Publizitätspflicht gemäß § 15 I S.1 WpHG

Gemäß § 15 I S.1 WpHG hat die Aktiengesellschaft als Inlandsemittent von Finanzinstrumenten i.S.v. § 2 VII WpHG[833], Insiderinformationen, die sie unmittelbar betreffen, unverzüglich zu veröffentlichen sowie unverzüglich mit oder nach der Veröffentlichung dem Unternehmensregister i.S.v. § 8b HGB[834] zur Speicherung zu übermitteln.

1. Merkmal: Insiderinformation mit unmittelbarem Emittentenbezug

a. Allgemeines

Nach alter Rechtslage wurde die Ad-hoc-Publizitätspflicht nur dann ausgelöst, wenn eine Tatsache neu im Tätigkeitsbereich des Emittenten eingetreten war und diese Tatsache Auswirkung auf die Finanz- oder Vermögenslage oder den allgemeinen Geschäftsablauf des Emittenten hatte. Infolge der Anpassung des Wertpapierhandelsgesetzes durch das AnSVG wurde der Anwendungsbereich der Ad-hoc-Publizitätspflicht durch den maßgebenden Begriff der Insiderinformation im Sinne von § 13 I WpHG erweitert, der sowohl Umstände mit unmittelbarem als auch mit mittelbarem Bezug zum Emittenten der Insiderinformation unterstellt.[835] Gleichwohl sieht § 15 I S.1 WpHG gegenüber § 13 I WpHG die Einschränkung des „unmittelbaren Emittentenbezuges“ vor.[836] Ein unmittelbarer

---

[833] Nach dem neuen Satz § 15 I S.2 WpHG gilt die Vorschrift auch für Emittenten, die erst einen Antrag auf Zulassung gestellt haben.

[834] Mit Wirkung zum 1. Januar 2007 wurde auf Grundlage von § 8b HGB in der Fassung des Gesetzes über elektronische Handelsregister und Genossenschaftsregister sowie das Unternehmensregister (EHUG; BGBl. 2006 I N.52) ein „Unternehmensregister“ eingerichtet, über das alle wesentlichen Unternehmensdaten (z.B. Handelsregistereintragungen, Jahresabschlüsse, gesellschaftsrechtliche Bekanntmachungen) zentral zum Online-Abruf bereit gestellt werden. Ziel des Unternehmensregisters ist es, die bestehende Zersplitterung von Datenbanken mit Unternehmensinformationen durch eine Zusammenführung der Informationen zu überwinden und so die Markttransparenz zu steigern.

[835] vergleiche zu dem Begriff der Insiderinformation oben Seite 262.

[836] RegBegr. BT-Drucks.15/3174, S.35

Emittentenbezug soll nach § 15 I S.3 WpHG insbesondere denjenigen Umständen zukommen, die im Tätigkeitsbereich des Unternehmens eintreten (sog. unternehmensinterne Umstände). Erfaßt werden Strukturmaßnahmen, Geschäftsbeschlüsse, Vorstands- oder Aufsichtsratsbeschlüsse ebenso wie interne Pläne, Strategien, Entwicklungs- und Forschungsergebnisse und andere vorbereitende Maßnahmen, unabhängig davon, ob diese auch tatsächlich zu dem bezweckten Erfolg führen. Allein entscheidend ist die Frage, ob die jeweiligen Informationen aus der Sicht eines verständigen Anlegers kursrelevant sind.[837]
Die Formulierung „insbesondere" in § 15 I S.3 WpHG verdeutlicht, daß auch Informationen außerhalb seines Tätigkeitsbereichs den Emittenten unmittelbar betreffen können (sog. unternehmensexterne Umstände).[838] Zwar richtet sich der Wortlaut des § 15 I S.1 WpHG ausdrücklich nur auf den Bezug zum Emittenten selbst, wohingegen § 13 I S.1 WpHG auf Umstände abstellt, die sich entweder auf den Emittenten oder auf Insiderpapiere als dessen Finanzinstrumente (§ 12 WpHG) beziehen. Dennoch ist ein unmittelbarer Emittentenbezug zweifelsohne auch dann anzunehmen, wenn sich eine Insiderinformation nicht auf das Unternehmen selbst, sondern beispielsweise ausschließlich auf die vom Unternehmen emittierten Finanzinstrumente bezieht. Dies ergibt sich aus einem historischen Blick auf die Gesetzesbegründung, derzufolge die Übermittlung eines Übernahmeangebots nach §§ 29 ff WpÜG einen unmittelbaren Bezug zum Emittenten aufweisen soll.[839]
Erfaßt werden auch andere externe Umstände, die sich unmittelbar auf den Emittenten beziehen, wie etwa die den Emittenten treffende Entscheidung einer Kartellbehörde, die Erhebung einer gegen den Emittenten gerichteten Klage oder die Herauf- oder Herabstufung durch eine externe Rating-Agentur.[840]

b. Mehrstufige Entscheidungsprozesse

Auch hinsichtlich sog. mehrstufiger Entscheidungsprozesse wurde die Pflicht zur Ad-hoc-Publizität deutlich verschärft. Während bislang die Auswirkung auf die Vermögens- oder Finanzlage der Gesellschaft bzw. den allgemeinen Geschäftsverlauf in vielen Fällen erst mit positivem Abschluß des Entscheidungsprozesses hinreichend konkretisiert war und die Veröffentlichungspflicht erst zu

---

[837] *Simon*, Der Konzern 2005, 13 (15)
[838] RegBegr. BT-Drucks.15/3174, S.35
[839] RegBegr. BT-Drucks.15/3174, S.35 ; vgl. auch die Erläuterungen der CESR zu Art. 6 I Marktmißbrauchsrichtlinie: The Committee of European Securities Regulators, Advice on Level 2 Implementing Measures for the Proposed Market Abuse Directive, December 2002, S.12 ff. (abrufbar unter: http://www.cesr-eu.org)
[840] RegBegr. BT-Drucks.15/3174, S.35

diesem Zeitpunkt eingriff[841], ist nach neuer Rechtslage jede einzelne Stufe eines mehrstufigen Entscheidungsprozesses publizitätspflichtig, solange ihr Kursrelevanz zukommt.[842] In der Praxis bedeutet dies, daß kursrelevante Vorstandsentscheidungen bereits veröffentlicht werden müssen, bevor sie vom Aufsichtsrat gebilligt wurden. Damit steigt aber auch die Gefahr der Veröffentlichung unbestätigter Geschäftszahlen. Damit einhergehend erhöhen sich wiederum die Risiken der Fehlinformationen für die Anleger am Kapitalmarkt.[843] Beispielsweise kann das Gesetz nun dazu führen, daß der Vorstand sich veranlaßt sieht, Gewinnwarnungen zu veröffentlichen, die sich kurz darauf als unbegründet herausstellen und durch Prüfung des Aufsichtsrats hätten korrigiert werden können. Im Ergebnis besteht erhebliche Verunsicherung der Investoren wie auch der börsennotierten Aktiengesellschaften. Zudem stellt sich die Frage, inwieweit die Neuregelung die Funktion des Aufsichtsrats im Sinne eines Kontrollorgans unterläuft und die Vorschriften des Aktiengesetzes sowie des Corporate Governance Kodexes konterkariert.

c. *Konzernierungsfälle*

Im Rahmen von Konzernierungsverhältnissen bewirken die Änderungen seit dem AnSVG in § 15 I S.1 WpHG ebenfalls eine grundlegende Erweiterung des Anwendungsbereiches der Ad-hoc-Publizitätspflicht. Denn davor wurden nur Tatsachen aus dem Bereich einer Tochtergesellschaft als im Tätigkeitsbereich eines (herrschenden) Emittenten eingetreten qualifiziert, wohingegen Umstände aus der Sphäre der Muttergesellschaft oder einer Schwestergesellschaft nicht dem Tätigkeitsbereich eines (beherrschten) Emittenten zugerechnet wurden, weil der Emittent in diesen Fällen mangels gesellschaftsrechtlichen Einflusses nicht „tätig" werden konnte. Nunmehr ist es für die Pflicht zur Ad-hoc-Publizität allein entscheidend, ob der Emittent durch die Umstände in anderen Konzernteilen unmittelbar betroffen ist. Diese Frage stellt sich unabhängig davon, ob es sich bei der betreffenden Gesellschaft um eine Tochter-, Schwester- oder Muttergesellschaft handelt. Ein unmittelbarer Emittentenbezug ist in diesen Fällen

---

841 dazu: *Geibel*, Schäfer, §15, Rdn.33 ; *Kümpel/Assmann*, Assmann/Schneider, §15, Rdn.61 ff.

842 RegBegr. BT-Drucks.15/3174, S.35 ; vgl. auch Art. 3 I lit. b) der Durchführungsverordnung 2003/124/EG sowie dessen Umsetzung in § 6 N.2 der Verordnung zur Konkretisierung von Anzeige-, Mitteilungs- und Veröffentlichungspflichten sowie der Pflicht zur Führung von Insiderverzeichnissen nach dem Gesetz über den Wertpapierhandel (WpAIV) ; *Ziemons*, NZG 2004, 537 (541) ; *Simon*, Der Konzern 2005, 13 (15/16)

843 So hielt Daimler-Chrysler Anfang 2005 statt einer Bilanzpressekonferenz nur eine „Jahrespressekonferenz" ab, in der der Konzern ein Zahlenwerk präsentiere, dem weder Aufsichtsrat noch Wirtschaftsprüfer das Plazet gegeben hatten. Vgl. FAZ N.42 v. 19.2.2005, S.19.

anzunehmen, wenn sich die Umstände im Konzern in der Vermögens, Finanz- oder Ertragslage bzw. in den allgemeinen Geschäftsabläufen oder im Wert des Finanzinstruments unmittelbar niederschlagen.[844] Zwar ist in diesem Zusammenhang zu bedenken, daß der betreffende Konzernteil, bei dem die Umstände eingetreten sind, selbst publizitätspflichtig sein kann und nach Veröffentlichung durch diesen die Information öffentlich bekannt ist und mithin keine Insiderinformation für die weiteren Konzerngesellschaften darstellen kann, doch bestehen die jeweiligen Veröffentlichungspflichten der jeweiligen Konzernteile zeitgleich und nicht alle Umstände sind beispielsweise für Mutter- und Tochtergesellschaft gleichsam kursrelevant. In der Praxis wird man in der Regel eine abgestimmte gemeinsame Erklärung veröffentlichen.[845]
Von der Ad-hoc-Publizitätspflicht des § 15 I S.1 WpHG werden im Ergebnis also nur diejenigen externen Insiderinformationen ausgenommen, die den Emittenten bzw. das jeweilige Finanzinstrument nur mittelbar betreffen, also beispielsweise allgemeine Wirtschaftsdaten, Arbeitslosenzahlen, Regierungsentscheidungen zur Marktregulierung oder Besteuerung.[846] Zu beachten ist allerdings, daß unternehmensexterne Umstände bei bestimmter Entwicklung der Verhältnisse derart einschneidende Konsequenzen entfalten können, daß ihnen nachträglich ein unmittelbarer Emittentenbezug zukommen kann.[847]

d. Verhältnis zur Regelpublizität

Fraglich ist, wie Sachverhalte zu behandeln sind, die sich aufgrund ihrer Kursrelevanz als ad-hoc-publizitätspflichtig erweisen, gleichzeitig aber bereits der Regelpublizität unterfallen und über die Jahresabschlüsse, Lageberichte oder über die regelmäßige Zwischenberichterstattung laufend veröffentlicht werden. Zur Lösung dieses Spannungsverhältnisses ist auf die Gesetzesmaterialien zu § 44a BörsG a.F. zu verweisen, aus denen der Wille des Gesetzgebers hervorgeht, der Ad-hoc-Publizität eine ergänzende Funktion zu den Vorschriften der Regelpublizität zukommen zu lassen.[848] In diesem Sinne sollen Ereignisse, die im Rah-

---

[844] *Simon*, Der Konzern 2005, 13 (16/17)
[845] vgl. *Kuthe*, ZIP 2004, 883 (885) ; a.A. *Möllers*, ZBB 2003, 390 (391)
[846] Im Regelfall fehlt es bei diesen Beispielen bereits an der Insiderinformationsqualität, weil sie ohnehin öffentlich bekannt sind. Ausnahmen sind z.B. bei sog. Kanzlerrunden denkbar, bei denen einzelne Unternehmen im Vorfeld Kenntnis von künftigen regulatorischen Entwicklungen erhalten.
[847] Beispielhaft sei die Verteuerung der Energiekosten aufgrund erhöhter Ölpreise für einen Aluminiumhersteller genannt.
[848] RegBegr., BörsZulV, BT-Drucks. 10/4296, S.16. Die Materialien zu § 15 sind dahingegen mißverständlich: Zum einen soll sich die Ad-hoc-Publizität nicht auf Tatsachen beziehen, die bereits im Rahmen der Regelpublizität veröffentlicht werden, zum anderen sollen „[...] alle

men der Regelpublizität darzustellen sind, unter bestimmten Voraussetzungen unverzüglich nach ihrem Eintreten und damit bereits vor der Veröffentlichung im Rahmen der Regelpublizität zu veröffentlichen sein.[849] Auf diese Weise wird den Kapitalmarktteilnehmern zwischen den Stichtagen der Regelpublizität ein schneller Zugang zu den Informationen über wichtige Ereignisse in der Unternehmenssphäre des Emittenten ermöglicht.[850]

2. Merkmal: Unverzügliche Veröffentlichung

Nach § 15 VII WpHG kann das Bundesministerium der Finanzen durch Rechtsverordnung nähere Bestimmungen erlassen über den Mindestinhalt, die Art, die Sprache, den Umfang und die Form der Veröffentlichung. Von dieser Möglichkeit hat das Ministerium mit dem WpAIV[851] Gebrauch gemacht.
Inhaltlich schreibt § 15 II WpHG vor, daß in einer Ad-hoc-Mitteilung außer der ad-hoc-pflichtigen Insiderinformation selbst keine weiteren Informationen veröffentlicht werden dürfen. Sinn und Zweck dieser Regelung ist es, zu verhindern, daß Emittenten – wie in Zeiten des Neuen Marktes - die Ad-hoc-Publizität für etwaige Marketingzwecke mißbrauchen.[852]

Die Veröffentlichung der mitteilungspflichtigen Insiderinformationen muß gemäß § 15 I S.1 WpHG unverzüglich erfolgen. Grundsätzlich ist damit auf den Maßstab des § 121 I S.1 BGB verwiesen und die Insiderinformation ohne schuldhaftes Zögern zu veröffentlichen. Der maßgebende Art. 6 I Marktmißbrauchsrichtlinie spricht demgegenüber jedoch von „sobald als möglich" und gibt damit eine entsprechend weitere richtlinienkonforme Auslegung des Begriffs der Unverzüglichkeit vor.
Unwahre Informationen, die nach Absatz 1 veröffentlicht wurden, sind unverzüglich in einer Veröffentlichung zu berichtigen, auch wenn die Voraussetzungen des § 15 I WpHG nicht vorliegen (§ 15 II S.2 WpHG).

---

für die Beurteilung der zugelassenen Wertpapiere wichtigen Tatsachen schon unverzüglich nach ihrem Eintreten [...]" veröffentlicht werden; vgl. RegBegr., 2.FMFG, BT-Drucks. 12/6679, S.16.

[849] Bekanntmachung des BAWe vom 9.7.1996, BAnz. vom 19.7.1996, S. 8167

[850] *Pellens*, AG 1991, 63

[851] Verordnung zur Konkretisierung von Anzeige-, Mitteilungs- und Veröffentlichungspflichten sowie der Pflicht zur Führung von Insiderverzeichnissen nach dem Gesetz über den Wertpapierhandel (WpAIV) vom 13. Dezember 2004, BGBl. 2004 Teil I Nr. 68, 3376 ff

[852] vgl. auch die Erläuterungen der CESR zu Art. 6 I Marktmißbrauchsrichtlinie: The Committee of European Securities Regulators, Advice on Level 2 Implementing Measures for the Proposed Market Abuse Directive, December 2002, S.21 (http://www.cesr-eu.org)

IV. Grenzen der Zulässigkeit von Maßnahmen zur Beeinflussung des eigenen Börsenkurses durch die Ad-hoc-Publizitätspflicht gemäß § 15 I S.4 WpHG

Mit § 15 I S.4 WpHG ist im Zuge des AnSVG eine zweite zur Ad-hoc-Publizität verpflichtende Norm in das WpHG eingezogen. Wer als Emittent oder als Person, die in dessen Auftrag oder auf dessen Rechnung handelt, im Rahmen seiner Befugnis einem anderen Insiderinformationen mitteilt oder zugänglich macht, hat diese gleichzeitig nach Satz 1 zu veröffentlichen und dem Unternehmensregister zur Speicherung zu übermitteln, es sei denn, der andere ist rechtlich zur Vertraulichkeit verpflichtet.

Die Veröffentlichung hat unverzüglich nach der Weitergabe der Insiderinformation an den Dritten zu erfolgen. Bei unwissentlicher Weitergabe ist die Ad-hoc-Mitteilung unverzüglich nachzuholen (§ 15 I S.5 WpHG).

Mit der Regelung werden erstmals auch dritte Personen, die selbst nicht Emittent sind, von der Ad-hoc-Publizitätspflicht erfaßt, sofern sie entweder im Auftrag eines Emittenten oder für dessen Rechnung handeln. Auf diese Weise werden Umgehungskonstellationen berücksichtigt, in denen die wirtschaftlichen Auswirkungen der Handlungen des Dritten letztlich den Emittenten treffen und insofern für dessen Anleger kursrelevant sein können. Die Einbeziehung in den Pflichtenkreis des Emittenten ist allerdings nur dann zu rechtfertigen, wenn eine vertragliche Beziehung zwischen der Gesellschaft und dem Dritten besteht, die sich nicht bloß auf einzelne Weitergaben bezieht, sondern vielmehr eine generelle, auftragsähnliche Weisungsgebundenheit des Dritten begründet.[853] Betroffen sind also insbesondere Rechts- und Steuerberater des Emittenten sowie beauftragte Investmentbanker oder EDV-Zulieferer.[854]

Anders als der Grundfall der Ad-hoc-Publizitätspflicht in § 15 I S.1 WpHG beschränkt der Wortlaut des § 15 I S.4 WpHG seinen Anwendungsbereich nicht auf Insiderinformationen mit unmittelbarem Emittentenbezug. Demzufolge sind auch Insiderinformationen, die den Emittenten lediglich mittelbar betreffen und die an einen Dritten weitergegeben wurden, mitteilungspflichtig. Würde man der Vorschrift ein anderes Verständnis zugrunde legen und die Einschränkung des Satz 1 auf den Satz 4 ausdehnen, verbliebe der Spezialvorschrift des § 15 I S.4 WpHG bezüglich der Weitergabe durch den Emittenten selbst kein eigenständiger Anwendungsbereich, da dieser ihn unmittelbar betreffende Umstände ohnehin bereits nach § 15 I S.1 WpHG zu veröffentlichen hat, und zwar ungeachtet

---

[853] *Leuering*, NZG 2005, 12 (13)

[854] Der Personenkreis deckt sich mit der Reichweite des § 15b WpHG. Vgl. dazu: *Kirschhöfer*, Der Konzern 2005, 22 ff.

jedweder Weitergabe. Dies deckt sich im Ergebnis auch mit den Vorgaben aus Art. 6 III der Marktmißbrauchsrichtlinie.

Die Pflicht zur Ad-hoc-Publizität knüpft ausdrücklich an das Mitteilen und Zugänglichmachen einer Insiderinformation an und verweist damit inhaltlich auf § 14 I N.2 WpHG. Die Weitergabe der Insiderinformation löst jedoch nur dann eine Mitteilungspflicht aus, wenn sie „im Rahmen einer Befugnis" und also nicht „unbefugt" im Sinne des insiderrechtlichen Weitergabeverbots erfolgt.[855] In dem Umfang, in dem die unbefugte Weitergabe von Insiderinformationen nach § 14 I N.2 WpHG verboten ist, greift die Ad-hoc-Publizitätspflicht des § 15 I S.4 WpHG gerade nicht ein. Sie ist demzufolge kein das Weitergabeverbot des § 14 I N.2 WpHG flankierendes insiderrechtliches Instrument, sondern besteht nur dort, wo kein Insiderverstoß vorliegt.[856] Am Ende ist es Sinn und Zweck des § 15 I S.4 WpHG, eine Bereichsöffentlichkeit für die Fälle herzustellen, in denen Insiderinformationen weder nach § 15 I S.1 WpHG zu veröffentlichen sind noch ein Weitergabeverbot i.S.v. § 14 I N.2 WpHG besteht, sowie für die Fälle, in denen eine Umgehung durch das Einschalten Dritter droht.[857]

Schließlich besteht die Veröffentlichungspflicht des § 15 I S.4 WpHG nicht, wenn der Empfänger der Insiderinformation seinerseits rechtlich zur Vertraulichkeit verpflichtet ist. Die Vertraulichkeitspflicht kann nach der Vorgabe der Marktmißbrauchsrichtlinie auf Rechts- oder Verwaltungsvorschriften, auf Satzungen oder auf Vertrag beruhen.[858] Die vertragliche Vertraulichkeitspflicht folgt dabei nicht allein aus ausdrücklich geregelten Vertraulichkeitsklauseln oder separaten Geheimhaltungsvereinbarungen, sondern ergibt sich, als Teil einer allgemeinen zivilrechtlichen Schutzpflicht, bereits aus dem jeweiligen Schuldverhältnis oder gegebenenfalls schon aus der Aufnahme des geschäftlichen Kontaktes (vgl. §§ 241 II, 311 II BGB).[859]

---

[855] Die Formulierungen „im Rahmen seiner Befugnis" deckt sich zwar nicht mit dem Begriff „unbefugt", doch läßt eine Blick auf Art.3 a Insiderrichtlinie sowie Art. 3 a Marktmißbrauchsrichtlinie, die beide wortgleich von der Weitergabe „im normalen Rahmen der Ausübung ihrer Arbeit oder ihres Berufes oder der Erfüllung ihrer Aufgaben" sprechen, keinen Zweifel daran, daß beide Formulierungen i.S.v. „befugt" zu verstehen sind. Insoweit kann auf obige Ausführungen zur Befugnis bei § 14 I N.2 WpHG auf Seite 270 verwiesen werden.

[856] *Leuering*, NZG 2005, 12 (15)

[857] *Simon*, Der Konzern 2005, 13 (18) ; *Leuering*, NZG 2005, 12 (14)

[858] Art. 6 III Marktmißbrauchsrichtline

[859] *Leuering*, NZG 2005, 12 (16) mit dem einleuchtenden Argument, daß unter einem Bankgeheimnis weitergegebene Informationen ansonsten zeitgleich zu veröffentlichen wären, wenn N.2 AGB-Banken versehentlich nicht Vertragsinhalt geworden ist ; vgl. auch *Simon*, Der Konzern 2005, 13 (18) ; *Hommelhoff*, ZHR 150 (1986), 254 (256) ; a.A. *Kuthe*, ZIP 2004, 883 (885) ; *Holzborn/Israel*, WM 2004, 1948 (1952)

Als problematisch stellt sich vielmehr die Frage dar, ob das Verbot der unbefugten Weitergabe von Insiderinformationen nach § 14 I S.1 N.2 WpHG als eine gesetzliche Vertraulichkeitspflicht zu werten ist. Dies ist insofern fraglich, als jede befugte Weitergabe von Insiderinformationen zur Folge hat, daß der Informationsempfänger selbst zum Insider avanciert und damit seinerseits dem Weitergabeverbot unterfällt und die Informationen weder verwenden noch weitergeben oder auf ihrer Grundlage eine Empfehlung erteilen darf. Insoweit wäre die Anwendung des § 15 I S.4 WpHG durch § 14 I N.2 WpHG vollständig gesperrt und der Gesetzgeber hätte eine Norm ohne eigenständigen Anwendungsbereich geschaffen. Um diesem Ergebnis zu entgehen, wird man annehmen müssen, daß das Weitergabeverbot des § 14 I N.2 WpHG für sich allein keine Verpflichtung zur Vertraulichkeit im Sinne von § 15 I S.4 WpHG begründet.[860] Auch sonst lassen sich nur schwerlich Fälle bilden, in denen es zu einer befugten Weitergabe von Insiderinformation kommt, aber zur gleichen Zeit keine gesetzlichen oder vertraglichen Vertraulichkeitspflichten bestehen. Im Ergebnis kommt der Ad-hoc-Publizitätspflicht aus § 15 I S.4 WpHG kaum praktische Relevanz zu.[861]

V. Aufschub der Ad-hoc-Publizitätspflicht gemäß § 15 III WpHG

1. Überblick

Das AnSVG hat die Ad-hoc-Publizitätspflicht erheblich ausgedehnt und eine Veröffentlichung für nahezu sämtliche unternehmensinterne Entwicklungen, Planungen, Absichten, denen Kursrelevanz zukommt, angeordnet. Dem damit Rechnung getragenen Interesse des Kapitalmarkts an möglichst breiter Information der Anleger stehen auf der anderen Seite die Interessen des Emittenten an der Umsetzung seiner unternehmerischen Ziele gegenüber. Aus diesem Grund wird gemäß § 15 III WpHG der Emittent von der regulären Ad-hoc-Mitteilungspflicht aus § 15 I S.1 WpHG[862] befreit, solange der Schutz dieser berechtigten Interessen es erfordert, andererseits aber keine Irreführung der Öffentlichkeit zu befürchten ist und er die Vertraulichkeit der Insiderinformation gewährleisten kann.

Nach der dem AnSVG vorausgehenden Rechtslage konnte eine bestehende Pflicht zur Ad-hoc-Mitteilung nur durch eine von der BaFin erteilte Befreiung kurzzeitig verschoben werden (§ 15 I S.5 WpHG a.F.). Demgegenüber liegt es nun in der Zuständigkeit des Emittenten selbst zu entscheiden, ob die Vorausset-

---

[860] statt aller *Leuering*, NZG 2005, 12 (15)

[861] *Simon*, Der Konzern 2005, 13 (19)

[862] Dies gilt nicht für den Spezialfall des § 15 I S.4 WpHG.

zungen einer Befreiung gegeben sind.[863] Für diesen Fall muß er die Mitteilung lediglich nach § 15 III S.2 WpHG nachholen. Gleichzeitig treffen ihn aber auch die Risiken der rechtlichen Bewertung. Geht er nämlich unzutreffend von einem Aufschub der Mitteilungspflicht aus, drohen ihm Schadensersatzpflichten aus § 15 VI WpHG sowie ein Bußgeld gemäß §39 II N.5a) WpHG.

Der Aufschub der Ad-hoc-Publizitätspflicht gilt nur vorübergehend. Entfallen seine Voraussetzungen, etwa weil der Emittent die Vertraulichkeit nicht mehr gewährleisten kann, ist die Veröffentlichung nach § 15 III S.2 WpHG unverzüglich nachzuholen und der Emittent hat der BaFin die Gründe für das Zurückhalten der Insiderinformationen anzugeben (§ 15 III S.4 WpHG).
In diesem Zusammenhang stellt sich dann aber die Frage, ob es bei Wegfall der Aufschubsgründe im Sinne eines Rechtsgrundverweises zu einer erneuten Prüfung der Voraussetzungen des § 15 I S.1 WpHG kommen muß. Dies drängt sich insoweit auf, als daß sich das Informationsaufkommen in einem Unternehmen als ein weitgehend dynamischer Prozeß darstellt, in dem sich die Informationen nicht selten gegenseitig überholen. Mit der Publizitätspflicht von Plänen und Absichten wird künftig eine Fülle einzelner Informationen im Vorfeld unternehmerischer Maßnahmen veröffentlichungspflichtig werden, aufgrund der Wahrung unternehmerischer Interessen jedoch häufig unter die Aufschubsregelung des § 15 III WpHG fallen. Zum Zeitpunkt der Durchführung der eigentlichen unternehmerischen Maßnahme, beispielsweise einer Fusion, verlieren die einzelnen Zwischeninformationen jedoch nicht selten ihre eigenständige Bedeutung und damit ihre Kursrelevanz. Die Informationen trotzdem in ihrer ursprünglichen Fassung zu veröffentlichen, widerspricht aber dem Informationsinteresse des Kapitalmarktes, das sich allein auf den aktuellen Informationsstand zum Zeitpunkt des Wegfalls der Aufschubsgründe stützt, da es auch um die aktuelle Verläßlichkeit der Kurse und damit um die aktuelle Anlageentscheidung der Anleger geht. Informationen, die in einem früheren Stadium zurückgehalten wurden, sind folglich dem aktuellen Informationskontext anzupassen und brauchen gegebenenfalls gar nicht mehr veröffentlicht zu werden, wenn sie von dem weiteren Geschehensablauf absorbiert wurden. Allein maßgebend ist also, inwieweit der ursprünglichen Information zum Zeitpunkt der Nachholung der Publizitätspflicht noch Kursrelevanz zukommt.[864]

---

[863] RegBegr. BT-Drucks. 15/3174, S.35
[864] *Simon*, Der Konzern 2005, 13 (22)

2. Merkmal: Schutz berechtigter Interessen des Emittenten

Im Rahmen der anzustellenden Interessenabwägung überwiegt die Gewährleistung der unternehmerischen Interessen des Emittenten gegenüber dem kapitalmarktrechtlichen Informationsbedürfnis immer dann, wenn die Erreichung der unternehmerischen Ziele durch die Veröffentlichung vereitelt, gefährdet oder erheblich erschwert würde,[865] so insbesondere bei aussichtsreichen Sanierungsverhandlungen, der Vorbereitung von Strukturmaßnahmen, Fusionen oder Unternehmensübernahmen. Andernfalls würde das unternehmerische Handeln der Gesellschaft faktisch stillstehen, was wiederum nicht im Interesse eines funktionierenden Kapitalmarktes sein kann.[866] Ein entsprechend weites Verständnis läßt sich der Regierungsbegründung zum AnSVG entnehmen und spiegelt sich zudem - in Übereinstimmung mit der europäischen Durchführungsverordnung - in § 6 N.1 WpAIV wieder.[867] Danach kann bereits die Beeinträchtigung von laufenden Verhandlungen über Geschäftsprozesse ein berechtigtes Interesse darstellen. Gleiches gilt bezüglich mehrstufiger Entscheidungsprozesse, sofern die abschließende Zustimmung noch nicht erteilt ist und die Bekanntgabe unter Hinweis auf die ausstehende Zustimmung die korrekte Bewertung der Information durch das Publikum gefährden würde.

3. Merkmal: Keine Irreführung des Kapitalmarktes

Die Öffentlichkeit darf durch den Aufschub der Publizität nicht irregeführt werden. Diese Voraussetzung bedarf insofern der Erläuterung, als daß es gerade zwangsläufige Folge des Publizitätsaufschubs ist, daß dem Markt zumindest vorläufig nicht alle kursrelevanten Informationen mitgeteilt werden, und folglich ein Kurs entstehen muß, in dem nicht alle relevanten Umstände aufgehen können. Eine Irreführung des Marktes kann sich also nicht in der Verursachung dieses „falschen" Kurses erschöpfen. Zu verlangen ist eine zusätzliche Komponente, aus der sich je nach dem konkreten Einzelfall eine weitergehende Irreführung der Anleger ergeben kann. Im Sinne des zivilrechtlichen Verbots des widersprüchlichen Verhaltens (§ 242 BGB- venire contra factum proprium) muß es einem Emittenten beispielsweise versagt bleiben, zunächst zu verkünden, eine Fusion sei nicht geplant, um dann wenig später doch Fusionsgespräche mit einem anderen Unternehmen aufzunehmen und gleichzeitig unter Verweis auf die

---

[865] *Simon*, Der Konzern 2005, 13 (19)
[866] *Simon*, Der Konzern 2005, 13 (19)
[867] vgl. RegBegr. BT-Drucks. 15/3174, S.34 f. sowie Art. 3 Durchführungsverordnung 2003/124/EG

Wahrung unternehmerischer Ziele die Veröffentlichung dieser Information zu verschieben.

4. Merkmal: Gewährleistung der Vertraulichkeit

Schließlich muß der Emittent die Vertraulichkeit der Insiderinformation gewährleisten können. Auf diese Weise soll verhindert werden, daß durch den Aufschub der Publizitätspflicht der Kreis an Insidern vergrößert und damit das Risiko verbotener Geschäfte im Sinne von § 14 I WpHG zunimmt. Welche Anforderungen sich daraus für die Aktiengesellschaft ergeben, folgt aus § 7 WpAIV, der insoweit Art. 3 II Durchführungsrichtlinie 2003/126/EG umsetzt. Danach hat der Emittent während der Verzögerung der Publizitätspflicht den Zugang zur Insiderinformation zu kontrollieren, indem er wirksame Vorkehrungen dafür trifft, daß andere Personen als solche, deren Kenntnis der Insiderinformationen für die Wahrnehmung ihrer Aufgaben beim Emittenten unerläßlich ist, keinen Zugang zu dieser Information erlangen und daß er die Information unmittelbar bekannt geben kann, wenn er nicht länger in der Lage ist, ihre Vertraulichkeit zu gewährleisten. Daneben folgt aus Art. 3 II N.2 Durchführungsverordnung 2003/126/EG i.V.m. Art. 6 III Marktmißbrauchsrichtlinie, daß die Vertraulichkeit immer dann gewahrt wird, wenn der Empfänger der Information seinerseits zur Verschwiegenheit verpflichtet ist. Den entscheidenden Maßstab liefert demnach § 14 I S.1 N.2 WpHG. Der Frage, wann die Weitergabe beim Emittenten für die Wahrnehmung ihrer Aufgaben „unerläßlich" bzw. die Weitergabe an externe Dritte „erforderlich" ist, verbleibt strenggenommen kaum eigenständige Bedeutung. Im Ergebnis ist die Vertraulichkeit im Sinne von § 15 III WpHG immer dann nicht gewährleistet, wenn die Informationen unter Verstoß gegen § 14 I S.1 N.2 WpHG an einen Dritten unbefugt weitergegeben wurden.[868]

VI. Subsumtion einschlägiger Beeinflussungsmaßnahmen unter die Pflicht zur Ad-hoc-Publizität

Grundsätzlich eignen sich sämtliche der oben aufgeführten Beeinflussungsmaßnahmen zur erheblichen Preisbeeinflussung. Entscheidend ist jedoch das Kursbeeinflussungspotential im konkreten Fall. Denn je nach den Umständen des jeweiligen Einzelfalls kann sich eine bestimmte Insiderinformation in der konkreten Situation ohne Bedeutung für das betroffene Unternehmen darstellen und mithin an Kursrelevanz verlieren. Eine zutreffende Messung der Kurserheblich-

---

[868] vgl. statt aller *Simon*, Der Konzern 2005, 13 (21)

keit von Informationen ist dabei jedoch eine der schwierigsten Aufgaben im Zusammenhang mit § 15 WpHG.[869] Ein konkretes erhebliches Kursbeeinflussungspotential unterstellt, kann insbesondere bei folgenden Maßnahmen und Fallkonstellationen von einer Ad-hoc-Publizitätspflicht der Aktiengesellschaft ausgegangen werden.

1. Beeinflussung durch (effektive) Handelsgeschäfte in eigenen Aktien

Im Fall der Vornahme effektiver Handelsgeschäfte in eigenen Aktien durch die Aktiengesellschaft ist die Beschlußfassung des Vorstands über die Ausnutzung einer vorab erteilten Rückerwerbsermächtigung der Hauptversammlung ad-hoc-publizitätspflichtig. Weder dem bloßen Vorschlag der Unternehmensleitung, einen Rückerwerb durchzuführen, noch dem Ermächtigungsbeschluß der Hauptversammlung kommt für sich genommen eine eigenständige kursrelevante Bedeutung zu, denn die tatsächliche Durchführung, insbesondere Zeit und Umfang des Rückkaufprogramms stellt sich in diesem Entscheidungsstadium noch als weitgehend ungewiß dar. Die Zustimmung des Aufsichtsrats muß hingegen nicht abgewartet werden, da allein der Vorstandsbeschluß, von der Ermächtigung Gebrauch zu machen, für die Begründung einer Kursbeeinflussung maßgeblich ist.[870] Eine Ausnahme besteht allerdings immer dann, wenn der Rückkauf im Ermächtigungsbeschluß explizit unter dem Zustimmungsvorbehalt des Aufsichtsgremiums ergangen ist (was in der Regel der Fall sein wird).
Spiegelbildlich ist auch der Beschluß des Vorstands, eigene Aktien wieder zu verkaufen, ad-hoc-publizitätspflichtig im Sinne des § 15 WpHG.

Die Vornahme effektiver Handelsgeschäfte in eigenen Aktien der Gesellschaft ist durch §15 I WpHG beschränkt, da sowohl die Ausnutzung einer Rückerwerbsermächtigung als auch die Weiterveräußerung der eigenen Aktien als Insiderinformation ad-hoc-publizitätspflichtig sind.

2. Beeinflussung durch den Einsatz von Derivaten beim Aktienrückerwerb

Setzt die Aktiengesellschaft bei der Durchführung von Rückkaufprogrammen derivative Erwerbsmethoden ein, etwa in Form von „call“ –Optionen, „put“ –Optionen oder „forward“ –Verträgen, so stellt sich die Frage, wann in diesen

---

[869] vgl. die Ereignisstudien als Konkretisierung kursrelevanter Sachverhalte bei *Teichner*, *Oerke*, *Röder* und *Leis/Nowak*.
[870] *van Aerssen*, WM 2000, 391 (402)

Fällen eine Ad-hoc-Mitteilungspflicht entsteht. Zunächst ist dabei zu berücksichtigen, daß für die tatsächliche Ausübung der Optionen und die dann folgende Durchführung des Rückerwerbs noch weitere Willensbetätigungen der jeweiligen Beteiligten erforderlich sind. Konsequent wäre es also auch hier, allein auf die Ausübung der Option abzustellen, da der eigentlich kursrelevante Umstand des Rückkaufs noch nicht sicher ist. Auf der anderen Seite ist – anders als bei der Frage der Anwendung der §§ 71 AktG[871] – das maßgebliche Kriterium der Ad-hoc-Publizitätspflicht die Kursrelevanz. Bereits der Abschluß einer derartigen Vereinbarung kann zweifelsohne zu nicht unerheblichen Kursausschlägen führen. Wenn beispielsweise der Vorstand einer Aktiengesellschaft, die als Übernahmekandidat gehandelt wird, plötzlich beschließt, eine „call" –Option für ein bedeutendes Aktienpaket zu erwerben, so kann dies vom Kapitalmarkt als Vorbereitungsmaßnahme für eine freundliche Übernahme durch Aktientausch oder aber als Abwehrmaßnahme gegen einen unfreundlichen Übernahmeversuch angesehen werden und zu entsprechenden Anlagereaktionen führen.[872] Dies spricht dafür, den Zeitpunkt der Ad-hoc-Publizitätspflicht an die Entschließung des Vorstands zu knüpfen, einen konkreten Vertrag über die Gewährung einer Option oder „forward" –Vereinbarungen abzuschließen. Dies muß um so mehr gelten, als für die Eingehung von „call" –Optionen den betreffenden Aktionären nicht selten hohe Prämien bezahlt werden, die die Wahrscheinlichkeit ihrer tatsächlichen Ausübung erheblich steigen lassen.[873] Bei „forward" –Verträgen schließlich besteht mit Abschluß der Vereinbarung bereits die Verpflichtung im Sinne eines Termingeschäftes, Aktien zu einem bestimmten Zeitpunkt zu einem bestimmten Preis zurückzuerwerben.[874]
Richten sich die Beeinflussungsmaßnahmen der Aktiengesellschaft von Anfang an nicht auf den Erwerb von Aktien, sondern auf ein sog. „cash settlement", bei dem statt tatsächlicher Lieferung der Bezugsgröße lediglich deren Wertentwicklung über einen bestimmten Zeitraum Gegenstand der Vereinbarung ist, kann ein mit dem tatsächlichen Rückerwerb eigener Aktien vergleichbarer Signaleffekt bewirkt werden und auf diesem Wege ein nicht unerheblicher Einfluß auf die Börsenkursentwicklung entstehen. Erreichen die „cash settlements" einen entsprechenden kursrelevanten Umfang, so ist ihr Abschluß als ad-hoc-mitteilungspflichtige Information einzuordnen.

Bereits der Einsatz von Derivaten beim Rückerwerb von eigenen Aktien durch die Aktiengesellschaft, sei es in Gestalt von „call"- oder „put" –Optionen oder

---

[871] vgl. oben auf Seite 160.
[872] *Schockenhoff/Wagner*, AG 1999, 548 (557)
[873] *Schockenhoff/Wagner*, AG 1999, 548 (557)
[874] so im Ergebnis auch *Schockenhoff/Wagner*, AG 1999, 548 (557)

im Wege von „forward" –Vereinbarungen oder „cash settled instruments", ist ad-hoc-mitteilungspflichtig im Sinne von §15 I WpHG.

3. Beeinflussung durch (effektive) Handelsgeschäfte unter Mitwirkung Dritter

Setzt die Aktiengesellschaft bei der Durchführung effektiver Handelsgeschäfte Dritte als Strohmänner ein oder tritt sie selbst im Deckmantel eines Stützungskonsortiums auf, so hat sie wie im Falle des direkten Rückerwerbs eigener Anteile den Erwerbsvorgang gemäß § 15 I WpHG mitzuteilen. Gleiches gilt für die Durchführung von Kurspflegemaßnahmen durch nahestehende Konsortialbanken, bei denen die Gesellschaft durch die Vergütung der „Kurspflegemaßnahmen" die Aufwendungen der Kursbeeinflussung - in der Regel also der Aktienrückkäufe - praktisch selbst trägt.
Werden tatsächlich keine eigenen Aktien durch von der Gesellschaft beauftragte Dritte zurückerworben, sondern wird die Gesellschaft durch den Dritten im Wege eines „equity swaps" nur so gestellt, als halte sie eigene Anteile, so muß aufgrund der vergleichbaren Interessenlage davon ausgegangen werden, daß der Abschluß einer entsprechenden „swap" –Vereinbarung ebenfalls als ad-hoc-mitteilungspflichtige Information einzustufen ist.
Sodann ist die Vereinbarung von „break fees" mit einem potentiellen Übernehmer mitteilungspflichtig i.S.v. § 15 I WpHG, da das Versprechen, die anfallenden Kosten beim Scheitern des Übernahmeversuchs zu übernehmen, die Wahrscheinlichkeit einer erfolgreichen Durchführung derselben erheblich steigen lassen wird. Informationen über wahrscheinliche Übernahmen sind per se ad-hoc-mitteilungspflichtig.

Der Einsatz Dritter bei der Durchführung von Beeinflussungsmaßnahmen löst ebenfalls die Pflicht zur Abgabe einer Ad-hoc-Mitteilung nach § 15 I WpHG aus. Dies gilt für Handelsgeschäfte des Dritten im Namen und/oder für Rechnung der Gesellschaft wie auch für den Fall der Zahlung von Kurspflegegebühren durch die Gesellschaft oder der Vereinbarung von „equity swaps".

4. Beeinflussung durch Zurückhalteabkommen und sog. „parking"- Vereinbarungen

Weiterhin hat die Aktiengesellschaft etwaige Zurückhalteabkommen und „parking" –Vereinbarungen im Sinne von § 15 I WpHG zu veröffentlichen. Denn die auf diese Weise erzielte Limitierung des Angebots kann den Markt so erheblich verengen, daß bei gleichbleibender Nachfrage der Kurs des Wertpapiers in die Höhe getrieben wird. Beim sog. „parking" wird das Marktangebot dadurch begrenzt, daß Effektenpakete aus dem Umlauf genommen werden, indem ein

Aktionär die Aktien vorübergehend auf ein Wertpapierdepot eines Dritten überträgt. Das „parking“ kann dazu eingesetzt werden, bei einem bestehenden Veräußerungsbedarf die Transaktion und damit das tatsächliche Marktgeschehen zu verschleiern und so einem Kursverfall entgegenzuwirken. Bei entsprechendem Umfang der Vereinbarungen muß in beiden Fällen also von einer Kursrelevanz der Abreden ausgegangen werden.
Sowohl Zurückhalteabkommen sowie „parking“ –Vereinbarungen sind gemäß § 15 I WpHG zu veröffentlichen.

5. Beeinflussung durch Veränderung des „return on investment“ der Aktie

Mitzuteilen sind ferner sämtliche Maßnahmen, die eine Änderung des Dividendensatzes, die Durchführung von Kapitalmaßnahmen, den Erwerb oder Verkauf von Beteiligungen, die Durchführung von Fusionen oder Übernahmen zum Gegenstand haben und sich als Konsequenz auf den „return on investment“ der Aktie auswirken.
Aber auch bilanzielle Aspekte können zu einer Ad-hoc-Publizitätspflicht führen, so beispielsweise die Verweigerung des Jahresabschlußtestats durch Wirtschaftsprüfer oder etwa das Vorliegen von Geschäftsergebnissen, die in kursrelevanter Höhe vom jeweiligen Ergebnis des Vergleichszeitraumes abweichen.[875]
Nach Einschätzung der Aufsichtsbehörde ist sogar auch dann von einer Ad-hoc-Publizitätspflicht der Gesellschaft auszugehen, wenn Einzelereignisse, die für sich genommen noch keine Kursrelevanz entfalten, aber in Jahresabschlüssen oder unterjährlichen Berichten summiert werden können und in der Summe eine Information darstellen, die zur erheblichen Beeinflussung des Börsenpreises geeignet ist. Die einer solchen Mitteilung zugrundeliegende mitteilungspflichtige Information tritt ein, sobald das Ergebnis der Summierung dem Vorstand zur Verfügung steht, z.B. also mit Aufstellung des Jahresabschlusses durch den Vorstand. Im Rahmen der Berichterstattung nach § 15 WpHG ist lediglich die Information zu veröffentlichen, der die potentielle Kurserheblichkeit zukommt, hier also die Summe der Einzelereignisse, nicht der gesamte Jahresabschluß oder Zwischenbericht.[876]

Die unter dem Schlagwort der Veränderung des „return on investment“ zusammengefaßten Beeinflussungsmaßnahmen der Aktiengesellschaft unterfallen schließlich auch der Pflicht zur Ad-hoc-Publizität des § 15 I WpHG.

---

[875] BAWe/ Deutsche Börse, Insiderhandelsverbot, S.31

[876] vgl. Bekanntmachung des BAWe zum Verhältnis von Regelpublizität und Ad-hoc-Publizität vom 9.7.1996, BAnz vom 19.7.1996, S.8167

VI. Grenzen der Zulässigkeit von Maßnahmen zur Beeinflussung des eigenen Börsenkurses durch Rechtsfolgen bei Mißachtung der Pflicht zur Ad-hoc-Publizität

Eine weitere mittelbare Begrenzung kursbeeinflussender Maßnahmen durch die Aktiengesellschaft besteht in der gesetzlichen Anordnung von Rechtsfolgen für den Verstoß gegen die Ad-hoc-Publizitätspflicht. Neben der Sanktionierung als Ordnungswidrigkeit (§ 39 II WpHG) werden insbesondere besondere Schadensersatzregelungen in §§ 37b, 37c WpHG normiert.

1. Ordnungswidrigkeiten

Die Verletzung der Ad-hoc-Publizitätspflicht nach § 15 WpHG wird gemäß § 39 II N. 2c, N. 5a; N. 6, N.7 WpHG als Ordnungswidrigkeit sanktioniert. Erfolgt die nach § 15 I WpHG gebotene Veröffentlichung nicht, nicht richtig, nicht vollständig, nicht in der vorgeschriebenen Form oder nicht rechtzeitig, ordnet § 39 IV WpHG - je nach Art des Verstoßes - für die Fälle des §39 II N. 5a, N. 6 WpHG ein Bußgeld von maximal einer Millionen Euro und für den Fall des § 39 II N. 2c WpHG von höchstens Zweihunderttausend Euro an. Eine selbständige Strafandrohung nach § 38 WpHG besteht nicht. Gleichwohl stellt § 15 WpHG eine Rechtsvorschrift im Sinne von § 20a I S.1 N.1 WpHG dar. Ein materieller Verstoß gegen die Veröffentlichungspflicht beinhaltet also automatisch ein Verschweigen von Umständen entgegen bestehender Rechtsvorschriften und damit eine Verletzung des Verbots der Marktmanipulation.[877] Ein derartiger Verstoß ist gemäß §§ 38 II WpHG strafbar, wenn es im konkreten Einzelfall auf Grund der unterlassenen bzw. unrichtigen Ad-hoc-Mitteilung zu einer tatsächlichen Einwirkung auf den Börsenkurs gekommen ist. Fehlt es an einer tatsächlichen Einwirkung auf den Kurs, stellt die damit verbundene Verletzung des § 20a WpHG nach §§ 39 I N.1, 2; II N.11 WpHG eine zusätzliche Ordnungswidrigkeit dar, die mit einem Bußgeld von bis zu einer Millionen Euro belegt werden kann.

Normadressat der Bußgeldtatbestände ist grundsätzlich die emittierende Aktiengesellschaft. Nach § 9 OWiG kommt jedoch auch ein Bußgeld gegen die Vorstandsmitglieder persönlich in Betracht.[878] Eine entsprechende Verantwortlichkeit des Vorstands ist immer dann in Erwägung zu ziehen, wenn dieser vorsätzlich oder fahrlässig die erforderlichen Maßnahmen unterlassen hat, um bußgeldbedrohte Pflichtverstöße durch die Gesellschaft zu verhindern. Die Verantwort-

---

[877] *Zimmer*, Schwark, §15, Rdn.166

[878] *Geibel*, Schäfer, §15, Rdn. 157 ; *Zimmer*, Schwark, §15, Rdn.169 ; *Schäfer*, Marsch-Barner/Schäfer, §14, Rdn.61

lichkeit der Gesellschaft für ihre handelnden Personen richtet sich wiederum nach § 30 OWiG.

2. Schadenersatzregelungen

Nach § 15 VI WpHG führen Verstöße der Aktiengesellschaft gegen die Ad-hoc-Publizitätspflicht des § 15 WpHG nur unter den Voraussetzungen der §§ 37b und 37c WpHG zur Ersatzpflicht bezüglich des daraus entstandenen Schadens.[879]

Auch hier ist Adressat der Norm die Aktiengesellschaft als Emittent der Finanzinstrumente. Unklar ist die Frage, ob die Aktiengesellschaft auch dann für fehlerhafte oder unterlassene Ad-hoc-Mitteilungen haften muß, wenn sie die Zulassung ihrer Finanzinstrumente erst beantragt hat. Denn entgegen § 2 IIb S.2 WpHG sowie § 15 I S.1 WpHG (der noch nicht zugelassene Finanzinstrumente ausdrücklich aufführt) gelten die §§ 37b und 37c WpHG ihrem Wortlaut nach nur für bereits zugelassene Finanzinstrumente. Richtig erscheint es hier, von einer redaktionellen Ungenauigkeit des Gesetzgebers auszugehen. Es besteht kein ersichtlicher Grund dafür, einen Bereich mit einer Pflicht zur Mitteilung zu versehen, jedoch nicht mit Schadenersatzansprüchen zu bewehren. Auch der Emittent, der die Zulassung seiner Finanzinstrumente bisher nur beantragt hat, unterfällt somit dem Regime der §§ 37b, 37c WpHG.[880]
Eine unmittelbare Haftung der Vorstandsmitglieder ist in §§ 37b, 37c WpHG bislang nicht vorgesehen. Die Bundesregierung möchte allerdings im Rahmen eines Kapitalinformationshaftungsgesetzes (KapInHaG) die persönliche Haftung für Vorstände und Aufsichtsräte von Aktiengesellschaften einführen. Diese soll für vorsätzliche und grob fahrlässig unrichtige Angaben in allen öffentlichen Bekanntmachungen und Mitteilungen gelten (z.B. Jahresabschlüsse, Ad-hoc-Mitteilungen), sofern sie an einen größeren Personenkreis gerichtet und für die Bewertung des betreffenden Finanztitels wesentlich sind. Darüber hinaus können auch mündliche Äußerungen zur Haftung führen. Dies betrifft Redebeiträge auf Hauptversammlungen und anderen vom Emittenten veranlaßten Veranstaltungen, jedoch nicht Aussagen in Interviews. Die entsprechende Gesetzesinitiative wurde bereits auf den Weg gebracht. Das Bundesministerium für Finanzen hat die Umsetzung des KapInHaG jedoch auf unbestimmte Zeit verschoben. Damit hat das Finanzministerium auf Kritik von Fachleuten und Verbänden reagiert. Insbesondere will man erst die weitere Entwicklung der Diskussion in der

---

[879] Dem Wortlaut zufolge sollen Schadenersatzansprüche, die auf anderen Rechtsgrundlagen beruhen, unberührt bleiben.
[880] *Bürgers*, BKR 2004, 242 (427) ; *Schäfer*, Marsch-Barner/Schäfer, §16, Rdn.7

EU abwarten. Dort ist die Änderung der 4. und 7. Gesellschaftsrechtsrichtlinie geplant, die unter anderem die Haftung der Unternehmensführung vorsieht. Insgesamt bleibt also abzuwarten, ob künftig eine unmittelbare Haftung der Unternehmensleitung Einzug in das deutsche WpHG finden wird.[881]

Neben den Verstoß gegen eine nach § 15 I WpHG gebotene Ad-hoc-Mitteilung durch die vollständige Unterlassung der Veröffentlichung oder die verspätete Veröffentlichung gemäß § 37b WpHG tritt nach § 37c WpHG die Veröffentlichung von falschen Ad-hoc-Meldungen. Gemäß §37c I WpHG greift die Pflicht zu Schadenersatz ein, wenn unwahre Insiderinformationen, die den Emittenten unmittelbar betreffen, veröffentlicht werden.
Bei unvollständigen Ad-hoc-Mitteilungen wird ein grundsätzlich veröffentlichungspflichtiger Teil der Information nicht veröffentlicht. Für die Frage, ob es sich dabei um eine unwahre oder eine unterlassene Veröffentlichung handelt, ist auf den Schwerpunkt im konkreten Einzelfall abzustellen. Häufig wird dieser in dem aktiven Tun, also der (unwahren) Veröffentlichung liegen.[882]
Nach § 37b II WpHG kann die Aktiengesellschaft nicht in Anspruch genommen werden, wenn sie nachweisen kann, daß die Unterlassung nicht auf Vorsatz oder grober Fahrlässigkeit beruhte. Hinsichtlich der unwahren Veröffentlichungen scheidet eine Haftung nach § 37c II WpHG aus, wenn der Nachweis gelingt, daß die Unrichtigkeit der Insiderinformation nicht bekannt war und die Unkenntnis nicht auf grober Fahrlässigkeit beruhte. In dem Unternehmen vorhandenes Wissen wird dem Vorstand zugerechnet.[883]

Nach § 37b WpHG sind im Falle einer den Börsenkurs beeinträchtigenden negativen Ad-hoc-Mitteilung zum einen diejenigen Kapitalmarktteilnehmer anspruchsberechtigt, die die Finanzinstrumente nach der Unterlassung erworben haben und bei Bekanntwerden der Insiderinformation noch Inhaber der Finanzinstrumente sind. Nur aufgrund der Unterlassung hat der Anleger die Finanzinstrumente „zu teuer" erworben, da der Börsenkurs im unmittelbaren Anschluß an die nachgeholte Ad-hoc-Publizität wieder fallen wird. Einen Schaden wird dieser Anleger jedoch nur dann erleiden, wenn er zu diesem Zeitpunkt noch Inhaber der Papiere ist und sie nicht vorher ebenfalls „zu teuer" verkaufen konnte.
Unterläßt die Aktiengesellschaft die Ad-hoc-Mitteilung einer positiven, den Kurs steigernden Information, so sind zum anderen diejenigen Kapitalmarktteilnehmer anspruchsberechtigt, die die Finanzinstrumente vor der Entstehung der Insiderinformation erworben und nach der Unterlassung veräußert haben. Denn die betreffenden Anleger erwerben die Finanzinstrumente zwar noch zu markt-

---

[881] Vgl. FAZ vom 10.11.2004, Nr. 263, S. 13; BZ vom 10.11.2004, Nr. 218, S. 1
[882] *Zimmer*, Schwark, §§37b,37c, Rdn.31,36
[883] *Schäfer*, Marsch-Barner/Schäfer, §16, Rdn.13-15

gerechten Preisen, verkaufen sie jedoch „zu billig“, da der Kurs im Falle einer Veröffentlichung der Insiderinformation positiv beeinflußt worden wäre.[884]

Auch im Falle unwahrer Ad-hoc-Mitteilungen i.S.v. § 37c WpHG sind zwei Gruppen von Kapitalmarktteilnehmern aktivlegitimiert. Handelt es sich um unwahre Insiderinformationen, die den Kurs positiv beeinflussen, sind die Anleger, die die Papiere nach Veröffentlichung der Insiderinformation erwerben und noch bei Bekanntwerden der Unrichtigkeit halten, anspruchsberechtigt. Sie erwerben nach der positiven Beeinflussung des Kurses die Papiere „zu teuer“, da nach Bekanntwerden der Unrichtigkeit der Information der Kurs fallen wird.
Durch die Veröffentlichung unwahrer, den Kurs negativ beeinflussender Insiderinformationen erleiden diejenigen Anleger einen Schaden, die vor der Veröffentlichung der Insiderinformation zu marktgerechten Preisen Finanzinstrumente erworben und selbige vor Bekanntwerden der Unrichtigkeit der negativen Insiderinformationen „zu billig“ veräußert haben, da sie nicht mehr von dem Kursanstieg profitieren konnten.[885]
In keinem Fall können sich die Marktteilnehmer darauf berufen, aufgrund der unterlassenen oder unrichtigen Ad-hoc-Mitteilung ihrerseits keine Transaktionen durchgeführt zu haben, ohne selbst Inhaber der betreffenden Finanzinstrumente zu sein.[886]

Gemäß § 37b III WpHG sind die Schadenersatzansprüche wegen unterlassener Ad-hoc-Publizität zudem ausgeschlossen, wenn der Geschädigte bei dem Erwerb bzw. bei der Veräußerung Kenntnis von der Insiderinformation hatte. Entsprechendes gilt, wenn der Geschädigte im Falle der unrichtigen Ad-hoc-Mitteilung bei dem Erwerb bzw. bei der Veräußerung die Unrichtigkeit der Insiderinformation kannte.[887]

Schließlich stellt sich die Frage nach der Rechtsfolge der §§ 37b, 37c WpHG. Richten sich die Schadenersatzansprüche auf das negative Interesse[888] mit der Folge, daß der Geschädigte von der Gesellschaft die Übernahme der erworbenen Finanzinstrumente Zug um Zug gegen Rückzahlung des Kaufpreises verlangen kann, oder ist allein der Differenzschaden zwischen Erwerbspreis und dem Preis, der im Falle einer pflichtgemäßen Veröffentlichung bestanden hätte[889], ersatzfähig ?

---

[884] vgl. zum ganzen *Fleischer*, BB 2002, 1869 ff.
[885] *Fleischer*, BB 2002, 1869 ff.
[886] *Baums*, ZHR 167 (2003), 139 (177ff.)
[887] *Zimmer*, Schwark, §§ 37b, 37c, Rdn. 77
[888] In diesem Sinne insbesondere *Möllers*, ZBB 2003, 390 (400ff.)
[889] In diesem Sinne *Zimmer*, Schwark, §§ 37b, 37c, Rdn.88ff. ; *Fleischer*, BB 2002, 1869 (1872) ; *Baums*, ZHR 167 (2003), 139 (185)

Letzteres erscheint vorzugswürdig. Gegen die Geltendmachung des negativen Interesses spricht zum einen, daß die schädigende Gesellschaft nicht Vertragspartner des Anlegers ist und demzufolge eine Naturalrestitution in diesem Verhältnis nicht in Betracht kommt. Zum anderen ist es Sinn und Zweck des Gesetzes, das Vertrauen der Anleger in die Funktionsfähigkeit und Marktgerechtigkeit des Kapitalmarktes zu schützen und nicht die Anleger vor dem allgemeinen Marktrisiken zu bewahren.[890]
Hinsichtlich der Berechnung des Differenzschadens sollte zur Bestimmung des hypothetischen Preises, der ohne die Pflichtverletzung der Gesellschaft bestanden hätte, der Börsenkurs als Richtgröße herangezogen werden, der unmittelbar nach dem Bekanntwerden der wahren Sachlage festgestellt wird.[891]

E. Grenzen der Zulässigkeit von Maßnahmen zur Beeinflussung des eigenen Börsenkurses durch das Verbot der Marktmanipulation nach § 20a WpHG

Im Rahmen des Wertpapierhandelsgesetzes findet die Beeinflussung des eigenen Börsenkurses durch die Aktiengesellschaft ferner eine rechtliche Begrenzung in dem Verbot der Marktmanipulation gemäß § 20a WpHG. Dieses gliedert sich in drei Verbotstatbestände auf, in das Machen falscher Angaben oder das Verschweigen von Angaben (§ 20a I S.1 N.1 WpHG), in Geschäfte, die falsche oder irreführende Signale setzen oder ein künstliches Preisniveau erzeugen (§ 20a I S.1 N.2 WpHG) und sonstige Täuschungshandlungen (§ 20a I S.1 N.3 WpHG).

I. Überblick

Die mit dem 4. Finanzmarktförderungsgesetz einhergehende Novellierung des Börsen- und Wertpapierhandelsrechts hat zu weitreichenden Neuerungen der Regelung von Manipulationen am Kapitalmarkt geführt. In ihrem Rahmen hat der Gesetzgeber den bisher in § 88 BörsG a.F. normierten Kursbetrug in das Wertpapierhandelsgesetz transferiert und durch das in § 20a WpHG (a.F.) geregelte Verbot der Kurs- und Marktpreismanipulation ersetzt. Weitere Anpassungen hat der deutsche Gesetzgeber Ende 2004 zum Zwecke der umfassenden Umsetzung der Marktmißbrauchsrichtlinie[892] mit Hilfe des Anlegerschutzver-

---

[890] *Schäfer*, Marsch-Barner/Schäfer, §16, Rdn.25/26
[891] *Fleischer*, BB 2002, 1869 (1872ff.)
[892] Richtlinie des Europäischen Parlaments und des Rates über Insidergeschäfte und Marktmanipulation v. 28.1.2003, ABl. EG L 96/16 v.12.04.2003

besserungsgesetzes (AnSVG)[893] vorgenommen, an deren Ende das Verbot der Marktmanipulation nach dem neu gefaßten § 20a WpHG steht. Der neuen Gesetzesfassung tritt die Verordnung zur Konkretisierung des Verbots der Marktmanipulation (MaKonV)[894] auf Basis der Ermächtigung des § 20a V WpHG zur Seite.

II. Abgrenzung der Marktmanipulation vom Insiderhandel

Zum Zweck der Klarstellung ist die Marktmanipulation vorab kurz von den thematisch eng verwandten Insidergeschäften abzugrenzen. Während der Insider aufgrund von Insiderinformationen weiß, daß der Kurs nicht „richtig" ist, und diese Kenntnis bei der Vornahme von Handelsgeschäften verwendet, führt der Manipulator durch sein Vorgehen erst einen „falschen" Kurs herbei. Trotz der inhaltlichen Abgrenzung kann es zu Überschneidungen beider Regelungsbereiche kommen, so daß manipulative Praktiken gleichzeitig ein Verstoß gegen Insiderregeln begründen können.[895]

III. Sachlicher Anwendungsbereich

Der sachliche Anwendungsbereich der Norm richtet sich wie auch die Definition der Insiderpapiere in § 12 S.1 WpHG nach dem wertpapierhandelsrechtlichen Oberbegriff der Finanzinstrumente. Nach § 2 IIb WpHG werden damit sämtliche Wertpapiere, Geldmarktinstrumente und Derivate i.S.v. § 2 I, Ia, II WpHG sowie Rechte auf Zeichnung vom Anwendungsbereich erfaßt. Gemäß § 20a I S.2 WpHG ist Voraussetzung, daß die aufgeführten Finanzinstrumente an einer inländischen Börse zum Handel zugelassen oder in den geregelten Markt oder den Freiverkehr einbezogen oder an einem organisierten Markt[896] in einem anderen Mitgliedstaat der EU oder des Europäischen Wirtschaftsraums (EWR) zum Handel zugelassen sind. Der Zulassung zum Handel an einem organisierten Markt oder der Einbeziehung in den geregelten Markt oder Freiverkehr steht es gleich, wenn der Antrag auf Zulassung bzw. Einbeziehung gestellt oder öffentlich angekündigt ist. Solange dies zutrifft, ist es unerheblich, ob die Manipulationshandlungen über die Börse bzw. einen organisierten Markt oder außerhalb

---

[893] Gesetz zur Verbesserung des Anlegerschutzes v. 29.10.2004, BGBl. I 2004, Nr. 56, S.2630
[894] BGBl. I 2003, 2300
[895] z.B. wenn sich die Aufklärungspflicht des § 20a I N.2 WpHG aus § 15 WpHG ergibt.
[896] Nach § 2 V WpHG handelt es sich dabei um einen Markt, der von staatlich anerkannten Stellen geregelt und überwacht wird, regelmäßig stattfindet und für das Publikum unmittelbar oder mittelbar zugänglich ist.

derselben vorgenommen werden, da auch außerbörslich abgeschlossene Geschäfte den reibungslosen Ablauf innerhalb der organisierten Wertpapiermärkte beeinflussen können.[897]

IV. Grenzen der Zulässigkeit von Maßnahmen zur Beeinflussung des eigenen Börsenkurses durch das Verbot, falsche Angaben zu machen oder Angaben zu verschweigen gemäß § 20a I S.1 N.1 WpHG

1. Voraussetzungen des § 20a I S.1 N.1 WpHG

Nach § 20a I S.1 N.1 WpHG ist es verboten, über Umstände, die für die Bewertung eines Finanzinstruments erheblich sind, unrichtige oder irreführende Angaben zu machen oder solche Umstände entgegen bestehender Rechtsvorschriften zu verschweigen, wenn die Angaben geeignet sind, auf den inländischen Börsen- oder Marktpreis eines Finanzinstruments oder auf den Preis eines Finanzinstruments an einem organisierten Markt in einem anderen EU- Mitgliedsstaat bzw. EWR- Vertragsstaat einzuwirken.

a. Merkmal: Unrichtige oder irreführende Angaben

Der Begriff der „Angabe" geht wie bereits im Rahmen des § 88 BörsG a.F. über nachprüfbare gegenwärtige oder künftige Tatsachen hinaus und erstreckt sich auf Nachrichten, Einschätzungen, Bewertungen und Prognosen, soweit diesen noch ein Tatsachenkern innewohnt.[898] Reine Werturteile hingegen fallen aus dem Anwendungsbereich des § 20a I S.1 N.1 WpHG heraus. So sind etwa bloße Meinungsäußerungen, Vermutungen oder Gerüchte, die sich nicht auf die Anführung bestimmter Gründe stützen können, nach außen hin als offensichtlich unverbürgte Nachrichten erkennbar und folglich nicht geeignet, einen rational denkenden Anleger in seiner Anlageentscheidung zu beeinflussen.[899] Hier bleibt allenfalls Raum für den Auffangtatbestand des § 20a I S.1 N.3 WpHG.

„Unrichtig" sind Angaben dann, wenn die zugrundeliegenden Tatsachen nach einzig möglicher Auslegung nicht der Wahrheit entsprechen bzw. wenn die Einschätzungen, Bewertungen oder Prognosen auf einer unrichtigen oder unvoll-

---

[897] RegBegr. BT-Drucks.14/8017, S.249

[898] *Schwark*, Schwark, § 20a WpHG, Rdn.12 ; *Sorgenfrei*, Wistra 2002, 321 (323), *Möller*, WM 2002, 309 (312)

[899] vgl. auch RegBegr. BT-Drucks.14/8017, S.90; *Park*, BB 2001, 2069 (2070)

ständigen Tatsachenbasis beruhen, aus dieser also nicht plausibel hervorgehen oder ein falsches Gesamtbild vermitteln.[900]

Mit dem AnSVG wurde der Verbotstatbestand des § 20a I S.1 N.1 WpHG durch den Begriff der „irreführenden" Angaben erweitert. Er bezieht sich auf Angaben, die zwar inhaltlich richtig sind, jedoch aufgrund ihrer Darstellung beim Empfänger der Information eine falsche Vorstellung über den geschilderten Sachverhalt nahelegen.[901] Entscheidend ist hierbei wiederum der Gesamtzusammenhang, in dem die Angaben gemacht werden. Von irreführenden Angaben kann also auch dann auszugehen sein, wenn die Unwahrheit zwar nicht ausdrücklich zum Ausdruck kommt, aber nach der Verkehrsanschauung durch sonstiges Verhalten schlüssig miterklärt wird.

b. Merkmal: Machen von Angaben

Von dem „Machen" der Angaben wird immer dann gesprochen, wenn die zugrundeliegende Erklärung - ungeachtet der Art und Weise - nach außen dringt und zumindest eine weitere Person davon Kenntnis nehmen kann. Erfaßt werden Erklärungen im Rahmen der gesetzlichen Publizitätspflichten ebenso wie freiwillige Äußerungen auf Pressekonferenzen, in individuellen Investorengesprächen oder gegenüber Vertretern der Medien und Wirtschaftsinformationsdiensten.

c. Merkmal: Verschweigen von Angaben

§ 20a I S.1 N.1 Alt.2 WpHG stellt das Verschweigen bewertungserheblicher Umstände entgegen bestehender Offenbarungspflichten der aktiven Kundgabe unrichtiger oder irreführender Angaben gleich. Eine Rechtspflicht zur Offenbarung kann sich vor allem aus handels-, gesellschafts- sowie kapitalmarktrechtlichen Publizitätspflichten ergeben, so etwa der Pflicht zur Veröffentlichung von Jahres- und Halbjahresfinanzberichten (§§ 37v, w WpHG), der Pflicht zur Veröffentlichung des Kontrollerwerbs nach § 10 WpÜG oder der Ad-hoc-Publizitätspflicht gemäß § 15 WpHG.

Bei der Kundgabe unvollständiger Tatsachen ist zwischen positivem Tun auf der einen und Unterlassen auf der anderen Seite abzugrenzen. So ist zu prüfen, ob

---

[900] *Sorgenfrei*, Wistra 2002, 321 (323), *Schwark*, Schwark, § 20a WpHG, Rdn.13/14
[901] RegBegr., AnSVG, BT-Drucks. 15/3493, S.64.

ein Informationsfragment an sich bereits eine unrichtige oder irreführende Angabe i.S.v. § 20a I S.1 N.1 Alt.1 WpHG darstellt (etwa durch die konkludente Behauptung der Vollständigkeit) oder ob erst das Bestehen einer Offenbarungspflicht bezüglich der zurückgehaltenen Information zur Erfüllung des Tatbestandes führt.[902]

d. Merkmal: Bewertungserhebliche Umstände

§ 20a I S.1 N.1 WpHG kommt nur dann zur Anwendung, wenn sich die tatbestandlichen Angaben auf Umstände beziehen, die für die Bewertung eines Vermögenswertes erheblich sind. Welche Umstände als bewertungserheblich einzuordnen sind, richtet sich nach dem Beurteilungshorizont des Anlagepublikums. Das Anlagepublikum besteht jedoch aus einer Vielzahl verschiedenster potentieller Investoren. Was den einzelnen Investor konkret zu seiner Anlageentscheidung veranlaßt, differiert von Marktteilnehmer zu Marktteilnehmer und von Anlageobjekt zu Anlageobjekt. Die individuell ausschlaggebenden Bewertungskriterien reichen dabei stark vereinfacht von der Berücksichtigung objektiver Unternehmenszahlen (cash-flow, Umlaufvermögen etc.) über die Einbeziehung mikro- sowie makroökonomischer Prognosen (künftige Geschäftsverläufe, Branchenanalysen, Rezession etc.) bis hin zu rein subjektiven Motivationen (Emotionen, Gewohnheiten, Prestige etc.).[903]
Gleichsam gilt es zu vermeiden, die Ausrichtung der Vorschrift dem Belieben des einzelnen am Kapitalmarkt tätigen Anlegers anheimzustellen und auf diesem Wege das Erheblichkeitskriterium des § 20a I S.1 N.1 WpHG praktisch vollständig auszuhöhlen. Ziel ist es daher, Einzel- und Außenseiteransichten sowie Angaben über Bagatellen und bloße Formalien von der Verbotsnorm auszunehmen.[904] Um dies zu erreichen, sollten nur solche Umstände als erheblich anerkannt werden, deren Kundgabe den adressierten und am jeweiligen Börsen- und Marktpreis interessierten Personenkreis üblicherweise zum Kauf- oder Verkauf des Vermögenswertes zu bewegen vermag.[905] Darüber hinausgehende Forderungen, es sei auf einen börsenkundigen, objektiven und vernünftigen, mit allen Umständen des Kapitalmarktes vertrauten Anleger abzustellen, gehen demgegenüber zu weit.[906] Mit zunehmender Novellierung läßt sich die allgemeine

---

[902] *Schwark*, Schwark, § 20a WpHG, Rdn.22
[903] *Lenzen*, S.6 ; *Sorgenfrei*, Wistra 2002, 321 (324)
[904] RegBegr. BT-Drucks.10/318, S.46- ; Verordnungsbegründung (KuMaKV) BR-Drucks.639/03, S.9
[905] *Altenhain*, BB 2002, 1874 (1878) ; *Park*, BB 2001, 2069 (2070) ; *Knauth*, NJW 1987, 28 (32)
[906] In diesem Sinn *Vogel*, Assmann/Schneider, §20a, Rdn.45

Tendenz des deutschen Gesetzgebers erkennen, das WpHG, anders als das alte BörsG, nicht allein der Zuverlässigkeit und Wahrheit der Preisbildung zu unterstellen, sondern mit zunehmender Vehemenz auch den individuellen Schutz der Anleger zu stärken. Entsprechend soll nach dem allgemeinen Teil der Gesetzesbegründung die Schaffung der rechtlichen Voraussetzungen eines (Kurs- und Marktpreis-) Marktmanipulationsverbotes explizit der Stärkung des Anlegerschutzes dienen.[907] Zudem spricht auch die Einführung der §§ 37b, 37c WpHG, die dem Anleger erstmals die Möglichkeit an die Hand geben, in bestimmten Fällen von Marktmanipulation Schadenersatz zu verlangen, für eine Ausweitung der Schutzrichtung auf die individuellen Vermögensinteressen der Anleger.[908] Insgesamt lassen Gesetzesnovellen wie das 4.Finanzmarktförderungsgesetz und das AnSVG keinen Zweifel am zunehmenden Stellenwert des Anlegerschutzes im heutigen Kapitalmarktrecht. Vor diesem Hintergrund erscheint es wenig sinnvoll, die Reichweite des Anlegerschutzes von dem Maßstab eines durchschnittlichen und vernünftigen, mit allen Umständen des Kapitalmarktes vertrauten Anlegers abhängig zu machen. Denn die Unvernunft bzw. Unterdurchschnittlichkeit des Anlegers ändere nichts an seiner Schutzwürdigkeit.[909]
Stellt man auf die Anschauung des tatsächlich in den Papieren agierenden Personenkreises ab, erscheint es gleichwohl kaum möglich, im Sinne einer allgemeinen Verkehrsauffassung universell geltende, objektiv feststellbare Bewertungsparameter innerhalb des eingegrenzten Personenkreises zu ermitteln.[910] Die inhaltliche Ungenauigkeit des Rechtsbegriffs der Bewertungserheblichkeit wirft insofern, und insbesondere hinsichtlich der straf- bzw. ordnungswidrigkeitsbedrohten §§ 38, 39 WpHG, die als Blankettatbestände erst durch § 20a WpHG ihre inhaltliche Ausfüllung erhalten, erhebliche Bedenken auf.

Um diese Bedenken auszuräumen, hat der Gesetzgeber in § 20a V WpHG die Möglichkeit einer Verordnungsermächtigung geschaffen, nach der das Bundesministerium der Finanzen (BMF), unter anderem nähere Bestimmungen darüber treffen kann, welche Umstände für die Bewertung eines Wertpapiers erheblich sind. Von dieser Möglichkeit hat das BMF[911] in der Verordnung zur Konkretisierung des Verbots der Marktmanipulation (MaKonV) Gebrauch gemacht und die bis dahin geltende Verordnung zur Konkretisierung des Verbotes der Kurs-

---

[907] RegBegr. BT-Drucks.14/8017, 62 ff.
[908] einräumend *Schwark*, S.498
[909] *Altenhain*, BB 2002, 1874 (1878). § 20a WpHG schütze schließlich auch denjenigen, der in Optionen investiert. Ein vorsichtiger Anleger erwerbe jedoch keine Optionen.
[910] in diesem Sinne jedoch: RegBegr. BT-Drucks.10/318, S.46 ; Verordnungsbegründung (KuMaKV) BR-DruckS.639/03, S.9
[911] ohne die in § 20a V S.2 WpHG vorgesehene Ermächtigungsdelegation an die BaFin wahrzunehmen.

und Marktpreismanipulation (KuMaKV) vom 28.11.2003 ersetzt.[912] Darin wird eine Reihe von Regelbeispielen aufgezählt, die eine Bewertungserheblichkeit begründen. Bewertungserhebliche Umstände sind nach § 2 MaKonV insbesondere das Eingehen bedeutender Kooperationen oder wesentlicher Beteiligungen, der Abschluß (bzw. die Änderung) bedeutender Vertragsverhältnisse, der Eintritt von Liquiditätsproblemen, die Erteilung oder der Verlust bedeutender Patente, die Gewährung wichtiger Lizenzen, die Veränderungen in personellen Schlüsselpositionen des Unternehmens, das Fällen strategischer Unternehmensentscheidungen, Änderungen in den Jahresabschlüssen und Zwischenberichten und den hieraus üblicherweise abgeleiteten Unternehmenskennzahlen, Änderungen der Ausschüttungen sowie die Durchführung von Kapital- und Finanzierungsmaßnahmen.

Ungeachtet dessen bleiben die allgemein geltenden verfassungsrechtlichen Anforderungen an die Bestimmtheit eines Gesetzes bestehen. Gemäß Art. 103 II GG müssen die Voraussetzungen und die Folgen strafbaren Handelns vor Begehung der Tat gesetzlich bestimmt sein. Dies gilt sowohl für Straftatbestände als auch für Ordnungswidrigkeiten.[913] Der Normadressat muß vorhersehen können, welches Verhalten mit welcher Strafe sanktioniert wird. Zwar kann die normative Ausgestaltung der Gesetze grundsätzlich auch auf den Verordnungsgeber delegiert werden, denn Gesetze i.S.v. Art. 103 II GG sind nicht nur Normen im formellen Sinne, sondern auch Rechtsverordnungen.[914] Gemäß Art. 80 I S.2 GG müssen jedoch insbesondere Inhalt, Zweck und Ausmaß der Verordnung in einer formell-gesetzlichen Ermächtigungsgrundlage bestimmt werden. Aus dieser muß ersichtlich sein, „[...] in welchen Fällen und mit welchen Tendenzen von der Ermächtigung Gebrauch gemacht werden wird und welchen Inhalt die aufgrund der Ermächtigung erlassenen Rechtsverordnung haben kann".[915] Richtet sich die Vorschrift zudem auf die Verhängung einer Freiheitsstrafe, so verlangt Art. 104 I S.1 GG, daß Art und Maß der Freiheitsstrafe in einem förmlichen (Parlaments-) Gesetz bestimmt werden. Eine Festlegung der Voraussetzungen der Strafbarkeit in einer Rechtsverordnung ist damit ausgeschlossen. Nach der Rechtsprechung des Bundesverfassungsgerichtes dürfen dem Verordnungsgeber lediglich gewisse Konkretisierungen des Straftatbestandes überlassen werden, vorwiegend dann, wenn der Regelungsgegenstand wechselnde und mannigfaltige Einzelregelungen notwendig erscheinen läßt.[916]

---

[912] BGBl. I 2003, 2300
[913] BVerfGE 38, 348 (371 ff.)
[914] BVerfGE 14, 174 (185 ff.)
[915] BVerfGE NJW 1998, 669 (670)
[916] BVerfGE 14, 174 (185 ff.) ; BVerfGE 22, 21 (25) ; BVerfGE 23, 265 (269) ; BVerfGE 75, 329 (342)

Die sich aufgrund der schnellen Entwicklungen an den Börsen und Märkten ständig im Wandel befindenden Manipulationstechniken machen eine gesetzliche Regelung, die sämtliche existierenden und künftigen Fallkonstellationen gleichermaßen präzise zu erfassen vermag, kaum möglich.[917] Im Sinne einer flexiblen Handhabe der Marktmanipulation erscheint die Kompetenzübertragung an das BMF gemäß § 20a V WpHG somit zunächst gerechtfertigt. Doch gerade mit Blick auf den Straftatbestand des § 38 WpHG ist es zweifelhaft, ob die inhaltliche Ausgestaltung durch die MaKonV nicht über eine zulässige Konkretisierung des gesetzlichen Tatbestandes hinausgeht und ob § 20a I S.1 WpHG aus sich heraus hinreichend bestimmt ist und die Anforderungen an einen im Strafrecht besonders strengen Gesetzesvorbehalt nicht verletzt. Bedenkt man nämlich, daß es sich bei §§ 38, 39 i.V.m. 20a WpHG um abstrakte Gefährdungstatbestände handelt, welche die Sanktionierung strafbaren bzw. ordnungswidrigen Verhaltens vor verlagern und mit einer Freiheitsstrafe von bis zu fünf Jahren Haft bzw. einem Bußgeld von bis zu einer Millionen Euro nicht unerhebliche Rechtsfolgen anordnen, ist ein entsprechend hohes Maß an Bestimmtheit zu verlangen. Sicherlich kann nicht vollständig auf die Verwendung allgemeiner, generalklauselartiger Rechtsbegriffe verzichtet werden und das Gebot der Bestimmtheit sollte auch nicht überreizt werden[918], doch sind um so höhere Anforderungen an die Präzision der Tatbestandsvoraussetzungen zu stellen je schwerer die angedrohten Sanktionen sind.[919] Auch unter Zuhilfenahme der Auslegungsmethoden kann der Begriff der „Bewertungserheblichkeit" nicht hinreichend genau bestimmt werden. Das Kriterium des durchschnittlichen, vernunftbegabten Anlegers, aber auch das Merkmal der üblichen Anlageentscheidung, vermögen es nicht, dem Rechtsanwender Klarheit zu verschaffen, welcher Maßstab § 20a WpHG zugrunde zu legen ist.[920] Eine Orientierungshilfe liefert erst die MaKonV. Der Gesetzgeber hat es jedoch versäumt, auch in dem erneuten Anlauf des AnSVG, eine derart typisierende Umschreibung in das Gesetz selbst aufzunehmen. Im Ergebnis ist es also der Verordnungsgeber, der die Voraussetzung der Ordnungswidrigkeit bzw. Straftat inhaltlich bestimmt. Insoweit bleiben erhebliche verfassungsrechtliche Bedenken hinsichtlich der Bestimmtheit der §§ 38 I N.4 ; 39 I N.1, N.2, II N.11 i.V.m. 20a WpHG bestehen.[921] Zumindest ist eine extrem restriktive Auslegung der Norm geboten.[922]

---

[917] RegBegr. BT-Drucks.14/8017, S.251

[918] BVerfGE 14, 245 (251) ; BVerfGE 41, 314 (320) ; BVerfGE 75, 329 (342)

[919] BVerfGE 41, 314 (320)

[920] vgl. *Altenhain*, BB 2002, 1874 (1878)

[921] *Sorgenfrei*, Wistra 2002, 321 (325) ; *Moosmayer*, wistra 2002, 161 (169) ; *Tripmaker*, wistra 2002, 288 (292) ; *Altenhain*, BB 2002, 1874 (1876); a.A. *Möller*, WM 2002, 309 (314) ; *Ziouvas/Walter*, WM 2002, 1487

[922] *Sorgenfrei*, Wistra 2002, 321 (325)

e. Merkmal: Geeignetheit zur Preisbeeinflussung

Gegenüber seinem Vorläufer verzichtet § 20a WpHG in der Version des AnSVG nun endgültig auf jede Form eines subjektiven Tatbestandselements. An die Stelle der Einwirkungsabsicht ist die objektive Voraussetzung getreten, daß die unrichtigen Angaben geeignet sein müssen, auf den inländischen Börsen- oder Marktpreis eines Vermögenswertes einzuwirken.[923] Auf diese Weise sucht der Gesetzgeber bisher hinderliche Beweisprobleme zu umgehen und zugleich ein Ausufern des Tatbestandes zu verhindern. Entgegen dieser Zielsetzung verbleibt dem Tatbestandsmerkmal der Geeignetheit zur Preisbeeinflussung neben dem Merkmal der Bewertungserheblichkeit jedoch strenggenommen keinerlei eigenständige Bedeutung mehr. Denn unrichtige Angaben über Umstände, die für die Bewertung eines Vermögenswertes erheblich sind, sind gleichzeitig auch geeignet, den Kurs des jeweiligen Vermögenswertes zu beeinflussen, da die kursbildenden Kaufs- bzw. Verkaufsentscheidungen am Markt weitestgehend von der Bewertung des Vermögenswertes durch die Anleger abhängen.[924] Der Wegfall der Einwirkungsabsicht hat vielmehr eine (wenn auch ungewollte) Ausweitung des Tatbestandes zur Folge, da nun auch solche manipulativen Handlungen erfaßt werden, die ganz anderen Zwecken zu dienen bestimmt sind als der Einwirkung auf die Börsen- oder Marktpreisbildung. Allerdings spielt es strenggenommen für den verfolgten Schutzzweck der Norm keine Rolle, aus welchem Motiv heraus der Markt mit unrichtigen Angaben versorgt wird. Zudem wird die Tatbestandsausweitung dadurch kompensiert, daß die Erfüllung des Tatbestandes zunächst als „bloße" Ordnungswidrigkeit (§ 39 I N.1, N.2, II N.11 WpHG) sanktioniert wird und erst das Hinzutreten eines Manipulationserfolges, einer tatsächlichen Einwirkung auf die Preisbildung zu der Begehung einer Straftat i.S.v. § 38 II WpHG führt.

2. Subsumtion einschlägiger Beeinflussungsmaßnahmen unter das Verbot falscher Angaben

Über § 20a I S.1 N.1 WpHG sind der Aktiengesellschaft sämtliche informationsbezogene Beeinflussungsmaßnahmen verwehrt, denen falsche Angaben zugrunde liegen und die beim Anlagepublikum den Eindruck erwecken, sie seien das Ergebnis einer fundierten Tatsachenauswertung und somit für die Anlageentscheidung bewertungserheblich.

---

[923] Maßgeblich für die Beurteilung der Geeignetheit ist die ex-ante-Perspektive. Der Nachweis manipulativen Handelns ex post entfaltet höchstens Indizwirkung.

[924] *Altenhain*, BB 2002, 1874 (1877) ; *Schwark*, Schwark, § 20a WpHG, Rdn.17

Neben Wertpapierdienstleistern oder Börseninformationsdiensten kommt insbesondere dem Emittenten selbst sowie ihm nahestehenden Marktteilnehmern aufgrund ihrer Sachnähe das erforderliche Maß an Glaubwürdigkeit zu, was Voraussetzung einer tatsächlichen Beeinflussung der Anlageentscheidung ist.
Den häufigsten Anwendungsfall bilden gezielte Falschmeldungen, die das Ziel verfolgen, den Kurs in eine gewünschte Richtung zu bewegen (sog. „market rigging"). Beispiele hierfür sind das Verbreiten falscher Unternehmensnachrichten in Bilanzen, Geschäftsberichten oder Ad-hoc-Mitteilungen. Vermehrt werden in diesem Zusammenhang auch Meldungen über vermeintliche Übernahmeangebote eingesetzt.[925] Denn bereits die Verbreitung von Übernahmegerüchten ruft in der Regel einen Kursanstieg hervor, den sich die Aktiengesellschaft in vielerlei Hinsicht zu Nutze machen kann.[926]

V. Grenzen der Zulässigkeit von Maßnahmen zur Beeinflussung des eigenen Börsenkurses durch das Verbot der Geschäfte, die falsche oder irreführende Signale setzen oder ein künstliches Preisniveau erzeugen gemäß § 20a I S.1 N.2 WpHG[927]

1. Voraussetzungen des § 20a I S.1 N.2 WpHG

Mit dem AnSVG sind die Tatbestandsvarianten des § 20a I S.1 N.2 Alt.1 und Alt.2 WpHG neu in das Gesetz aufgenommen worden. Danach ist es verboten, Geschäfte vorzunehmen oder Kauf- oder Verkaufsaufträge zu erteilen, die geeignet sind, falsche oder irreführende Signale für das Angebot, die Nachfrage oder den Börsen- oder Marktpreis von Finanzinstrumenten zu geben oder ein künstliches Preisniveau herbeizuführen. Der Gesetzgeber hat damit die europäischen Vorgaben des Art. 1 I Nr. 2 a) Marktmißbrauchsrichtlinie umgesetzt und dabei Täuschungen durch Handel mit Finanzinstrumenten aus dem Auffangtatbestand der sonstigen Täuschungshandlungen (§ 20a I S. 1 N.3 WpHG) herausgelöst und aufgrund ihrer Bedeutung mit eigenständigen Tatbestandsvarianten versehen. Wie im Zusammenhang mit § 20a I S.1 N.1 WpHG werden auch hier Fallgestaltungen erfaßt, in denen zwar objektiv „normale" Handelsgeschäfte vorliegen, aber unter Berücksichtigung des Gesamtzusammenhangs die konkreten Umstände der Geschäfte es nahelegen, daß beim Anlagepublikum eine fal-

---

925 *Watter*, SZW 1990, 193 (196)

926 So ist es der TUI AG beim Kampf um den Verbleib im DAX nicht zuletzt aufgrund von Übernahmespekulationen gelungen, auf dem rettenden Rang 35 zu verharren (vgl. FAZ, 2.8.04, N.177, S.12 ; FAZ, 26.8.04, N.198, S.17)

927 kurz: irreführende Geschäfte.

sche Vorstellung über den geschilderten Sachverhalt ausgelöst und nach der Verkehrsanschauung mit den Handelsgeschäften die „Unwahrheit“ schlüssig miterklärt wird.

Die vorgesehene Regelung geht allerdings über die Richtlinie hinaus, indem sie alle Geschäfte verbietet, die abstrakt geeignet sind, ein künstliches Preisniveau herbeizuführen. Nach der Richtlinie stellen dagegen nur solche Geschäfte eine Marktmanipulation dar, die den Kurs eines Finanzierungsinstrumentes tatsächlich so beeinflussen, daß ein anormales oder künstliches Kursniveau erzielt wird.

Wegen ihrer Unbestimmtheit und ihrer grundsätzlichen Reichweite bedürfen auch die Begriffe „falsche oder irreführende Signale“ und „künstliches Preisniveau“ einer Konkretisierung, in der ein hinter ihnen stehender Grundgedanke zum Ausdruck kommt. Zum Zweck der Ausgestaltung dieser Tatbestandsmerkmale nennt § 3 MaKonV eine Liste von Geschäftspraktiken, denen Anzeichen für falsche oder irreführende Signale oder die Herbeiführung eines künstlichen Preisniveaus im Sinne des § 20a I S.1 Nr. 2 WpHG zu entnehmen sind. Auch in diesem Zusammenhang ist jedoch erneut auf die grundlegenden verfassungsrechtlichen Bedenken hinsichtlich der Bestimmtheit des § 20a WpHG zu verweisen.[928]

2. Die „safe-harbour“ –Regelungen des § 20a II und III WpHG

In § 20a II und III WpHG hat der Gesetzgeber sog. „safe harbour“ –Regelungen geschaffen mit dem Ziel, unbedenkliche Verhaltensweisen aus dem Anwendungsbereich der Verbotsvorschrift des § 20a I S.1 N.2 WpHG auszuklammern.

a. Der „safe harbour“ der Marktpraxis gemäß § 20a II WpHG

Gemäß § 20a II S.1 WpHG gilt das Verbot des § 20a I S.1 Nr. 2 WpHG nicht, wenn die Geschäfte oder die Erteilung der Kauf- bzw. Verkaufsaufträge mit einer „zulässigen Marktpraxis“ auf dem betreffenden organisierten Markt oder in dem betreffenden Freiverkehr vereinbar sind und der Handelnde hierfür legitime Gründe hat.

---

[928] siehe dazu bereits oben auf Seite 312.

(1) Vereinbarkeit mit der Marktpraxis

Die Definition des Art. 1 N.5 Marktmißbrauchsrichtlinie aufnehmend gelten nach § 20a II S.2 WpHG nur solche Gepflogenheiten als zulässige Marktpraxis, die auf dem jeweiligen Markt nach vernünftigem Ermessen erwartet werden können und von der BaFin als zulässige Marktpraxis im Sinne dieser Vorschrift anerkannt werden. Die Bundesanstalt wird ermächtigt, einen Katalog von Handlungen aufzustellen, der in keinem Fall einen Verstoß gegen das Verbot der Marktmanipulation darstellen soll. Ziel ist es, möglichst flexibel auf aktuelle Veränderungen der Verhaltensweisen auf den internationalen Kapitalmärkten reagieren zu können. Dabei bleibt es nach § 20a V N.5 WpHG i.V.m. §§ 7-10 MaKonV dem Bundesfinanzministerium vorbehalten, den rechtlichen Rahmen vorzugeben, welche Handlungen als zulässige Marktpraxis gelten und welches Verfahren zur Feststellung einer zulässigen Marktpraxis geeignet ist.
Hat sich eine gängige Praxis selbständig aus dem Markt herausgebildet, ohne daß hierfür eine Anerkennung durch die BaFin vorliegt, so greift § 20a II S.3 WpHG. Eine Marktpraxis ist nicht allein deshalb unzulässig, weil sie zuvor nicht ausdrücklich anerkannt wurde. Auf diese Weise will der Gesetzgeber - entgegen dem Regierungsentwurf - verhindern, daß sich der betreffende Marktteilnehmer, bei entsprechendem Handeln, dem Risiko einer Straftat bzw. einer Ordnungswidrigkeit aussetzt. Gleichzeitig bleibt die Möglichkeit bestehen, daß eine wirtschaftlich sinnvolle und gebotene Marktpraxis zeitnah erprobt werden kann und sich gegebenenfalls als marktgerecht bewährt. Die Anerkennung kann – darauf weist die Gesetzesbegründung ausdrücklich hin - auch ex post erfolgen. Umgekehrt darf aber eine nachträgliche Nichtanerkennung nicht dazu führen, daß das Verhalten rückwirkend zu einer Ordnungswidrigkeit oder einer Straftat nach §§ 39 I Nr. 1 bzw. 38 II i.V.m. 39 I Nr. 1 WpHG wird. Dies würde dem Grundsatz des Art. 103 II GG „nulla poena sine lege" zuwiderlaufen.

(2) Legitime Gründe

Im Hinblick auf das Anführen zusätzlicher „legitimer Gründe" drängen sich ebenfalls rechtliche Bedenken auf. Der Handelnde wird durch die negative Fassung des Tatbestandes förmlich gezwungen, sich durch Aufdeckung der inneren Umstände seiner Handlungsweise zu rechtfertigen. Eine solche Umkehr der Beweislast ist mit der allgemeinen Unschuldsvermutung aber grundsätzlich nicht vereinbar. Zwar kann im Wege der historischen Auslegung die Gesetzesbegründung herangezogen werden, derzufolge legitime Gründe nur dann zu verneinen sind, wenn festgestellt werden kann, daß der Handelnde in betrügerischer oder manipulativer Absicht gehandelt hat. Doch gerade vor dem Hintergrund der Straf- und Bußgeldbewehrung durch §§38 II, 39 I Nr. 1 WpHG ist auf die allgemeinen Grundsätzen des Straf- und Ordnungswidrigkeitenrechts hinzuweisen, wonach der Wortlaut der gesetzlichen Bestimmung die äußerste Grenze der zulässigen Auslegung bildet.[929] Will der Gesetzgeber sich darüber hinaus eines entsprechenden Absichtselements bedienen, muß dies aus dem Wortlaut des Gesetzestextes unmittelbar deutlich werden. Insgesamt bleibt das Gesetz die Erläuterung schuldig, welche Beweggründe „legitime Gründe" im Sinne der Vorschrift darstellen. Erneut ist es im Ergebnis der Aufsichtsbehörde überlassen zu bestimmen, wann eine rechtswidrige Tat vorliegt. Erneut stellt sich damit die Frage nach der Beachtung des verfassungsrechtlichen Bestimmtheitsgebots. Sachgerechter erschiene es insofern, das Verhalten nach objektiven Kriterien zu beurteilen und bereits dann als rechtmäßig einzuordnen, wenn es im Zeitpunkt seiner Vornahme einer Marktpraxis entspricht, die nach vernünftigem Ermessen als zulässig angesehen werden konnte.[930]

b. Der „safe harbour" des § 20a III WpHG

(1) Stabilisierungsmaßnahmen

Gemäß § 20a III Alt. 2 WpHG stellen Maßnahmen zur Stabilisierung des Preises von Finanzinstrumenten in keinem Fall einen Verstoß gegen das Manipulationsverbot des § 20a I S.1 WpHG dar, soweit sie nach Maßgabe der Durchführungsverordnung[931] erfolgen.[932]

Art. 2 N.7 Durchführungsverordnung geht allerdings davon aus, daß die als Stabilisierungsmaßnahmen einzuordnenden Käufe, Kaufangebote und Transaktionen von Wertpapierhäusern oder Kreditinstituten durchgeführt werden. Die hier in Frage stehenden Geschäfte durch die Aktiengesellschaft selbst unterfallen dieser Variante folglich nicht. Dies deckt sich mit der Feststellung, daß Vereinbarungen zur Durchführung von Kursstabilisierungs- und Kurspflegemaßnah-

---

[929] Stellungnahme des Zentralen Kreditausschusses und des BVI Bundesverband Investment und Asset Management e.V. zum Entwurf der Bundesregierung für ein Gesetz zur Verbesserung des Anlegerschutzes v. 13.05.20004, S.14

[930] Stellungnahme vom Deutschen Anwaltsverein vom Juni 2004, N. 26/04, S.7

[931] Verordnung (EG) Nr. 2273/2003 der Kommission vom 22. Dezember 2003 zur Durchführung der Richtlinie 2003/6/EG des Europäischen Parlaments und des Rates – Ausnahmeregelungen für Rückkaufprogramme und Kursstabilisierungsmaßnahmen (ABl. EU Nr. L 336 S.33)

[932] Diese „safe-harbour-Regelung" bezieht sich zwar ihrem Wortlaut nach auf den gesamten Satz 1 des §20a I WpHG, wird jedoch vorliegend lediglich im Zusammenhang mit N.2 behandelt, da sowohl der Handel mit eigenen Aktien also auch – nach der Definition der Durchführungsverordnung – die Stabilisierungsmaßnahmen eine Durchführung von Handelsgeschäften (bzw. darauf gerichtete Angebote) voraussetzen und folglich im Wesentlichen nur im Kontext der Manipulations"geschäfte" relevant wird.

men heute nicht mehr zwischen Emittent und Emissionshäusern getroffen werden, sondern sich in aller Regel in den Konsortialbedingungen der Emissionsbanken wiederfinden. Wegen der Übernahme des Plazierungsrisikos im Rahmen des Festübernahmeverfahrens erfolgt die Stabilisierung des Börsenkurses nach einer Emission im unmittelbaren Interesse der mit der Plazierung betrauten Kreditinstitute.[933]
Mit der Durchführungsverordnung werden die Stabilisierungsmöglichkeiten der mitwirkenden Wertpapierhäuser jedoch auf den Vorgang der Emission beschränkt und insbesondere sog. „ergänzende Kursstabilisierungsmaßnahmen" wie die „Greenshoe" -Option von dem Verbot ausgenommen (Art. 11 Durchführungsverordnung). Eine nachträgliche Kurspflege ist nach neuer Rechtslage nur noch eingeschränkt durchführbar. Zunächst ist jede Kursstabilisierung nach Art. 8 Durchführungsverordnung auf dreißig Kalendertage nach der Plazierung befristet. Zudem darf der Erwerbspreis der Aktie nach Art. 10 Durchführungsverordnung nicht über das Niveau des Emissionskurses (bzw. bei Wandelschuldverschreibungen über den Marktkurs) hinausgehen. Dies zeigt bereits, daß der Zweck der Kurspflege die Anforderungen der Durchführungsverordnung und damit der „safe harbour" -Regelungen nicht erfüllen kann.

(2) Handel in eigenen Aktien

Auch wenn die Aktiengesellschaft selbst durch marktausgleichende An- und Verkäufe ein Abgleiten der Kurse sowie künstliche Kurssteigerungen am Sekundärmarkt zu vermeiden sucht, kann die Ausnahmeregelung des § 20a III WpHG greifen. Dort hat der Gesetzgeber wie in § 14 II WpHG den Handel mit eigenen Aktien im Rahmen von Rückkaufprogrammen aus dem Anwendungsbereich der Verbotsvorschrift herausgenommen. Die Ausnahme gilt jedoch nur, soweit der Handel in eigenen Aktien nach Maßgabe der Durchführungsverordnung erfolgt. Anders als noch § 13 KuMaKV, der den Rückerwerb allein an die Erfüllung der Voraussetzungen des § 71 I AktG geknüpft hatte, gewährt die Durchführungsverordnung einer Aktiengesellschaft den Rückkauf eigener Aktien nur für die Fälle, in denen die Herabsetzung des Eigenkapitals, die Umwandlung von Schuldverschreibungen in Beteiligungskapital oder die Zuteilung von Belegschaftsaktien bezweckt ist.[934] Art. 4 Durchführungsverordnung ordnet zudem die Bedingungen entsprechend Art. 19 I Kapitalrichtlinie[935] an und trifft

---

[933] vgl. oben auf Seite 140.
[934] Für Finanzinstrumente, die in den Freiverkehr oder in den Geregelten Markt einbezogen sind, gelten die Vorschriften dieser Verordnung entsprechend.
[935] Zweite gesellschaftsrechtliche Richtlinie 77/91/EWG des Rates vom 13. Dezember 1976, Amtsblatt Nr. L 026 vom 31/01/1977 S. 0001 - 0013

Bekanntgabepflichten hinsichtlich des Programms, des Zwecks, des maximalen Kaufpreises und der Stückzahl sowie hinsichtlich des Zeitraumes. Art. 6 Durchführungsverordnung statuiert zudem ein Verkaufsverbot eigener Aktien während der Laufzeit des Rückkaufprogramms, ein Handelsverbot für „geschlossene Zeiträume" sowie ein Handelsverbot während des Aufschubs der Bekanntgabe von Insiderinformationen. Schließlich gelten die Einschränkungen des Art. 5 Durchführungsverordnung im Sinne einer Begrenzung auf den letzten zuvor erzielten Börsenpreis sowie auf ein Tagesvolumen von maximal 25 % des durchschnittlichen Umsatzes. Dadurch wird die Möglichkeit der Aktiengesellschaften, den Kursverlauf der eigenen Aktien zu beeinflussen, durch die Durchführungsverordnung stark reduziert.

Doch der Regelfall des Rückerwerbs, in dem die Aktiengesellschaft aufgrund einer allgemeinen Ermächtigung gemäß § 71 I N.8 AktG Aktien zweckfrei zurückerwirbt, unterfällt nicht dem engen Anwendungsbereich der Durchführungsverordnung und folglich auch nicht ihren Anforderungen. Gleichwohl zeigt der Wortlaut, daß grundsätzlich auch andere Rückkaufmaßnahmen zulässig sein können, die die Voraussetzungen der Verordnung nicht erfüllen. § 20a III WpHG stellt keine abschließende Regelung dar. Vielmehr ist es eine Frage der Einzelfallprüfung, ob das Verbot des § 20a I S.1 N.2 WpHG erfüllt ist. Insbesondere bleibt die Möglichkeit einer Ausnahme über die Anerkennung einer Marktpraxis i.S.v. § 20a II WpHG bestehen. Mit Blick auf die Rechtssicherheit wird sich die Praxis jedoch regelmäßig an den Maßstäben der Verordnung orientieren müssen.

3. Subsumtion einzelner Beeinflussungsmaßnahmen unter das Verbot von irreführenden oder falsche Signale setzenden Geschäften

a. Beeinflussung durch fiktive Handelsgeschäfte in eigenen Aktien

Als ein Fall des § 20a I N.2 WpHG sind laut § 3 I N.3 MaKonV Geschäfte zu klassifizieren, die zu keinem Wechsel des wirtschaftlichen Eigentümers eines Finanzinstruments führen. Erfaßt werden neben reinen Scheingeschäften insbesondere fiktive Handelsgeschäfte in Gestalt sog. „wash sales", „improper matched orders" und „circular tradings".[936] Trotz der rechtlichen Gültigkeit und Verbindlichkeit der Vereinbarungen[937] findet gerade keine wirtschaftlich relevante Vermögensverschiebung statt. Sämtliche Verfügungen lassen sich zumeist

---

[936] zu den Begriffen siehe oben Seite 143.
[937] dies gilt nicht bei Scheingeschäften im Sinn von § 117 I S.1 BGB

nur einem wirtschaftlich Berechtigten zurechnen oder neutralisieren sich durch vorab vereinbarte Gegengeschäfte im Ergebnis selbst.[938] Da dies in aller Regel für die übrigen Marktteilnehmer nicht erkennbar ist, geben die fiktiven Geschäfte falsche oder irreführende Signale über den Abschluß wirtschaftlich relevanter Geschäfte in den Markt, indem sie lebhafte Handelsaktivität in dem betreffenden Papier andeuten.[939]

Den Materialien zufolge sollen auch Transaktionen zwischen verbundenen Unternehmen den „wash sales" unterfallen.[940] So werden etwa im Rahmen von Umstrukturierungsmaßnahmen innerhalb eines Konzerns strenggenommen zwar etwaige Unternehmensbeteiligungen unter konzernübergreifenden ökonomischen Gesichtspunkten auch auf einen zumindest wirtschaftlich identischen Berechtigten übertragen. Doch ist dabei zu bedenken, daß diese Maßnahmen zumeist steuerlich oder unternehmenspolitisch motiviert sind. Es ist somit wenigstens fragwürdig, ob derartige Strukturmaßnahmen tatsächlich dem Begriff des „fiktiven" Geschäfts und damit den irreführenden Geschäften unterfallen sollten. Vielmehr erscheint in diesen Fällen eine restriktive Anwendung geboten, um die Unternehmen von den weitreichenden Folgen eines strafrechtlichen Ermittlungsverfahrens[941] zu bewahren.[942]

Im Ergebnis ist die Vornahme fiktiver Handelsgeschäfte - mit Ausnahme konzerninterner Umstrukturierungen - nach § 20a I S.1 N.2 WpHG verboten und der Aktiengesellschaft als Methode der Beeinflussung des eigenen Börsenkurses untersagt.

b. Beeinflussung durch (effektive) Handelsgeschäfte in eigenen Aktien

Im Gegensatz zu fingierten Geschäften lassen sich bei (effektiven) Handelsgeschäften in eigenen Aktien manipulative Handlungen der Gesellschaft äußerlich nicht von zulässigen Transaktionen unterscheiden, da es bei ihnen tatsächlich zu einer Vermögensverschiebung zwischen zwei wirtschaftlich verschiedenen Personen kommt. Zudem beeinflussen auch reguläre Kauf- und Verkaufsgeschäfte als Konsequenz frei wirkender Marktkräfte den Börsenpreis eines Vermögenswertes, so daß nicht jede Kursbeeinflussung schlechterdings auf ein manipulati-

---

[938] Reg.Begr. BT-Drucks.14/8017, S.89

[939] *Ziouvas*, ZGR 2003, 113 (132) *Altendorfer*, S.215 ; *Lenzen*, S.9 ; *Sorgenfrei*, Wistra 2002, 321 (327) ; RegBegr. BT-Drucks.14/8017, S.89

[940] RegBegr. BT-Drucks.14/8017, S.89

[941] für das laut § 20b II S.1 WpHG bereits bloße Anhaltspunkte ausreichen.

[942] *Sorgenfrei*, Wistra 2002, 321 (328) ; *Schwark*, Schwark, § 20a WpHG, Rdn.26

ves Vorgehen zurückzuführen ist, was insbesondere für die über die „safe-harbour" -Regelungen privilegierten Konstellationen gilt.[943]

(1) Beeinflussung durch An- und Verkäufe eigener Aktien am Sekundärmarkt

Doch auch effektive Wertpapiergeschäfte können dem Kapitalmarkt unrichtige oder irreführende Informationen zuführen.[944] Dies gilt grundsätzlich auch für Handelsgeschäfte der Aktiengesellschaft in eigenen Aktien. Zu subsumieren sind insbesondere Handelsgeschäfte in eigenen Aktien, die die Gesellschaft wie ein beliebiger Marktteilnehmer über die Börse abwickelt. Anhaltspunkte liefert § 3 MaKonV, der bei der Feststellung falscher oder irreführender Signale oder eines künstlichen Preisniveaus zu berücksichtigen ist. Die Nennung dieser Faktoren dient dazu, den Marktteilnehmern zusätzliche Rechtssicherheit im Hinblick auf die Abgrenzung von nach § 20a I Satz 1 Nr. 2 WpHG verbotenen und legalem Verhalten zu geben. Das Vorliegen eines der genannten Anzeichen führt gleichwohl nicht zwingend zur Annahme einer Marktmanipulation, sondern die nach Art. 4 der Richtlinie 2003/124/EG notwendige Einzelfallbetrachtung kann überwiegende Gründe für ein gesetzeskonformes Verhalten ergeben.[945]

Machen die Handelsgeschäfte der Aktiengesellschaft einen bedeutenden Teil des Tagesgeschäftsvolumen am Markt aus (was insbesondere dann der Fall sein kann, wenn sie die eigene Aktien in vollem Umfang, d.h. in Höhe von 10% des Grundkapitals, zurückerwirbt oder weiterveräußert) und bewirken sie eine erhebliche Preisänderung, so sollen bereits darin Anzeichen für falsche oder irreführende Signale liegen, § 3 I N.1a MaKonV.

Auch die Erteilung mehrerer Kaufaufträge beim Rückerwerb eigener Aktien über die Börse zu sukzessiv höheren Preisen erweckt beim Anlagepublikum den Eindruck eines regen Handels in dem betreffenden Wertpapier. Diesen Effekt verstärkt das sog. „painting the tape", bei dem die vorgenommenen Geschäfte über eine öffentliche Anzeigetafel an einen vergleichsweise größeren Adressatenkreis kommuniziert werden.

---

[943] *Möller*, WM 2002, 309 (313) ; *Schwark*, Schwark, § 20a WpHG, Rdn.28 ; *Lenzen*, WM 2000, 1131 (1133) ; *Weber*, NZG 2000, 113 (116)

[944] Auch die Regierungsbegründung zum 4. Finanzmarktförderungsgesetz betont, daß effektive Geschäfte über die tatsächliche Geschäftslage täuschen können. vgl. RegBegr. BT-Drucks.14/8017, S.89

[945] Begründung des BMF zur MaKonV, S.2, http://www.bafin.de/verordnungen/makonv_beg.pdf

Beim sog. „pumping and dumping" wird der Kurs mittels umfangreicher Erwerbsgeschäfte künstlich aufgebläht, nur um die eigenen Papiere sogleich in großen Mengen wieder an den Markt abzustoßen.[946]
Erhöht die Aktiengesellschaft oder ein für sie auftretender Marktteilnehmer künstlich die Nachfrage nach den eigenen Aktien, indem sie umfangreiche Verkaufsorders erteilt, die jedoch vor ihrer Ausführung zurückgenommen werden (sog. „advancing the bid"), so wirkt sie dadurch auf die den Marktteilnehmern ersichtliche Orderlage, insbesondere auf die zur Kenntnis gegebenen Preise der am höchsten limitierten Kaufaufträge oder der am niedrigsten limitierten Verkaufsaufträge ein und erweckt den trügerische Eindruck, die Kursbewegung sei auf eine tatsächliche Aktivität der Börse zurückzuführen (§ 3 I N.2 MaKonV).

Erfaßt werden ferner An- und Verkaufsgeschäfte, die an einem Markt einen bedeutenden Anteil am Tagesgeschäftsvolumen eines Finanzinstruments ausmachen und gleichzeitig innerhalb kurzer Zeit die bereits bestehenden Positionen in diesen Finanzinstrumenten umkehren und mit einer erheblichen Preisänderung im Zusammenhang stehen könnten oder die durch ihre Häufung innerhalb eines kurzen Abschnitts des Börsentages eine erhebliche Preisänderung bewirken, auf die eine gegenläufige Preisänderung folgt (§ 3 I N.1c, d MaKonV).

Schließlich werden laut § 3 I N.1e MaKonV diejenigen Marktteilnehmer, die ihre Transaktionen auf einen bestimmten Preis als Referenzpreis für ein Finanzinstrument oder andere Vermögenswerte stützen[947], durch Kaufs- und Verkaufsgeschäfte in die Irre geführt, die nahe dem Zeitpunkt der Feststellung dieses Preises erfolgen und mittels Einwirkung auf diesen Referenzpreis den Preis oder die Bewertung des Finanzinstruments oder des Vermögenswertes beeinflussen. Irreführende Signale im Sinne des § 20a I S.1 Nr. 2 WpHG werden insbesondere auch durch den Kauf oder Verkauf von Finanzinstrumenten bei Börsenschluß gegeben, wenn dadurch Anleger, die aufgrund des festgestellten Schlußpreises Aufträge erteilen, über die wahren wirtschaftlichen Verhältnisse getäuscht werden (sog. „marking the close"), § 3 II MaKonV.

Anhaltspunkt für einen Verstoß gegen das Verbot des § 20a I S.1 N.2 WpHG bestehen bei Handelsgeschäften in eigenen Aktien, wenn ihre Durchführung mit bestimmten Besonderheiten des Börsenhandels zusammenfallen. Verboten ist insbesondere die Erteilung von Kaufaufträgen zu sukzessiv höheren Preisen sowie die unter den Begriffen „painting the tape", „advancing the bid", „pumping and dumping", „marking the close" zu subsumierenden Erwerbs- bzw. Veräußerungskonstellationen.

---

[946] Ziouvas, ZGR 2003, 113 (131 ff.)
[947] Beispielsweise im Rahmen der Abrechnung von Derivatkontrakten etc..

(2) Beeinflussung durch An- und Verkäufe eigener Aktien am Primärmarkt

An- und Verkäufe eigener Aktien durch die Aktiengesellschaft am Primärmarkt vor oder während einer Erstplazierung fallen aus dem Anwendungsbereich des § 20a I WpHG heraus, da die Vorschrift einen bereits bestehenden Börsenkurs als Manipulationsgegenstand voraussetzt.[948]

VI. Grenzen der Zulässigkeit von Maßnahmen zur Beeinflussung des eigenen Börsenkurses durch das Verbot sonstiger Täuschungshandlungen gemäß § 20a I S.1 N.3 WpHG

1. Voraussetzungen des § 20a I S.1 N.3 WpHG

Um etwaige ungerechtfertigte Strafbarkeitslücken zu vermeiden, erfaßt § 20a I N.3 WpHG im Sinne eines Auffangtatbestandes alle „sonstigen Täuschungshandlungen", die geeignet sind, auf den inländischen Börsen- oder Marktpreis eines Finanzinstruments oder den Preis eines Finanzinstruments an einem organisierten Markt in einem anderen Mitgliedstaat der Europäischen Union oder einem anderen Vertragsstaat des Abkommens über den Europäischen Wirtschaftsraum einzuwirken.
Wie bereits bei § 20a I S.1 N.1 WpHG hat der Gesetzgeber auf einen generalklauselartigen, unbestimmten Rechtsbegriff zurückgegriffen, um auf die Veränderungen des Kapitalmarkts und auf die dort stets neu auftretenden Mißbrauchstechniken flexibel reagieren zu können.[949] Gemäß § 20a V WpHG i.V.m. § 4 MaKonV hat das Bundesfinanzministerium dem Normadressaten einen nicht abschließenden Beispielskatalog als Orientierungshilfe an die Hand gegeben. Damit erhält auch diese Tatbestandsalternative ihre inhaltliche Ausfüllung erst auf der Ebene des Verordnungsgebers. Insoweit drängen sich auch hier die oben aufgezeigten verfassungsrechtlichen Bedenken hinsichtlich der Einhaltung des Bestimmtheitsgrundsatzes auf.[950] Anders als bei dem Rechtsbegriff der Bewertungserheblichkeit lassen sich allerdings Anhaltspunkte für eine Auslegung des Tatbestandsmerkmals der sonstigen Täuschungshandlung finden. Nach Ausführungen des Bundesverfassungsgerichts ist die Geltung von Generalklauseln zumindest dann verfassungsrechtlich nicht zu beanstanden, wenn die Norm mit Hilfe der üblichen Auslegungsmethoden eine zuverlässige Grundlage für ihre Auslegung und Anwendung bietet oder sich aus einer gefestigten Rechtspre-

---

[948] *Park*, BB 2001, 2069 (2071) ; *Ziouvas*, ZGR 2003 113 (123, 137)
[949] RegBegr. BT-Drucks.14/8017, S.90
[950] siehe im Kontext von § 14 WpHG oben auf Seite 312.

chung die hinreichende Bestimmtheit der Norm gewinnen läßt.[951] Sowohl der Begriff der Täuschungshandlung an sich als auch der im Rechtsgut des Anlegerschutzes aufgehende Vermögensschutz drängen unter systematischen Gesichtspunkten einen Rückgriff auf den Betrugstatbestand des § 263 StGB auf.[952] Nach dem dortigen gefestigten Verständnis des ungeschriebenen Tatbestandsmerkmals kann eine Täuschung grundsätzlich in dem Vorspiegeln falscher sowie dem Entstellen oder Unterdrücken wahrer Tatsachen oder anderer Umstände bestehen, wenn dieses Verhalten auf die Vorstellung eines anderen einwirkt und diesen objektiv irreführt oder bei ihm einen Irrtum unterhält.[953] Zusätzlich stellt die Formulierung „sonstige" Täuschungshandlungen einen Bezug zu §§ 20a I S.1 N.1 und N.2 WpHG her.[954] In Abgrenzung zu diesen Tatbestandsalternativen wäre § 20a I S.1 N.3 WpHG dahingehend auszulegen, daß Verhaltensweisen dann dem Begriff der sonstigen Täuschungshandlung unterfallen, wenn sie keine Angaben im Sinne der N.1 zum Inhalt haben, aber gleichwohl geeignet sind, beim Anlagepublikum falsche Vorstellungen über die Bewertungserheblichkeit eines Vermögenswertes zu erregen, bzw. sobald sie keine Geschäfte im Sinne der N.2 beinhalten, aber dennoch geeignet sind, falsche oder irreführende Signale abzugeben oder ein künstliches Preisniveau herbeizuführen. Doch aufgrund der Unbestimmtheit der dortigen Rechtsbegriffe ist auf diesem Wege noch nicht viel gewonnen.

Eine zusätzliche Auslegungshilfe bietet der historische Blick auf die Gesetzesmaterialien zum 4. Finanzmarktförderungsgesetz. Dort führt der Gesetzgeber eine Reihe von Manipulationshandlungen auf, die als Täuschungshandlung einzuordnen sind und als eine Art Richtschnur für die Interpretation des Gesetzestextes herangezogen werden können.[955] Hervorgehoben werden insbesondere Transaktionen, die über die tatsächliche Geschäftslage in einem Vermögenswert (jetzt Finanzinstrument) täuschen.

Grundsätzlich darf bei der Auslegung des Tatbestandsmerkmals jedoch der gemeinschaftsrechtliche Ursprung der Norm nicht außer Acht gelassen werden. Soweit nämlich nationales Recht der Umsetzung einer gemeinschaftsrechtlichen Richtlinie dient, gilt aufgrund von Art. 249 III EGV der Vorrang der richtlinienkonformen Auslegung unter Berücksichtigung des Inhalts und des Ziels der Richtlinie. Ein Rückgriff auf nationale Interpretationsgrundsätze ist dann nur insoweit zulässig, wie die Richtlinie hierfür einen ausdrücklichen Spielraum bestehen läßt.[956] Angesichts der weitreichenden und zugleich detaillierten Beg-

---

[951] BVerfGE 75, 329 (344) ; 96, 68 (97ff.)

[952] BGH, AG 2004, 144 (146)

[953] BGH, AG 2004, 144 (146); BGHSt 47, 1 (3) ; BGH wistra 2001, 386 ; vgl. auch § 3 I KuMaKV

[954] BGH, AG 2004, 144 (146) ; *Altenhain*, BB 2002, 1874 (1877)

[955] Reg.Begr. BT-Drucks.14/8017, S.89

[956] *Streinz/Ohler*, WM 2004, 1309 (1315)

riffsbestimmungen des Art. 1 N.2 Marktmißbrauchsrichtlinie ist ein solcher Spielraum jedoch strenggenommen nicht gegeben.[957] Auf der anderen Seite kann aus Gründen der Rechtssicherheit die Konkretisierung eines (Straf-) Tatbestandes nicht ausschließlich im Wege der richtlinienkonformen Auslegung vorgenommen werden. Grundsätzlich begründet die richtlinienkonforme Auslegung allein kein zulässiges verfassungsrechtliches Mittel, um einen den Anforderungen des Art. 103 II GG nicht genügenden nationalen Tatbestand als hinreichend bestimmt wirksam werden zu lassen.[958]
Im Ergebnis sind die oben dargestellten verfassungsrechtlichen Bedenken hinsichtlich der Bestimmtheit des gesetzlichen Tatbestandes zwar nicht uneingeschränkt auf § 20a I S.1 N.3 WpHG zu übertragen, gleichwohl hat es der Gesetzgeber auch hinsichtlich des Merkmals der sonstigen Täuschungshandlung versäumt, in Form von Regelbeispielen bereits im förmlichen Gesetz dem Rechtsanwender den Anwendungsumfang der Norm aufzuzeigen und somit Zweifel hinsichtlich der Bestimmtheit der Norm aus der Welt zu räumen.[959]

Zieht man gleichwohl die Konkretisierungen der MaKonV heran, so sind unter sonstigen Täuschungshandlungen im Sinne des § 20a I S.1 Nr. 3 WpHG Handlungen oder Unterlassungen zu verstehen, die geeignet sind, einen verständigen Anleger über die wahren wirtschaftlichen Verhältnisse, insbesondere Angebot und Nachfrage in Bezug auf ein Finanzinstrument an einer Börse oder einem Markt in die Irre zu führen und den inländischen Börsen- oder Marktpreis eines Finanzinstruments[960] hoch- bzw. herunterzutreiben oder beizubehalten.[961]
Die Verordnungsbegründung stellt dabei klar, daß sonstige Täuschungshandlungen nach § 20a I S.1 N.3 WpHG keinen kommunikativen Erklärungswert zu haben brauchen. Ein Täuschungserfolg in Form eines Irrtums seitens der Marktteilnehmer ist nicht erforderlich. Die Handlung oder das Unterlassen muß lediglich geeignet sein, bei einem verständigen Anleger eine Fehlvorstellung über die wahren wirtschaftlichen Verhältnisse an einer Börse oder einem Markt, etwa über Angebot und Nachfrage in Bezug auf ein Finanzinstrument, hervorzurufen. Der Maßstab des verständigen Anlegers entspricht § 13 I S.2 und 3 WpHG.[962]

---

[957] *Streinz/Ohler*, WM 2004, 1309 (1315)
[958] *Streinz/Ohler*, WM 2004, 1309 (1315)
[959] so im Ergebnis auch *Sorgenfrei*, wistra 2002, 321 (325) ; *Moosmayer*, wistra 2002, 161 (169) ; *Tripmaker*, wistra 2002, 288 (292) ; *Altenhain*, BB 2002, 1874 (1876); a.A. BGH, AG 2004, 144 (146) ; *Möller*, WM 2002, 309 (314) ; *Ziouvas/Walter*, WM 2002, 1487
[960] [...] oder den Preis eines Finanzinstruments an einem organisierten Markt in einem anderen Mitgliedstaat der Europäischen Union oder einem anderen Vertragsstaat des Abkommens über den Europäischen Wirtschaftsraum.
[961] § 4 I MaKonV
[962] Begründung des BMF zur MaKonV, S.5, http://www.bafin.de/verordnungen/makonv_beg.pdf

2. Subsumtion einzelner Beeinflussungsmaßnahmen unter das Verbot sonstiger Täuschungshandlungen

a. Beeinflussung durch fiktive Handelsgeschäfte in eigenen Aktien

Nach § 4 II N.2 MaKonV unterfallen fiktive Geschäfte, die den unzutreffenden Eindruck wirtschaftlich begründeter Umsätze erwecken, neben dem Verbot des § 20a I S.1 N.2 WpHG ebenfalls dem Auffangtatbestand des § 20a I S.1 N.3 WpHG. Abgesehen von reinen Scheingeschäften sind auch die oben aufgeführten Beeinflussungsmaßnahmen der sog. „wash sales", „improper matched orders" und „circular tradings" betroffen.
In seinem durch das WpHG geschützten Vertrauen in die Zuverlässigkeit und Wahrheit der Preisbildung muß sich das Anlagepublikum darauf verlassen können, daß die veröffentlichten Börsenkurse zumindest auf tatsächlichen Geschäften beruhen und nicht durch wirtschaftlich bedeutungslose In-Sich-Geschäfte verfälscht werden.[963] Die Täuschung des Anlagepublikums besteht darin, daß trotz der rechtlichen Gültigkeit und Verbindlichkeit der Vereinbarungen gerade keine wirtschaftlich relevante Vermögensverschiebung stattfindet, sondern sämtliche Verfügungen sich im Endeffekt neutralisieren.[964] Die fiktiven Geschäfte dienen damit allein dem Zweck, den Eindruck erhöhter Umsätze und damit einer lebhaften Handelsaktivität in dem betreffenden Papier zu erwecken und die wahre Marktsituation zu verdecken.[965] Dies gilt nur dann nicht, wenn die Geschäfte im Einklang mit den jeweiligen Marktbestimmungen rechtzeitig angekündigt wurden.[966]

Fiktive Handelsgeschäfte unterfallen ebenfalls dem Auffangtatbestand des § 20a I S. N.3 WpHG und scheiden auch unter dem Aspekt des Verbots von Marktmanipulationen als zulässige Maßnahme der Beeinflussung des eigenen Börsenkurses durch die Aktiengesellschaft aus.

b. Beeinflussung durch (effektive) Handelsgeschäfte in eigenen Aktien

§ 20a I S.1 N.3 WpHG erfaßt als Auffangtatbestand neben § 20a I S.1 N.2 WpHG sämtliche Beeinflussungen durch (effektive) Handelsgeschäfte der Ge-

---

[963] Altendorfer, S.231
[964] Reg.Begr. BT-Drucks.14/8017, S.89
[965] *Ziouvas*, ZGR 2003, 113 (132) *Altendorfer*, S.215 ; *Lenzen*, S.9 ; *Sorgenfrei*, Wistra 2002, 321 (327) ; RegBegr. BT-Drucks.14/8017, S.89
[966] § 4 II N.1 HS. 2 MaKonV

sellschaft in eigenen Aktien, die das Anlagepublikum über die wahren wirtschaftlichen Verhältnisse in die Irre führen.

Doch worin besteht die von § 20a I S.1 N.3 WpHG verlangte „objektive" Täuschungshandlung, wenn die Kaufs- oder Verkaufsgeschäfte tatsächlich stattfinden, die Gesellschaft tatsächlich das Eigentum an den Wertpapieren überträgt und die Geschäfte insofern objektiv der Marktsituation entsprechen ?[967] Der von der Täuschung hervorgerufene Irrtum des Anlagepublikums kann sich allein auf das Motiv des Täters beziehen. Dabei ist grundsätzlich anerkannt, daß die objektive Tathandlung auch in einer Täuschung über innere Tatsachen (Überzeugungen, Absichten, Motive) bestehen kann.[968] Der Bundesgerichtshof hat in diesem Zusammenhang seinen Standpunkt bekräftigt, eine generelle Straflosigkeit von „neutralen", „berufstypischen" oder „professionell-adäquaten" Handlungen komme nicht in Betracht, da fast jede Handlung in einen strafbaren Kontext gestellt werden könne, sobald sie ihren Alltagscharakter verliere und nicht mehr als sozial-adäquat eingestuft werden könne.[969]
Fraglich ist allerdings, ob den Börsengeschäften eines Marktbeteiligten überhaupt ein Erklärungswert zukommt, aus dem sich eine unwahre Behauptung über das Motiv seiner Transaktion ableiten läßt.[970] Da das einzelne Wertpapiergeschäft mangels persönlicher Kontakte unter den Anlegern in der Abstraktion und Anonymität des Börsenhandels kaum zu individualisieren ist, muß hier vielmehr verallgemeinernd gefragt werden, ob dem Börsenkurs an sich, als Platzhalter für sämtliche Wertpapiergeschäfte, ein entsprechender Erklärungswert unterstellt werden kann. Eine besondere Kommunikationsbeziehung zwischen Handelndem und Irrendem wird nämlich – wie auch im Kernstrafrecht - im Kapitalmarktrecht nicht zu fordern sein.[971]
Die Ermittlung des Erklärungswertes eines positiven Tuns richtet sich nach den allgemeinen Interpretationsregeln. Neben dem objektiven Erklärungsinhalt (Kauf bzw. Verkauf des betreffenden Wertpapiers zu den jeweiligen Konditionen) ist bei der Auslegung einer „Erklärung an die Allgemeinheit" zusätzlich zu berücksichtigen, wie der rechtsgeschäftliche Verkehr nach dem objektiven Empfängerhorizont unter Beachtung der Umstände des Falles die Handlung versteht oder verstehen darf. Maßgebend ist dabei das Verständnis eines durchschnittli-

---

[967] *Lenzen*, WM 2000, 1131 (1137)
[968] vgl. für das Kernstrafrecht *Cramer*, Schönke/Schröder, §263, Rdn.10
[969] BGH NJW 2000, 3010 ff. ; vgl. auch *Löwe-Krahl*, wistra 1995, 201 (203) ; *Roxin*, FS Koichi Miyazawa 1995 S.501 (515) ; a.A. im konkreten Zusammenhang: *Lenzen*, ZBB 2002, 279 (286)
[970] BGH, NStZ 1982, 70 ; OLG Hamm, NJW 1982, 1406 ; *Cramer*, Schönke/Schröder, §263, Rdn.12ff. ; *Samson/Günther*, SK, §263, Rdn.27
[971] Begründung des BMF zur MaKonV, S.5, http://www.bafin.de/verordnungen/makonv_beg.pdf ; *Samson/Günther*, SK, §263, Rdn.23

chen Angehörigen des angesprochenen Personenkreises, hier also eines durchschnittlichen Marktteilnehmers.[972]
Vereinzelt wird in diesem Zusammenhang darauf abgestellt, daß jeder Marktteilnehmer in dem getätigten Wertpapiergeschäft stillschweigend seine tatsächliche Wertschätzung des Vermögenswertes wiedergebe.[973] Das heißt, ein Kaufgeschäft stehe für eine Unterbewertung, ein Verkaufsgeschäft für eine Überbewertung des Titels. Diesem Ansatz sind jedoch die Geschäfte derjenigen unbescholtenen Marktteilnehmer entgegenzuhalten, die sich beispielsweise in finanziell schwierigen Zeiten gezwungen sehen, Wertpapiere abzustoßen oder etwa aus Solidarität zu einem bestimmten Unternehmen ihre Beteiligungen aufstocken.[974] In diesen Fällen eine Täuschung anzunehmen, würde sicherlich zu weit gehen. Der durchschnittliche Marktteilnehmer kann nicht generell damit rechnen, daß sämtliche Transaktionen in jedem Fall auf eine bestimmte, wirtschaftlich sinnvolle Beurteilung des Vermögenswertes zurückzuführen sind.
Nach einem anderen Ansatz sei dem Börsenkurs die Aussage zu entnehmen, sämtliche Börsengeschäfte würden die stillschweigende Erklärung beinhalten, daß sie nicht mit dem sachfremden Ziel der Kursbeeinflussung zu eigennützigen Zwecken behaftet seien.[975] Diesem Ansatz ist zunächst zuzugestehen, daß der durchschnittliche am Kapitalmarkt agierende Anleger in die Zuverlässigkeit und Wahrheit der Preisbildung vertraut. Dieses Vertrauen zu schützen, ist Sinn und Zweck des WpHG und insbesondere des § 20a WpHG. Zwar wird das Vertrauen durch tatsächlich abgeschlossene und den Handelsusancen folgende Geschäfte zunächst nicht beeinträchtigt.[976] Doch auf der anderen Seite basiert die wahre und zuverlässige Preisbildung auf dem freien, ungestörten Zusammenspiel von Angebot und Nachfrage am Kapitalmarkt. Das Anlegervertrauen erstreckt sich mithin auch darauf, daß andere Marktteilnehmer den Preisbildungsprozeß nicht zu ihren Gunsten künstlich zu beeinflussen suchen.[977] Das Anlagepublikum muß regelrecht von dieser Prämisse ausgehen, da andernfalls zu dem ohnehin bestehenden Spekulationsrisiko, durch Ausnutzung der zu erwartenden Kursschwankungen eine Rendite zu erzielen, ein zusätzliches, unberechenbares Manipulationsrisiko hinzutreten würde, das kein vernunftbegabter Marktteilnehmer zu tragen bereit sein dürfte. Dies findet seine Bestätigung in der Begründung des Bundesfinanzministeriums zur MaKonV, in der es ausführt, eine einschlägige Irreführung umfasse auch die Fehlvorstellung, beide Vertragspartner effektiver

---

[972] vgl. BGH 53, 307 ; *Heinrichs*, Palandt, §133, Rdn.12 ; *Cramer*, Schönke/Schröder, § 263, Rdn.12
[973] Einer weiteren Meinung zufolge täusche der Manipulator den Markt über seine tatsächliche Wertschätzung bezüglich des gehandelten Titels. Vgl. *Iffland*, SZW 1997, 121 (122)
[974] *Lenzen*. S.194 ; *Altenhain*, BB 2002, 1874 (1877)
[975] BGH, AG 2004, 144 (145)
[976] Altendorfer, S.232
[977] vor allen *Möller*, WM 2002, 309 (313)

Geschäfte beabsichtigten die Übertragung von Finanzinstrumenten, während sie in Wirklichkeit die Ausführung ihrer Geschäfte nur in Kauf nehmen, um ihr eigentliches Ziel der Preiseinwirkung zu erreichen.[978]
Dennoch erscheint es unzulässig, aus der allgemeinen Erwartung und dem Vertrauen, die Marktteilnehmer werden sich normkonform verhalten, die Tatsachenbehauptung abzuleiten, jeder Normadressat erkläre auch stillschweigend, er beachte die Norm.[979] Zwar erscheint es untragbar, ein derart mißbilligendes Verhalten allein aufgrund der Anonymität des Kapitalmarktes einer Sanktionierung entzogen zu sehen,[980] doch ist an dieser Stelle auf den Verbotstatbestand des § 20a I S.1 N.2 WpHG zu verweisen, dessen Einführung durch das AnSVG eine Sanktionierung von Manipulationen im Zusammenhang mit effektiven Handelsgeschäften über den Auffangtatbestand der sonstigen Täuschungshandlungen hinaus auch nicht erforderlich erscheinen läßt.

Der Einsatz von (effektiven) Handelsgeschäften in eigenen Aktien der Gesellschaft, die eine Beeinflussung des Börsenkurses mit sich bringen, ist nicht durch § 20a I S.1 N.3 WpHG beschränkt.

c. Beeinflussung durch informationsbezogene Handlungen

Beinhalten die informationsbezogenen Beeinflussungsmaßnahmen keine „Angaben“ im Sinne von § 20a I S.1 N.1 WpHG, so greift das Auffangtatbestandsmerkmal der sonstigen Täuschungshandlung ein. Dies bestätigt § 4 III N.2 MaKonV ausdrücklich für die Kundgabe von Gerüchten, Meinungen oder Empfehlungen über Finanzinstrumente oder deren Emittenten bei Bestehen eines möglichen Interessenkonflikts, ohne daß dieser zugleich in adäquater Weise offenbart wird. Inwieweit die Gerüchte zutreffen oder die Meinungen sachlich begründet sind, ist für die Erfüllung dieses Regelbeispiels unerheblich. Einschränkend gilt aber, daß die handelnde Person Positionen in dem betreffenden Finanzinstrument innehaben und von den Auswirkungen ihrer verbreiteten Meinungen oder Gerüchte profitieren muß, ohne daß dies notwendigerweise beabsichtigt war.[981]
Der Wortlaut in § 4 III N.2 MaKonV erscheint aber zu weit gefaßt. Die Passage der Marktmißbrauchsrichtlinie, auf die Bezug genommen wird (Art. 1 Nr. 2 Buchstabe c, 3. Spiegelstrich), betrifft nur Fälle des sog. „scalpings“, in denen

---

[978] Begründung des BMF zur MaKonV, S.5, http://www.bafin.de/verordnungen/makonv_beg.pdf
[979] *Altenhain*, BB 2002, 1874 (1878)
[980] *Schwark*, Schwark, § 20a WpHG, Rdn.28
[981] Begründung des BMF zur MaKonV, S.6, http://www.bafin.de/verordnungen/makonv_beg.pdf

zunächst eine Position in einem Finanzinstrument eingegangen, dann eine Stellungnahme zu diesem Finanzinstrument oder dessen Emittenten abgegeben und anschließend Nutzen aus den Auswirkungen der Stellungnahme auf den Kurs dieses Finanzinstruments gezogen wird, ohne daß die Öffentlichkeit auf den Interessenkonflikt hingewiesen wurde. Darüber hinaus spricht die Richtlinie vom „Ausnutzen" der Stellungnahme. Der Wortlaut der Verordnung geht ohne sachlichen Grund über diese Mißbrauchsfälle hinaus, wenn er das bloße Unterlassen der Offenlegung eines möglichen Interessenkonfliktes bereits als Marktmißbrauch sanktioniert.[982]

In dem Fall, in dem die Aktiengesellschaft vor oder nach einer Transaktion oder der Erteilung von Kauf- oder Verkaufsaufträgen falsche oder irreführende Informationen weitergibt, bestehen nach § 4 IV MaKonV Anhaltspunkte dafür, daß die Gesellschaft von dieser Täuschung auf dem Kapitalmarkt profitiert hat oder profitieren wollte, so daß ein Anzeichen für eine Marktmanipulation nach § 20a I S.1 N.3 WpHG gegeben ist.
Ähnliches gilt für die Erstellung oder Weitergabe von Finanzanalysen i.S.v. § 34b I S.1 WpHG oder von Anlageempfehlungen. Die Finanzanalysen oder Anlageempfehlungen müssen dabei inhaltlich oder der Form nach mit Fehlern behaftet, von wirtschaftlichen Interessen geleitet oder durch sonstige Voreingenommenheit beeinflußt sein. Maßstab für die Richtigkeit von Finanzanalysen ist § 34b WpHG in Verbindung mit einer Rechtsverordnung nach § 34b VIII WpHG.[983] Der Wortlaut von § 4 IV N.2 MaKonV geht über die Vorgaben in Art. 5 lit. b der Richtlinie 2003/124/EG hinaus. Danach müssen die betreffenden Analysen oder Anlageempfehlungen unrichtig, verzerrt oder ganz offensichtlich von materiellen Interessen beeinflußt worden sein. Darauf sollte sich die nationalgesetzliche Umsetzung beschränken. Ferner sollte klargestellt werden, daß sich die Analysen oder Anlageempfehlungen auf das Finanzinstrument beziehen müssen, das Gegenstand des betreffenden Geschäfts ist.

Im Ergebnis ist der Aktiengesellschaft die Vornahme von informationsgestützten Beeinflussungsmaßnahmen, insbesondere vor oder nach der Durchführung einer Transaktion bzw. der Erteilung von Kauf- oder Verkaufsaufträgen, versagt, da dies den Anhaltspunkt begründet, daß die Gesellschaft von dieser Täuschung auf dem Kapitalmarkt profitiert hat oder profitieren wollte, so daß Anzeichen für eine Marktmanipulation nach § 20a I S.1 N.3 WpHG gegeben sind.

---

[982] Gemeinsame Stellungnahme des Deutschen Aktieninstituts e.V. und des Bundesverbandes der Deutschen Industrie e.V. für das Bundesministerium der Finanzen zu dem Entwurf einer Verordnung zur Konkretisierung des Verbotes der Marktmanipulation (MaKonV) vom 22.09.2004, S.4

[983] Begründung des BMF zur MaKonV, S.6, http://www.bafin.de/verordnungen/makonv_beg.pdf

d. Beeinflussung durch Zurückhalteabkommen und „parking“ – Vereinbarungen

Vereinbart die Aktiengesellschaft mit einzelnen Marktteilnehmer im Rahmen sog. „Zurückhalteabkommen“, eine nicht unerhebliche Anzahl an Wertpapieren dem Kapitalmarkt vorzuenthalten oder durch die Unterbringung auf einem Drittdepot zu entziehen (sog. „parking“), wird das Angebot dieses Finanzinstruments künstlich verringert.[984] Das Anlagepublikum, das grundsätzlich auf das freie Wirken der Marktkräfte vertraut, führt die damit einhergehende Marktverengung auf eine entsprechend starke Nachfrage zurück und unterliegt damit einer falschen Vorstellung über die tatsächlich am Markt verfügbare Wertpapieranzahl. Diese Fehlvorstellung zieht wiederum eine irrtümlich angenommene Wertschätzung des Titels nach sich, die schließlich in einem erheblichen Preisanstieg mündet.
Im Zusammenhang mit einer Emission kann auf diese Weise der Eindruck einer vollständigen und damit erfolgreichen Plazierung erweckt werden, der ebenfalls den Sekundärmarktpreis ansteigen läßt.[985]

Im Ergebnis sind Zurückhalteabkommen und „parking“ –Vereinbarungen als sonstige Täuschungshandlungen einzuordnen und unter § 20a I S.1 N.3 WpHG zu subsumieren.[986]

VII. Grenzen der Zulässigkeit von Maßnahmen zur Beeinflussung des eigenen Börsenkurses durch Rechtsfolgen bei Mißachtung des Verbots der Marktmanipulation

Ein Verstoß gegen das Marktmanipulationsverbot nach § 20a WpHG wird durch die Straf- und Bußgeldvorschriften der §§ 38 II; 39 I N.1, 2; II N. 11 i.V.m. § 20a WpHG sanktioniert. Anders als sein börsengesetzlicher Vorgänger ist das öffentlich-rechtliche Verbot des § 20a WpHG zunächst als abstrakter Gefährdungstatbestand ausgestaltet, dessen Verletzung in Verbindung mit §§ 39 I N.1, 2; II N.11 WpHG eine mit Bußgeld in Höhe von bis zu einer Millionen Euro sanktionierte Ordnungswidrigkeit darstellt. Erst das Hinzutreten eines Manipulationserfolges erfüllt den erfolgsqualifizierten Straftatbestand des § 38 II WpHG.[987]

---

[984] siehe oben auf Seite 145.
[985] *Lenzen*, S.221
[986] *Lenzen*, S.221
[987] RegBegr. BT-Drucks. 14/8017, S.98 ff.

Die Feststellung eines Manipulationserfolges ist allerdings mit großen praktischen Schwierigkeiten verbunden.[988] Aufgrund der vielfältigen Faktoren, die auf die Börsenpreisbildung einwirken können und die sich nachträglich schwer rekonstruieren lassen, stellt insbesondere das Führen des Kausalitätsnachweises die Gerichte vor eine nur schwer lösbare Aufgabe.

Dabei ist schon fraglich, ob auf eine Änderung des Schlußkurses oder bereits auf die Veränderung einer jeden Kursfeststellung (sog. „intraday- Ausschläge") abzustellen ist. Der BGH hat im Rahmen seines „Opel"- Urteils darauf hingewiesen, daß an die Frage der tatsächlichen Kurseinwirkung keine „überspannten Anforderungen" zu stellen seien. Hinreichende Belege sollen sich demnach aus dem Vergleich des bisherigen Kursverlaufes und Umsatzes mit dem Kurs- und Umsatzverlauf des betreffenden Papiers am konkreten Tag sowie aus der Berücksichtigung der Ordergröße ergeben können. Entgegen den Erwägungen des LG München I solle eine Befragung der Marktteilnehmer nicht erforderlich sein.[989]
Mit der Aufnahme des § 20a in das WpHG und der Ausgestaltung des Grundtatbestandes als Ordnungswidrigkeit hat es der Gesetzgeber ermöglicht, die Zuständigkeit für einen Großteil der Überwachung von Marktmanipulationen dem staatsanwaltlichen Mandat zu entziehen und auf die Bundesanstalt für Finanzdienstleistungsaufsicht (BaFin) zu übertragen (§ 4 WpHG). Diese kann aufgrund ihrer prinzipiellen Sachnähe und ihrer Erfahrungen aus der verwandten, ihr ebenfalls unterstellten Materie des Insiderhandels eine effizientere Kontrolle und Durchsetzung des Verbots erreichen. Die Kompetenzübertragung auf bundesweit eine zentrale Behörde folgt den gemeinschaftsrechtlichen Vorgaben[990] und trägt dem Umstand Rechnung, daß die modernen Manipulationshandlungen nicht selten bundesländerübergreifend auftreten und sich zudem nicht allein auf die Börsen beschränken, sondern auch außerbörsliche Transaktionen beinhalten können. In Fällen manipulativer Handlungen, die ihre beeinträchtigenden Wirkungen auch auf ausländischen Börsenplätzen entfalten, wird schließlich eine schnelle und effektive internationale Zusammenarbeit der zuständigen Behörden gewährleistet. Erst wenn sich nach der Erkenntnis der Bundesanstalt Verdachtsmomente ergeben, die das Vorliegen einer Straftat nahelegen, hat sie die Tatsachen der zuständigen Staatsanwaltschaft unverzüglich anzuzeigen (§ 4 V WpHG).

---

[988] LG München I (Haffa-Urteil), NJW 2003, 2328 (2330) ; dazu *Fleischer*, NJW 2003, 2584 (2585) ; *Sorgenfrei*, wistra 2002, 321 (330) ; *Tripmaker*, wistra 2003, 288 ; *Weber*, NJW 2003, 18
[989] BGH, AG 2004, 144 (146)
[990] Art. 11 Marktmißbrauchsrichtlinie

F. Grenzen der Zulässigkeit der Beeinflussung des eigenen Börsenkurses durch die Veröffentlichungs- und Übermittlungspflichten des Emittenten bei Veränderungen des Stimmrechtsanteils gemäß § 26 WpHG

Eine zusätzlich Begrenzung der Durchführung von kursbeeinflussenden Maßnahmen der Aktiengesellschaft kann sich aus der Veröffentlichungs- und Übermittlungspflicht § des 26 WpHG ergeben.

I. Überblick

Die §§ 21 ff. WpHG finden ihren gesetzgeberischen Ursprung auf europäischer Ebene in der ersten „Transparenzrichtlinie“[991], die inzwischen aufgehoben und in Art. 85-97 der sog. „Koordinierungsrichtlinie“[992] aufgegangen ist. Umgesetzt wurde die Richtlinie zunächst durch das 2.Finanzmarktförderungsgesetz. Inhaltliche Änderungen folgten im Rahmen des 3. Finanzmarktförderungsgesetz, des KonTraG, des Wertpapiererwerbs- und Übernahmegesetzes sowie durch das 4. Finanzmarktförderungsgesetz. Erneute Modifikationen erfolgten im Zuge der Umsetzung der neuen Transparenzrichtlinie durch das TUG.

Sinn und Zweck der Regelungen ist es, durch angemessene Information der Gesellschaft sowie des Anlagepublikums den Anlegerschutz auf dem Gebiet des Wertpapierhandels zu verbessern, das Vertrauen in die Wertpapiermärkte zu steigern und damit insgesamt zur Funktionalität der Kapitalmärkte beizutragen. Gleichzeitig soll auf diese Weise dem Mißbrauch durch Insidergeschäfte vorgebeugt und den Aktiengesellschaften ein besserer Überblick über ihre Aktionärsstruktur ermöglicht werden.[993]

Nicht selten korrespondiert die Veröffentlichungspflicht der Gesellschaft nach § 26 WpHG jedoch mit der Ad-hoc-Publizitätspflicht nach § 15 WpHG. Dabei gelten die §§ 21 ff. WpHG weder als leges speciales gegenüber § 15 WpHG noch verdrängt die Ad-hoc-Publizitätspflicht die Anwendung der Veröffentlichungspflichten der §§ 21 ff. WpHG.[994] Aufgrund der unterschiedlichen Tatbestandsvoraussetzungen und Rechtsfolgen sowie wegen der verschiedenen nor-

---

[991] Richtlinie 88/627/EWG des Rates vom 12.12.1988, Abl. Nr. L348 vom 17.12.1988

[992] Richtlinie über die Zulassung von Wertpapieren zur amtlichen Börsennotierung und über die hinsichtlich dieser Wertpapiere zu veröffentlichenden Informationen 2001/34/EG vom 28.5.2001, Abl. EG Nr. L184 vom 6.7.2001

[993] RegBegr. BT-Drucks. 12/6679, S.52

[994] *Burgard*, ZHR 162 (1998), 51 (74) ; *Janert*, BB 2004, 169 (171)

mativen Zwecke der beiden Veröffentlichungsgebote sind § 15 WpHG und §§21 ff. WpHG in jeder Hinsicht nebeneinander anwendbar.[995]

II. Transparenzgebot nach § 26 I S.1 WpHG

Wird einer Aktiengesellschaft als Inlandsemittent i.S.v. § 2 VII WpHG von einem ihrer Aktionäre in Entsprechung seiner Pflicht aus § 21 WpHG Mitteilung gemacht, daß dieser durch Erwerb, Veräußerung oder auf sonstige Weise 3, 5, 10, 15, 20, 25, 30, 50, 75 Prozent[996] der Stimmrechte der Gesellschaft erreicht, überschritten oder unterschritten hat, so ist wiederum die Gesellschaft nach § 26 I S.1 WpHG verpflichtet, diese Mitteilung unverzüglich, spätestens jedoch drei Handelstage[997] nach Zugang der Mitteilung zu veröffentlichen und sie unverzüglich, jedoch nicht vor ihrer Veröffentlichung, dem Unternehmensregister i.S.v. § 8b HGB zur Speicherung zu übermitteln. In § 25 I WpHG wird die Meldepflicht auf das Halten von Finanzinstrumenten ausgeweitet, die zum Erwerb von Aktien durch einseitige Erklärung berechtigen (Optionen).[998] Die Gesellschaft hat sodann die durchgeführte Veröffentlichung der BaFin mitzuteilen (§ 26 II WpHG).

Die Einzelheiten der Veröffentlichungspflicht richten sich über die Ermächtigungsgrundlage des § 26 III WpHG nach §§ 19 ff. WpAIV. Neben Angabe der Mitteilung selbst, müssen der Namen und Wohnsitz bzw. Firma und Sitz des Meldepflichtigen mitgeteilt werden.

Bei der Ermittlung der maßgeblichen Schwellenwerte stellt das Gesetz auf die Stimmrechte und nicht wie §§ 20 ff. AktG auf den Kapitalanteil der Aktionäre ab. Die Gesamtzahl der Stimmen ist zu der Teilmenge der Stimmrechte ins Verhältnis zu setzen. Mehrstimmrechte – soweit noch bestehend – sind der Gesamtzahl hinzuzurechnen, stimmrechtslose Vorzugsaktien sind in aller Regel nicht zu berücksichtigen. Eigene Aktien der Gesellschaft, die gemäß § 71b AktG keine Rechte begründen, sind entgegen § 290 IV S.2 HGB in der Gesamtmenge mitzurechnen.[999] Zu berücksichtigen ist ferner zum einen die Zurechnung von Stimm-

---

[995] *Janert*, BB 2004, 169 (171)

[996] In Umsetzung der Transparenzrichtlinie wurden die Schwellenwerte 3, 15, 20, 30 % neu eingefügt.

[997] zum Begriff der Handelstage vgl. § 30 WpHG.

[998] Dabei soll die Eingangsmeldeschwelle 5 % betragen. Lediglich bei bereits bestehenden Beteiligungen kommt die niedrigere Meldeschwelle von 3 % zur Anwendung.

[999] RegBegr. BR-Drucks. 872/97, S.81 ; *Burgard*, BB 1995, 2069 (2071) ; *Schneider*, Assmann/Schneider, §21, Rdn.34

rechten nach § 22 WpHG sowie zum anderen die Nichtberücksichtigung von Stimmrechten aus Aktien, die aus Handelsbeständen von Wertpapierdienstleistungsunternehmen stammen (§ 23 WpHG).

Zur Erleichterung der Errechnung der Stimmrechtsschwellen ist in § 26a WpHG mit der Umsetzung der Transparenzrichtlinie zusätzlich die Verpflichtung des Emittenten aufgenommen worden, die Gesamtzahl der Stimmrechte bei Veränderungen am Ende jeden Kalendermonats zu veröffentlichen. Der einzelnen Meldepflichtigen brauchen insoweit nicht selbst die Schwellenzahlen zu errechnen, sondern können sich auf die Veröffentlichung der Gesellschaft verlassen.

III. Transparenzgebot nach § 26 I S.2 WpHG

Aus § 26 I S.2 WpHG ergibt sich auch eine unmittelbare Meldepflicht der Aktiengesellschaft als Inlandsemittent. Hat die Aktiengesellschaft von der Möglichkeit der §§ 71 ff. AktG Gebrauch gemacht und eigene Aktien selbst oder über einen Strohmann zurückerworben, weiterveräußert oder auf sonstige Weise den Bestand eigener Anteile verändert, so muß sie dies innerhalb von vier Handelstagen entsprechend § 21 WpHG offenlegen, sobald die Anzahl der eigenen Anteile die maßgeblichen Schwellenwerte von 5 oder 10 Prozent[1000] erreicht bzw. über- oder unterschritten hat. Zwar ruhen die mitgliedschaftlichen Rechte der Aktien in der Hand der Gesellschaft, insbesondere werden keine Stimmrechte begründet, doch ist durch § 71 I AktG das Bedürfnis an einer Offenlegung eigener Aktien gegenüber der Hauptversammlung anerkannt. Ein solches Bedürfnis besteht dann aber auch für die Anleger am Kapitalmarkt als künftige Aktionäre der Gesellschaft.[1001]

VI. Subsumtion relevanter Beeinflussungsmaßnahmen unter die Veröffentlichungspflicht börsennotierter Gesellschaften bei Veränderungen des Stimmrechtsanteils

Im Rahmen der Beeinflussung des Börsenkurses durch die Aktiengesellschaft kann sich eine Veröffentlichungspflicht nach § 26 I S.1 WpHG immer dann ergeben, wenn die Aktiengesellschaft Aktienrückkäufe bzw. die Weiterveräußerung eigener Aktien als Teil einer Beeinflussungsmethode einsetzt. Denn mit der

---

[1000] Nach § 26 I S.2 aE WpHG ist für einen Emittenten mit Herkunftsland Deutschland zusätzlich die 3%- Schwelle maßgeblich.

[1001] *Schneider*, Assmann/Schneider, §21, Rdn.34

Veränderung des Bestandes eigener Aktien korreliert eine Veränderung der Beteiligungsverhältnisse und in der Regel auch der Stimmrechtsverhältnisse der Aktionäre, die an der Durchführung des Rückkauf-/ Veräußerungsprogramms teilnehmen. Diese haben als Inhaber von Stimmrechtsanteilen stets die Pflicht zu prüfen, ob ihre Beteiligung eine Meldeschwelle berührt.
Gemäß § 26 I S.2 WpHG ist die Aktiengesellschaft bei der Beeinflussung des eigenen Börsenkurses dahingehend eingeschränkt, daß sie die Über- bzw. Unterschreitung der Schwellen von 5 bzw. 10 Prozent zu veröffentlichen hat.

VII Grenzen der Zulässigkeit von Maßnahmen zur Beeinflussung des eigenen Börsenkurses durch Rechtsfolgen bei Mißachtung der Veröffentlichungspflicht

Bei einer Verletzung der Veröffentlichungspflicht droht der Aktiengesellschaft nach § 39 II N. 5c), 39 IV WpHG ein Bußgeld in Höhe von bis zu 200.000 €. Zusätzlich kann die BaFin im Wege der Ersatzvornahme die Veröffentlichung auf Kosten der Gesellschaft vornehmen.

G. Grenzen der Zulässigkeit von Maßnahmen zur Beeinflussung des eigenen Börsenkurses durch die periodischen Berichtspflichten gemäß §§ 37v ff. WpHG sowie der Informationspflichten nach §§ 30a ff WpHG

Schließlich kann die Beeinflussung des eigenen Börsenkurses durch die Aktiengesellschaft anhand der Pflichten zur periodischen Veröffentlichung und Übermittlung von Finanzberichten sowie durch die Pflicht zur Veröffentlichung und Übermittlung notwendiger Informationen für die Wahrnehmung von Rechten aus Wertpapieren eine weiter wertpapierhandelsrechtliche Begrenzung erfahren.

I. Überblick

Mit Umsetzung der Transparenzrichtlinie durch das TUG hat der deutsche Gesetzgeber wesentliche Änderung im Bereich der externen Rechnungslegung durch periodische Berichtspflichten vorgenommen und die Pflichten zur Veröffentlichung und Übermittlung notwendiger Informationen für die Wahrnehmung von Rechten aus Wertpapieren neu in das WpHG aufgenommen. Vorschriften hinsichtlich der Informationspflichten von Emittenten an organisierten Märkten fanden sich zwar bislang bereits größtenteils als Börsenzulassungsfolgepflichten im Börsengesetz und der Börsenzulassungsverordnung. Da die europäische Vorlage diese Pflichten jedoch nicht länger an die Börsenzulassung, sondern an das Herkunftsstaatsprinzip anknüpft und dem Regime der BaFin als der zentralen

Behörde im Sinne der Prospektrichtlinie unterstellt sehen will, galt es diese Regelungen unter Anpassung ihres Inhalts in das Wertpapierhandelsgesetz einzugliedern.

II. Grenzen der Zulässigkeit von Maßnahmen zur Beeinflussung des eigenen Börsenkurses durch die Jahresfinanzberichtspflicht gemäß § 37v WpHG, die Halbjahresfinanzberichtspflicht gemäß § 37w WpHG und die Pflicht zur Zwischenmitteilung der Geschäftsführung gemäß § 37x WpHG

Die periodischen Berichtspflichten des WpHG richten sich künftig auf die Veröffentlichung und Übermittlung eines Jahresfinanzberichts, eines Halbjahresfinanzberichts sowie einer Zwischenmitteilung der Geschäftsführung.

Nach § 37v WpHG haben Inlandsemittenten (§ 2 VII WpHG) von Wertpapieren (§ 2 I WpHG) innerhalb von vier Monaten nach Abschluß eine Geschäftsjahrs einen Jahresfinanzbericht zu veröffentlichen und dem Unternehmensregister i.S.v. § 8b HGB zur Speicherung zu übermitteln. Dies gilt allerdings nur soweit sie nicht bereits nach handelsrechtlichen Vorschriften zur Offenlegung entsprechender Rechnungslegungsunterlagen verpflichtet sind. Der Jahresfinanzbericht hat mindestens den geprüften Jahresabschluß, den Lagebericht und den sog. Bilanzeid zu enthalten. Letzterer beinhaltet gemäß der Neufassung der §§ 264 II S.3, 289 I S.5 HGB eine schriftliche Versicherung des gesetzlichen Vertreters der Gesellschaft, daß der Jahresabschluß ein den tatsächlichen Verhältnissen entsprechendes Bild wiedergibt.

Unter Aufhebung der Vorschriften über den Zwischenbericht in den §§ 53 ff BörsZulVO a.F. regelt künftig § 37w WpHG die Pflicht der Inlandsemittenten von Aktien oder Schuldtiteln (§ 2 I N1/N.3 WpHG), innerhalb von zwei Monaten Halbjahresfinanzberichte zu erstellen. Mithin knüpft die Neuregelung der umfangreichen Publizitätspflichten künftig nicht mehr an die Zulassung der Aktien zum Handel auf einem Amtlichen Markt an und bringt somit eine erhebliche Erweiterung der bisherigen Berichterstattungsadressaten mit sich. Während börsennotierte Unternehmen nach der BörsZulVO a.F. bislang nur Zwischenberichte erstellen mußten[1002], die lediglich Zahlenangaben zu Umsatz und Ergebnis sowie einige Erläuterungen (bspw. zur Auftragslage oder, wenn möglich, zu den

---

[1002] Im Frankfurter Prime Standard zugelassene Emittenten sahen sich aufgrund der Börsenordnung der Frankfurter Wertpapierbörse (BörsO) bereits den weitergehenden Zwischenberichtsanforderungen der IFRS bzw. US-GAAP ausgesetzt. So sieht die BörsO bspw. für jedes Quartal einen Zwischenbericht vor, der neben Bilanz, GuV und Anhang auch Eigenkapitalveränderungsrechnung, Kapitalflußrechnung sowie Segmentberichterstattung enthält.

weiteren Aussichten für das laufende Geschäftsjahr) enthalte mußten, haben die Halbjahresfinanzberichte mindestens einen verkürzten Abschluß, einen Zwischenlagebericht und ebenfalls den Bilanzeid zu enthalten. Der verkürzte Abschluß, auf den die für den Jahresabschluß geltenden Rechnungslegungsgrundsätze (vgl. DRS 6 bzw. IAS 34) anzuwenden sind, umfaßt mindestens eine verkürzte Bilanz, eine verkürzte Gewinn- und Verlustrechnung und einen Anhang.[1003] Im Zwischenlagebericht sind nach § 37w IV WpHG mindestens die wichtigen Ereignisse des Berichtszeitraums im Unternehmen des Emittenten und ihre Auswirkungen auf den verkürzten Abschluß anzugeben sowie die wesentlichen Chancen und Risiken für die dem Berichtszeitraum folgenden sechs Monate des Geschäftsjahrs zu beschreiben. Ferner soll auf die wesentlichen Geschäfte mit nahestehenden Personen eingegangen werden.[1004]
Die Zwischenberichterstattung steht als Teil der börsen- und wertpapierrechtlichen Regelpublizität insbesondere neben der kapitalmarktrechtlichen Ad-hoc-Publizitätspflicht des § 15 WpHG. Letztere Vorschrift stellt zwar auch eine unterjährige Mitteilungspflicht auf, doch kommt ihr eine Ergänzungsfunktion mit abweichender Zielsetzung zu, dergestalt, daß kursrelevante ad-hoc-publizitätspflichtige Informationen nicht bis zur Offenlegung des Zwischenberichts bzw. des Jahresabschlusses oder des Lageberichts geheimgehalten werden dürfen, sondern schon vorher veröffentlicht werden müssen.[1005]

Ebenfalls neu für die Unternehmen, die nicht ausnahmsweise bereits im Segment des Prime Standards im Amtlichen Markt zugelassen waren, ist die Pflicht zur Veröffentlichung einer Zwischenmitteilung der Geschäftsführung gemäß § 37x WpHG als weitere Publizitätspflicht. Danach hat ein Inlandsemittent von Aktien spätestens zehn Wochen nach oder sechs Wochen vor Beginn bzw. Ende der ersten und zweiten Hälfte des Geschäftsjahrs eine Mitteilung der Öffentlichkeit zu übermitteln, die eine Beurteilung ermöglicht, wie sich die Geschäftstätigkeit des Emittenten in den drei Monaten vor Ablauf des Mitteilungszeitraums entwickelt hat. Es sind die wesentlichen Ereignisse und Geschäfte des Mitteilungszeitraums und ihre Auswirkungen auf die Finanzlage zu erläutern. Die Finanzlage und das Geschäftsergebnis im Mitteilungszeitraum sind zu beschreiben. Sofern ein Halbjahresfinanzbericht nach den Vorgaben des § 37 w WpHG erstellt wird, ersetzt dieser jedoch die Zwischenmitteilung.

[1003] Mutterunternehmen, die zur Anwendung der IFRS verpflichtet sind, und Unternehmen, die nach §325 II a HGB einen IFRS-Jahresabschluß offengelegt haben, müssen daher IAS 34 Zwischenberichterstattung auf den verkürzten Abschluß anwenden. Nach § 37y N.2 WpHG reicht jedoch die Veröffentlichung eines Halbjahreskonzernberichts.

[1004] vgl. zum ganzen: *Beiersdorf/Buchheim*, BB 2006, 16 74 (1677); *Nießen*, NZG 2007, 41 (44/45)

[1005] vgl. RegBegr. (BörsZulVO) BT-Drucks. 10/4296, S.16 ; RegBegr. (2.FMFG), BT-Drucks. 12/6679, S.48 ; *Ekkenga*, ZGR 1999, 165 (174/177) ; *Möllers*, ZGR 1997, 334 (344)

IV. Grenzen der Zulässigkeit von Maßnahmen zur Beeinflussung des eigenen Börsenkurses durch die Pflicht zur Mitteilung und Übermittlung notwendiger Informationen gemäß § 30a,b,c WpHG

Die Zulassungsfolgepflichten des § 39 BörsG a.F. i.V.m. §§ 63 ff. BörsZulVO a.F. wurde im Zuge des TUG in die §§ 30a – 30e WpHG transferiert und damit dem Regime der BaFin unterstellt.

Hervorzuheben ist dabei die Regelung des § 30b WpHG, derzufolge ein Aktienemittent mit Deutschland als Herkunftsland Mitteilung über die Ausschüttung und Auszahlung von Dividenden, die Ausgabe neuer Aktien und die Vereinbarung oder Ausübung von Umtausch- , Bezugs-, Einziehungs- und Zeichnungsrechten unverzüglich im elektronischen Bundesanzeiger zu veröffentlichen hat und zusätzlich die Informationen in elektronischer Form an die Wertpapierinhaber übermitteln kann.

Nach § 30c WpHG hat ein Emittent Änderungen seiner Satzung oder seiner sonstigen Rechtsgrundlagen der BaFin und der Zulassungsstelle der organisierten Märkte, an denen seine Wertpapiere zugelassen sind unverzüglich mitzuteilen, soweit dies die Rechte der Wertpapierinhaber tangiert.

Gemäß § 30a I N.2 WpHG haben Emittenten sicherzustellen, daß sämtliche für die Rechtsausübung der Wertpapierinhaber erforderlichen Einrichtungen und Informationen den Wertpapierinhabern öffentlich zur Verfügung stehen.

VI. Subsumtion relevanter Beeinflussungsmaßnahmen unter die periodischen Berichtspflichten und die Pflichten zur Veröffentlichung notwendiger Informationen

An den vorbeschriebenen Publizitätsvorschriften sind alle Maßnahmen der Aktiengesellschaft, die eine Beeinflussung des Börsenkurses mit sich bringen, zu überprüfen.

1. Beeinflussung durch Handelsgeschäfte in eigenen Aktien

Sämtliche Maßnahmen, die sich auf Aktienrückkäufe bzw. Weiterverkäufe stützen, ziehen nach § 37v bzw. § 37 w WpHG das Erfordernis einer Erläuterung im entsprechenden Finanzbericht nach sich. Die Aktiengesellschaft hat danach ihren Jahresabschluß auch dem breiten Anlegerpublikum zugänglich zu machen. Dieser erfaßt nach § 264 I S.1 HGB einen Anhang, der wiederum nach § 160 I N.2 AktG die Einzelheiten der Aktienrückkäufe beinhalten muß, d.h. Zeitpunkt und Gründe des Erwerbs, Bestandsänderungen im Berichtszeitraum unter Verweis auf die Zahl der erworbenen oder veräußerten Aktien, den darauf entfallenden Betrag des Grundkapitals, den jeweiligen Preis sowie den Verwendungszweck des Erlöses etc..

2. Beeinflussung durch Veränderung des „return on investment" der Aktie

a. Beeinflussung durch Rücklagenbildung und Dividendenpolitik

Sucht die Aktiengesellschaft durch eine Änderung der Dividendenpolitik, beispielsweise durch Verminderung der Rücklagenbildung und gleichzeitige Erhöhung der Ausschüttung, den inneren Wert der Aktien und damit den Kurs derselben zu verändern, hat sie diesen Umstand im Rahmen der Mitteilungspflicht gemäß § 30b I N.2 WpHG zu veröffentlichen. Tut sie es nicht, sind die Maßnahmen unzulässig.

b. Beeinflussung durch Veränderung der Ertragskraft des Unternehmens

Maßnahmen, die sich über den Umweg der Ertragskraft des Unternehmens auf den Börsenkurs der Aktien auswirken, wie die Verkleinerung bzw. Vergrößerung des Geschäftsbetriebs, der Erwerb oder die Veräußerung von wesentlichen Beteiligungen, die bevorstehende Übernahme des eigenen bzw. eines dritten Unternehmens, der Abschluß bzw. die Beendigung von Beherrschungs- und Gewinnabführungsverträgen, Maßnahmen im Sinne des Umwandlungsgesetzes oder der Abschluß, die Änderung oder Kündigung bedeutender Kooperationsabkommen unterfallen als Vorgänge von besonderer Bedeutung der Pflicht zur Erläuterung im Jahresfinanz- und Halbjahresfinanzbericht nach §§ 37v, 37w WpHG sowie der Mitteilungspflicht der Geschäftsführung gemäß § 37x WpHG sowie im Falle der Satzungsänderung der Pflicht zur Veröffentlichung „der Änderung der Rechtsgrundlage des Emittenten" nach § 30c WpHG.

Maßnahmen der Veränderung des „return on investment" des Unternehmens sind in den periodischen Finanzberichten dem Kapitalmarkt zugänglich zu machen und unterfallen zudem der Pflicht zur Veröffentlichung notwendiger Information für die Wahrnehmung von Rechten aus Wertpapieren.

3. Beeinflussung durch Informationsbezogene Maßnahmen

Die Durchführung informationsbezogener Beeinflussungsmaßnahmen wird durch die Veröffentlichungspflicht des § 30a I N.2 WpHG begrenzt. So muß eine emittierende Aktiengesellschaft diejenigen Informationen veröffentlichen, die für die Ausübung der Rechte der Wertpapierinhaber relevant sind.

H. Zwischenergebnis zu §4

Mit dem Verbot von Insidergeschäften gemäß § 14 WpHG, der Pflicht zur Führung von Insiderverzeichnissen im Sinne von § 15b WpHG, der Pflicht zur Ad-hoc-Publizität nach § 15 WpHG, dem Verbot von Marktmanipulationen gemäß § 20a WpHG, der Veröffentlichungspflicht nach § 26 WpHG und den periodischen Finanzberichtspflichten gemäß §§ 37v, 37w, 37x WpHG sowie der Pflicht zur Veröffentlichung notwendiger Informationen nach § 30a ff WpHG stellt das Wertpapierhandelsgesetz einen Großteil der Rechtsvorschriften, aus denen sich eine Begrenzung der Beeinflussung des eigenen Börsenkurses durch die Aktiengesellschaft ergibt.

Insbesondere ist es der Aktiengesellschaft im Rahmen von informationsbezogenen Beeinflussungsmaßnahmen versagt, falsche bewertungserhebliche Angaben zu machen (§ 20a WpHG), Insiderinformation unbefugt an Dritte weiterzugeben oder aufgrund von Insiderinformationen Anlageempfehlungen auszusprechen (§ 14 WpHG). Daneben ist die Vornahme effektiver Handelsgeschäfte bei zeitgleicher Kenntnis von der Abgabe eines Übernahmeangebots ebenso unzulässig, wie die Weitergabe von Insiderinformationen an einen sog. „white squire" (§ 14 WpHG). Anhaltspunkte für einen Verstoß gegen das Verbot des § 20a I S.1 N.2 WpHG bestehen bei Handelsgeschäften in eigenen Aktien, wenn ihre Durchführung mit bestimmten Besonderheiten des Börsenhandels zusammenfallen. Neben der Vornahme fiktiver Handelsgeschäfte sind insbesondere die Erteilung von Kaufaufträgen zu sukzessiv höheren Preisen verboten sowie die unter den Begriffen „painting the tape", „advancing the bid", „pumping and dumping", „marking the close" zu subsumierenden Erwerbs- bzw. Veräußerungskonstellationen. Gleiches gilt für Zurückhalteabkommen und „parking" – Vereinbarungen. Im übrigen sind sowohl die Ausnutzung einer Rückerwerbsermächtigung als auch die Weiterveräußerung der eigenen Aktien als Insiderinformation ad-hoc-publizitätspflichtig im Sinne von § 15 WpHG. Dies gilt auch für den Einsatz von Derivaten beim Rückerwerb, für Handelsgeschäfte Dritter im Namen und/oder für Rechnung der Gesellschaft, für den Fall der Zahlung von Kurspflegegebühren durch die Gesellschaft oder die Vereinbarung von „equity swaps", für Zurückhalteabkommen sowie „parking" –Vereinbarungen und für unter dem Schlagwort der Veränderung des „return on investment" zusammengefaßte Beeinflussungsmaßnahmen der Aktiengesellschaft. Die Aktiengesellschaft hat ferner die Durchführung von Handelsgeschäften in eigenen Aktien, Maßnahmen der Veränderung der Ertragskraft des Unternehmens, die Änderung der Rücklagenbildung und Dividendenpolitik sowie die Durchführung informationsbezogener Beeinflussungsmaßnahmen im Rahmen der periodischen

Finanzberichtspflicht (§§ 37v, 37w, 37x WpHG) bzw. als Teil der Pflicht zur Veröffentlichung notwendiger Informationen zu publizieren (§§ 30a, 30b, 30c WpHG).

§5 Grenzen der Zulässigkeit von Maßnahmen zur Beeinflussung des eigenen Börsenkurses durch das Börsengesetz (BörsG), das Wertpapierprospektgesetz (WpPG) und das Wertpapier-Verkaufsprospektgesetz (VerkProspG)[1006]

Gegenstand dieser Arbeit ist die Beeinflussung der „Börsenkursbildung". Das Geschehen an den Börsen, die Zulassungsvoraussetzungen, aber auch eng mit den Börsen verbundene außerbörsliche Geschehensabläufe werden durch das Börsengesetz, das neue Wertpapierprospektgesetz sowie das Wertpapier-Verkaufsprospektgesetz geregelt. Ihnen können weitere Grenzen der Zulässigkeit der Beeinflussung des Kurses durch die börsennotierte Aktiengesellschaft entnommen werden.

A. Historischer Abriß dieser Vorschriften

Seit der ersten einheitlichen gesetzlichen Kodifizierung im Börsengesetz von 1896 wurde das Börsen- und Kapitalmarktrecht fortlaufend den mit der wachsenden Technologisierung verbundenen, sich stets verändernden Marktanforderungen angepaßt und mit den zunehmend gemeinschaftsrechtlichen Vorgaben des Richtliniengebers in Einklang gebracht. Durch die Börsengesetznovelle aus dem Jahr 1989 wurde das vorherrschende Modell der Präsenzbörse aufgegeben und der rechtliche Rahmen für die technische Entwicklung des heutigen Börsenhandels geschaffen. Im Laufe der weiteren Anpassungen hat der deutsche Gesetzgeber das Börsengesetz immer stärker auf die Regelung der „Einrichtungen" des Kapitalmarktes zurückgeführt, während die Fragen der kapitalmarktbezogenen „Prozesse" innerhalb der Markteinrichtungen dem Regime des WpHG übertragen wurde. So wurde der zunächst börsenrechtlich diskutierte Problemkreis des Insiderhandels von Anfang an im WpHG geregelt und die Ad-hoc-Publizitätspflicht im Zuge des 2. Finanzmarktförderungsgesetzes 1994 aus dem BörsG herausgenommen. Mit der Neuordnung der staatlichen Aufsicht, der Einführung des Insiderhandelverbots, der Mitteilungs- und Veröffentlichungspflichten sowie der Wohlverhaltensregeln hat das deutsche Börsen- und Kapitalmarktrecht insgesamt eine neue Richtung eingeschlagen. Mit dem 4. Finanzmarktför-

---

[1006] kurz: börsenrechtliche Publizität

derungsgesetz[1007] wurde das Börsengesetz einer vollständigen Neuordnung unterzogen und insgesamt neu bekanntgegeben.[1008] Gleichwohl hat der Gesetzgeber keine weitreichende Reform des Börsenrechts auf den Weg gebracht, sondern vielmehr an der bisherigen Gesetzeskonzeption festgehalten und lediglich weitere Anpassungen vorgenommen, die vor allem den Börsen mehr Flexibilität bei der Gestaltung des Börsenhandels geben und ihnen die Möglichkeit eröffnen sollten, auf Veränderungen des globalisierten und technologisierten Marktes angemessen reagieren zu können. Zusätzlich wurden Vorschriften über die Marktmanipulation sowie die Regelungen des Terminhandels in das WpHG transferiert. Sodann hat der Gesetzgeber mit dem Erlaß des Anlegerschutzverbesserungsgesetzes (AnSVG)[1009] die für Wertpapiere bestehende Prospektpflicht auf nicht in Wertpapieren verbriefte Anlageformen erweitert und durch entsprechende Haftungsansprüche flankiert sowie die Regelung zur Zusammensetzung des Börsenrates flexibilisiert. Weitere Änderungen folgten im Juni 2005 mit der Umsetzung der neuen Prospektrichtlinie[1010] durch das Prospektrichtlinien-Umsetzungsgesetz. Unter weitreichenden Anpassungen des Börsengesetzes, der Börsenzulassungsverordnung, des Verkaufsprospektgesetzes und der vollständigen Aufhebung der Verkaufsprospektverordnung wurde vor allem das neue Wertpapierprospektgesetz[1011] verabschiedet. Unter seinem Regime werden zentrale Belange der Emission von Wertpapieren künftig einheitlich geregelt. Systematisch greift das WpPG dabei auf die unmittelbar geltende Verordnung der Kommission zur Durchführung der Prospektrichtlinie (EG-ProspektVO) zurück.[1012] Schließlich folgten letzte Änderungen im Zuge der Umsetzung der Transparenzrichtlinie[1013] durch das Transparenzrichtlinien-Umsetzungsgesetz vom 2.1.2007 (TUG)[1014], wonach die bislang im BörsG und der BörsZulVO ge-

---

[1007] 4.Finanzmarktförderungsgesetz v. 21.6.2002, BGBl. I 2002, 2010

[1008] RegBegr., 4.FMFG, BT-Drucks.40/8017, S.63

[1009] Gesetz zur Verbesserung des Anlegerschutzes, BGBl. 2004 Teil I Nr. 56, 2630 ff.

[1010] Richtlinie 2003/71/EG des Europäischen Parlaments und des Rates vom 4. 11.2003 betreffend den Prospekt, der beim öffentlichen Angebot von Wertpapieren oder bei deren Zulassung zum Handel zu veröffentlichen ist, und zur Änderung der Richtlinie 2001/34/EG, Abl. L 345/64

[1011] Gesetz über die Erstellung, Billigung und Veröffentlichung des Prospekts, der beim öffentlichen Angebot von Wertpapieren oder bei der Zulassung von Wertpapieren zum Handel an einem organisierten Markt zu veröffentlichen ist (Wertpapierprospektgesetz) vom 22. Juni 2005 (BGBl. I S. 1698).

[1012] Verordnung (EG) N. 809/2004 der Kommission vom 29.04.2004 zur Umsetzung der Richtlinie 2003/71/EG des Europäischen Parlaments und des Rates betreffend die in Prospekten enthaltenen Informationen sowie das Format, die Aufnahme von Informationen mittels Verweis und die Veröffentlichung solcher Prospekte und die Verbreitung von Werbung.

[1013] Richtlinie 2004/109/EG des Europäischen Parlaments und des Rates zur Erhöhung des Anlegerschutzes und der Transparenz vom 15.12.2004, ABl. L 390/38

[1014] BGBl. I S.10

regelten Zulassungsfolgepflichten in das WpHG übersiedelt wurden und die Transparenz der Informationen über Emittenten an die gemeinschaftsrechtlichen Anforderungen angepaßt wurde.

B. Grenzen der Zulässigkeit von Maßnahmen zur Beeinflussung des eigenen Börsenkurses durch die Pflicht zur börsenrechtlichen Publizität

Jede Informationspflicht hat Einfluß darauf, ob und welche Maßnahmen einer Gesellschaft sinnvoll erscheinen, wenn sie diesbezüglich Informationen zuvor veröffentlichen muß. Dies gilt auch für börsenrechtliche Publizitätspflichten.

I. Grenzen der Zulässigkeit der Beeinflussung des eigenen Börsenkurses durch die Pflicht zur Erstellung eines Emissionsprospekts gemäß § 3 I WpPG

1. Überblick

Nach § 3 I WpPG muß der Anbieter von im Inland öffentlich angebotenen Wertpapieren grundsätzlich einen Prospekt veröffentlichen. Ohne diese Veröffentlichung darf er Wertpapiere nicht anbieten. Gegenüber der bisherigen Rechtslage hat das WpPG die Unterscheidung in Verkaufsprospekt und Börsenzulassungsprospekt aufgegeben und für die Zulassung neuer Wertpapiere zum Börsenhandel ebenso wie für jedes sonstige öffentliche Angebot die Veröffentlichung eines einheitlichen Prospekts vorgeschrieben. Im Falle der Zulassung zum Börsenhandel ist die Erstellung eines Prospekts nicht allein Verhaltenspflicht, sondern bereits Zulassungsvoraussetzung im Sinne von § 30 III N.2 bzw. §51 I N.2 BörsG. Durch die Neuordnung der Prospektpflicht entfällt die bisherige komplizierte Systematik der §§5-7 VerkProspG, die wiederum zwischen solchen Wertpapieren differenzierte, für die eine Zulassung zum Amtlichen Markt (§ 5 I VerkProspG) oder zum Geregelten Markt (§ 5 II VerkProspG) beantragt wurde, und denjenigen Papieren, für die ein solcher Antrag nicht gestellt wurde (§ 7 VerkProspG). Entfallen ist damit auch das Hin- und- Herverweisen zwischen BörsZulVO und dem VerkProspG.

2. Anwendungsbereich der Emissionsprospektpflicht

Nach § 1 I WpPG ist das Gesetz auf die Erstellung, die Billigung und die Veröffentlichung von Prospekten für Wertpapiere anwendbar, die öffentlich angeboten oder an einem organisierten Markt zugelassen werden sollen.

Nach § 2 N.1 WpPG sind Wertpapiere im Sinne dieses Gesetzes übertragbare Wertpapiere, die an einem Markt gehandelt werden können, insbesondere also Aktien, Zertifikate, die Aktien vertreten, Schuldverschreibungen sowie alle sonstigen Wertpapiere, die zum Erwerb oder zur Veräußerung solcher Wertpapiere berechtigen. Wertpapiere, die in den Geregelten Markt gemäß § 56 BörsG einbezogen sind, sowie Wertpapiere des Freiverkehrs unterfallen nicht der Prospektpflicht des § 3 I WpPG.[1015]

Unter einem öffentlichen Angebot versteht das Gesetz gemäß der Legaldefinition des § 2 N.4 WpPG Mitteilungen an das Publikum in jedweder Form und auf jedwede Weise, die ausreichend Informationen über die Angebotsbedingungen und die anzubietenden Wertpapiere enthalten, um einen Anleger in die Lage zu versetzen, über den Kauf oder die Zeichnung dieser Wertpapiere zu entscheiden.[1016]

Bei reinen öffentlichen Angeboten besteht ausnahmsweise keine Prospektpflicht, wenn einer der in § 3 II und § 4 I WpPG genannten Fälle vorliegt. Im Falle der Zulassung der Wertpapiere an einem organisierten Markt richten sich die Ausnahmen von der Prospektpflicht nach § 4 II WpPG.

3. Prospektinhalt und Veröffentlichung

Gemäß § 5 I WpPG muß der Prospekt sämtliche Angaben enthalten, die notwendig sind, um ein zutreffendes Urteil über den Emittenten und die von diesem angebotenen Wertpapiere zu erhalten. Sinn und Zweck der Regelung ist es, den Anleger vor jedem erstmaligen öffentlichen Angebot von Wertpapieren in die Lage zu versetzen, sich ein fundiertes Bild über den Emittenten zu machen und die für die Anlageentscheidung wesentlichen Informationen einem vor ihrer Kaufentscheidung zur Verfügung stehenden Prospekt zu entnehmen.[1017]
Der Prospekt gliedert sich in drei Bestandteile auf: Angaben über den Emittenten, Angaben über die Wertpapiere sowie eine Zusammenfassung, die jeweils auch separat erstellt werden können. Die einzelnen inhaltlichen Anforderungen folgen seit Geltung des Prospektrichtlinien-Umsetzungsgesetzes aus der EG-

---

[1015] RegBegr. BT-Drucks. 15/4999, S.27

[1016] Von dieser generellen Anwendungsregel statuiert § 1 II WpPG fünf Ausnahmen, die bewirken, daß der Emittent keinen Prospekt erstellen muß, dies aber auf freiwilliger Basis tun kann.

[1017] vgl. Art. 5 I Prospektrichtlinie sowie § 13 I BörsZulVO a.F. und § 7 VerkProspG a.F. ; *Heidelbach*, Schwark, §30 BörsG, Rdn.2

Prospektverordnung (§ 7 WpPG). Außerdem sind die ergänzenden Aussagen des CESR für europaweit konsistente Umsetzung der Verordnung zu berücksichtigen.[1018] Gegenüber der bisherigen Rechtslage sieht die ProspektVO ein wesentlich umfangreicheres und detaillierteres Regelungssystem vor, das sich auf verschiedene Schemata und Module stützt, die in den Anhängen der Verordnung abgedruckt sind und die Mindestanforderungen sowie die Anforderungen in besonderen Einzelfällen vorgeben.

Die Angabepflicht bezieht sich dabei insbesondere auf Informationen über die Vermögenswerte der Gesellschaft, über ihre Verbindlichkeiten, über die Finanzlage bzw. Veränderungen der Finanzlage, über die Gewinne und Verluste, über die Zukunftsaussichten des Emittenten sowie die allgemeinen Risikofaktoren.[1019] Hinsichtlich der Finanzinformationen sind die geprüften historischen Daten in Gestalt der Jahresabschlüsse der letzten drei Jahre in den Prospekt aufzunehmen. Zusätzlich ist ein Zwischenabschluß zu veröffentlichen, wenn der letzte Jahresabschluß mehr als neun Monate zurückliegt, und es sind etwaige Quartals- oder Halbjahresabschlüsse in den Prospekt aufzunehmen.[1020]
Hinzugetreten ist nunmehr die Verpflichtung, im Rahmen sog. „Pro forma- Angaben" auf Bruttoveränderungen im letzten oder laufenden Berichtszeitraum hinzuweisen, die durch einzelne oder mehrere Transaktionen eingetreten sein können. Von einer relevanten Bruttoveränderung ist dann auszugehen, wenn eine mindestens 25%ige Schwankung in Bezug auf Geschäftsindikatoren wie Vermögen, Umsatz, Gewinn oder Verlust auftreten.[1021] Weiterhin ist der Emittent aufgefordert, im Prospekt Angaben zum Geschäftskapital zu machen, insbesondere ob es für die Dauer der Gültigkeit des Prospektes ausreichen wird.[1022]

Die Zuständigkeit für die Prospektbilligung liegt seit dem WpPG bei der BaFin, wohingegen die Zuständigkeit für das Zulassungsverfahren bei der Zulassungsstelle der Börse verblieben ist. Im Rahmen des Billigungsverfahrens prüft die BaFin die Vollständigkeit des Prospekts samt der Kohärenz und Verständlichkeit der vorgelegten Informationen (§ 13 I WpPG). Nach seiner Billigung ist der Prospekt unverzüglich, spätestens einen Werktag vor Beginn des öffentlichen Angebots (§ 14 I WpPG), in Wirtschafts- oder Tageszeitungen der betreffenden EWR-Staaten oder im Internet zu veröffentlichen oder in gedruckter Form beim Emittenten oder den in § 14 II N.2 WpPG genannten Stellen zu hinterlegen.

[1018] CESR's recommendations for consistent implementation of the European Commission's Regulation on Prospectuses no. 809/2004, no. CESR/05-054b, Feb. 2005
[1019] *Grub/Thiem*, NZG 2005, 750 (751)
[1020] *Schlitt/Sighof/Schäfer*, BKR 2005, 251 (252/253)
[1021] Anhang I Ziff. 20.2 ProspektVO, Anhang II ProspektVO ; *Schlitt/Sighof/Schäfer*, BKR 2005, 251 (254)
[1022] Anhang III Ziff. 3.1 ProspektVO

II. Grenzen der Zulässigkeit der Beeinflussung des eigenen Börsenkurses durch die Prospektpflicht für andere Vermögensanlagen gemäß §§ 8f ff. VerkProspG

Im Zuge der Anpassungen durch das Prospektrichtlinien-Umsetzungsgesetz wurden weite Teile des Wertpapierverkaufsprospektgesetzes sowie die gesamte Verkaufsprospektverordnung aufgehoben. Übrig geblieben sind die erst im Rahmen des AnSVG eingeführten Regelungen über die Prospektpflicht für nicht in Wertpapieren verbriefte Vermögensanlagen des sog. „Grauen Kapitalmarktes".
Für im Inland öffentlich angebotene nicht in Wertpapieren im Sinne des Wertpapierprospektgesetzes verbriefte Anteile, die eine Beteiligung am Ergebnis eines Unternehmens gewähren, muß der Anbieter nach § 8f I VerkProspG einen Verkaufsprospekt veröffentlichen. Der Verkaufsprospekt muß alle tatsächlichen und rechtlichen Angaben enthalten, die notwendig sind, um dem Publikum eine zutreffende Beurteilung des Emittenten und der Vermögensanlagen zu ermöglichen (§ 8g I VerkProspG).

III. Subsumtion relevanter Beeinflussungsmaßnahmen unter die börsenrechtliche Publizität

An den vorbeschriebenen Vorschriften der börsenrechtlichen Publizität sind alle Maßnahmen der Aktiengesellschaft, die eine Beeinflussung des Börsenkurses mit sich bringen, zu überprüfen.

1. Beeinflussung durch Handelsgeschäfte in eigenen Aktien

Sämtliche Maßnahmen, die Aktienrückkäufe bzw. Weiterverkäufe beinhalten, sind in einem Emissionsprospekt aufzuführen, und zwar im Rahmen der notwendigen Angaben nach § 5 I WpPG, die für ein zutreffendes Urteil über den Emittenten bzw. die angebotenen Wertpapiere erforderlich sind. Der Prospekt muß dabei auch auf die Gewährung sog. „Greenshoe" -Optionen sowie auf geplante Kurspflegemaßnahmen umfänglich hinweisen und die durch diese Maßnahmen zu erwartenden Folgen für die Kursentwicklung schildern.[1023] Auf eine

---

[1023] vgl. BGH WM 1993, 1787 (1789/1790) ; *Koller*, Assmann/Schneider, §31, Rdn.62 ; *Schäfer* WM 1999, 1345 (1348)

dahingehende Absicht ist bereits in einem vor oder während der „Bookbuilding"-Phase zu veröffentlichenden Prospekt hinzuweisen.[1024]

Finden in dieser Phase oder allgemein in der Emissionsvorbereitung Handelsgeschäfte in eigenen Anteilen am Primärmarkt statt (etwa im sog. „Handel per Erscheinen"), so besteht bereits in dieser Phase die Pflicht, diese Geschäfte in einen Prospekt aufzunehmen. Sind die zu emittierenden Papiere bereits im Vorfeld der Emission verbrieft, so richtet sich die Prospektpflicht ebenfalls nach § 3 WpPG. Handelt es sich hingegen um noch unverbriefte Aktionärsrechte, so greift der mit dem AnSVG eingeführte § 8f VerkProspG.

Alle Maßnahmen der Gesellschaft müssen sich an diesen Anforderungen ausrichten, um zulässig zu sein.

2. Beeinflussung durch Veränderung der Ertragskraft des Unternehmens

Maßnahmen, die sich über den Umweg der Ertragskraft des Unternehmens auf den Börsenkurs der Aktien auswirken, wie die Verkleinerung bzw. Vergrößerung des Geschäftsbetriebs, der Erwerb oder die Veräußerung von wesentlichen Beteiligungen, die bevorstehende Übernahme des eigenen bzw. eines dritten Unternehmens, der Abschluß bzw. die Beendigung von Beherrschungs- und Gewinnabführungsverträgen, Maßnahmen im Sinne des Umwandlungsgesetzes oder der Abschluß, die Änderung oder Kündigung bedeutender Kooperationsabkommen unterfallen als „notwendige Angaben" im Sinne von § 5 I WpPG der Emissionsprospektpflicht.

3. Beeinflussung durch Zurückhalteabkommen und sog. „parking" – Vereinbarungen

Nach der Prospektverordnung sind Zurückhalteabkommen, sog. „parking" – Vereinbarungen bzw. sog „Lock-up" –Vereinbarungen, gemäß § 5 I WpPG in den Emissionsprospekt aufzunehmen. Dabei sind die beteiligten Parteien, der genaue Inhalt und die Ausnahmen der Vereinbarung sowie der Zeitraum der Vereinbarung anzugeben.

[1024] *Schäfer* WM 1999, 1345 (1348)

C. Grenzen der Zulässigkeit der Beeinflussung des eigenen Börsenkurses durch die börsenrechtliche Prospekthaftung

Die Gefahr einer Inanspruchnahme aus einer Prospekthaftung wird die Gesellschaft veranlassen, die ihr aufgegebenen Veröffentlichungs- und Prospektpflichten sorgfältig zu beachten und zielgerichtete Maßnahmen zur Börsenkursbeeinflussung zu unterlassen.

Im Rahmen der gesetzlichen Erneuerungen ist eine europaweite Harmonisierung der Prospekthaftungsregelungen nicht erfolgt und in absehbarer Zukunft auch nicht vorgesehen. Die nationalen Prospekthaftungsvorschriften bleiben gegenüber der bisherigen Rechtslage also unverändert.[1025] Die Haftung für unrichtige Börsenprospekte richtet sich also wie bisher direkt oder über gesetzliche Verweisung nach §§ 44, 45 BörsG.

I. Merkmal: Prospekt

Unter Prospekt im Sinne der börsengesetzlichen Prospekthaftung versteht das Gesetz seit Geltung des Prospektrichtlinien-Umsetzungsgesetz einen Börsenprospekt nach §§ 3, 5 WpPG. Für Prospekte über Wertpapiere des Amtlichen Marktes folgt die Haftung direkt aus § 44 BörsG, für den Geregelten Markt folgt sie auch weiterhin aus der gesetzlichen Verweisung in § 55 BörsG (n.F.). Für Prospekte über Wertpapiere, die nicht zum Handel an der Börse zugelassen sind, oder für Prospekte über Vermögensanlagen im Sinne von § 8f I VerkProspG verweist der neu gefaßte § 13 VerkProspG mit einigen Einschränkungen auf §§ 44, 45 BörsG.
Weitere Veröffentlichungen, insbesondere Zwischenberichte (§ 40 BörsG), Ad-Hoc-Mitteilungen (§ 15 WpHG) oder Unterrichtungen nach § 39 I N.3 BörsG i.V.m. §§ 63 ff. BörsZulVO bzw. gemäß § 54 i.V.m. § 39 I N.3 BörsG i.V.m. §§ 63 ff. BörsZulVO unterfallen nicht dem hiesigen Prospektbegriff und lösen auch in entsprechender Anwendung der §§ 44, 45 BörsG keine Prospekthaftung aus.

II. Merkmal: Fehlerhaftigkeit des Prospekts

Die Haftung nach §§ 44, 45 BörsG setzt unrichtige oder unvollständige wesentliche Angaben in dem Prospekt voraus.

[1025] *Schlitt/Singhof/Schäfer*, BKR 2005, 251 (254)

Von dem Merkmal der wesentlichen Angaben werden sämtliche Äußerungen tatsächlicher oder wertender Natur erfaßt, die für eine überlegte Investitionsentscheidung der Anleger - insbesondere für die Einschätzung der Anlagerisiken - wesentlich sind. Eine Angabe ist wesentlich, wenn der durchschnittliche Anleger sie als wertbildenden Faktor begreift und folglich „eher als nicht" bei seiner Anlageentscheidung berücksichtigen wird.[1026]

Nach einschlägiger Rechtsprechung ist für die Beurteilung der Fehlerhaftigkeit des Prospekts der Horizont eines „aufmerksamen Lesers und durchschnittlichen Anlegers" maßgeblich, der zwar eine Bilanz zu lesen versteht, aber nicht zwingend mit der in eingeweihten Kreisen gebräuchlichen Schlüsselsprache vertraut ist.[1027] Dieser Maßstab wird den Anforderungen der Praxis gerecht, bedenkt man, daß andernfalls die Erläuterungen in den Prospekten ein nicht mehr praktikables Ausmaß erreichen würden, und berücksichtigt man, daß der einzelne Kleinanleger den Börsenprospekt in der Regel ohnehin nicht lesen, sondern seine Information über seine Hausbank oder sonstigen Anlageberater beziehen wird.

Unrichtig sind Einzelangaben, wenn sie zum Zeitpunkt der Veröffentlichung nicht der Wahrheit entsprechen bzw. darin enthaltene Werturteile sich nicht durch Tatsachen tragen lassen oder kaufmännisch nicht vertretbar sind.[1028] Der Gesamteindruck des Prospekts ist dann unrichtig, wenn die Informationen über die finanzielle Situation der Gesellschaft so ungenau und mehrdeutig sind, daß falsche Vorstellungen über das Unternehmen erzeugt werden. Gleiches gilt, wenn die Verhältnisse der Gesellschaft zu positiv dargestellt werden oder auf Probleme und Risiken nicht deutlich oder an nicht deutlich erkennbarer Stelle hingewiesen wird.[1029]
Unvollständig ist ein Prospekt dann, wenn er nicht alle zur Beurteilung der Wertpapiere und des Emittenten erforderlichen wesentlichen Angaben enthält. Anhaltspunkte für die Beurteilung der Unvollständigkeit sind der EG-Prospektverordnung zu entnehmen.

III. Anspruchsberechtigung und Adressat der Haftung

Anspruchsberechtigt ist jeder, der nach der Veröffentlichung des Prospekts, „aufgrund" des Prospekts sowie innerhalb von sechs Monaten nach dem ersten

---

[1026] *Assmann*, Assmann/Schütze, §7, Rdn. 66 ; BGHZ 115, 213
[1027] BGH WM 1982, 862 (865) ; OLG Frankfurt WM 1994, 291 (295)
[1028] BGH WM 1982, 862 (865) ; OLG Düsseldorf WM 1984, 586 (595)
[1029] BGH WM 1982, 862 (865) ; OLG Frankfurt WM 1994, 291 (295)

Angebot im Inland erworben hat, §§ 13 I N.1 VerkPropG i.V.m. 44 I S.1 BörsG. Maßgeblich ist der Zeitpunkt des (entgeltlichen) Erwerbsgeschäftes im Sinne des Wertpapierkaufs und nicht der dingliche Vollzug. Der Besitz der Papiere ist nicht Anspruchsvoraussetzung. Damit sind auch sämtliche Folgeerwerber bei Weiterveräußerung der Aktien innerhalb der Frist anspruchsberechtigt.

Adressaten der Haftungsvorschrift sind als Gesamtschuldner die Personen, die für den Prospekt die Verantwortung übernommen haben, und diejenigen, von denen der Erlaß des Prospekts veranlaßt ist. Initiator des Prospekts ist in aller Regel die Aktiengesellschaft als Emittent und als einer der Unterzeichner des Prospekts (vgl. § 5 III WpPG). Sie trifft die Pflicht zur Information der Anleger und des Kapitalmarktes, da sie den zu veröffentlichenden Informationen am nächsten steht. Insoweit hat die Aktiengesellschaft im Sinne einer Organisationspflicht dafür Sorge zu tragen, daß alle erforderlichen Informationen bezüglich des Unternehmens in den Prospekt aufgenommen werden.
Daneben steht gegebenenfalls die Verantwortlichkeit der emissionsbegleitenden Kreditinstitute sowie etwaiger konsultierter Experten, auf die in dem hier interessierenden Zusammenhang jedoch nicht einzugehen ist.

IV. Haftungsumfang und Haftungsausschluß

Der Prospektverantwortliche ist dem Anspruchsberechtigten entweder zur Rücknahme der Wertpapiere Zug um Zug gegen Rückerstattung des Erwerbspreises, soweit dieser den ersten Ausgabepreis nicht überschreitet (§ 44 I S.1 BörsG), oder – wenn der Berechtigte nicht mehr über die Papiere verfügt – zur Erstattung des Differenzbetrages zwischen Erwerbs- und Veräußerungspreis verpflichtet (§ 44 II BörsG). In jedem Fall umfaßt der Anspruch den Ersatz der üblichen Erwerbsnebenkosten (Maklercourtage, Provision etc.), nicht jedoch den Ersatz des entgangenen Gewinns.[1030]
Im Rahmen der Rückabwicklung würde die Rückzahlung der vom Aktionär getätigten Einlage zwar auf den ersten Blick gegen das Verbot der Einlagenrückgewähr (§ 57 AktG) sowie das Verbot des Aktienrückerwerbs (§ 71 AktG) verstoßen, doch gehen die §§ 44 ff. BörsG nach dem gesetzgeberischen Willen den §§ 57, 71 AktG als lex specialis vor.[1031] Die Aktiengesellschaft muß die Aktien also übernehmen, aber analog § 71c AktG innerhalb eines Jahres nach ihrem Erwerb veräußern.[1032]

[1030] *Schwark*, Schwark, § 45 BörsG, Rdn.59ff.
[1031] RegBegr., 3.FMFG, BT-Drucks. 13/8933, S.78
[1032] OLG Frankfurt AG 1999, 325 ; *Krämer/Baudisch*, WM 1998, 1161 (1164ff.) ; a.A.: *Assmann*, Assmann/Schütz, §7, Rdn.202 ; *Schwark*, Schwark, § 45 BörsG, Rdn.13

Nach § 45 BörsG ist der Anspruch ausgeschlossen, wenn die Gesellschaft die Unrichtigkeit oder Unvollständigkeit nicht gekannt hat und die Unkenntnis nicht auf grober Fahrlässigkeit beruhte. Sie ist ferner ausgeschlossen, wenn die Wertpapiere nicht aufgrund des Prospekts erworben wurden, wenn die fehlerhaften Prospektangaben nicht zu einer Minderung des Börsenpreises der Wertpapiere geführt haben oder wenn der Erwerber positive Kenntnis von der Unrichtigkeit oder Unvollständigkeit hatte.

D. Zwischenergebnis zu § 5

Im Ergebnis wird die Beeinflussung des eigenen Börsenkurses durch die Aktiengesellschaft durch das Börsengesetz, das Wertpapierprospektgesetz und das Wertpapier-Verkaufsprospektgesetz rechtlich begrenzt. Die Aktiengesellschaft hat die Durchführung von Handelsgeschäften in eigenen Aktien, die Vereinbarung von Zurückhalteabkommen bzw. eines „parkings", Maßnahmen der Veränderung der Ertragskraft des Unternehmens im Emissionsprospekt zu veröffentlichen.

§6 Grenzen der Zulässigkeit von Maßnahmen zur Beeinflussung des eigenen Börsenkurses durch den Deutschen Corporate Governance Kodex

Fraglich erscheint, inwieweit sich rechtliche Grenzen und Beschränkungen für die Beeinflussung des eigenen Börsenkurses durch die Aktiengesellschaft aus dem Deutschen Corporate Governance Kodex ergeben können.

A. Historischer Abriß des Kodexes

Erst vergleichsweise spät hat die Bundesregierung auf Veranlassung der „Baums-Kommission"[1033] internationale Entwicklungen sowie nationale Initiativen der Finanzwirtschaft im Bereich der Corporate Governance aufgegriffen und mit Hilfe einer zwölfköpfigen Expertenkommission einen Deutschen Corporate Governance Kodex entworfen und am 20.8.2002 durch das Bundesjustizministerium im amtlichen Teil des elektronischen Bundesanzeigers bekanntgegeben.[1034]

[1033] Im Jahre 2000 gegründete Regierungskommission „Corporate Governance" unter Leitung des Rechtswissenschaftlers Theodor Baums.

[1034] Der Kodex ist abrufbar auf der Internetseite der Regierungskommission Deutscher Corpo-

Der Kodex beinhaltet ein Konglomerat an Wohlverhaltensempfehlungen für börsennotierte Gesellschaften und soll im Sinne einer Leitlinie („Code of Best Practice") die erfolgreiche und zweckmäßige Führung von Unternehmen durch ihre Verwaltungsorgane fördern. Erstmalig im deutschen Rechtssystem wird dabei auf eine Selbstregulierung durch die betroffenen Unternehmen gesetzt. Ihnen steht es frei zu entscheiden, ob sie den Wohlverhaltensempfehlungen des Kodexes folgen wollen. Zum Zwecke der Umsetzung des Kodexes wurde im Rahmen des Transparenz- und Publizitätsgesetzes vom 19.7.2002[1035] § 161 AktG in das Aktiengesetz aufgenommen. Dieser sieht für börsennotierte Gesellschaften eine Verpflichtung vor, dem Kapitalmarkt gegenüber zu erklären, in welchem Maße den Wohlverhaltensempfehlungen entsprochen wurde und künftig entsprochen wird.

B. Rechtsnatur des Kodexes

Für die Beurteilung, inwieweit sich rechtlich zwingende Grenzen für die Beeinflussung des Börsenkurses durch die Aktiengesellschaft aus den Regelungen des Deutschen Corporate Governance Kodex ableiten lassen, kommt es maßgeblich auf die Frage an, welche Rechtsnatur dem Kodex zukommt.

Die vom Gesetzgeber gewählte rechtliche Konstruktion einer durch die Entsprechenserklärung im Sinne von § 161 AktG gesetzlich verankerten Selbstregulierung der Unternehmen basiert auf der Annahme, daß Transparenz und wirtschaftliche Offenheit von den Teilnehmern am Kapitalmarkt zunächst erwartet, sodann aber auch entsprechend honoriert werden. Umgekehrt richtet sich die unausgesprochene Erwartung darauf, daß die den Kapitalmarktteilnehmern zur Verfügung gestellten Informationen über Abweichungen von den Kodexempfehlungen zu negativen Reaktionen führen.[1036] Es wird also vorausgesetzt, daß die Unternehmen sich insbesondere vor dem Hintergrund des internationalen Wettbewerbs um die Aufnahme von Kapital einem nicht unerheblichen wirtschaftlichen Druck ausgesetzt sehen, der sie praktisch zur Befolgung der im Kodex niedergelegten Wohlverhaltensregeln zwingen wird.[1037]

---

rate Governance unter www.corporate-governance-code.de.

[1035] Gesetzes zur weiteren Reform des Aktien- und Bilanzrechts, zu Transparenz und Publizität (Transparenz- und Publizitätsgesetz – TransPuG), BGBl. I 2002, 2681

[1036] *Schüppen*, ZIP 2002, 1271

[1037] vgl. *Semler*, MüKo, §161, Rdn.10, 28 ; *Schüppen*, ZIP 2002, 1271 ; *Ihrig/Wagner*, BB 2002 2509 (2514). Dagegen aber *Nowak/Rott/Mahr*, ZGR 2005, 253 (279) ; vgl. oben auf Seite 117.

Die Systematik des Regelwerkes unterscheidet dabei die reine Wiederholung gesetzlicher Bestimmungen, die Abgabe von Empfehlungen sowie bloße Anregungen für das Verhalten von Vorstand und Aufsichtsrat. Es besteht jedoch kein gesetzlicher oder sonstwie gestalteter rechtlicher Zwang, sich den Empfehlungen des Kodexes zu unterwerfen. Der weit überwiegende Teil des Kodexes erschöpft sich allein in der Wiedergabe des geltenden, über mehrere Spezialgesetze verteilten Rechts. Für diese Regelungen ergibt sich die Pflicht zur Befolgung aus den jeweiligen Gesetzen selbst. Daß der Kodex keine das Gesetzesrecht über- oder unterschreitende Wirkung entfalten kann, bedarf keiner näheren Begründung.[1038] Aber auch sonst haben die Regelungen weder unmittelbare noch mittelbare Normqualität, wie sie in einem ordnungsgemäßen parlamentarischen Verfahren entstandenen Gesetzen zukommt.[1039] Der Kodex dient vielmehr vornehmlich der Information – vor allem ausländischer Investoren - über das System der Unternehmensführung in Deutschland.

Auch § 161 AktG begründet keine rechtliche Bindungswirkung mit der Folge, daß dem Kodex insgesamt Verbindlichkeit zukäme.[1040] Zwar hat die Vorschrift für sich genommen Gesetzeskraft, doch bezieht sich diese nach dem angelsächsischen Vorbild des sog. „comply or explain“[1041] allein auf die Verpflichtung zur Abgabe einer Entsprechenserklärung. Die Verhaltensempfehlungen des Kodexes werden aber über die Entsprechenserklärung nicht in den Willen des Gesetzgebers aufgenommen.[1042] Auch wenn das Regelwerk mit seiner Veröffentlichung im Bundesanzeiger durch das Bundesministerium für Justiz ein gewisses Maß an allgemeiner Geltungskraft gewinnt, machen dieser Umstand sowie die vorangehende rechtliche Überprüfung durch das Justizministerium das Regelwerk nicht zu staatlich gesetztem Recht.[1043] Rechtliche Verbindlichkeit erlangen die Kodexregelungen auch nicht durch die Grundsätze über den Handelsbrauch. Soweit sie sich nicht in der Konkretisierung bereits bestehender gesetzlicher Sorgfaltspflichten erschöpfen, fehlt es doch zumindest an der den Handelsbräuchen immanenten langjährigen tatsächlichen Übung.[1044] Die Entsprechenserklärung nach § 161 AktG konkretisiert allenfalls das mit der Börsenzulassung in Anspruch genommene allgemeine Marktvertrauen. Der daraus folgende allgemeine Vertrauenstatbestand bezieht nicht den einzelnen Anleger ein, sondern hat nur zur Folge, daß jede börsennotierte Aktiengesellschaft verpflichtet ist, über die Anwendung oder Nichtanwendung des Kodexes zu berichten bzw. bei Befolgung

---

[1038] *Ringleb*, Ringleb/Kremer/Lutter/v.Werder, Rdn. 35
[1039] *Ringleb*, Ringleb/Kremer/Lutter/v.Werder, Rdn. 35
[1040] *Ulmer*, ZHR 166 (2002), 150 (157)
[1041] vgl. zu dem Begriff *Lutter* ZHR 166 (2002), 523 (525; 531)
[1042] *Ulmer*, ZHR 166 (2002), 150 (159)
[1043] *Semler*, MüKo, §161, Rdn.29
[1044] *Berg/Stöcker*, WM 2002, 1569 (1576)

des Kodexes etwaige Abweichungen von der in ihm zum Ausdruck kommenden Rechtsauffassung kundzutun. Ansonsten bleibt die Aktiengesellschaft auch bei voller Anerkennung und Befolgung der Wohlverhaltensregeln des Kodexes stets berechtigt, ihr Verhalten jederzeit zu ändern. Aufsichtsrat und Vorstand werden durch die Entsprechenserklärung nicht gezwungen, auf Dauer Regelungen zu befolgen, die rechtlich nicht bindend sind.[1045]

C. Zwischenergebnis zu §6

Im Ergebnis enthält der Deutsche Corporate Governance Kodex trotz der Erklärungspflicht des § 161 AktG keine rechtlich verbindlichen Normen, sondern beschränkt sich auf den Versuch, eine wirtschaftliche Drucksituation aufzubauen, die zur Befolgung der Wohlverhaltensempfehlungen im Wege der Selbstverpflichtung führt. Vor diesem Hintergrund kommt dem Deutschen Corporate Governance Kodex als Maßstab für die Beurteilung der rechtlichen Beschränkungen und Grenzen einer Kursbeeinflussung durch die Aktiengesellschaft keine eigenständige Bedeutung zu.

§7 Grenzen der Zulässigkeit von Maßnahmen zur Beeinflussung des eigenen Börsenkurses durch das Gesetz gegen den unlauteren Wettbewerb (UWG)

Alle Maßnahmen einer börsennotierten Aktiengesellschaft, die sich auf den Verlauf des eigenen Börsenkurses auswirken, stehen zwangsläufig in einem engen Zusammenhang mit dem Markt, hier dem Kapitalmarkt. Auf diesem Markt stehen die Kapitalgesellschaften bei der Suche nach neuen Kapitalmitteln einander im Wettbewerb gegenüber. Konsequenterweise ist die Zulässigkeit von Beeinflussungsmaßnahmen der Aktiengesellschaft auch an den Grenzen des Gesetzes gegen den unlauteren Wettbewerb[1046] zu messen.

A. Historischer Abriß des UWG

Das Gesetz gegen den unlauteren Wettbewerb in der heutigen Fassung geht zurück auf das Gesetz zur Bekämpfung des unlauteren Wettbewerbs aus dem Jahre 1896 sowie auf die Gesetzesnovelle vom 7.7.1909. Ungeachtet einiger inhaltlicher Anpassungen in den Jahren 1969 und 2000 blieb das UWG im Laufe des

---

[1045] *Semler*, MüKo, §161, Rdn.54, 62
[1046] BGBl. 2004 Teil I Nr. 32, ausgegeben zu Bonn am 7. Juli 2004

20. Jahrhunderts weitgehend unverändert und erwies sich zunehmend als Erfolgsmodell effektiver Gesetzgebung. Nach der Aufhebung des Rabattgesetzes und der Zugabeverordnung 2001 sowie aufgrund einer Flut von Gesetzesnovellen und europäischen Richtlinienerlassen wurde es für den deutschen Gesetzgeber unerläßlich, zum Zwecke der Anpassung an die modernen Anforderungen der Deregulierung, Liberalisierung und Europäisierung ein neues Gesetz gegen den unlauteren Wettbewerb zu erlassen, das am 8.7.2004 in Kraft getreten ist.

B. Grenzen der Zulässigkeit von Maßnahmen zur Beeinflussung des eigenen Börsenkurses durch das Verbot unlauteren Wettbewerbs durch irreführende Werbung gemäß §§ 5 i.V.m. 3 UWG

Besondere Relevanz kommt dem Aspekt des unlauteren Wettbewerbs durch irreführende Werbung zu.

I. Voraussetzungen der §§ 5 i.V.m. 3 UWG

Nach § 5 I UWG handelt unlauter im Sinne von § 3 UWG, wer irreführend wirbt. Die systematische Verknüpfung der beiden Vorschriften macht deutlich, daß es sich bei § 5 UWG um eine gesetzliche Konkretisierung der Unlauterkeit im Sinne der Generalklausel des § 3 UWG handelt, mit der Folge, daß deren allgemeine Anwendungsvoraussetzungen vorliegen müssen.

Erforderlich ist also zunächst eine Wettbewerbshandlung. § 2 I N.1 UWG definiert den Begriff der Wettbewerbshandlung als jede Handlung einer Person mit dem Ziel, zugunsten des eigenen oder eines fremden Unternehmens den Absatz oder den Bezug von Waren [...], einschließlich unbeweglicher Sachen, Rechte und Verpflichtungen zu fördern. Der Feststellung eines konkreten Wettbewerbsverhältnisses bedarf es nicht. Der erforderliche wettbewerbsrechtliche Zusammenhang ist bereits jedem Handeln im geschäftlichen Verkehr immanent.[1047] Das Merkmal des geschäftlichen Verkehrs ist insoweit als ungeschriebenes Tatbestandsmerkmal in § 2 I UWG hineinzulesen und erfaßt sämtliche wirtschaftlichen Tätigkeiten auf dem Markt, die der Förderung eines eigenen oder fremden Geschäftszwecks zu dienen bestimmt sind. Der Geschäftszweck kann dabei beliebiger Natur sein. Dazu gehören geschäftliche Betätigungen im weitesten Sinne, wie jede selbständige wirtschaftliche Zwecke verfolgende Tätigkeit, in der

---

[1047] *Fezer*, WRP 2001, 989 (1000) ; vgl. auch Gesetzgebungsvorschlag von *Köhler/Bornkamm/Henning-Bodewig*, WRP 2001, 1317 (1325), der den Begriff inhaltlich ausdrücklich voraussetzt.

eine Teilnahme am Erwerbsleben zum Ausdruck kommt. Unternehmerisches Verhalten stellt immer dann ein Handeln im geschäftlichen Verkehr dar, wenn eine unmittelbare Außenwirkung eintritt. Zusätzlich fordert § 2 I N.1 UWG, daß die objektiv marktbezogene Handlung auch zielgerichtet sein muß, also subjektiv den Zweck verfolgen muß, eigenen oder fremden Wettbewerb zu fördern. Wie bisher kann die Wettbewerbsabsicht jedoch auch nach neuem Recht bei einem objektiv marktbezogenen Verhalten vermutet werden.[1048]

Die Voraussetzung einer Wettbewerbshandlung erfüllt irreführende Werbung schon per se, denn sie folgt bereits aus dem Begriff der „Werbung" selbst.[1049] Dieser ist mangels eigener gesetzlicher Definition im Wege eines Rückgriffs auf die maßgebliche europäische Irreführungsrichtlinie[1050] als jede Äußerung bei der Ausübung eines Handels, Gewerbes, Handwerks oder freien Berufs zu verstehen, die mit dem Ziel erfolgt, den Absatz von Waren oder die Erbringung von Dienstleistungen [...] zu fördern (Art. 2 N.1 Irreführungsrichtlinie). Der Begriff der Ware im wettbewerbsrechtlichen Sinne ist weit auszulegen und erfaßt unter anderem auch Wertpapiere und sonstige Anlageobjekte.[1051]

Als irreführend ist eine Werbung dann einzuordnen, wenn sie geeignet ist, den von ihr adressierten Verkehrskreisen eine mit der Wirklichkeit nicht übereinstimmende Vorstellung zu vermitteln, welche von Bedeutung für eine Marktentscheidung ist.[1052] Die Relevanz für die Marktentscheidung ist demzufolge Bestandteil des Begriffs der Irreführung.[1053] Relevant ist eine Irreführung in der Regel dann, wenn die irreführenden Angaben bei ungezwungener Auffassung geeignet sind, die Kaufentscheidung des Publikums – im Sinne einer allgemeinen Wertschätzung – zu beeinflussen.[1054] Maßstab der Beurteilung ist der durchschnittlich informierte, verständige und aufmerksame Durchschnittsadressat. Nicht erforderlich ist, daß jemand tatsächlich irregeführt wird. Vielmehr genügt bereits die bloße Gefahr einer Irreführung.[1055]

1048 *Peifer*, Fezer, §5, Rdn.157

1049 *Dreyer*, Harte/Henning, §5, Rdn.66

1050 Richtlinie 84/450/EWG des Rates zur Angleichung der Rechts- und Verwaltungsvorschriften der Mitgliedstaaten über irreführende Werbung vom 10.9.1984, ABl.EG N. L 250/18

1051 BGH GRUR 1976, 316 (317)- *Besichtigungsreisen III* ; BGH GRUR 1982, 493 (494)- *Sonnenring*

1052 vgl. RegBegr. BT-Drucks. 15/1487, S.19 ; BGHZ 13, 244 (253) ; *Peifer*, Fezer, §5, Rdn.185 ; *Piper*, Köhler/Piper, § 3, Rdn.106

1053 BGH GRUR 1981, 71 (73)- *Lübecker Marzipan* ; BGH GRUR 1982, 564 (565)- *Elsässer Nudeln*

1054 vgl. BGH WRP 1997, 429 (430)- *Irrtum vorbehalten* ; BGH GRUR 2000, 914 (915)- *Tageszulassung II* ; BGH WRP 2003, 509 (510)- *Preisempfehlung für Sondermodelle.*

1055 so auch Art. 2 N.2 Irreführungsrichtlinie ; *Piper*, Köhler/Piper, § 3, Rdn.106

Schließlich verlangt die Unlauterkeit i.S.v. § 3 UWG, daß die irreführende Werbung geeignet ist, den Wettbewerb zum Nachteil der in § 1 UWG genannten Schutzgüter - d.h. Mitbewerber, Verbraucher oder sonstige Marktteilnehmer - nicht unerheblich zu beeinträchtigen, um etwaige Bagatellfälle aus dem Anwendungsbereich auszunehmen.[1056] Dieses Ausschlußkriterium soll zum Ausdruck bringen, daß die Wettbewerbshandlung - hier also die irreführende Werbung - von einem gewissen Gewicht für das Wettbewerbsgeschehen und die Interessen des geschützten Personenkreises sein muß.[1057]

II. Subsumtion einschlägiger Beeinflussungsmaßnahmen unter das Verbot der irreführenden Werbung

Durch informationsbezogene Maßnahmen kann sich eine Beeinflussung des Börsenkurses ergeben, da die Anleger vertrauend auf die Angaben ihre Anlageentscheidung treffen und damit den Kurs beeinflussen. Handlungen der Aktiengesellschaft, die dem Ziel zu dienen bestimmt sind, zugunsten des eigenen Unternehmens den Bezug von Waren, nämlich den Wertpapieren der Gesellschaft, zu fördern, sind Handlungen im Sinne des § 2 I N.1 UWG. Aufgrund der extensiven Auslegung des § 2 I N.1 UWG sind alle Bemühungen der Aktiengesellschaft, durch die Beeinflussung des Börsenkurses neue Anleger zu gewinnen und dadurch im internationalen Wettbewerb um neue Kapitalmittel zu bestehen, als Teil des geschäftlichen Verkehrs einzuordnen. Die erforderliche Marktbezogenheit ist zweifelsohne in sämtlichen Veröffentlichungen der Aktiengesellschaft in Prospekten, in Werbespots in Funk und Fernsehen, auf Internetseiten etc. enthalten.[1058] Beinhalten die Veröffentlichungen der Gesellschaft in Gestalt von Nachrichten, Gerüchten oder sonstigen Meldungen falsche oder irreführende Informationen, die sich inhaltlich auf den Vermögenswert selbst, bzw. auf die Aktiengesellschaft als das hinter dem Wertpapier stehende Unternehmen oder auf bewertungserhebliche Umstände, wie Marktaussicht etc., richten, so trägt dies den Unlauterkeitsvorwurf des § 3 UWG in sich. Diese Maßnahmen sind als Verstoß gegen § 5 i.V.m. § 3 UWG unzulässig.

[1056] RegBegr. BT-Drucks. 15/1487, S.16 ; *Köhler/Bornkamm/Henning-Bodewig*, WRP 2001, 1317 (1325)

[1057] Gegenüber dem bisherigen Recht wurde die Erheblichkeitsschwelle nicht als Einschränkung der Klagebefugnis ausgestaltet, sondern als materielle Regelung in den Tatbestand aufgenommen.

[1058] *Peifer*, Fezer, §5, Rdn.157

C. Grenzen der Zulässigkeit der Beeinflussung des eigenen Börsenkurses durch strafbare Werbung gemäß § 16 I UWG

Jede Strafbarkeit einer Handlung der Aktiengesellschaft führt automatisch zur Eingrenzung einer auf sie gestützten Beeinflussungsmaßnahme.
Nach § 16 I UWG ist es strafbar, in der Absicht, den Anschein eines besonders günstigen Angebots hervorzurufen, in öffentlichen Bekanntmachungen oder in Mitteilungen, die für einen größeren Kreis von Personen bestimmt sind, durch unwahre Angaben irreführend zu werben.
§ 16 I UWG greift die Regelung des § 4 UWG a.F. auf. Grundvoraussetzung für die Erfüllung des Tatbestandes ist nach seiner Neufassung das Vorliegen einer irreführenden Werbung im Sinne von §§ 5 i.V.m. 3 UWG. Für § 16 UWG reicht allerdings aus, daß die Angaben irreführend sind. Entbehrlich ist die Feststellung einer Wettbewerbshandlung im Sinne von § 2 I N.1 UWG sowie die Eignung zur Marktbeeinträchtigung zum Nachteil der Mitbewerber, Verbraucher oder sonstigen Marktteilnehmer.[1059] Nichtsdestotrotz muß die Handlung wettbewerbsrechtlich relevant sein, da andernfalls bereits keine Irreführung vorliegt. Es lassen sich jedoch kaum Fälle denken, in denen sich eine Werbung darauf richtet, den Anschein eines besonders günstigen Angebots zu erwecken, in denen es gleichzeitig aber nicht um eine marktbeeinträchtigende Werbung im geschäftlichen Verkehr geht.

Entsprechend der bisherigen Regelung werden jedoch auch weiterhin nur Fälle der Irreführung durch unwahre Angaben erfaßt. Angaben im Sinne der Vorschrift sind alle inhaltlich nachprüfbaren Aussagen tatsächlicher Art. Reine Werturteile, Prognosen und bloße Meinungsäußerungen ohne Tatsachengehalt fallen aus dem Anwendungsbereich heraus.[1060] Unwahr sind Angaben, wenn sie objektiv nicht mit der Wirklichkeit übereinstimmen. Irreführende Angaben, die jedoch objektiv richtig sind, werden unter konsequenter Beachtung des Bestimmtheitsgebots des Art 103 II GG folglich nicht erfaßt.

Hinzu kommen muß, daß die Werbung in öffentlichen Bekanntmachungen oder in Mitteilungen, die für einen größeren Kreis von Personen bestimmt sind, veröffentlicht wurde, wie etwa im Falle der Medien-, Prospekt- oder Plakatwerbung. Es kommt nicht darauf an, ob die Allgemeinheit tatsächlich Kenntnis von der Bekanntmachung erlangt hat.
Auch wenn bei Vorliegen der Voraussetzungen in vielen Fällen zugleich der Tatbestand des Betruges gemäß § 263 StGB erfüllt sein wird, so hat die Vor-

---

[1059] *Dreyer*, Harte/Henning, §16, Rdn.9,10
[1060] *Baumbach/Hefermehl*, § 3 UWG, Rdn.13,16; § 4 UWG, Rdn.7

schrift gleichwohl eine insoweit eigenständige Bedeutung, als Absatz I den Eintritt eines Vermögensschadens nicht voraussetzt.[1061]

Auf subjektiver Seite ist neben dem Vorsatz die Absicht erforderlich, den Anschein eines besonders günstigen Angebots hervorzurufen und dadurch den Adressaten (hier also den Anleger) zum Kauf (hier also den Aktienkauf) zu verleiten. Für den Nachweis dieser Absicht reicht direkter Vorsatz aus, so daß das Bewußtsein genügt, die unwahre Bekanntmachung könne als besonders günstiges Angebot angesehen werden. Der Feststellung der subjektiven Voraussetzungen des § 16 I UWG werden in der Praxis aber erhebliche Schwierigkeiten entgegenstehen.

Liegen die Voraussetzungen des § 16 I UWG vor, ist dies im Rahmen der Vornahme kursbeeinflussender Maßnahmen zu berücksichtigen.

D. Zwischenergebnis zu §7

Die Durchführung informationsgestützter Beeinflussungsmaßnahmen der Aktiengesellschaft wird durch das Gesetz gegen den unlauteren Wettbewerb, im Besonderen durch das Verbot der irreführenden Werbung sowie den Tatbestand der strafbaren Werbung begrenzt.

§8 Grenzen der Zulässigkeit von Maßnahmen zur Beeinflussung des eigenen Börsenkurses durch das Strafgesetzbuch (StGB)

Wie von selbst versteht es sich, daß die Aktiengesellschaft bei der Vornahme kursbeeinflussender Maßnahmen auch die Vorschriften des Strafgesetzbuches sowie die sonstigen spezialgesetzlichen Strafvorschriften zu beachten und folglich alle Maßnahmen zu unterlassen hat, die strafbewehrt sind.

[1061] BGH WRP 2002, 1432

A. Grenzen der Zulässigkeit der Beeinflussung des eigenen Börsenkurses durch das Betrugsverbot gemäß § 263 I StGB

I. Voraussetzungen des § 263 I StGB

§ 263 StGB setzt voraus, daß der Täter durch Vorspiegelung falscher oder Entstellung oder Unterdrückung wahrer Tatsachen bei einem anderen einen Irrtum erregt oder unterhält und dieser aufgrund des Irrtums eine vermögensschädigende Verfügung vornimmt. Gleichzeitig muß die tatbestandliche Handlung oder das Unterlassen vorsätzlich und in der Absicht, sich oder einen Dritten zu bereichern, durchgeführt werden.

II. Subsumtion relevanter Beeinflussungsmaßnahmen unter das Betrugsverbot

Im Rahmen der Prüfung der Zulässigkeit einer Kursbeeinflussung durch die Aktiengesellschaft als juristische Person ergeben sich rechtliche Grenzen aus § 263 I StGB insoweit, als es den Mitgliedern des Vorstands oder anderen für die Gesellschaft handelnden Personen als natürliche Personen verboten ist, tatbestandliche Täuschungshandlungen vorzunehmen und es der Aktiengesellschaft damit faktisch genommen ist, derartige Maßnahmen durchzuführen.

1. Beeinflussung durch informationsbezogene Maßnahmen

Sämtliche der informationsbezogenen Beeinflussungsmaßnahmen, die lediglich falsche oder irreführende Informationen, Meinungen oder Gerüchte zum Gegenstand haben und dabei jedwedem Tatsachenkern entbehren, fallen aus dem Anwendungsbereich des § 263 I StGB heraus, da § 263 I StGB gegenüber § 20a WpHG einen wesentlich engeren Anwendungsbereich aufweist und die Tathandlung eine Täuschung über „Tatsachen" beinhalten muß. Gleiches gilt für die häufig auftretenden Fälle von Falschmeldungen, die sich allein auf in der Zukunft liegende Umstände beziehen, da diesen nach den allgemeinen Grundsätzen ebenfalls die Tatsacheneigenschaft fehlt.[1062]

[1062] *Tiedemann*, LK, § 263, Rdn.16

2. Beeinflussung durch (effektive) Handelsgeschichte in eigenen Aktien

Zweifel an der Täuschungsqualität bestehen auch in sämtlichen Fallkonstellationen, in denen effektive Handelsgeschäfte der Gesellschaft in eigenen Wertpapieren zum Tragen kommen. Denn in allen Spielarten der effektiven Geschäfte - beim „advancing the bid", „painting the tape", „marking the close", „pumping and dumping", beim „cornering" oder bei der Durchführung von Kurspflege- bzw. Kursstabilisierungsmaßnahmen - finden tatsächlich wirksame Wertpapiergeschäfte statt. Eine Täuschung im Sinne des § 263 I StGB kommt damit allenfalls bezüglich der Motive der Geschäfte in Betracht. Dabei kann jedoch nicht davon ausgegangen werden, daß bei dem Abschluß eines Wertpapiergeschäftes ein bestimmtes Motiv als schlüssige Aussage über Ziel und Zweck der Geschäfte miterklärt wird.[1063]

3. Beeinflussung durch fiktive Geschäfte in eigenen Aktien

Bei fiktiven Handelsgeschäften wie den „improper matched orders", den „wash sales" oder den „circular tradings" fehlt es an einer Täuschung über Tatsachen. Die Geschäfte werden zwar mit dem alleinigen Ziel durchgeführt, einen aktiven Markt vorzutäuschen, während ihnen tatsächlich jegliche wirtschaftliche Relevanz fehlt, doch wird der verfolgte Zweck auch hier nicht konkludent miterklärt. Insbesondere kann eine schlüssige Aussage dahingehend, es finde ein wirtschaftlicher Eigentumswechsel statt, einem Kauf oder Verkauf von Wertpapieren nicht entnommen werden. In beiden Fällen bleibt insofern lediglich Raum für einen Betrug durch Unterlassen (§ 13 StGB), solange eine Pflicht zur Offenbarung besteht, aus der die Garantenstellung der Gesellschaft hergeleitet werden kann.

Neben den Schwierigkeiten, die tatbestandliche Täuschungshandlung positiv feststellen zu können, liegt ein weiteres praktisches Anwendungsproblem des § 263 StGB darin, die Ursächlichkeit zwischen dem von der Aktiengesellschaft hervorgerufenen Irrtum auf der einen Seite und der konkreten Transaktion eines Marktteilnehmers auf der anderen Seite nachzuweisen. Im Falle von fiktiven Handelsgeschäften beispielsweise müßte der Beweis geführt werden, der Marktteilnehmer sei tatsächlich von einer (unzutreffenden) erhöhten Handelsaktivität ausgegangen und habe sich auch tatsächlich nur aufgrund dieser vermeintlichen Handelsaktivität zum Kauf oder –Verkauf der besagten Papiere entschlossen. Zudem müßte ein konkreter Vermögensschaden des Getäuschten festgestellt werden, was insbesondere deshalb schwerfallen wird, weil sich in vielen Fällen

---

[1063] *Zieschang*, Park, § 263, Rdn.133

die objektive Wertlosigkeit bzw. Minderwertigkeit der gekauften Aktien kaum nachweisen läßt. Schließlich wird es in vielen Fällen an der erforderlichen Stoffgleichheit der Bereicherung fehlen, die als ungeschriebenes Tatbestandsmerkmal des Betruges allgemein vorausgesetzt wird.[1064] Danach muß der Handelnde auf subjektiver Tatbestandsseite den Vorteil unmittelbar aus dem Vermögen des Geschädigten in der Weise anstreben, daß der Vorteil die Kehrseite des Schadens darstellt.[1065] In den in Frage stehenden Fallkonstellationen besteht der Schaden des getäuschten Anlegers allerdings in der objektiven Wertlosigkeit bzw. Minderwertigkeit der erworbenen Aktien bzw. in dem erhöhten Risiko, das mit der Transaktion in manipulierten Papieren verbunden ist und aufgrund dessen die Aktien für den Erwerber nur einen geringeren Wert verkörpern (individueller Schadenseinschlag).[1066] Der von der beeinflussenden Aktiengesellschaft angestrebte Vorteil folgt jedoch aus dem durch die Transaktionen in den Papieren der Gesellschaft verursachten Anstieg des Börsenkurses und bildet mithin nicht die Kehrseite des Schadens auf Anlegerseite.[1067]

Im Ergebnis kommt § 263 I StGB im Hinblick auf die hiesige Fragestellung kaum Relevanz zu. Der Tatbestand unterliegt einer zu großen Zahl praktischer Anwendungsprobleme, die nicht zuletzt den Rahmenbedingungen des anonymisierten Kapitalmarktes geschuldet sind.

B. Grenzen der Zulässigkeit von Maßnahmen zur Beeinflussung des eigenen Börsenkurses durch das Verbot des Kapitalanlagebetruges gemäß § 264a StGB

I. Überblick

Der Kapitalanlagebetrug nach § 264a StGB wurde durch das Zweite Gesetz zur Bekämpfung der Wirtschaftskriminalität im Jahre 1986 in das Strafgesetzbuch aufgenommen und seitdem keinen Änderungen unterzogen.

Die Vorschrift stellt ein abstraktes Vermögensgefährdungsdelikt im Vorfeld des Betruges dar. Die Täuschung eines individuellen Anlegers ist für die Deliktsvollendung ebenso wenig erforderlich wie der Nachweis eines kausalen Irrtums oder einer irrtumsbedingten Vermögensverfügung und der Eintritt eines Vermö-

---

[1064] vgl. mit weiteren Nachweisen: *Cramer*, Schönke/Schröder, § 263, Rdn.168

[1065] *Cramer*, Schönke/Schröder, § 263, Rdn.168

[1066] *Altendorfer*, S.232 ; *v. Ungern-Sternberg*, ZStW 1976, 653 (672)

[1067] in diesem Sinne wohl auch die „Infomatec“ Rechtsprechung des BGH. BGH v.19.7.04, II ZR 402/02 und II ZR 218/03 in BGHZ, DStR 2004, 1490 und 1486 ; vgl. auch *Kort*, AG 2005, 21 (24); *Fleischer*, DB 2004, 2031

gensschadens.[1068] Vor dem Hintergrund permanenter Umstrukturierungen des Kapitalmarktes durch neue Vermögensanlageformen ist es Sinn und Zweck der Norm, den Schutz des unerfahrenen Anlegers zu verbessern und die häufig nicht ausreichenden Spezialgesetze zu ergänzen.[1069] Neben dem Vermögensschutz des einzelnen Anlegers richtet sich die Vorschrift zusätzlich auf die Gewährleistung der Funktionsfähigkeit des Kapitalmarktes als überindividuellem Rechtsgut.[1070]

II. Voraussetzungen des § 264a StGB

Nach § 264a StGB ist es strafbar, im Zusammenhang mit dem Vertrieb von Wertpapieren, Bezugsrechten oder von Anteilen, die eine Beteiligung an dem Ergebnis eines Unternehmens gewähren sollen, oder dem Angebot, die Einlagen auf solche Anteile zu erhöhen, in Prospekten oder in Darstellungen oder Übersichten über den Vermögensgegenstand hinsichtlich der für die Entscheidung über den Erwerb oder die Erhöhung erheblicher Umstände gegenüber einem größeren Kreis von Personen unrichtige vorteilhafte Angaben zu machen oder nachteilige Tatsachen zu verschweigen.

Der Begriff der Angaben stimmt mit dem Verständnis in § 20a N.1 WpHG überein und erfaßt auch tatsachengestützte Werturteile und Prognosen. Für die Unterlassensalternative des Verschweigens nachteiliger Tatsachen gilt demgegenüber der enge Tatsachenbegriff des § 263 StGB.[1071] Die Angaben bzw. das Verschweigen müssen sich auf Umstände beziehen, die für die Anlageentscheidung erheblich sind. Die Erheblichkeit ist in Anlehnung an die Grundsätze der zivilrechtlichen Prospekthaftung[1072] dann zu bejahen, wenn die Angabe oder das Verschweigen nach dem Maßstab eines verständigen, durchschnittlich vorsichtigen Anlegers Einfluß auf Wert, Chancen und Risiken der Kapitalanlage haben.[1073]

[1068] *Achenbach*, NJW 1986, 1835 (1839)
[1069] RegBegr. BT-Drucks. 10/318, S.21
[1070] RegBegr. BT-Drucks. 10/318, S.22 ; *Knauth*, NJW 1987, 28 ; *Park*, BB 2001, 2069 (2074) ; *Cramer*, Schönke/Schröder, § 264a, Rdn.1 ; a.A. *Cerny*, MDR 1987, 271 (272) ; *Mutter*, NStZ 1991, 421
[1071] *Park*, Park, §264a, Rd.11
[1072] RegBegr. BT-Drucks. 10/5058, S.31
[1073] *Lackner/Kühl*, §264a, Rdn.13

III. Subsumtion relevanter Beeinflussungsmaßnahmen unter das Verbot des Anlagebetrugs

Als tatbestandliche Handlungen kommen sämtliche Handlungen, insbesondere informationsgestützte Maßnahmen der Vorstandsmitglieder oder anderer für die Gesellschaft handelnder Personen in Betracht, sobald diese Maßnahmen darauf abzielen, mittels täuschender Angaben in Prospekten, Darstellungen oder Übersichten die Anleger zur Anlage ihres Geldes in den Papieren der Gesellschaft zu veranlassen, um auf diese Weise eine Kurssteigerung bzw. Kurssenkung derselben herbeizuführen. Jedes Tun und Unterlassen, das auf solche Weise den Börsenkurs beeinflussen kann, ist folglich strafbewehrt und unzulässig.

C. Zwischenergebnis zu §8

Zweifellos findet die Beeinflussung des eigenen Börsenkurses durch die Aktiengesellschaft seine rechtlichen Grenzen in den Straftatbeständen des Strafgesetzbuches. Aufgrund der praktischen Gegebenheiten des anonymisierten Kapitalmarktes kommt allerdings § 263 StGB kaum eigenständige Bedeutung zu, anders hingegen § 264a StGB, der sämtliche Beeinflussungsmaßnahmen unter Strafe stellt, die täuschende Angaben in Prospekten, Darstellungen oder Übersichten beinhalten.

§9 Grenzen der Zulässigkeit von Maßnahmen zur Beeinflussung des eigenen Börsenkurses durch das Bürgerliche Gesetzbuch (BGB)

Abschließend sind sämtliche Maßnahmen der Aktiengesellschaft, die eine Beeinflussung des eigenen Börsenkurses bewirken, an den Grenzen und Beschränkungen der allgemeinen zivilrechtlichen Vorschriften zu messen.

A. Grenzen der Zulässigkeit von Maßnahmen zur Beeinflussung des eigenen Börsenkurses aus rein vertraglichen Grundsätzen

In einem Aktienkaufvertrag verpflichten sich die Vertragspartner als Hauptpflichten zur Lieferung von Aktien der Gesellschaft gegen Zahlung eines Kaufpreises, der sich in der Regel am Börsenkurs orientiert. Hierauf sind grundsätzlich die zivilrechtlichen Vorschriften des Kaufrechts (Rechtskauf) anwendbar, so daß im Falle der Beeinflussung des Börsenkurses durch die Aktiengesellschaft insbesondere die Regelungen des Anfechtungs- und Gewährleistungsrechts zur Anwendung kommen. Für den Fall der Gewährleistung ist anzumerken, daß der Verkäufer eines Rechts nach §§ 453, 435, 437 BGB allerdings nur für den Bestand der Forderung haftet und nicht für den vertraglich vorausgesetzten Wert des Rechts. Dies bedeutet beim Aktienkauf eine Haftung für die Existenz der Gesellschaft (keine Insolvenz, keine Liquidation), für den Bestand und den Umfang der Beteiligung sowie beispielsweise für die Höhe der Gewinnbeteiligung oder den Umfang des Stimmrechts.[1074] Für den Wert der Aktie sowie für Mängel des vom Emittenten betriebenen Unternehmens oder der Bestandteile des Gesellschaftsvermögens wird nicht gehaftet.[1075] Auch an Ansprüche aus den §§ 134, 138 i.V.m. 812 I S.1 Alt.1 BGB sowie etwaige Ansprüche aus positiver Vertragsverletzung (§§ 241, 280 I BGB) oder der Verletzung vorvertraglicher Aufklärungspflichten (culpa in contrahendo; § 311 II i.V.m. 280 I BGB) ist zu denken. Somit führen alle Maßnahmen, die wegen Verstoßes gegen Treu und Glauben, sittenwidrigen Verhaltens etc. die Unwirksamkeit oder Störung des Vertrages zur Folge haben, zur Rückabwicklung oder zu Schadensersatzansprüchen etc.. Dies zeigt die Grenzen der Zulässigkeit solcher Maßnahmen auf.

In der Praxis steht dem Modell des unmittelbaren Vertragsverhältnisses jedoch die gängige Handhabung der Börsengeschäfte entgegen. Danach kommt es regelmäßig nicht zu einem direkten kaufrechtlichen Vertragsverhältnis zwischen der emittierenden Aktiengesellschaft und dem erwerbenden Anleger (sog. „face-to-face“ –Geschäfte). Letzterer nimmt nicht selbst am Börsenhandel teil, sondern sieht sich vielmehr gezwungen, ein zugelassenes Kreditinstitut als Finanzintermediär dazwischenzuschalten. Der Kaufvertrag wird in der Regel mit dem Finanz-intermediär zustande kommen, der grundsätzlich als Kommissionär für Rechnung des Kunden, jedoch im eigenen Namen tätig wird.[1076]

Auch in Fällen des mittelbaren Bezugsrechts (§ 185 V AktG), bei dem die Emissionskonsortien zunächst sämtliche Aktien erwerben, sich aber gleichzeitig verpflichten, die Wertpapiere umgehend den Aktionären anzubieten, entstehen keine unmittelbaren Ansprüche Dritter gegenüber der Gesellschaft. Zwar stellt die Vereinbarung zwischen Emittenten und Konsortium einen echten Vertrag zugunsten Dritter dar (§ 328 BGB), doch erzeugt das Forderungsrecht des Dritten keinen gesteigerten sozialen Kontakt und begründet deshalb kein vertragsähnliches Vertrauensverhältnis.[1077]

[1074] RGZ 99, 217 (220)
[1075] BGHZ 65, 246
[1076] Auf die vertraglichen Beziehungen des Emittenten zu den Emissionsbanken, Finanzdienstleistern oder sonstigen Marktintermediäre soll hier aus Platzgründen nicht eingegangen werden.
[1077] OLG Düsseldorf, WM 1984, 586 (597)

Vertragliche bzw. vertragsähnliche Ansprüche der einzelnen Investoren gegen die Gesellschaft als Grenze der Kursbeeinflussung kommen folglich nur dann in Betracht, wenn zwischen den Beteiligten eine vom eigentlichen Kaufvertrag unabhängige vertragliche bzw. vertragsähnliche Beziehung besteht bzw. wenn es ausnahmsweise doch zu einem „face-to-face" –Geschäft zwischen Anleger und Emittenten kommt. Dies bedeutet aber nicht, daß kursbeeinflussende Maßnahmen der Aktiengesellschaft im übrigen in diesen Konstellationen zulässig sind, ihnen ist nur nicht mit rein vertraglichen Ansprüchen zu begegnen.

B. Grenzen der Zulässigkeit von Maßnahmen zur Beeinflussung des eigenen Börsenkurses durch die allgemeine zivilrechtliche Prospekthaftung

Der Vornahme insbesondere von informationsgestützten Kursbeeinflussungsmaßnahmen kann die von der Rechtsprechung entwickelte allgemeine zivilrechtliche Prospekthaftung (Prospekthaftung im engeren Sinne) entgegenstehen. Die allgemeine Prospekthaftung ist eine vertragsähnliche Haftung sui generis, die als besondere Ausformung der Vertrauenshaftung an ein typisiertes Vertrauen des Anlegers auf die Richtigkeit und Vollständigkeit der von den Prospektverantwortlichen gemachten Angaben anknüpft.[1078] Nach der Rechtsprechung des Bundesgerichtshofes darf ein Anleger erwarten, daß er ein zutreffendes Bild über das Beteiligungsobjekt erhält, daß der Prospekt ihn über alle Umstände, die für seine Entschließung von wesentlicher Bedeutung sind oder sein können, sachlich richtig und vollständig unterrichtet.[1079] Ein Prospekt stellt daher die für den Anlageinteressenten wichtigste und häufigste Informationsquelle dar und bildet im allgemeinen die Grundlage seiner Anlageentscheidung. Durch falsche Informationen wird folglich der Börsenkurs beeinflußt. Die Handlungen, die darauf beruhen, sind unzulässig.

Für den hier untersuchten Problemkomplex der Beeinflussung des Börsenkurses durch die börsennotierte Aktiengesellschaft stellt sich allerdings die Frage, ob der allgemeinen zivilrechtlichen Prospekthaftung neben der spezialgesetzlichen Prospekthaftung ein relevanter Anwendungsbereich verbleiben kann, denn §§ 44 ff. BörsG bzw. § 13 I VerkProspG sehen bereits eine Haftung für unrichtige und unvollständige Prospekte vor. Zwar bestimmt § 47 II BörsG, daß neben der Prospekthaftung bestehende vertragliche Ansprüche unberührt bleiben sollen. Mit vertraglichen Ansprüchen in diesem Zusammenhang sind aber nicht Ansprüche

---

[1078] BGHZ 71, 284
[1079] BGHZ 123, 106 (109ff.) ; BGH NJW 2000, 3346

aus zivilrechtlicher Prospekthaftung im weiteren oder engeren Sinne gemeint.[1080]
An diesem Ergebnis ändert auch die Novellierung des WpHG durch das AnSVG, mit der eine gesetzliche Prospekthaftung für den sog. „Grauen Kapitalmarkt" eingeführt wurde, nichts. Der Gesetzgeber hat in der Begründung zum AnSVG zwar klargestellt, daß die Anwendbarkeit der bürgerlich-rechtlichen Grundsätze zur Prospekthaftung grundsätzlich unberührt bleiben soll.[1081] Dies kann sich nach der neuen Rechtslage jedoch nur auf die Haftung der nicht vom Gesetz erfaßten Prospektverantwortlichen beziehen (z.B. Wirtschaftsprüfer etc.). Im übrigen verdrängen die spezialgesetzlichen Haftungsregelungen der § 13 VerkProspG die Anwendung der allgemeinen zivilrechtlichen Prospekthaftungsgrundsätze.[1082]

C. Grenzen der Zulässigkeit von Maßnahmen zur Beeinflussung des eigenen Börsenkurses durch § 823 I BGB

§ 823 I BGB gewährt Dritten einen Schadensersatzanspruch aus der Verletzung eines Rechtsguts. Maßnahmen, die diese Folge auslösen, sind zu unterlassen. Haben die Beeinflussungsmaßnahmen der Aktiengesellschaft Erfolg, verändert sich der Börsenpreis gegenüber einem unbeeinflußten Kurs nach oben bzw. nach unten.
Wird der Börsenpreis nach unten beeinflußt, so wird das Vermögen derjenigen tangiert, die bereits Aktien der Gesellschaft halten und eine Wertminderung sowie eine Verwässerung ihrer Beteiligung zu befürchten haben. Das Vermögen als solches wird jedoch von § 823 I BGB nicht geschützt.[1083]
Die Aktie verkörpert aber auch die Mitgliedschaft des einzelnen Aktionärs in der Aktiengesellschaft, die als sonstiges Recht in den Schutzbereich des § 823 I BGB fällt. Dies ist zumindest dann unbestritten, wenn sich die Eingriffe unmittelbar gegen den Bestand oder unmittelbar gegen die in der Mitgliedschaft ver-

---

[1080] OLG Bremen, AG 1997, 420 (421) ; OLG Frankfurt, WM 1997, 361 (363) ;
[1081] RegBegr. BT-Drucks. 15/3174, S.44
[1082] Schließlich sei hier noch darauf hingewiesen, daß auch fehlerhafte Ad-hoc-Mitteilungen nicht von der allgemeinen zivilrechtlichen Prospekthaftung erfaßt werden. Hier mangelt es bereits an dem Merkmal des „Prospekts" im Sinne der Prospekthaftungsgrundsätze. Eine Ad-hoc-Mitteilung nach § 15 WpHG ist anlaßbezogen, auf neue bislang nicht veröffentlichte gewichtige Einzeltatsachen gerichtet und ergänzt lediglich die bereits bekannten Informationen für den Sekundärmarkt. Dabei erhebt die Bekanntgabe einer solchen kapitalmarktbezogenen Einzelinformation - anders als die den Primärmarkt betreffende Publizität eines (Emissions-) Prospekts - erkennbar nicht den Anspruch, eine das Publikum des Sekundärmarktes umfassend informierende Beschreibung zu sein. Vgl. BGH („Infomatec") NJW 2004, 2664 ff.
[1083] BGHZ 41, 123 (1127) ; BGH NJW 1980, 1581 (1582)

körperten Rechte richten.[1084] Die in der Mitgliedschaft verkörperten Rechte erstrecken sich über die Mitverwaltungsrechte hinaus auch auf die Vermögensrechte an dem Verbandsvermögen, wie Gewinnrechte oder das Recht auf Auszahlung des Auseinandersetzungsguthabens.[1085] Aber auch diesbezüglich besteht Einigkeit dahingehend, daß zumindest bloße „Reflexschäden" der Aktionäre, die sich auf eine Verminderung des Vermögens oder der Ertragsfähigkeit der Aktiengesellschaft stützen, nicht unter den Schutzbereich des §823 I BGB fallen sollen. Zudem ist an dieser Stelle festzuhalten, daß es sich bei den über die Mitgliedschaft geschützten Vermögensrechten um sog. „Vermögensstammrechte" handelt, denen die wertmäßige Teilhabe des Aktionärs am Unternehmen zugrunde liegt.[1086] Die wertmäßige Teilhabe des Aktionärs am Unternehmen wiederum ist jedoch weitgehend unabhängig von dem Börsenkurs der Aktie, da sie sich nach dem Anteil der Aktie am Grundkapital bemißt und nicht nach dem Kurs an den Wertpapierbörsen. Überdies stimmt dieser aufgrund der zu unterstellenden Ineffizienz der Märkte nicht zwangsläufig mit dem Anteilswert überein. Die Beeinflussung des Kurses wirkt sich folglich nicht auf den Anteil des Aktionärs am Gesellschaftsvermögen aus.

Wird der Börsenpreis nach oben beeinflußt, so steht das Vermögen der neuen Anleger auf dem Spiel, sofern der Erwerbspreis gegenüber dem tatsächlichen Wert der Aktie verhältnismäßig zu hoch ausfällt. Doch auch hier gilt: das Vermögen als solches wird von § 823 I BGB nicht geschützt.[1087] Ein deliktischer Schutz ergibt sich auch dann nicht, wenn man auf die „vormitgliedschaftliche" Position der Anleger abstellt. Diese ist nicht mit der mitgliedschaftlichen Stellung von Aktionären vergleichbar und in keinem Fall von § 823 I BGB erfaßt.[1088]

Im Ergebnis begründet § 823 I BGB keine haftungsrechtliche Grenze der Zulässigkeit einer Börsenkursbeeinflussung für die Aktiengesellschaft.

[1084] BGHZ 110, 323 (327 ff.) ; RGZ 158, 248 (255) ; *Lutter*, AcP 180 (1980), 84 (130ff.) ; *K.Schmidt*, JZ 1991, 157 (158ff.) ; *Wagner*, MüKo-BGB, §823, Rdn.164
[1085] *Wagner*, MüKo-BGB, §823, Rdn.165
[1086] zurückgehend auf *Habersack*, S.270ff.
[1087] BGHZ 41, 123 (1127) ; BGH NJW 1980, 1581 (1582)
[1088] *Weber*, ZHR 164 (2000), 444

D. Grenzen der Zulässigkeit von Maßnahmen zur Beeinflussung des eigenen Börsenkurses durch § 823 II BGB

Verstoßen Mitglieder des Vorstands oder des Aufsichtsrats bei der Durchführung einer der oben aufgeführten Beeinflussungsmaßnahmen gegen ein Schutzgesetz und wird dadurch ein Schaden eines Anlegers verursacht, so kann ein solcher Verstoß gemäß § 823 II i.V.m. § 31 BGB (analog) eine weitere haftungsrechtliche Grenze der Zulässigkeit einer Kursbeeinflussung durch die Gesellschaft darstellen.

Schutzgesetz nach § 823 II BGB ist jede Rechtsnorm im Sinne des Art. 2 EGBGB, die nicht nur dem Schutz der Allgemeinheit zu dienen bestimmt ist, sondern gerade auch dazu dienen soll, den einzelnen oder einzelne Personenkreise gegen die Verletzung eines Rechtsgut zu schützen.[1089] Entscheidender Beurteilungsmaßstab sind Inhalt und Zweck des Gesetzes nach der maßgeblichen Intention des Gesetzgebers. Dabei ist die Frage zu berücksichtigen, ob der Gesetzgeber bei Erlaß des Gesetzes gerade einen Rechtsschutz zugunsten von Einzelpersonen oder bestimmten Personenkreisen gewollt oder zumindest mitgewollt hat.[1090]

I. Schutzgesetzcharakter des § 20a WpHG

Den Gesetzesmaterialien zum 4. Finanzmarktförderungsgesetz zufolge ist es Normzweck des §20a WpHG, die im öffentlichen Interesse liegende Wahrung der Zuverlässigkeit und Wahrung der Preisbildung an Börsen und Märkten zu gewährleisten.[1091] Ob die Norm daneben auch die individuellen Vermögensinteressen einzelner Anleger zu schützen bestimmt ist, bleibt nach der Gesetzesbegründung unklar. Für die Vorgängervorschrift des § 88 BörsG a.F. wurde dies ganz überwiegend verneint.[1092] Zwar wirkt sich der Schutz der Allgemeinheit mittelbar auch zugunsten des einzelnen Kapitalanlegers aus. Damit erstrebt das Gesetz aber noch nicht einen besonderen Schadensersatzanspruch zum Schutze (auch) der Individualinteressen des einzelnen.[1093] Der dem einzelnen zukommende mittelbare Schutz ist vielmehr nur eine Reflexwirkung des kapitalmarktrechtlichen Funktionsschutzes, die eine zivilrechtliche Haftung nicht begründen

---

[1089] *Sprau*, Palandt, § 823, Rdn.56/57
[1090] BGH ZIP 1991, 1591, 312 (317) ; BGH NJW 1992, 241 (242)
[1091] RegBegr.4.FMFG, BT-Drucks. 14/8017, S.249
[1092] BVerfG, ZIP 2002, 986 ff. ; BGH, NJW 2004, 2664 ff. ; OLG München, ZIP 2002, 1989 ; *Schwark*, BörsG, 2. Auflage, §88, Rdn.2 ; *Groß*, WM 2002, 477 (484)
[1093] BGHZ 84, 312, (314) ; BGH 125, 366 (374)

kann.[1094] Die Funktion, den Anleger vor Täuschungen und Vermögensverlusten zu schützen, wurde von § 264a StGB übernommen. Zwar hat der Gesetzgeber in der Gesetzesbegründung zum 4.Finanzmarktförderungsgesetz und dem AnSVG den Anlegerschutz als gesetzliches Schutzziel des WpHG immer stärker betont, doch ist das Kapitalmarktrecht auch weiterhin in erster Linie Wirtschaftsordnungsrecht. Vor diesem Hintergrund bestehen individuelle Ansprüche der Anleger nur dort, wo der Gesetzgeber sie ausdrücklich normiert. Eine ausdrückliche Regelung individueller Schadenersatzansprüche wurde nur im Rahmen der §§ 37 b, c WpHG getroffen. Insoweit bleibt – nicht zuletzt auch aus systematischen Erwägungen - kein Raum für § 823 II i.V.m. § 20a WpHG BGB als weitergehende schadenersatzrechtliche Anspruchsgrundlage.[1095]

II. Schutzgesetzcharakter des § 15 WpHG

§ 15 WpHG ist kein Schutzgesetz im Sinne von § 823 II BGB. Normzweck des § 15 WpHG ist nach den Gesetzesmaterialien nicht der Schutz der Individualinteressen der Anleger, sondern ausschließlich die im öffentlichen Interesse liegende Sicherung der Funktionsfähigkeit des Kapitalmarktes.[1096] Daran hat sich auch durch die Einführung der §§ 37b, 37c WpHG im Zuge des 4.Finanzmarktförderungsgesetz und die daraus resultierende Änderung des § 15 VI S.1 WpHG nichts geändert. Letztere stellt vielmehr klar, daß Verstöße des Emittenten gegen § 15 I, II, III WpHG nur unter den Voraussetzungen des § 37b oder § 37c WpHG schadenersatzpflichtig sein sollen. Die Ad-hoc-Publizität richtet sich gegen die Bildung unangemessener Börsenpreise infolge von Informationsdefiziten der Marktteilnehmer und dient damit der Markttransparenz und Preiswahrheit als überindividuellen Schutzgütern.[1097] Die Interessen der einzel-

---

[1094] BVerfG, ZIP 2002, 986 ff. ; BGHZ 89, 383 (401)

[1095] vgl. *Barnert*, WM 2002, 1473 ff. ; *Schwark*, Schwark, §20a, Rdn.5 ; a.A. *Ekkenga*, ZIP 2004, 781 ff., der den Schutzgesetzcharakter grundsätzlich bejaht, aber keine unbeschränkte individualschützende Wirkung zugesteht.
Nach BGH NJW 2004, 2664 ff. sowie BVerfG ZIP 2002, 1986, 1989 müssen weder § 15 WpHG a.F. noch § 88 BörsG a.F. aufgrund gemeinschaftsrechtlicher Vorgaben in berichtigender Auslegung als Schutzgesetze ausgelegt werden. Der EG-Insider-Richtlinie 89/592/EWG vom 13. November 1989 (ABl Nr. L 334/30, Einleitung und Art. 13; sowie die in Art. 7 in Bezug genommene Richtlinie 79/279/EWG) oder der EG-Transparenz-Richtlinie 88/627/EWG vom 12. Dezember 1988 (ABl Nr. L 348/62) läßt sich kein Gebot entnehmen, § 15 WpHG a.F. oder § 88 I Nr. 1 BörsG a.F. als Schutzgesetz i.S.v. § 823 II BGB auszugestalten.

[1096] vgl. insbesondere: RegeBegr. 4.FMFG Br-Drucks. 936/01n S.245 sowie RegBegr. 2.FMFG BT-Drucks. 12/7918, S.96, 102

[1097] RegBegr. FMFG BT-Drucks. 12/7918, S.96

nen Anleger an einem integeren und liquiden Markt werden lediglich im Sinne eines Rechtsreflexes von § 15 WpHG geschützt.[1098]

III. Schutzgesetzcharakter des § 14 WpHG

Auch hinsichtlich des § 14 WpHG ist die Schutzgesetzqualität zutreffenderweise zu verneinen. §14 WpHG schützt allein das überindividuelle Rechtsgut der Funktionsfähigkeit des organisierten Kapitalmarktes.[1099] Dieser kommt lediglich im Sinne einer Reflexwirkung mittelbare Schutzwirkung zugunsten einzelner Anleger zu, da wiederum das Vertrauen der Anleger für die Funktionsfähigkeit des Kapitalmarktes von wesentlicher Bedeutung ist.[1100]
Für eine Versagung individueller Ansprüche der Anleger spricht auch hier nicht zuletzt der Umstand, daß der Gesetzgeber im Rahmen des 4.Finanzmarktförderungsgesetz mit Einführung der §§ 37b,c WpHG explizit Schadenersatzansprüche in das WpHG aufgenommen hat, diese aber nur im Zusammenhang mit § 15 WpHG (vgl. § 15 VI WpHG) geregelt und insofern im Umkehrschluß darüber hinausgehende zivilrechtliche Verantwortlichkeiten auch weiterhin für nicht sachgerecht erachtet hat. Hinzutritt die Überlegung, daß der geschädigte Anleger auch in Insiderkonstellationen bereits zur Vornahme des konkreten Anlagegeschäftes entschlossen war und es auch ohne das Tätigwerden eines Insiders mit einem beliebigen „Outsider" hätte abschließen können. Demzufolge beruht der wirtschaftliche Verlust des Anlegers auch nicht auf der Insidertransaktion. Vor diesem Hintergrund kann der individuelle Schutz der Marktteilnehmer nur durch eine Offenlegung der Insiderinformationen erfolgen (also über § 15 WpHG) und nicht im Wege eines individuell-schützenden Transaktionsverbotes.[1101]

IV. Schutzgesetzcharakter der §§ 263 StGB, 264a StGB

Die Strafvorschriften der §§ 263 uns 264a StGB stellen beide aufgrund ihres drittschützenden Charakters ein Schutzgesetz im Sinne des § 823 II BGB dar. Der Kapitalanlagebetrug nach §264a StGB stützt sich zwar in erster Linie auf die Funktionsfähigkeit des Kapitalmarktes, doch erstreckt sich sein Schutzbe-

---

[1098] *Kümpel/Assmann*, Assmann/Schneider, §15, Rdn.20

[1099] RegBegr. 2.FMFG BT-Drucks. 12/6679, S.47, 57 ; *Irmen*, BuB, Rdn.7/672, 7/764 ; *Caspari*, ZGR 1994, 532 ; *Kaiser*, WM 1997, 1559ff. ; *Assmann/Cramer*, Assmann/Schneider, § 14, Rdn.4b ; a.A. *Claussen*, AG 1997, 306 (307)

[1100] *Kaiser*, WM 1997, 1557 (1559)

[1101] vgl. insbesondere: *Pananis*, S.24ff. ; *Assmann/Cramer*, Assmann/Schneider, § 14, Rdn.4d

reich nach ganz überwiegender Meinung auch auf die individuellen Vermögensinteressen der Kapitalanleger.[1102]

V. Schutzgesetzcharakter der § 399 AktG, § 400 AktG i.V.m. § 331 HGB

Da die § 399 AktG, § 400 AktG i.V.m. § 331 HGB sowohl die Aktiengesellschaft als auch Gläubiger und sonstige Vertragspartner, Aktionäre und Arbeitnehmer sowie zumindest teilweise den einzelnen Anleger schützen, ist ihr Schutzgesetzcharakter allgemein anerkannt.[1103]

VI. Schutzgesetzcharakter des §§ 5 i.V.m. 3 UWG bzw. § 16 UWG

§ 823 II BGB im Zusammenspiel mit den UWG-Tatbeständen bildet keine Grundlage für Schadenersatzansprüche zugunsten einzelner Verbraucher, Mitbewerber oder sonstiger Marktteilnehmer. Insbesondere §§ 5 i.V.m. 3 bzw. 6 UWG sind ihrer Struktur nach nicht darauf ausgerichtet, die Werbewirkung auf einzelne, konkret individualisierbare Personen festzustellen.[1104] Insoweit stellt der Gesetzgeber in seiner Regierungsbegründung ausdrücklich klar, daß die Vorschriften des UWG keine Schutzgesetze im Sinne des § 823 II BGB darstellen.[1105]

VII. Zwischenergebnis

Insbesondere bei Verstößen gegen §§ 263 StGB, 264a StGB, § 399 AktG, § 400 AktG i.V.m. § 331 HGB kann sich bei börsenkursbeeinflussenden Maßnahmen aus § 823 II i.V.m. § 31 BGB (analog) ein Schadenersatzanspruch ergeben und daraus die Unzulässigkeit solcher Maßnahmen.

[1102] BGH NJW 1992, 241 ff. ; *Lenzen*, S.182

[1103] RegBegr. BT-Drucks. 10/18, S.21 ; BGH „Infomatec“, ZIP 2004, 1599 (1596) ; BGHZ 149, 10 (20) „Bremer Vulkan“ ; BGH WM 85, 384 ; BGH NJW 1973, 1547 (1549) ; RGZ 157, 213 (217) ; RGZ 159, 211 (224)

[1104] *Ahrens*, WPR 1978, 677ff.

[1105] RegBegr. BT-Drucks. 15/1487, S.22 (bewußt ohne Unterscheidung zwischen Mitbewerbern und Endabnehmern)

E. Grenzen der Zulässigkeit von Maßnahmen zur Beeinflussung des eigenen Börsenkurses durch § 826 BGB

Eine weitere deliktische Begrenzung der Zulässigkeit einer Kursbeeinflussung durch die Aktiengesellschaft folgt aus § 826 BGB, der wie § 823 BGB zu Schadenersatz verpflichtet. Voraussetzung ist, daß die jeweilige Beeinflussungsmaßnahme eine vorsätzliche sittenwidrige Schädigung anderer mit sich bringt. Nach ständiger höchstrichterlicher Rechtsprechung muß eine besondere Verwerflichkeit des Verhaltens bestehen, die sich aus dem verfolgten Ziel, den eingesetzten Mitteln, der zutage tretenden Gesinnung oder den eintretenden Folgen ergeben kann.[1106] Herkömmlicherweise orientiert sich § 826 BGB dabei an dem Anstandsgefühl aller billig und gerecht Denkenden in dem konkret betroffenen Verkehrskreis.[1107]
Allgemein wird § 826 BGB in extensiver Auslegung auf jede Beeinträchtigung eines rechtlich anerkannten Interesses sowie auf jede Belastung mit einer ungewollten Verbindlichkeit ausgedehnt.[1108] Ein Schaden im Sinne der Vorschrift kann bereits in jeder nachteiligen Auswirkung auf die Vermögenslage bestehen.

In subjektiver Hinsicht verlangt § 826 BGB Vorsatz hinsichtlich der Sittenwidrigkeit der Handlung sowie Vorsatz bezüglich des Schadens. Die Rechtsprechung hat allerdings im Laufe der Zeit den Anwendungsbereich der ursprünglich so strengen Norm aufgeweicht, indem sie die subjektiven Anforderungen verringert hat. Für die Sittenwidrigkeit soll grobe Fahrlässigkeit genügen, für die Schädigung bedingter Vorsatz. Insofern reicht es nicht, daß die Aktiengesellschaft die Kursbeeinflussung bewußt gewollt oder zumindest leichtfertig herbeigeführt hat. Zusätzlich muß die Gesellschaft die Kursverluste der Anleger als Folge ihres manipulativen Marktverhaltens gewollt oder zumindest billigend in Kauf genommen haben.
Ein pauschales Urteil, welche der möglichen Beeinflussungsmaßnahmen die Grenze des § 826 BGB überschreiten, läßt sich nicht fällen. Vielmehr ist es eine Frage der konkreten Einzelumstände, ob ein Anspruch geschädigter Anleger aus § 826 BGB zu bejahen ist. Insbesondere der Nachweis des erforderlichen (zumindest bedingten) Schädigungsvorsatzes wird in der Praxis nur schwer zu führen sein. Liegen die Voraussetzungen des § 826 BGB aber vor, sind entsprechende Maßnahmen der Kursbeeinflussung durch die Aktiengesellschaft als unzulässig einzustufen.

[1106] BGH NJW 2004, 2664
[1107] RGZ 48, 114 (124) ; BGHZ 10, 228 (232)
[1108] BGH, ZIP 2004, 1593 (1597)

F. Zwischenergebnis zu §9

Im Ergebnis lassen sich zivilrechtlich relevante Grenzen der Zulässigkeit von Maßnahmen zur Beeinflussung des eigenen Börsenkurses durch die Aktiengesellschaft nur aus der deliktischen Haftung der Gesellschaft (i.V.m. § 31 BGB analog) nach § 826 BGB und insbesondere nach §823 II BGB in Verbindung mit der Verletzung eines Schutzgesetzes ableiten. Hervorzuheben ist die Haftung bei Verstößen gegen die Schutzgesetze der §§ 263 StGB, 264a StGB, § 399 AktG, § 400 AktG i.V.m. § 331 HGB.

Schlußbemerkung

Die Aktiengesellschaft ist aufgrund ihrer Struktur, vor allem aber auch wegen der einfachen Übertragbarkeit der Aktie, besonders „kapitalmarkt-offen" ausgestaltet. Als Konsequenz ist es vor allem die Aktiengesellschaft, die sich von den wirtschaftlichen Entwicklungen der letzten Jahre, speziell dem raschen Zusammenwachsen der nationalen Kapitalmärkte, betroffen sieht. Mit staunenswerter Geschwindigkeit hat diese Entwicklung nach dem Ende des Neuen Marktes zu einer wahren Hausse der Gesetzgebungstätigkeit geführt. Es ist eine Vielzahl an Sonderregelungen entstanden, die insgesamt noch weit von einer Kodifikation im Sinne eines einheitlichen Kapitalmarktrechts entfernt sind, deren praktische Auswirkungen sich aber insgesamt unmittelbar oder mittelbar auf die börsennotierte Aktiengesellschaft richten und sich somit mit dem Aktienrecht wechselseitig durchdringen und ergänzen. Die Aktiengesellschaft steht zugleich vor der unternehmerischen Herausforderung, ihr Unternehmen durch Rücklagenbildung und Investitionen langfristig zu sichern, aber auch im Rahmen der Kapitalbeschaffung den Renditeforderungen der Anleger und Investoren zu genügen und ihre Konkurrenzfähigkeit durch entsprechende Kursentwicklungen zu belegen.
Vor diesem Hintergrund bestand die Zielsetzung vorliegender Dissertation darin, zu untersuchen inwieweit die kapitalmarktrechtlichen Rahmenvorgaben Raum für unternehmerisches Entscheidungskalkül belassen, durch Maßnahmen, die zu einer Beeinflussung des eigenen Börsenkurses führen, dem Druck des Kapitalmarkts gerecht werden zu können. Die Ausführungen haben im Ergebnis gezeigt, daß die Zulässigkeit derartiger Maßnahmen durch eine Reihe von gesetzlichen Vorschriften begrenzt oder ihre Wirksamkeit zumindest erheblich eingeschränkt wird. Hervorzuheben sind vor allen Dingen die Bestimmungen über das Insiderrecht (§ 14 WpHG), die Ad-hoc-Publizitätsplichten (§ 15 WpHG), die Regelungen zur Marktmanipulation (§ 20a WpHG) sowie die börsenrechtlichen Zulassungsfolgepflichten.
Dieses Ergebnis ist mit Blick auf die Erzeugung höherer Transparenz, der Verbesserung des Schutzes der Kapitalanleger sowie die Stärkung der Unternehmensintegrität sicherlich begrüßenswert, insbesondere wenn es darum geht, nach dem Einbruch der Märkte das Vertrauen der Kapitalmarktteilnehmer wiederzugewinnen. Der langwierige Prozeß der Wiedergewinnung dieses Marktvertrauens geht dabei scheinbar zwangsläufig mit einer Zunahme der Regulierungsdichte einher. Dabei wächst die Komplexität des anwendbaren Rechts, da die Weiterentwicklung in erster Linie vom europäischen Gesetzgeber ausgeht und sich dieser nicht mehr auf allgemeine Richtlinien beschränkt, sondern im Rahmen des sog. „Lamfalussy-Verfahrens" zunehmend auf die Regelung einzelner Detailfragen übergeht. Aus Sicht der betroffenen Unternehmen droht die Gefahr einer Überregulierung, die zu erhöhten Transaktionskosten führt. Für die europäische Wirtschaft stellt sich somit nicht nur der Verlust, sondern die Wieder-

gewinnung des Marktvertrauens als kostspielig heraus. Dabei droht das gesetzgeberische Ziel, die Effizienz und Wettbewerbsfähigkeit des deutschen sowie europäischen Kapitalmarkts auf globaler Ebene zu fördern, durch exzessive regulatorische Hürden signifikant erschwert zu werden. Dies trägt die Gefahr in sich, daß letzten Endes die Unternehmen daran gehindert werden, ihrem ureigenen Geschäft nachzugehen. Dies ist wiederum nicht nur schädlich für die Unternehmen, sondern auch für deren Aktionäre und, ganz allgemein, für den gesamten Wirtschaftsstandort Deutschland bzw. Europa. Die vorliegende Arbeit versteht sich mithin auch als Anregung, künftig noch kritischer zu fragen, welcher Grad an nationaler Regulierung und europaweiter Harmonisierung unbedingt notwendig ist, ohne heraufzubeschwören, daß sich die Regelungsprobleme des Kapitalmarktes auf andere Weise lösen: durch nachhaltige Verringerung von Börsennotierungen in Deutschland, durch Squeeze Outs, Delistings und die generelle Meidung einer Kapitalaufnahme mittels Börsengang !

Zivilrechtliche Schriften
Beiträge zum Wirtschafts-, Bank- und Arbeitsrecht

Herausgegeben von Peter Kreutz und Dieter Reuter

Band 1 Sabine Koch: Eigenkapitalleistungen und eigenkapitalersetzende Leistungen des Kommanditisten in der gesetzestypischen Kommanditgesellschaft. 1992.

Band 2 Knut Weigle: Die leitenden Angestellten zwischen Sprecherausschuß und Betriebsrat. 1993.

Band 3 Stephan Worpenberg: Die konzerninterne Arbeitnehmerüberlassung. 1993.

Band 4 Carsten Führling: Sonstige Unternehmensverträge mit einer abhängigen GmbH. 1993.

Band 5 Heike Grote-Seifert: Das englische Arbeitskampfrecht unter besonderer Berücksichtigung der Entwicklung seit 1979. Zugleich: Vergleichende Analyse der Rechtslage in Deutschland und England. 1994.

Band 6 Uwe Theobald: Gesamthaftungsverhältnisse. Die Gesamtschuld als Ausgleichsmodell bei der mehrfachen Drittsicherung einer Forderung. 1994.

Band 7 Kay-Uwe Jacobs: Die Wahlvorstände für die Wahlen des Betriebsrats, des Sprecherausschusses und des Aufsichtsrats. 1995.

Band 8 Horst-Jürgen Michallek: Die Verteilung des wirtschaftlichen Risikos der Nothilfe. Eine rechtsvergleichende Studie. 1995.

Band 9 Sibylle Kessal-Wulf: Die Innenverbände. Am Beispiel Publikumsgesellschaft, Franchising, Mitarbeiterbeteiligung und Betriebsverband. 1995.

Band 10 Britta Holdorf-Habetha: Der Übergang von gewerblich genutztem Vermögen im Wege der Erbfolge im Einkommensteuerrecht. 1996.

Band 11 Sönke-Peter Nehlsen: Nutzungsausfallersatz. Ein notwendiges Übel? Versuch einer dogmatischen Begründung und Alternativlösungen. 1997.

Band 12 Sebastian Graf von Wallwitz: Tarifverträge und die Wettbewerbsordnung des EG-Vertrages. Wettbewerbsbeschränkende Tarifverträge und das Kartellverbot des Artikel 85 EGV. 1997.

Band 13 Hans-Joachim Arnold: Die Bilanzierung des Geschäfts- oder Firmenwertes in der Handels-, Steuer- und Ergänzungsbilanz. 1997.

Band 14 Volker Hoes: Die Überschuldung Privater als Problem von Ungleichgewichten. 1997.

Band 15 Dörte Christiansen: Betriebszugehörigkeit. Die Zuordnung von Arbeitnehmern aus betriebsverfassungsrechtlicher Sicht. 1998.

Band 16 Axel Boysen: Betriebsverband und Arbeitsverhältnis am Beispiel der Gruppenarbeit. Ein Beitrag zur Entwicklung der arbeitsrechtlichen Dogmatik im Wandel der Industriearbeit. 1998.

Band 17 Kristoffer Blydt-Hansen: Die Rechtsstellung der Destinatäre der rechtsfähigen Stiftung Bürgerlichen Rechts. 1998.

Band 18 Per Christiansen: Über die reale Seite der Verbände. Die Bedeutung der tatsächlichen Zweckverfolgung in einem Verband für dessen Legitimität, Existenz und Kontinuität. 1999.

Band 19 Annette Grotkamp: Die Bedeutung des Gesamtbetriebsrats und die Abgrenzung seiner Zuständigkeit zu den Einzelbetriebsräten im Rahmen des Strukturwandels in der deutschen Wirtschaft. 1999.

Band 20 Oliver Ebert: Die Kosten der Einigungsstelle gemäß § 76 a BetrVG 1972 unter besonderer Berücksichtigung der Honorierung von Einigungsstellenmitgliedern. 1999.

Band 21 Christoph Nawroth: Die steuerliche Anerkennung von Familienpersonengesellschaften bei fehlerhaftem Gesellschaftsvertrag. Zur Anwendung der Lehre von der fehlerhaften Gesellschaft im Steuerrecht. 1999.

Band 22 Kai Litschen: Die juristische Person im Spannungsfeld von Norm und Interesse. Am Beispiel der Gesellschafterhaftung in der GmbH. 1999.

Band 23 Eva Günther-Gräff: Kündigung und Kündigungsschutz von Absatzmittlungsverträgen. Dargestellt am Beispiel des Handelsvertreters, des Vertragshändlers und des Franchisenehmers. 1999.

Band 24 Martin Steiner: Entgelte der Kreditinstitute. Regelungen beim Girovertrag mit rechtsvergleichender Darstellung des anglo-amerikanischen Rechts. 2000.

Band 25 Sven Claussen: Grenzen der Insichgeschäfte im Gesellschaftsrecht. 2000.

Band 26 Sönke Peters: Der gesellschaftsrechtliche Grundsatz der Einheitlichkeit der Mitgliedschaft. 2000.

Band 27 Gabriele Komp: Die juristische Person als Geschäftsführungsorgan einer Kapitalgesellschaft. Betrachtungen zu §§ 76 Abs. 3 S. 1 AktG und 6 Abs. 2 S. 1 GmbHG. 2000.

Band 28 Gunnar Mayer: Das außerdienstliche Verhalten von Arbeitnehmern. Ein Beitrag zu Geschichte, Grundlagen und Erscheinungsformen außerdienstlicher Verhaltenspflichten. 2000.

Band 29 Michael Mönke: Die Sicherung der Bauunternehmer nach § 648 a BGB. Unter besonderer Berücksichtigung der Vereinbarkeit der Regelung mit den Prinzipien des Zivilrechts. 2000.

Band 30 Oliver May: Die Zulässigkeit der Regelung von Lohn und Arbeitszeit in Betriebsvereinbarungen. 2001.

Band 31 Robert Pape: Die tarifvertragliche Unkündbarkeit. Zugleich ein Beitrag zu den Grenzen der Tarifautonomie im Kündigungsschutzrecht und zum partiell zweiseitig-zwingenden Charakter des § 1 Abs. 2 und 3 KSchG. 2002.

Band 32 Wilm-Christian Jaekel: Die Bindung an formnichtige Grundstücksverträge nach Treu und Glauben. 2002.

Band 33 Susanne Müller: Die Gesellschafterklage als rechtsformübergreifendes Institut. 2002.

Band 34 Freia Peters: Treuhand und Unterbeteiligung an Gesellschaftsanteilen. Eine vergleichende Betrachtung für den Bereich des Gesellschafts- und des Steuerrechts. 2003.

Band 35 Mario Nahrwold: Die wirtschaftliche Betätigung von Idealvereinen am Beispiel der Ausgliederungsvorhaben der Fußballbundesligavereine. Eine Untersuchung zu Geltungsgrund und Grenzen des Nebentätigkeitsprivileges. 2003.

Band 36 Henning Plöger: Sonderarbeitsrechte im Pressebereich. Auswirkungen eines institutionellen Grundrechtsverständnisses auf das Arbeitskampf- und arbeitsrechtliche Statusrecht der Presse. 2003.

Band 37 Christian Springmann: Der Betriebsrat und die Betriebsbeauftragten. Ein Vergleich zweier betrieblicher Funktionsträger unter besonderer Berücksichtigung ihres Verhältnisses zueinander. 2004.

Band 38 Holger Meyer: Der Tatbestand des Betriebsübergangs nach der Rechtsprechung des Europäischen Gerichtshofs und des Bundesarbeitsgerichts. 2004.

Band 39 Philipp Christopher Brügge: Das Gesetz über Teilzeitarbeit. Eine Analyse unter arbeitsrechtlichen und beschäftigungspolitischen Gesichtspunkten. 2004.

Band 40 Sebastian Klausch: Unmöglichkeit und Unzumutbarkeit im System des allgemeinen Leistungsstörungsrechts nach der Schuldrechtsmodernisierung 2002. 2004.

Band 41 Felix Hütte: Die individualistische GbR als Mitglied anderer Vereinigungen. 2005.

Band 42 Tobias Schommer: Die Berücksichtigung und Gewichtung der Interessen der Arbeitsvertragsparteien im Rahmen des kollektiven und allgemeinen Weiterbeschäftigungsanspruchs des Arbeitnehmers. 2005.

Band 43 Christa Wettzel: Die unternehmerische Entscheidungsfreiheit im Rahmen der betriebsbedingten Kündigung. 2006.

Band 44 Andrea Scheibe: Die Mitbestimmung der Arbeitnehmer in der SE unter besonderer Berücksichtigung des monistischen Systems. 2006.

Band 45 Sebastian Ritz: Die Auswirkungen des Gesetzes zu Reformen am Arbeitsmarkt auf den Anwendungsbereich der dreiwöchigen Klagefrist gemäß den §§ 4 bis 7 KSchG. 2007.

Band 46 Anne Pfister: Die Übertragung von Aufgaben auf Arbeitsgruppen gemäß § 28a BetrVG unter besonderer Berücksichtigung der Förderungspflicht aus § 75 Abs. 2 Satz 2 BetrVG. 2007.

Band 47 Merve Ehlers: Personalkostenabbau durch betriebliche Bündnisse für Arbeit. Welche Gesetzesänderungen des geltenden Rechts sind zur Anpassung an die heutigen Wirtschafts- und Arbeitsbedingungen und zur Legalisierung der gängigen Rechtspraxis erforderlich? 2007

Band 48 Nicole Hasselmann: Die Lehre *Ulmers* zur Gesellschaft bürgerlichen Rechts im Wandel der Jahrzehnte. Das Rechts- und Haftungssystem der Gesellschaft bürgerlichen Rechts. 2007.

Band 49 Ina Maria Wiesner: Die Schriftform im Betriebsverfassungsgesetz. 2008.

Band 50 Christian Rebel: Grundprobleme des Nachteilsausgleichs gemäß § 113 Abs. 3 BetrVG. 2008.

Band 51 Benedikt von Wissel: Die Beeinflussung des eigenen Börsenkurses durch die Aktiengesellschaft. Erscheinungsform, Zulässigkeit und Grenzen im deutschen Kapitalmarktrecht. 2008.

Band 52 Malte Kriebitzsch: Die Inhaltskontrolle von Allgemeinen Arbeitsbedingungen anhand der §§ 305 ff. BGB. 2008.

Anna Trüstedt

Das Verbot von Börsenkursmanipulationen

Frankfurt am Main, Berlin, Bern, Bruxelles, New York, Oxford, Wien, 2004.
225 S.
Criminalia. Herausgegeben von Klaus Volk. Bd. 40
ISBN 978-3-631-53149-5 · br. € 42.50*

Mit dem Zusammenbruch des Neuen Marktes ist die Notwendigkeit einer effizienten Sanktion von Börsenpreismanipulationen in den Fokus des öffentlichen Interesses gerückt. Der deutsche Gesetzgeber hat hier mit dem 4. Finanzmarktförderungsgesetz auf die unbefriedigende Rechtslage mit einem ebenso unbefriedigenden Gesetz geantwortet. Die Arbeit diskutiert ausführlich den ursprünglichen Tatbestand des Kursbetruges nach § 88 BörsG aF und das neue Manipulationsverbot in § 20a WpHG, insbesondere im Hinblick auf geschützte Rechtsgüter, umstrittene Tatbestandsmerkmale, verfassungsrechtliche Bestimmtheit sowie anwendbare Verjährungsregeln. Die Strafbarkeit einzelner diskutierter Manipulationstechniken wie Scalping, Leerverkäufe und Kurspflege wird nach alter und neuer Rechtslage untersucht. Dabei zeigt die Arbeit Strafbarkeitslücken auf und entwickelt Reformvorschläge für eine weitere Gesetzgebung im Bereich der Börsenpreismanipulation.

Aus dem Inhalt: Entwicklung des Tatbestandes des Kursbetruges · Wesentliche Änderungen zwischen § 88 BörsG und §§ 20a, 39, 38 Abs. 1 Nr. 4 WpHG · Rechtsgüterschutz nach neuer und alter Rechtslage · Die Tatbestände von § 88 BörsG und §§ 20a, 39, 38 Abs. 1 Nr.4 WpHG · Einzelfragen · Verfassungsgemäße Bestimmtheit von § 88 BörsG und § 20a Abs.1 i.V.m. Abs. 2 WpHG · Anwendbarkeit presserechtlicher Verjährungsregeln · Fallgruppen der Kursmanipulation · Anwendbares Recht nach § 2 Abs. 3 StGB · Kritik und Reformvorschläge

FSC
www.fsc.org
MIX
Papier | Fördert gute Waldnutzung
FSC® C083411

Kolibri 360 GmbH
Ferdinand-Jühlke-Straße 7
99095 Erfurt, Deutschland
produktsicherheit@kolibri360.de

Druck:
CPI Druckdienstleistungen GmbH
im Auftrag der
Kolibri 360 GmbH
Ferdinand-Jühlke-Str. 7
99095 Erfurt